本书编委会　编

2023

上海三联书店

毛小曼　　胡国强　　彭卫国

李　爽　　吕瑞锋　　汪耀华

毛小曼

序

2022 年 4 月 23 日，习近平总书记向首届全民阅读大会发来贺信，殷切希望"全社会都参与到阅读中来，形成爱读书、读好书、善读书的浓厚氛围"。爱读书、读好书、善读书，可以让人得到思想启发，树立崇高理想，涵养浩然之气。"爱读书"提倡形成良好阅读习惯，"善读书"要求掌握有效的读书方法，"读好书"希望读者获取有益的精神食粮，这些都要求出版界多为全社会奉献精品佳作，满足人民群众对美好生活向往的精神需求。

为贯彻落实习近平总书记考察上海重要讲话精神，更好推进书香社会建设，帮助广大读者在浩瀚书海中开卷有益，2024 年甲辰春节前夕，上海市新闻出版局与上海市出版协会、上海出版社经营管理协会和上海市书刊发行行业协会，发起并组织评选 2023 首届"上海好书"，呈现 2023 年上海各出版单位出版的 100 种面向大众读者、富有人文价值、关注当下生活的精品图书，展示上海出版在深耕专业学术出版的同时，在大众市场持续发力取得的阶段性成果。

"上海好书"评选推介，参照"中国好书"选书和分类标准，按内容分为主题出版、人文社科、文学艺术、科普生活、少儿读物五类。总体而言，具有以下特点：

一是题材丰富、品类齐全。入选图书既有《天下国家道理：中国共产党的成功之道》《转折：1947 年中共中央在陕北》等入选中宣部主题出版重点选题和"中国好书"的通俗理论和党史读物；也有《芯事 2：一本书洞察芯片产业趋势》等聚焦科技前沿、《家庭情绪养育：智慧父母的修炼手册》等培育大众心理健康的精品读物；还有解析代际关系、母女关系的文学作品《在小山和小山之间》，深度剖析中国"以县为主"基础教育管理体制的社会学著作《县中的孩子：中国县域教育生态》，以及感知宋代烟火气与文人气的人文艺术类读物《宋式艺术生活》等受大众市场喜爱的畅销图书。

二是注重中华优秀传统文化"双创"转化。入选图书中，既有北京大学韩茂莉教授写给普通读者的历史地理通识书《大地中国》，也有精细再现古人文字中的明代园林意境之美的《园境：明代五十佳境》，还有呈现中国古代女性的艺术读物《她们：中国古代女子图鉴》。作者都是相关领域权威专家，以小切口、轻阅读的方式，展现中华优秀传统文化蕴含的深厚人文精神。

三是作者队伍名家云集。大家小著，有著名中国古典诗词研究专家、百岁老人叶嘉莹先生倾情写就的《叶嘉莹说词：云间派》，也有中国科学院院士褚君浩领衔主编，普及科学前沿知识、阐释科学家精神、启发少年读者探索未知的："科学起跑线"丛书、《最强大脑》、《太空探索者》、《给孩子的健康课》；既有曾溢滔、范景中、李守奎等各领域权威学者或专家，也有陆铭、孙英刚等一批中青年学者。

四是深耕优质内容，贴近人民生活。入选图书聚焦老百姓喜怒哀乐、冷暖悲欢，涵盖各个年龄层关注热点，如记录自然观察的亲子读物《陪着四季慢慢走》、聚焦青少年精神心理问题的《我的孩子怎么了？——青少年常见精神心理问题家长手册》、大众医学科普的《医生，你在想什么》、梳理重构生命系统不同层级的现象及生命哲学思考的《十的九次方年的生命》、关注数字社会隐私问题的《隐私为什么很重要》等，力求能满足人民群众精神文化生活新期待。

五、集中展现上海出版厚重积淀。上海出版以专业学术见长，在科技、古籍出版等领域以厚重、扎实的出版成果享誉全国。近年来，上海出版单位依托特色专业资源，凝练选题方向、培育优质作者、构建精品出版机制，积极孵化打造在全国能叫得响、立得住、传得开的图书品牌，取得一定成效。此次入选的图书中，既有上海文艺出版社"艺文志"《企鹅哲学史》，也有上海人民出版社"独角兽"《民法典与日常生活2》、上海书店出版社"也人"《我是谁？段义孚自传》等诸多图书品牌拳头产品。

出版是文化建设的基础工程。近年来，随着网络购书的勃兴和新技术的融入，传统的以新华书店为主渠道的图书发行销售模式被极大地改变。买书不再难，大众图书市场被重新定义。读者面宽了，人群类型多样了，阅读的需求更加复杂或个性化了，对品质的要求更加深层次而丰富了。作为图书供给方，出版界该怎样回应？寻找答案的过程或许就是答案本身。这也是我们组织此次活动和编纂本书的初衷，呈现并记录出版界的探寻，直至找到出版之于国家、民族，之于子孙、未来的定位和价值。

借此《2023·上海好书》出版之际，我们感谢各出版单位的积极响应、踊跃参与，时间紧迫、要求靡细，大家无所怨言；感谢各主流媒体和行业媒体的广泛关注、持续报道，记者们挖空心思，阐释立意；感谢本市所有参与春节期间展陈展销活动的实体书店，多措并举、加班加点，让上海好书触手可及、成为一道风景；当然还要感谢热情的市民读者，你们浏览过的每一篇报道，触摸过的每一本图书，是"全社会都参与到阅读中来"的见证，也是对我们的激励。

岁时流转，唯书亘久。"上海好书"的故事还将继续，让我们一起来书写、讲述、传唱、记录，以书为媒，共襄未来。

是为序。

主题出版

人文社科

文学艺术

科普生活

少儿读物

主题
出版
题
版

上海好书

天下国家道理

中国共产党的成功之道

林尚立
著

上海人民出版社

《天下国家道理
——中国共产党的成功之道》

林尚立 著　　　　　责任编辑　罗俊

上海人民出版社　　　2023 年 11 月出版

定价：88 元

　　全书系统阐释了中国共产党从弱小到强大、从边缘到中心、从稚嫩到成熟、从成功到伟大所遵循的"天下国家道理"，并着重探讨了中国共产党如何使自己的创造实践变成一种有根、有源、符合人类发展前进方向和时代要求的新型文明。

作者简介

林尚立，法学博士，教授。教育部长江学者特聘教授、国家教材委员会专家委员，2001 年获国务院特殊津贴。现任中国人民大学校长、党委副书记。

编辑荐书

作为本书责任编辑，收到书稿后，我第一时间通读了一遍，立刻觉得这是一本好书，视野宏大、题目新颖、逻辑严谨、文字通俗，读起来一气呵成，其中不乏各种"金句"，比如"不可否认西方文明打开了人类现代文明大门，但这绝不意味着人类现代文明的主人就是西方文明"等等，值得反复品读。书稿在章节编排上没有采用一般学术书"章—节—目"的设计，更像是学术随笔，也没有使用枯燥艰涩的学术概念，而是用老百姓能听懂的话语娓娓道来，突出通俗性。

在人类现代文明中进行新的伟大创造

一

　　人类社会任何一种文明，都是人类的伟大创造。然而，每一种文明的诞生和发展，都要经历艰难曲折的历史过程，要经历千淘万漉的历史选择，更要经历实践的历史检验。不同文明发展，都有自己的出发点和根脉。人类社会在当代联系为一个世界，汇成人类前进的历史潮流，但这不可阻挡的历史潮流从不否定不同国家选择自己发展道路的权利，从不否定继续在前进道路上创造新的文明的权利。也正因为如此，现代人类社会创造了比历史上任何时代都灿烂辉煌的文明成就。

　　不可否认西方文明打开了人类现代文明大门，但这绝不意味着人类现代文明的主人就是西方文明。被打开的人类现代文明大门给全人类带来了一个崭新的、无限的天地，每一个文明都可以在这新天地中借助新资源进行新创造，共同装点出人类现代文明的百花园。中国共产党的成功之处，就在于破解了西方文明是人类现代文明主宰的假象和迷思，自觉、自主且大胆地在人类现代文明中进行新的伟大创造，不仅把五千多年中华文明成功带入人类现代文明的天地，而且在此基础上，使自己的所有创造实践都变成一种有根、有源、符合人类发展前进方向和时代要求的新型文明。尽管中国共产党从成立到今天才一百年多一点的历史，但是中国共产党团结带领中国人民在不长时间里所进行的一切革命性创造，不论对中华民族、对世界发展还是对人类进步都产生了决定性影响，在人类文明发展史上具有重大的里程碑意义。

首先，中国共产党是人类文明发展的伟大产物。中国共产党是中华民族和中华文明产物，其诞生和出现，使大一统的中华民族挺起了现代脊梁，使有五千多年历史的中华文明得以延续拓展并成功迈向现代社会。中国共产党也是马克思主义指导下的社会主义文明产物，作为在落后社会组织起来的先进力量，其成功实践并全面发展科学社会主义理论，使古老的东方社会从前资本主义社会大步跨入社会主义社会。中国共产党也是人类文明长期发展的产物，第一次解决了阶级社会出现以来的长期困扰人类社会的历史性难题，即如何生成一个真正代表公共利益的公共力量来执掌和运行国家公共权力，中国共产党在领导中国人民革命、建设、改革的伟大奋斗历程中，把自己锻造成为真正代表最广大人民利益、没有自己特殊利益的领导力量。

其次，中华人民共和国是人类文明发展的伟大实践。中华人民共和国是东方社会成功建立起来的第一个社会主义国家，整体改变了人类现代文明发展格局和历史进程，创造了以资本主义更高文明形态引领和推动落后于西方社会的东方社会实现快速发展的成功实践。中华人民共和国长期是世界上人口规模最大的国家，不仅把十四亿多人口有序地组织在一个稳定的社会之中，而且解决了中华民族历史上乃至人类历史上没有解决的绝对贫困问题，使十四亿多人过上小康生活，奠定了每个人自由而全面发展的基础。中华人民共和国依靠中国共产党领导、社会主义制度优越性和中国人民的顽强奋斗，创造了经济快速发展和社会长期稳定的奇迹，从而全面开启人口规模最大的中国社会整体迈向现代化的发展历程，创造了人类文明发展新形态。

最后，中国特色社会主义是人类文明发展的伟大创造。中国特色社会主义文明是源于西方、体现人类文明先进方向的科学社会主义文明体系同根植中国、代表东方、具有五千多年历史的中华文明有机结合的产物，是人类现代文明发展的伟大创造。中国特色社会主义文明是把为中国人民谋幸福和为整个人类谋进步统一起来的文明，不论在世界发展进程中，还是在人类进步事业中，都开辟出了一个崭新天地，并激发和凝聚起人类社会发展新力量。中国特色社会主义提出并践行和平、发展、公平、正义、民主、自由的全人类共同价值，以及人类社会共同构建命运共同体的全人类共同使命，在给人类现代文明发展提供新的方向的同时，也使其自身成为发展人类文明新形态的担当者、实践者和推动者。

总之，不论身在其中的中国人民，还是从外部看中国的世界人民，要真正理解和把握中国社会、中国发展和中国创造对人类文明发展进步的作用和意义，就必须把中国人民、中国共产党、中华人民共和国以及中国特色社会主义统一起来，整体把握，视其为人类现代文明发展创造出的一个具有内在合理性、生命力和创造力的文明体系；同时把中国特色社会主义现代化建设和发展的思想理念、制度架构、战略体系、发展形态、实践过程以及历史成就统一起来，整体把握，视其为人类现代文明发展的新形态。

二

"大道之行，天下为公"，这是中华民族自古以来遵循的大道理。中国人民信这个理，中国共产党也信这个理。在这个理中，"公"为天下之大利，"公道"为天下之大道。对于任何一个人来说，公是对私的最大挑战，要行公道，就必须抑制私欲，最好办法就是以大我代替小我，这个大我就是把天下装在心中，努力去赢得天下。从这个意义上讲，中华民族是追求大我的民族，中国共产党是追求大我的政党。这个大我，不是要否定个人之私，而是要把个人之私和全体人之公融为一体，实现每一个人全面发展和全体人民共享幸福的有机统一。两千多年前，孔子就以"己欲立而立人，己欲达而达人"这个最个人化的感受表达，说明了这个天大的道理。

中国共产党是马克思主义指导的世界社会主义革命运动同中国工人运动相结合而孕育的，同时也是秉持中华民族精神的中国人民在民族生死存亡关头作出的历史选择。时代和历史、思想和文化共同铸就了中国共产党。科学社会主义和中华文化同时赋予中国共产党鲜明的政治品格，这就是大公无私。换言之，中国共产党是近代以来世界发展运动和中国革命运动、马克思主义和中华五千年优秀传统文化在历史性交汇中熔铸出的既超越西方，也超越东方，既超越古代，也超越现代的新型政治力量，即没有自己特殊利益，一心一意为人民谋幸福、为人类谋进步、为世界谋大同的天下为公的政治力量。这样的政治力量，一旦确立起来永葆本色的内在机制，就能够成为引领未来、引领世界的人类力量。

中华民族要对人类文明有更大的贡献，最首要的任务就是要把这个政治力量锻造好，不仅使其成为永不倒的中华民族脊梁，而且使其成为人类社会进步的强大引领力量。从这个意义上讲，中国共产党的建设和发展，尤其是永葆其先进性纯洁性的自我革命的理论体系、制度体系和实践体系，必将超出中国共产党自身建设的范畴，也必将超出中华民族和中国社会发展的范畴，而成为对人类文明发展有深远意义的伟大实践、伟大工程。

总之，中国共产党这样的政治力量，不仅是中华民族伟大复兴的需要，而且也是人类文明发展的需要。立足这样的历史高度推进中国共产党建设的伟大工程，进而确保中华民族实现伟大复兴，其对时代进步的作用和影响，必将超越国家和地区，成为世界性意义的人类文明发展现象。

（节选自《天下国家道理——中国共产党的成功之道》，文章标题为编者自行拟定，非原文所有。）

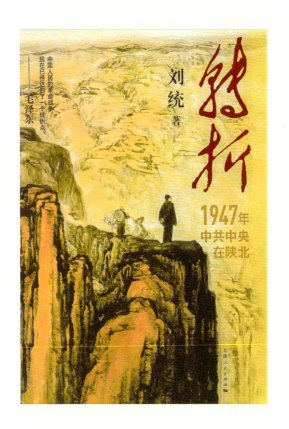

《转折——1947 年中共中央在陕北》

刘统 著　　　　　责任编辑　刘宇　郭敬文

上海人民出版社　　　2023 年 10 月出版

定价：98 元

　　本书以抗战胜利后的重庆谈判为起点，用恢宏的笔墨，生动翔实地描绘了解放战争爆发后，中共中央机关于 1947 年 3 月 18 日撤离延安转战陕北，至 1948 年 4 月 21 日西北野战军收复延安一年多时间里辉煌曲折的革命历史。

作者简介

刘统，著名党史、军史专家。山东大学历史系硕士、复旦大学历史地理研究所博士毕业，师从王仲荦、谭其骧。曾任中国人民解放军军事科学院研究员、大校。在党史、军史研究领域有突出成就。

编辑荐书

　　本书以 1947 年中共中央转战陕北为背景，以恢弘又不失细腻的笔墨，生动再现了党依靠人民实现解放战争战场形势历史性转折的关键一年。作者参考大量历史文献、作战报告、当事人日记和回忆录、隐蔽战线的最新研究成果以及国民党方面的历史资料，收录近百幅历史照片和战场形势图，以时间为主线，还原真实历史场景，不仅记录中共中央的活动，更将历次战役的细节和人民群众为革命事业作出的牺牲奉献完整反映出来。

毛泽东为何主动放弃延安

打仗最重要的是知己知彼。现在敌情完全清楚了。西安地下党送的情报和国民党军的正式记录差别不大，胡宗南部队有 2 个整编军、14 个旅 20 多万人，无论人数和武器装备都占据绝对优势。而我军部队仅有 4 个旅，不到 3 万人，每人只有 10 发子弹。彭德怀是身经百战的将军，他当然知道 10 发子弹能打多少时间。他心里明白，靠现有的力量是守不住延安的。

在这个严峻时刻，中共中央不能不考虑：延安是守还是主动放弃？对于这个问题，无论毛泽东还是彭德怀，思想上是有一个变化过程的。

从 1946 年 11 月胡宗南准备进攻延安到 1947 年 3 月 10 日以前，尽管毛泽东作了两手准备，但他的立足点还是放在守住延安上。在 1946 年 11 月 1 日至 14 日这十多天的时间内，毛泽东和中央军委连续发了十几份电报，命令陈赓、谢富治纵队 3 个旅，杨勇、苏振华纵队 3 个旅，张宗逊纵队 2 个旅迅速从山西渡过黄河，进入陕北协同陕甘宁部队保卫延安。方案之二就是通过其他战区的作战，钳制胡宗南的部队，从外线配合陕甘宁部队作战，粉碎胡宗南对延安的进攻。到了 3 月 10 日，胡宗南主力部队已经在洛川、宜川等地集结完毕，而作为外线配合的主要作战行动，刘伯承、邓小平出击平汉线和陈赓、谢富治在晋西南的攻势还未准备就绪。

在胡宗南部对延安的进攻已迫在眉睫的情况下，3月11日，中共中央书记处召开会议，听取了彭德怀的汇报，郑重地讨论了延安弃守问题。毛泽东指出：蒋介石组织这次进攻的企图是"首先解决西北问题，割断我党右臂，并且驱逐我党中央和人民解放军总部出西北，然后调动兵力进攻华北，达到其各个击破之目的"。根据这一判断，中共中央决定"必须用坚决战斗精神保卫和发展陕甘宁边区和西北解放区"的决心，并急调晋绥军区第2纵队王震部（2个旅约1万人）自吕梁地区西渡黄河，加入西北解放军序列。西北解放军当前应诱敌深入，必要时主动放弃延安，同胡宗南部主力在延安地区周旋。陷敌人于十分疲惫、十分缺粮的困境，然后集中兵力逐次加以歼击，以达到钳制并逐步削弱胡宗南部，从战略上配合其他战略区作战，最终夺取西北解放战争胜利的目的。会议结束后，中央即组织驻延安的党政机关及人民群众立即紧急疏散。

毛泽东为什么决定主动放弃延安？师哲回忆："在延安保卫战打响后的一天晚上，我特地从枣园骑马急行几十里赶到王家坪去见毛主席。我忧心忡忡地问主席：一定要疏散吗？可否设法保住延安而不撤退？主席微笑着说：你的想法不高明，不高明。不应该挡住他们去进占延安。你知道吗？蒋介石的阿Q精神十足，占领了延安，他就以为自己胜利了，但实际上只要他一占领延安，他就输掉了一切。首先，全国人民以至全世界就都知道了是蒋介石背信弃义，破坏和平，发动内战，祸国殃民，不得人心。这是主要的一面。不过蒋委员长也有自己的想法：只要一占领延安，他就可以向全国、全世界宣布：'共匪巢穴'已被捣毁，现在只留下股'匪'，而他只是在'剿匪'，这样，也就可以挡住外来的干预。不过这只是蒋委员长自己的想法，是他个人的打算，并非公论。但此人的特点就在这里。他只顾想他自己的，而别人在想什么，怎么想的，他一概不管。另外须知延安既然是一个世界名城，也就是一个沉重的包袱，他既然要背这个包袱，那就让他背上吧。而且话还得说回来，你既然可以打到延安来，我也可以打到南京去。来而不往非礼也嘛！"

与当地的干部见面时，毛泽东用更通俗的语言解释道："譬如有一个人，背个很重的包袱，包袱里尽是金银财宝，碰见了个拦路打劫的强盗，要抢他的财宝。这个人该怎么办呢？如果他舍不得暂时扔下包袱，他的手脚很不灵便，跟强盗对打起来，就会打不赢，要是被强盗打死，金银财宝也就丢了。反过来，如果他把包袱一扔，轻装上阵，那就动作灵活，能使出全身武艺跟强盗对拼，不但能把强盗打退，还可能把强盗打死，最后也就保住了金银财宝。我们暂时放弃延安，就是把包袱让给敌人背上，使自己打起仗来更主动、更灵活，这样就能大量消灭敌人，到了一定的时机，再举行反攻，延安就会重新回到我们的手里。"

但是，主动放弃延安，不少干部战士和老百姓还是想不通，在感情上很难接受。3月13日晚，毛泽东接见了来到延安的新4旅干部。他说："当前，蒋介石进攻陕甘宁边区，搜罗了二十多万人马，并且配有飞机、坦克，敌人来势很猛，兵力集中；而我军呢，装备极差，弹药奇缺，仅有两万余人，我们一下子消灭不了它。看菜吃饭，量体裁衣，有什么本钱，就打什么仗。……如果死守一城一地，那是自背包袱啊！因此，中央才决定把延安让给蒋介石。但是，这只是暂时的。要知道，蒋介石是个小气鬼，一贯以占地盘为胜利。……好吧！我们就把这些包袱一个一个都给蒋介石背上。他背得越多就越走不动！那时，我们再集中力量，要打哪里，就打哪里！人们很快就会看到，蒋介石占领延安，绝不是他的胜利，而是他失败的开始。"

3月12日晨，驻在延安的美军观察组人员乘飞机离开延安后，胡宗南就命令国民党空军对延安狂轰滥炸。从早晨7时到下午4时，断断续续持续了9个小时。敌机对延安机场、延安旧城、边区政府、八路军大礼堂、中央党校、中央医院等处，实施了密集的轮番轰炸，投下了数以千计的重磅炸弹和凝固汽油弹。必须承认，大轰炸对延安的打击是毁灭性的。

……

中央警卫团干部蒋秦峰回忆：18日黄昏，我军主力部队在延安以南经过7天7夜的战斗，杀伤敌军5000余人后，从前线撤下来了。情况十分紧急，毛主席还没有离开延安，大家急得心里像火烧一样。这时，周恩来副主席把警卫团刘辉山团长等几个同志找来，神色严肃地说："敌人主力部队已进到三十里铺，敌人的便衣已经到了七里铺，情况很紧迫。毛主席和我们准备今晚乘汽车出发。你们派一个步兵连和骑兵连，跟我们走；其余部队掩护中央机关最后撤离。现在，你们立刻组织几个检查组，分头到枣园、杨家岭、王家坪等中央机关驻地，再彻底检查一次坚壁清野和保密工作，决不要留下片纸只字。你们临行前，可向前总了解一下敌情，如果飞机场通不过去了，你们就向西走安塞，到瓦窑堡中央后委来找我们。"

延安的党政机关和人民群众基本上撤离完毕，太阳快要落山了，炮声、枪声越来越近，胡宗南的部队已过了二十里铺，接近延安宝塔山了。可是毛泽东还没动身，他说要最后一个离开延安。彭德怀一再催促，说"一分钟也不能待了！"毛泽东这才走出窑洞，同彭德怀握手道别，依依不舍地离开了居住十年之久的延安。

……

主动放弃延安，是解放战争初期的重大事件。战争初期敌强我弱，战略退却是正确的选择，这也表明中共中央进入了最困难的时期。稳定的生活结束了，毛泽东等中央领导人要在战争环境下艰苦转战，同胡宗南的精锐部队做斗争。这种局面要持续多久，中共何时扭转战局，对毛泽东和中共中央都是严峻的考验。

（节选自《转折——1947 年中共中央在陕北》）

上海好书

罗平汉 著

1949年
国共和平谈判

上海人民出版社 学林出版社

《江山大势——1949年国共和平谈判》

罗平汉 著　　　　责任编辑　胡雅君　陈天慧

上海人民出版社·学林出版社

2023年12月出版　　定价：78元

　　本书用生动的笔触记述1949年国共和谈始末，说明国民党是如何失去民心，共产党是如何赢得民心、并逐渐走向胜利的，揭示了一个颠扑不破的历史逻辑：人心向背决定历史的走向。

作者简介

罗平汉，教授，博士生导师，曾入选"新世纪百千万人才工程"国家级人选、全国宣传文化系统"四个一批"人才、哲学社会科学领军人才，享受政府特殊津贴，主要从事中共党史的教学与研究，著有《决胜：解放战争何以胜利》等。

编辑荐书

　　本书不仅仅聚焦于军事斗争的激烈，而且深入剖析了国共两党在和平谈判桌上的较量，为理解中国近现代史尤其是中共革命史的最终胜利提供了新的维度。本书通过将 1949 年与 1945 年的国共谈判连贯分析，揭示了历史发展的内在逻辑与必然规律，深化了对中国革命进程及其复杂性的认识，对"江山就是人民，人民就是江山"的政治哲理进行了生动诠释，是一部历史逻辑与思想逻辑高度叠合的好书。

南京政府拒签《国内和平协定》

（1949年）4月15日的会议结束后，南京政府代表团决定派黄绍竑、屈武携《国内和平协定（最后修正案）》回南京汇报谈判情况，争取李、白在协定上签字。周恩来得知黄绍竑和屈武被南京政府代表团推定为回南京的人选后，于16日凌晨2点在六国饭店接见了黄绍竑，勉励黄努力完成这个任务。黄对李、白是很了解的，乃说："照我看至多是五十对五十的希望，或者还要少一些，我总努力去进行就是了。"

4月16日上午，黄绍竑坐汽车到西苑机场。这时，周恩来和国共双方的其他代表都来机场相送，大家都把希望寄托在黄绍竑、屈武身上。周恩来面嘱黄、屈，要他们明确告诉李宗仁、何应钦，希望他们在《国内和平协定（最后修正案）》上签字，自拿主张，不要请示蒋介石。为了促使桂系果断作出实现和平的决定，表明中共方面对尽早实现国内和平的诚意，周恩来特地指示有关部门，将1947年莱芜战役中俘虏的桂军第46军第188师师长、白崇禧的外甥海竞强送到北平，与黄绍竑同机回到南京。

下午2点多，飞机到达南京，何应钦、白崇禧、张群、夏威、李品仙、程思远、黄启汉等都到机场迎接，谁都希望黄绍竑带回的是符合自己胃口的和平协定。黄绍竑从机场径直到了李宗仁的官邸，李宗仁、何应钦和桂系在宁的重要干部都来了。当天下午4点多，就在李的官邸召开了一个小型报告会，由黄绍竑简略地介绍了北平会谈的情形，并将带回的《国内和平协定（最后修正案）》交给众人阅看。黄绍竑回忆说："他们听了我的报告和看了文件，大家都默然久之。何应钦说，这个重大文件要拿回行政院开会研究讨论才好答复，好在距离答复期限还有几天。我看当场情形不妙，不但何应钦、白崇禧的神色不好，就是李宗仁也默默无言。"黄启汉则回忆说："白崇禧一面听黄的讲话，一面翻阅黄带来的《国内和平协定》。他看完之后，怒气冲冲地对黄绍竑说：'亏难你，像这样的条件也带得回来！'他站起来向外走了。李宗仁则默不作声。"屈武也回忆说："大家看了文件，面面相觑，无人发言，情绪极为低沉。后来还是白崇禧打破了沉寂，说：'这样苛刻的条件能接受吗？'何应钦接着说：'问题重大，行政院要进行研究。'李宗仁和黄旭初一言未发，大家垂头丧气地散了。"

4月17日，何应钦说，这么重大的问题须请示蒋介石，李宗仁只得同意。何请张群携《国内和平协定（最后修正案）》去溪口。蒋看完之后，破口大骂："文白无能，丧权辱国。"蒋介石主张一面速提对案交共产党，一面拒绝其条件。蒋在当天的日记中写道："共党对政府代表所提修正条件二十四条款，真是无条件的投降处分之条件。""黄绍竑、邵力子等居然接受传达，是诚无耻之极者所为，可痛！余主张一方面速提对案交共党，一方面拒绝其条件。"

……

4月19日上午，何应钦召开行政院秘密会议，李宗仁也出席了会议。参加会议的还有从广州赶来的国民党中央党部秘书长吴铁城，刚逃到南京的太原绥靖公署主任阎锡山，参谋总长顾祝同，行政院秘书长黄少谷，以及行政院的几名部长。会议开始前，由何应钦讲了几句开场白，继由黄绍竑作关于北平和平谈判经过的报告。黄讲了大约一个小时，最后说："代表团的全体代表认为，中共这个条款与1月14日提出的和平谈判八项条件，没有什么出入，李代总统以前也发表声明，承认中共提出的和平谈判八项条件，所以全体代表认为中共提出的和平条款是可以接受的。"

黄讲完后，由吴铁城代表国民党中央党部发言。吴说，中央常务委员会是党的最高决策机关，中常会并未承认中共提出的八项和平谈判条件，李代总统的声明，也只是说可以商谈，并不是完全承认。又说，和谈代表团应随时请示中央，怎能匆忙认可，完全接受。……讲来讲去，实际上就是否定国内和平协定。接着黄少谷发言，逐条对《国内和平协定》进行驳斥，表示万万不能接受。顾祝同把解放军调动的情况介绍了一番，然而煞有介事地说，解放军正在部署渡江，中共绝无和谈诚意。

……

会上，何应钦问阎对和平协定有什么意见。阎说，这个条款实质上是难以完全接受的，即使接受了，以后也很难解决问题。这几句话，起了重要的导向作用。和谈前，李宗仁是曾公开接受中共八项和平条件的，现在反对这个和平协定，自食其言，无诚无信；赞同协定，则不但要使他个人和桂系利益受损，而且还要与国民党内的顽固派发生冲突，把他轰下台，甚至还有性命之虞，南京是蒋介石特务的天下。这种矛盾心情，使他在会上呆若木鸡，一言未发。最后，何应钦宣布：这个和平条款是不能接受的，由行政院作答复。和平之门，就这样被国民党顽固派关闭了。

……

（20 日）同一天，国民党中央常务委员会通过《中国国民党对于中国共产党所谓"国内和平协定"之声明》，认为"中共所提八条廿四款，按其内容，完全失去协议和平条款的性质，直是对我中华民国全国人民与政府为残酷之处分与宰割"，表示拒绝接受《国内和平协定》。

当天晚上，人民解放军第三野战军第七、第九两个兵团组成的中央突击集团，首先在枞阳至裕溪口段突破国民党军防线。

4 月 21 日，中国人民革命军事委员会主席毛泽东、中国人民解放军总司令朱德发布《向全国进军命令》，指出："由中国共产党的代表团和南京国民党政府的代表团经过长时间的谈判所拟定的国内和平协定，已被南京国民党政府所拒绝。""拒绝这个协定，就是表示国民党反动派决心将他们发动的反革命战争打到底。拒绝这个协定，就是表示国民党反动派在今年一月一日所提议的和平谈判，不过是企图阻止人民解放军向前推进，以便反动派获得喘息时间，然后卷土重来，扑灭革命势力。拒绝这个协定，就是表示南京李宗仁政府所谓承认以中共八个和平条件为谈判基础是完全虚伪的。"毛泽东、朱德命令人民解放军："奋勇前进，坚决、彻底、干净、全部地歼灭中国境内一切敢于抵抗的国民党反动派，解放全国人民，保卫中国领土主权的独立和完整。"

就在毛泽东、朱德发布《向全国进军的命令》的当天，第二、第三野战军百万大军在西起九江东北的湖口，东至江苏江阴，长达500公里的战线上，强渡长江，向江南国民党统治区进军。南京城里已经能听到解放军隆隆的炮声了。

4月21日，南京和谈代表团接到李宗仁、何应钦电报，说将派专机来北平接代表团回去，要张治中告之日期。张治中等人天真地认为，既然谈判破裂，代表团已无继续留在北平的必要。一面复电南京，一面转告中共方面，南京飞机将23日来平，代表团定24日回南京。

周恩来得知后，当天来看张治中和代表团其他人员。周恩来对张治中说，随着形势的转移，仍有恢复和谈的可能；即使全面的和平办不到，也可能出现局部的和平，这个协定还是用得着的。张治中还是强调回去"复命"的理由。周恩来恳切地说，现在的形势，你们不论回到南京、上海或广州，国民党的特务分子是不会有利于你们的。张治中听后十分感动。

经过激烈的思想斗争，张治中和其他谈判代表同意留在北平。张治中的家属也在上海地下党的安排下送来了北平。在南京的黄绍竑则于4月21日以身体不适、不愿作任何政治活动为由，向李宗仁、何应钦提出辞去和谈代表职务，然后乘机经广州赴香港。9月1日，黄绍竑等44人在香港发表声明拥护中共领导，随后赴北平参加中国人民政治协商会议。就这样，南京政府谈判代表团的成员都见证了新中国的诞生。一个谈判代表团的成员都留在了谈判的另一方，这创造了人类谈判史上的一个奇迹。

（节选自《江山大势——1949年国共和平谈判》）

上海好书

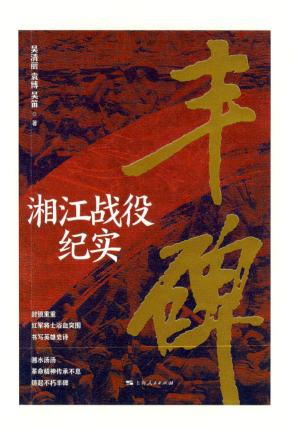

《丰碑——湘江战役纪实》

吴清丽　袁博　吴笛 著　　责任编辑　沈骁驰

上海人民出版社　　　　2023 年 9 月出版

定价：42 元

　　湘江战役是发生在中央红军长征途中的一场关系中央红军生死存亡的战役。本书呈现湘江战役的过程，尤其是对脚山铺战役、新圩阻击战、光华铺战役等几场重要斗争作了详细描写和战略战术分析，深刻阐述了湘江战役的历史价值、精神传承。

作者简介

吴清丽，国防大学联合作战学院教授，专业技术三级，少将军衔。军事思想及军事历史领域专家、学科带头人、博士生导师。曾任石家庄陆军指挥学院副院长。

袁博，国防大学联合作战学院中校干事。曾参编"胜利"丛书。

吴笛，国防大学联合作战学院讲师。曾参编"胜利"丛书。

编辑荐书

本书以湘江战役为切口，以军事史视角呈现战役全貌，清楚梳理了"几天时间"的战役进程，并着重刻画几场重要战斗，分析其战略战术；以湘江战役精神为引领，深刻阐述"长时间"的战役精神和历史价值，展现革命英雄在党的领导下，勇于突破、勇于牺牲、勇于胜利，书写英雄史诗、铸起不朽丰碑，为读者打开一扇了解湘江战役、与革命英雄对话的窗，从中汲取奋斗前行的力量。

军魂永驻湘江畔

　　陈树湘出生于湖南贫苦农家，在湖南浓厚的革命氛围中成长为共产主义战士。他机智勇敢，曾任特务连连长，红军第 2 纵队第 4 支队政治委员，独立第 7 师和第 9 师师长等职，在中央苏区历次反"围剿"战斗和开辟赣南闽西等革命根据地中作出重要贡献。

　　在向灌阳转移途中，陈树湘带领余部 1000 余人向东突围十分艰难，前来袭扰围攻的不只有国民党部队，还有许多当地民团。这些民团是由国民党军阀组织召集、编设和训练的，仅在灌阳县，民团人数就达到了四五千人，他们憎恨红军打土豪分田地、救济贫农的做法，常用十分恶毒的手段伏击红军部队。有的老红军后来回忆，民团常在红军前进的道路上埋设竹钉，这些竹钉先在火上烤，趁烫时泡入陈尿中，由此给竹钉加上剧毒，红军大多穿着薄鞋底的草鞋，一不小心踩到就被扎伤，毒性渗透到体内后造成伤口感染甚至溃烂，许多战士负伤掉队，甚至牺牲。

　　连续几天作战，部队十分疲惫，储备粮也所剩无几，又因身处山区，筹集粮食困难，指战员们困饿交加，一些伤病员由于缺乏药物医治伤情不断恶化，整支队伍陷入了前所未有的困境。12 月 4 日，部队再次攀越了观音山，此时总兵员只有 500 余人。5 日拂晓，敌人再次嗅到了红军的踪迹，桂军连同民团在洪水箐宿营一带对 34 师实施包夹，陈树湘带领部下奋起反击，力战至黑夜。在战斗间隙，陈树湘紧急召开会议，研究决定分兵突围，由他带领 300 余人向湘南地域突围，由韩伟带领 100 团 100 余人掩护殿后。

路上经过苗源地区，部队正组织渡过灌江时，敌军再度尾随而至，韩伟带部下奋力阻击，掩护陈树湘带队折返至八工田渡口过江，再翻越都庞岭转至湘南。100 团寡不敌众，最终被敌人打散，仅剩的 30 余人突围后秘密潜入群众中。

几日来，国民党地方民团如阴魂不散的幽灵，始终纠缠着这支疲惫的队伍，陈树湘曾带队试图从多个地点突围，都遭到了敌人的袭扰。9 日，陈树湘率部抵达道县空树岩，随后在转移到江永县上木岭时再次与敌军展开遭遇战。10 日，陈树湘带部过江永上江圩浮桥，又被闻讯赶来的道县立福洞地主武装袭击。从立福洞拼杀出来后，他们来到了江华县桥头铺附近的牯子江渡口。这里乍看江面安静无波澜，两岸密林寂寥无声，但连日来的频繁征战并未消磨掉陈树湘的敏锐和警觉，战斗经验丰富的他预判可能有埋伏，于是在乘船渡江时令全体指战员不得放松警惕，时刻作好战斗准备。果然，当船只行驶到江心时，来自道县、江华、宁远的保安团突然蜂拥而至。这些保安团由地方豪绅组织，名为维护当地治安，实则为国民党反动政府镇压人民、"清剿"红军。顷刻间枪声四起，一场险恶的遭遇战瞬间爆发。由于红军在江、敌人在岸，且敌众我寡，形势对我方十分不利，战斗进行得格外惨烈，所有战士拼上全部力气，重伤不叫喊、轻伤不下火线，顽强抵抗着强大的敌人。血战中，始终冲在一线指挥的陈树湘被敌人的枪口瞄准，一颗子弹飞来，瞬间在他的腹部炸开了血花，陈树湘身负重伤，但他忍着剧痛，只是进行了简单包扎，并要求战士们用担架抬着他指挥，终于部队艰难渡江。他深知战线越长、时间越久，对红军越不利，这样的消耗战只会使自己陷入绝境，于是他命令部队边打边撤，带领队伍突破敌人的层层堵截，打退敌人的一次次追击，经江华县的界牌、道县的井塘乡、蚣坝镇，向四马桥镇前进。然而敌人仍穷追不舍，早已疲惫难熬的红军战士们饥寒交迫，尽管用尽力气，仍无法摆脱敌人。

11 日，红军队伍赶到四马桥镇早禾田村，形势危急，陈树湘在担架上和王光道等骨干开了紧急会议。他觉察到如今队伍已陷入孤立无援的境地，且敌人始终没有放松追击，原计划尽快追上大队伍已无可能。为了避免更大伤亡，尽可能多保留革命火种，他决定改变原路退回的计划，转战九嶷山。考虑到自己伤势严重，他将突围的任务交给王光道，要求他带队，尽可能灵活机动，冲出去几个算几个，突围后在洪塘营瑶族乡的牛栏洞再行汇合，自己则带少部分人员留下来掩护。

12 日，敌保安团一众从陈树湘预置的馒头岭阻击阵地正前方蜂拥而来，陈树湘迅速组织战士们还击。突然，从馒头岭背后出现一支敌军，仔细看，是从宁远鲁观洞方向赶来的省保安军成铁侠部，一时间敌人形成前后包夹之势，前有阻敌，后有追兵，形势十分严峻。陈树湘当机立断，命令一个班坚守馒头岭，抵挡面前敌人，他自己则不顾劝阻，拖着受伤的身躯挣扎着从担架起身，带领另一个班抢占馒头岭对面山头打掩护，此时两个阵地呼应，形成一道火力封锁线。王光道见时机已到，带领余部迅速突破，冲出了敌人的包围圈。

……

负责掩护的陈树湘部与敌人奋力搏杀，最终大部分壮烈牺牲。陈树湘知道此劫难逃，便命部下高春林化装后设法突围、追上主力纵队，报告 34 师不负军委所命，完成了掩护任务，即便只剩一人，也要归队还建。此时仅剩下三员战士跟随着他，他让三人不要管他赶快冲出去，但三名部属不忍心丢下师长，强行将陈树湘抬上担架，带他转移到了馒头岭的一个较为隐蔽的岩洞。

17 日，没有发现陈树湘的敌人仍然阴魂不散，开始漫山遍野地搜寻。随后陈树湘紧急与两名通信员转移，结果到山下洪都庙时被道县"铲共义勇队"抓捕。敌人得知陈树湘的身份后欣喜若狂，他们想从陈树湘口中得到更多的红军情报，于是软硬兼施，一面给他送饭治病嘘寒问暖，一面又威胁他逼迫他，然而无论如何都遭到了陈树湘的拒绝和痛斥。

18日上午，敌人抬着伤重昏迷的陈树湘正准备去道县县城邀功领赏，就在行至道县县城东南的蚣坝镇石马神村时，陈树湘苏醒过来。他早就将生死置之度外，且立过"为苏维埃新中国流尽最后一滴血"的坚贞誓言，于是他抱定信念决不当敌人的俘虏，趁敌人不备，忍着剧痛将腹部伤口处露出的肠子一把绞断，为革命英勇捐躯，时年29岁。凶残的敌人没有罢休，他们将陈树湘的遗体抬到道江镇齐家湾拍照，还割下了陈树湘和他的两名通信员的头颅，装在篾笼里，在道县县城示众近两天。随后又把陈树湘和两名通信员的头颅一起送到了伪省政府，领赏一万元。20日下午，敌何键的"追剿总司令部"将陈树湘的首级悬挂在他的家乡长沙城小吴门外中山路口的石柱上，还张贴了布告。这里正对着陈树湘的家，家中是他年迈的母亲和新婚的妻子，而他自从秋收起义走入革命的队伍，与亲人一别已是7年，此刻更是无声的永别。当地百姓感念这3位无私为民、英勇无畏的红军战士，冒着生命危险将他们的遗体安葬在了道县城潇水河畔上关桥头的飞霞山下。

……

遵义会议期间，听过红五军团政委李卓然汇报的34师战斗情况后，毛泽东感叹道：中央红军长征初期突围出来，实行的是打狗战术，34师是一支名副其实的打狗队，前有敌人，后有追兵，拿棍打狗，边打边走，打不胜打，当然损失最大。很多年后，周恩来在《党的历史教训》中回顾湘江战役时，很沉痛地说起34师：我们一个师被截断了，得不到消息，牺牲了。

习近平主席也曾于2014年在古田举行的全军政治工作会议上深情讲述了陈树湘"断肠明志"的英雄事迹，后来又多次提到陈树湘的故事，可见习近平主席对这位革命英烈的深切缅怀和敬意。

（节选自《丰碑——湘江战役纪实》）

上海好书

民心
生活中的全过程人民民主
政治

汪仲启 著

上海人民出版社　学林出版社

《民心政治——生活中的全过程人民民主》

汪仲启 著　　　责任编辑　许苏宜

学林出版社　　2023 年 3 月出版

定价：68 元

　　一部从老百姓生活实践展现全过程人民民主，从日常生活的路径阐释中国民主政治建设的著作。通过国际比较、制度发展、理论分析三个维度，用全过程人民民主的新场景、新实践、新成就，对"广泛、真实、管用的民主"作了生动诠释和精彩解读。

作者简介

汪仲启，复旦大学政治学博士，上海市委党校公共管理教研部副教授，上海市改革创新与发展战略研究会秘书长、上海市政治学会副秘书长。著有《实践民主：当代中国基层民主发展的历史与逻辑》等著作。

编辑荐书

　　作者将"民主是一种生活政治"作为著书立说的基础方法论，认为民主可以而且需要从生活的视角来加以理解，用心捕捉、生动刻画的工人新村的历史性变迁、苏州河贯通的最优解、跨越科层的民意"直通车"、基层立法联系点、医保改革、市民热线等发生在人们日常生活的民主实践案例，阐明可以通过对"生活政治"的细致洞察和观照，获得对"政治生活"的认识，表明民主政治普遍存在于中国人的日常生活并完美达成可及性、可循性、可爱性，赋予研究中国特色社会主义民主的一个崭新话题。

民主政治要有能力
实现"公益"与"私益"之间的平衡

　　严复当年用文言语句翻译英国人约翰·穆勒(今译密尔)的《论自由》时，将书名译作《群己权界论》。之所以选用这个译名，严复的用意在于说明，个体的自由并非单纯的个人之事，而是应当在与他人的关系中才能得到界定和实现。所谓"群"者，群体、社会公域也；"己"者，自己、个人私域也；也就是说，公共领域和私人领域要区分清楚。穆勒所要表达的规则在于：自由属于个人的领域，国家公共权力对之不能随便干预；而另一类行为属公共领域，则应该从公益出发，实施民主，不能个人专断。公域和私域界限分明，不容混淆，更不能颠倒，以此来确定自主和民主各自的范畴。问题在于，公域和私域是否真的可以一切两半、截然分开？将公域排除在私域之外，有助于公共利益最大化，甚至有助于最大程度保护其中的私人利益吗？在中远两湾城苏河岸线贯通过程中，就面临所谓"公域"和"私域"的多重交叉。如果以业主和家户作为私域的主体，那么中远两湾城小区就是一个公域，应当实行民主而非自主原则。如果以两湾城小区作为一个独立的物业管理单元，那么它又具有私域的性质，在很多事项的管理上可以实行自主原则。但是，这个小区作为当地街区乃至整个城市的一部分，它又嵌套在更大的公域之中，而需要受到民主原则的约束。可见，所谓公域和私域的划分，以及自主和民主的适用范围，并不能绝对化。

中远两湾城业主据以主张维持现状、拒不开放的最坚实依据，在于物权法所保障的业主对于小区宗地的共有使用权。在法律上，两湾岸线归全体业主所共有是特定的历史条件下所形成的客观情况，这是不容轻易否定和更改的法律事实。依法治国是我国的基本国策之一，公民的合法权益受国家法律的保护是明载于各相关成文法律条款的。公共空间贯通，人民城市建设虽合情合理，但也不能因此而随意损害业主的合法权益。这一合法主张的逻辑基础在于，中远两湾城小区是一个"私域"，实行自主原则，有权决定是否改变现状，而不容公权力的干预。有的业主就引用英国的著名谚语"风能进，雨能进，国王不能进"，来论证公域、私域区分的必要性，以及自身主张的合法性。

但实际上，欧美国家虽然声明私有财产神圣不可侵犯，但在面对重大公共利益需求的时候，他们同样懂得，在对私益进行合法保护的前提下，后者需要给前者让路。即私有财产权的"神圣性"也并不是绝对化的，它体现在私益受保护的神圣状态，而不是说私益可以完全凌驾于公益之上。例如，在产权保护最为严格的美国，为了公共利益的需要，私人利益也需要受到一定的克制。美国宪法第五修正案规定："不经正当法律程序，不得被剥夺生命、自由或财产；不给予公平补偿，私有财产不得充作公用"，这被认为是美国民主维护自己合法权益的有力武器。

美国最高法院曾于 1954 年作出一份裁决，扩大《重要空间法》，允许地方政府可以出于公共利益的需要与开发商联手对颓废的旧城区强行征收并进行改造。此特权随后继续不断扩大，可征地从颓废的旧城区拓展到老旧商业区。几十年前，纽约世贸中心大厦附近是一片低矮的老旧商业区。1962 年，纽约市政府决定对这一地区进行征收，腾出土地建设世界贸易中心大楼。此举遭到商业区业主的强烈反对，代表几百家店家的西下城商人协会对此征地行为提起诉讼。在被纽约上诉法院驳回后，官司打到了美国最高法院，美国最高法院于 1963 年 12 月对此上诉予以驳回。后来我们都知道，征地行为得以顺利进行，世贸中心大楼双子塔成为纽约的地标建筑。业主之所以败诉，是因为最高法院大法官们认为，该商业区毗邻华尔街和纽约港，该地段是美国乃至世界经济的象征，世贸大楼的修建将吸引全世界对美国的投资，会给纽约乃至美国带来更大的繁荣，而几百家店铺显然不能够做到这一点。在另一个类似的案例中，法庭同样以公共利益的理由，支持了政府的动迁行为。判决书这样写道：华盛顿特区政府出于"建设更和谐的、充满吸引力的社区"而征用居民土地产权以实现社区重建计划，联邦高等法院认为政府拥有让城市更美好的责任和权利，特区政府也提出了完整的、具有决心的计划，因此符合"公共目的性"并不违反宪法第五修正案。

苏河"断点"贯通是人民城市建设大局，有助于整个上海城市空间品质的提升，具有明显的公共利益属性。而中远两湾城业主，要将小区红线范围内的空间"共享"出来，则需要对于私人利益作出一定的让渡。实现公益具有合理性，保护私益也具有合法性。如何在公益与私益之间寻求平衡，考验着政治体制和城市治理的智慧。不同之处在于，美国社会在面对此类公益与私益的争端时，通常诉诸司法途径来寻求解决办法；而中国社会则更加相信通过全过程沟通来解决具体的利益冲突等问题，而不必要最终诉诸法庭。因此，全过程人民民主提供了一种实现公私利益平衡的可能空间和可行机制。党和政府广开言路、共商共议、利益平衡、沟通解释的过程，实际上就是一个在公益和私益之间寻找最佳结合点的过程，同时也是一个尊重民意、了解民意、实现民意的民主过程。通过践行全过程人民民主，公益和私益之间不仅没有酿成冲突，反而实现了双赢。

得益于技术的进步和赋能，工业时代以来人类进入现代社会的特征之一，就是个人主义和个人自由的增长。特别是二战之后，在源自美国的新自由主义的推波助澜下，这种个人主义和自由更是登峰造极，成了个人至上主义。人更关注自己的自由、感受和生活方式，更少关注他人、集体和社会。正是在这个意义上，法国思想家贡斯当区分了重视集体的古代人的自由和重视个人独立的现代人的自由。

利益的冲突是多元社会的基本形态。问题在于，不同的社会以何种方式弥合冲突，以及能否最终在多元利益诉求之间求得共识。能否在社会冲突之中求得共识，也是这个社会的民主政治是否有效的重要衡量标准。自由主义民主理论主张，在面临冲突的时候，由不同的利益团体进行"自由竞争"，最后"票多者胜"。这不失为一种解决冲突的办法，但往往有可能出现"赢者通吃"的零和博弈结果，不仅难以真正求得共识，反而容易撕裂社会，造成新的不公平和相对剥夺。而全过程人民民主强调"有事好商量，众人的事众人商量"，有助于实现过程民主和成果民主、程序民主和实质民主、直接民主和间接民主、人民民主和国家意志相统一。对于是否开放小区空间，中远两湾城业主存在较为明显的认知偏差和诉求分野，但党和政府没有放任不同利益诉求群体之间陷入相互冲突，也没有简单地诉诸票决机制，而是通过反复征询意见，进行耐心细致的说明解释工作，对利益相关者晓之以大义的同时更晓之以利害关系，最终在利益均衡和利益补偿的基础上，获得了小区绝大多数业主的认同和理解，从而创造出最大共识。

值得我们思考的是，今天的中国，讨论民主问题、建构民主实践，应当以公共利益为基础还是以私人利益为前提呢？我想，大多数中国人应当会选择前者。欧美的民主模式，乃是立基于自由主义和个人主义，将每个人的权利放得大大的；通过私人利益的相互博弈，最终达致一个解决方案。在社会组织化程度越来越高之后，这种民主模式就演化为利益集团政治。中国的民主模式乃是首先考虑集体的利益，在集体利益优先的前提下充分照顾个人利益。

（节选自《民心政治——生活中的全过程人民民主》）

上海好书

《走近李宏塔》

胡开建 叶庆 著 责任编辑 陈强

上海大学出版社 2023 年 10 月出版

定价：62 元

本书为李大钊之孙李宏塔传记，通过档案资料和访谈，还原李宏塔的成长过程、工作经历和家风建设，展现了一名优秀党员干部的风采。作者把李大钊、李葆华、李宏塔、李柔刚四代人的故事付诸笔端，生动体现了"革命传统代代传，坚持宗旨为人民"的初心使命。

胡开建，退休前任上海市闸北区信访督察专员。多年来曾在多种报刊、书籍等媒体发表随笔、散文140余篇，主持编印书籍或刊物五种，是传记文学作品《走近邓伟志》作者之一。

叶庆，退休前任安徽省安庆市政府副秘书长。曾主编《安庆市志》，自编有《疏语辑存》4册。与胡开建合著《走近邓伟志》。

编辑荐书

　　李宏塔继承祖父李大钊、父亲李葆华的优秀家风，勤奋朴实、深入基层、一心为民，在共青团及民政战线上几十年如一日默默工作。2021年，李宏塔荣获"七一勋章"。本书通过对档案资料的梳理查找和对李宏塔本人的访谈，立体还原了李宏塔的成长过程、工作经历和家风建设，展现了一名优秀党员干部的风采。

查出来的好干部

1987 年 6 月，带着父母的嘱托，李宏塔如愿来到安徽省民政厅。从副厅长到厅长，李宏塔一干就是整整 20 年。

当然，这 20 年也不是一帆风顺的。

2005 年 6 月，安徽省民政厅内突然来了一批神秘人物，他们似乎是刻意背着李宏塔，进进出出，忙忙碌碌。

原来，是中纪委收到了一封实名举报信，内容是检举揭发李宏塔利用担任安徽省民政厅厅长职务之便，倚仗祖父李大钊、父亲李葆华的名望，涉嫌贪污、受贿、巨额财产来源不明等一系列经济问题。民政厅长被举报，事关重大，中纪委极为重视。但只有掌握了足够的证据，才能有理有据地作出接下来的惩处决定。为了防止官官相护，中纪委未与中共安徽省委打招呼，直接派出调查小组，到合肥进行秘密调查核实。

调查小组的工作人员第一站是到民政厅。他们隐瞒了身份、找好了借口，委托门卫师傅把他们带到了李宏塔使用的交通工具旁查看。他们本以为可能会在这里看到一辆高级小轿车或者上档次的商务车，可令人难以置信的是，映入他们眼帘的竟是一辆看起来有些破旧的自行车。门卫师傅告诉他们："我们李厅长可真是低调，就这自行车，都不知道他骑了多少年了。

你们看啊，轮胎换过好几次，坐垫也重新修补过。只要这车还能修、还能用，他都舍不得换。"门卫师傅又指着旁边的自行车说："这些是我们单位其他姑娘小伙的自行车。怎么样，看起来是不是比厅长的车漂亮很多？"听到这里，调查人员都有些震惊。一个民政厅的厅长，骑自行车上下班，而且自行车还如此破旧，这样的人，真的会跟贪污腐败扯上关系吗？谢过门卫师傅之后，调查小组继续深入查访，又了解到了关于李宏塔更多的情况。

民政厅的同事都反映，在平时的工作过程中，李宏塔从不摆架子，更不会刻意做出彰显厅长身份的举动。一些后来才到民政厅工作的同事说，他们第一天来上班的时候，根本没意识到这位穿着皱皱巴巴工装外套、脚踩一双普通胶鞋的中年人，会是这里的厅长。后来大家熟悉了，李宏塔还总是拿这事儿在大家面前打趣："你们啊，保持对我的第一印象就对了，别整天把'厅长厅长'的挂在嘴边，我也不是什么民政工作专家。要说专家，你们这些会操作电脑的小青年才能成为专家。"看得出，李宏塔在工作单位的人缘极好，大家对这位厅长也很是信服。

可调查小组还是不敢怠慢。针对举报信中提到的问题，调查小组都一一进行了认真的核实，并提取了证据，整理好资料。

最后，调查小组又来到李宏塔的家。他们走到了一个有些破旧的房屋前面，试探性地敲响了房门。门开了，他们不敢相信，一个堂堂民政厅的厅长，其住房只有区区 55 平方米，且装饰简陋，家里墙壁的墙皮都往下掉了不少。

经过深入细致的调查，调查人员不仅没有发现举报信中列举的任何贪腐情况，反而被李宏塔严于律己、勤俭节约的作风深深打动。事实证明，李宏塔非但不是贪官庸官懒官，反而是一个跟他祖父一样正直无私，和他父亲一样清廉勤奋的好官。

调查提前结束，李宏塔在自己不知道的情况下被还了清白。临行前，调查人员才正式和李宏塔见面，告知了这次来调查的目的、任务及结果。李宏塔听后只是笑笑，对调查组的工作表示理解和支持。"风声一何盛，松枝一何劲"，心底无事天地宽，真金不怕火来炼。李宏塔很坦然，也不问是谁举报的，举报的是什么事。他对这些根本不屑一顾，这也使调查组更加感动。回到北京汇报后，组织上指示要将李宏塔作为典型进行宣传。

2005年7月3日，《中国纪检监察报》用一个整版的篇幅登载了题为《在李大钊革命家风沐浴下》的长篇通讯。人们由此才知道，李大钊的孙子李宏塔，和他祖父李大钊、父亲李葆华一样清正廉洁。

其实，李宏塔严格要求自己，这在与他熟悉的人中间是出了名的。别的不说，就拿上下班这件小事，他就几十年如一日骑车上下班。小时候在北京生活时，他就骑着一辆父母在旧货市场上专门给他买的自行车，往返于家和学校之间。从部队退伍到合肥化工厂工作时起，李宏塔上下班更是完全靠骑自行车。有人说，一个小工人，当然只有骑自行车了。可李宏塔到合肥团市委当了书记之后，仍然天天骑自行车上下班。到团省委当了副书记之后，还是每天骑自行车上下班。有人或许又会说，那时候他年轻嘛。可他调到省民政厅20年，从近40岁干到近60岁，年纪渐长了，也完全可以享受专车待遇了。单位多次安排了车辆接送他，他却每次都谢绝了，说还是骑自行车自在方便。就连出差，能不用公车的时候李宏塔也不用公车。

有一次安徽省社科院一位同志与李宏塔一起乘火车赴京开会，这位同志本以为到北京后李葆华会安排小轿车接送。可下了火车，李宏塔拎着资料，笑呵呵地带着这位同志一起去挤公共汽车。社科院的同志调侃说："我以为跟着个当官的能蹭车呢，敢情还不如我到北京，找个单位就可要辆车。"李宏塔笑笑没答话。社科院的同志又问道："那回去时你爸该用车送送我们了吧？"李宏塔说："趁早别想，他老人家的车我们可坐不上。"

有人提醒李宏塔说：你是一把手，你不坐车，那别的领导怎么办？这会让其他领导"下不来台"。但李宏塔依然我行我素，他说："我骑车是锻炼身体，而且是图方便。至于其他领导，只要符合规定，该坐车的照样坐车，不要受我的影响。"因此，除了少数时候因为有重要公务赶时间外，他依然保持着自己骑车上下班的习惯。

实际上，李宏塔在某种程度上也是把骑自行车当成一种体察普通百姓生存状态的方式。要当一个真正为人民办事的党员干部，就要尽可能地和大家一样生活。和群众一样生活了，才有可能真正了解群众的疾苦，否则就难免闹"何不食肉糜"的笑话。

有一天早上，民政厅一位同事看到李宏塔步行上班，便好奇地问："你今天怎么不骑车呀？"李宏塔满脸无奈地说："车子放在楼下，夜里被偷走了。而公交车人又太多，时间还早，步行正好。"他总是这样，将别人眼中的"不寻常"诠释成"平平常常"。

有记者想采访这位"骑车上下班的厅官"，李宏塔笑道："这太平常了，没什么好说的。当年我父亲在北京，每天从家里到人民银行上班都是步行。"

据李宏塔爱人赵素静介绍，李宏塔先后骑坏过四辆自行车，穿坏过五件雨衣、七双胶鞋。不过，李宏塔也算不上一个"顽固不化"的人，他是很懂得"因时而宜"的。2003年，随着年龄大了，省民政厅又搬迁到新址，上班距离太远，李宏塔便把自行车换成了电动车。由骑自行车改为骑电动车上下班，他笑称这是"与时俱进"。

（节选自《走近李宏塔》）

上海好书

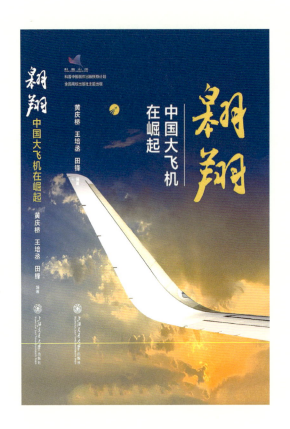

《翱翔：中国大飞机在崛起》

黄庆桥　王培丞　田锋　编著

责任编辑　钱方针　刘宇轩

上海交通大学出版社　　　2023 年 4 月出版

定价：58 元

　　本书以世界大飞机发展史为背景，在总结美国、欧洲两巨头主导的大飞机世界格局，以及日本、加拿大、印度尼西亚、俄罗斯、巴西等国家发展大飞机的曲折历程的基础上，梳理中国大型民用飞机波澜壮阔的发展历程。是一本集主题性、思想性、故事性、可读性于一体的通俗读物。

作者简介

黄庆桥，理学博士，上海交通大学马克思主义学院教授、博导，教育部"全国高校网络教育名师"，上海市曙光学者，上海市马克思主义理论教学研究"中青年拔尖人才"，上海市科技系统"四史"学习教育专家宣讲团成员；主要从事马克思主义理论、中国近现代科学技术史、科技战略与政策的研究与教学。

王培丞，毕业于上海交通大学并留校工作，曾挂职于中国商飞民用飞机试飞中心；长期追踪世界民用航空业发展历程，中国大飞机的坚定支持者。

田锋，博士毕业于上海交通大学科学技术史专业，现任东华大学马克思主义学院讲师，在《自然辩证法研究》等期刊公开发表论文 20 余篇，参与图书 2 部。

编辑荐书

　　本书从世界、历史、时间的维度描述了中国航空事业的全景，更彰显了大飞机人的科学家精神，其科学性、全面性、可读性受航空业内专家一致好评与认可。其出版将助力继续全面、系统、深度研究世界航空产业格局，展现中国的学术力量与研究视野。

中国为什么要搞大飞机？

21 世纪之初，在中国政府酝酿大飞机项目的过程中，其实是有颇多不同声音或者说争议的。毕竟，当时我国技术能力不够，与国际先进水平差距很大，这是项目调研和论证过程中无法回避的焦点问题。那么，为什么中国决定上马大飞机项目呢？

一方面，大飞机项目具有巨大的潜在经济价值。

波音公司对 2022—2041 年中国商用飞机市场作出如下预测：民用飞机机队规模在未来 20 年里将增加一倍以上。到 2041 年，中国机队规模将从约 3900 架增加到 9600 多架。考虑到所有替换飞机的计划，波音公司预测中国将需要 8485 架新飞机，价值约 1.5 万亿美元，占未来 20 年全球交付量的五分之一。根据《中国商飞公司市场预测年报（2022—2041）》，未来 20 年，中国的旅客周转量将以平均每年 5.7% 的速度增长，中国航空市场将接收 9084 架新机，价值约 1.4 万亿美元，将成为全球最大的单一航空市场。这样一个巨大的市场需求，是大飞机发展的强劲动力，也给大飞机发展带来了巨大机遇。发展大飞机，能更好地满足经济社会发展和人民出行的需要，其也必将成为一个潜力巨大的全新经济增长点。

看到这里，或许会有读者提出质疑：大飞机的研制成本通常高达几十亿甚至上百亿美元，但是民用飞机作为一种特殊的商品，很难期望其能在短期内盈利。例如，空客公司于 1968 年确定研制 A300 飞机，直到 20 世纪 90 年代初才开始盈利。而且，面对当下错综复杂的外部环境，国产大飞机能获得的国际订单也是未知数。换言之，大飞机作为一种商品，实现商业成功才是关键所在。所以，国产大飞机在研制成功后，能否实现商业成功，何时实现商业成功，都是还不能确定的问题。有这样疑问的人可能还不少，我们不妨来分析一下。

应该说，"研制大飞机不一定赚钱"这个说法本身就是有问题的。确实，如果只把未来某一段时间内我们造出的飞机的总销售额与总成本进行比对，可能会得出无法盈利的结果。但是，这种做法有个极大的漏洞，就是没有考虑大飞机产业的经济溢出效应。航空工业是知识密集、技术密集、资本密集产业，具有产值高、产业链条长、产品辐射面宽、连带效应强的特点。而大型客机是目前世界上最复杂、技术含量最高的产品，其规模化和标准化需求有望推动航空制造产业链重塑，并催生产业集群效应；其发展不仅能够促进本国科技进步，而且能带动大批相关产业持续发展，带来的智力、技术和经济的溢出效应是难以估量的。

例如，在国产化不断推进过程中，推广大飞机核心系统及零部件的科技成果所获得的经济效益具有明显的"乘数效应"。根据相关统计数据，按照产品单位质量创造的价值计算，航空产品是各种交通运输产品中附加值系数最高的，若船舶的附加值系数为 1，则汽车为 9，大型飞机为 800，航空发动机为 1400。大飞机产业链的产业附加值是普通制造业的数十倍。

另一方面，大飞机项目的战略意义更为深远，非经济价值所能比拟。

其实，现代航空业从诞生开始，就带有明显的国防工业色彩，早期的飞机就最先用于军事。因此，现代航空工业被认为是典型的"军民结合"产业，世界上所有的航空企业（尤其是波音和空客两大寡头）几乎都同时生产军用飞机和民用飞机。例如，美国军方就一直是波音公司的大客户，并且一直通过军用技术的转化潜力以及国防和民用领域中零件、系统及平台间的协同作用来扶持美国的大型商用客机产业。2002 年，美国航空航天工业委员会在最终报告中表示，航空工业是体现美国军事能力的关键，是美军全球机动、通信、空中防御、制海制空、远距精确打击、保护地面部队和机动的核心。因此，中国通过大飞机项目提高飞机研制的水平和能力，不仅具有潜在的经济价值，其战略意义更是十分重大。也就是说，即使不赚钱，我们也必须搞大飞机。

与此同时，飞机在现代社会的特殊功能与价值日益凸显。如果说核武器是战略威慑力量，那么飞机就是战略任务的执行力量。核武器是不能轻易用的，核战争的门槛极高，大量的常规战略任务是要靠飞机去执行的。在未来，飞机将在国家重大紧急状态中发挥无可替代的作用，比如抢险救灾、大规模人员与物资的紧急调动等。并且，一旦国家进入紧急状态，95% 的民用飞机都可以转为军机使用，或派特殊用途。大型飞机是关乎国家安全的战略平台，现代战争 90% 以上的空中平台以大型飞机为基础，没有这个平台和能力，就无法建构完整的空天地海电磁一体化作战体系，可能导致我国在未来战争中处于被动状态。

当下，中国大飞机产业正处于蓬勃发展之时，回顾、总结世界各国大飞机产业的发展历程，能够为我们接下来的发展之路提供诸多裨益。

首先，世界各国普遍高度重视大飞机产业的发展。之所以会形成这样一种局面和趋势，是因为大飞机产业具有明显的溢出效应，例如，创造就业机会、培养新的企业和开发新的技术，从而形成高技术产业群，有利于国家产业结构的优化。在拥有大飞机制造业的先进工业化经济体中，大飞机制造业直接规模的产值占国内生产总值（GDP）的 0.2%—0.4%，有些国家的占比更高一些，而间接规模估计是直接规模的 3 倍之多。

其次，发展大飞机产业必须要有战略耐心和战略定力。大飞机研制投入大、回报周期长、产品价值高、技术扩散率高、产品辐射面宽、产业带动性强，是典型的战略性高技术产业。每一款成功的机型都要经历几年甚至十几年、几十年的孕育、打磨、完善与迭代，一次设计、一次定型、一次成功的机型是没有的，复杂技术产品的研制从来就不是一蹴而就的。每一款机型成功的背后，都是研制主体持续高强度投入，都是科学家与工程师追求极致、持续创新；而那些失败案例的失败原因各种各样，但共同点是战略定位的错配和战略耐心的缺失。对后发国家而言，发展大飞机产业从来不是一件万事俱备、只欠东风的事情，要充分认识这一产业发展的长期性、复杂性、艰巨性，要为产业的发展提供长期的、稳定的、有效的系统支持，避免出现反复和徘徊。

最后，开放合作是发展大飞机产业的必然选择和必由之路。纵观全球大飞机产业发展历史，虽然它于美欧诞生并发展壮大，但大飞机的国际化扩散一直在加速推进。如今，飞机设计与制造企业遍布全球，航线上任意一架主流航空公司的飞机都是由世界各国生产的零部件组装起来的。20 世纪 60 年代推出的波音 707 只有 2% 的零部件由非美国供应商制造；90 年代推出了波音 777，该比例增加到 30%；最新的波音 787 "梦想飞机" 大约 65% 的机体由非美国供应商制造。在过去的几十年里，中国的大飞机制造业已经取得巨大进步，这既归功于中国政府对本国飞机制造业日益提升的支持力度，也归因于中国飞机制造业越来越深地融入国际供应链，参与全球领先航空企业的联合项目，使自身的能力获得提升。更多更高质量的国际合作，是产业发展的规律。

从 20 世纪初人类发明、创造飞机至今，航空产业已有百余年的历史。他山之石，可以攻玉。在讨论中国大飞机的发展与崛起之前，我们非常有必要回顾世界航空产业波澜壮阔的发展历程。作为航空领域的 "后来者"，我们理当以史为鉴，置身其中，见贤思齐，扎实工作，在建设航空强国的新征程上勇毅前行，让中国的大飞机翱翔蓝天，惊艳世界。

（节选自《翱翔：中国大飞机在崛起》）

上海好春

《考古真好
——一百个故事里的五千年中华文明》

高蒙河 著　　　　　　责任编辑　徐梅

上海科学技术出版社　　　2023 年 5 月出版

定价：88 元

　　本书精选公众普遍关心的 100 个考古话题，围绕
现代考古学"发现、研究、保护、利用、传承"等 5
个方面的内涵，讲述中国考古百年路上 100 个真实有
趣的故事，解答公众有关考古的疑问，满足公众对考
古的好奇。

作者简介

高蒙河，复旦大学考古学教授、中国文物学会副会长。多年来倡导构建公众考古学，策展良渚博物院、陕西考古博物馆、进博会中国馆良渚展等，参与策划中央电视台《中国考古大会》《中国国宝大会》《何以文明》等节目。

编辑荐书

本书是一本考古学"大家小书"，紧扣"考古热"和"传统文化热"，从普通人视角出发，挖掘考古与现实生活的关系，通过解答公众普遍关心的一个个问题，帮助读者建立对考古学的系统认知；将宏大的主题拆解、转化为轻松有趣的小故事，用人们喜闻乐见的方式娓娓道来，让读者认识到考古也可以妙趣横生，在书中和考古学家一起趣味考古，并感悟考古与中华文明发展的关系，增强民族自豪感和文化自信。

中国百年考古观的变迁

我经常说：记得十个字，便知考古学。

这十个字便是：发现、研究、保护、利用、传承。我觉得，这十个字是一百年中国考古学与时俱进的真实写照，这五个词也是一百年中国考古观变迁的时代印记。

老话说，温故而知新，可以为师矣。我是1978年在吉林大学开始学习考古的，后来又在上海的高校教了40年考古，有着近半个世纪的从业经历，也算是中国考古百年发展历程的半个亲历者和见证人。那我就从个人的学习体会和实践经历，来谈谈对这十个字的感受。

我刚刚接触考古学专业时，学校主要是教我们如何去发现和怎么去研究古人留下的遗存；也就是学会用科学的方式、专业的方法去调查、去发掘，再把发现的成果转换成发掘简报、考古报告或论著式的研究成果，以记录、整理和复原、解释古代人类社会历史。我感觉四年专业学下来，所学所做所想所悟基本上可概括为四个字：发现、研究。换言之，那时候能弄明白这四个字，基本上就算学会了专业武功，就能毕业上岗，独立工作了。这用考古的行话说，就是"能下田野了"。

到了我毕业的1982年，国家颁布了《中华人民共和国文物保护法》，里面特别使用了"保护"二字。多年后修订该法，又增加了文物工作"十六字"指导方针："保护为主，抢救第一，合理利用，加强管理。"可见，"保护"是排在文物考古工作第一位的要务。

文物保护法突出强调"保护"二字，与20世纪八九十年代改革开放以后，我国大规模的经济建设不无关系。例如，长江三峡和南水北调等国家大型基础设施建设工程沿线都要做文物抢救，否则文物就会被淹没在水下；再比如，各地大规模的经济建设和城市改造，如不进行文物抢救，那些有历史文化价值的古建筑和老街区多会厄运难免。在这般情势下，原本在象牙塔里只做发现和研究的考古学者肩上增加了新的工作职责，他们既要设计好考古科研课题，又要准备好各种保护方案。考古学外延出过去不太属于考古学也不太被考古学者关注的范畴：保护。于是考古学变成了六个字：发现、研究、保护。

保护离不开物理、化学、生物多门学科及各种技术手段，不是单纯考古这样的人文学科力所能及的，遇到重要发现或迹象，考古学者需要找到相应的专业人员实施保护方可。为此，不同专业背景的跨学科复合型人才不断充实到考古队伍中来，考古由多学科人员共同组队的情况成为一种趋势和常态，大家合作设计好各类发掘和保护方案的做法越来越普遍。很多考古学者除了继续秉持发现和研究之功，也开始越来越多地关注文物保护的重要性及发掘品的历史、科技、艺术、社会、文化价值。

文物保护多了，那保护或抢救下来的文物怎么办？都存放在库房里秘不示人，只供研究之用？以前可行，后来特别是现在就不太行了。保护下来的古遗址和古墓地怎么办？都用围墙圈起来，任其闲置，也是对文化遗产资源的浪费。因此在文物保护的基础上，考古学成果的利用也被提上了日程，出现了越来越多的让文物"活起来"的合理利用的需求。一方面，在学科建设上，原有的以研究历史为目标的考古学增加了很多新的学科内容，比如公众考古学、文化遗产保护、考古遗址博物馆展示传播等，丰富了考古学作为一级学科的深度和广度。另一方面，随着人们对美好生活追求的层次越来越高，社会公众对文物和遗址参观的热情也不断提高，遗址博物馆、遗址公园纷纷建设起来。这又使得一些考古学者也要参与策展创意，编写陈列大纲，指导形式设计，对接布展施工等，乃至催生了一个职业——考古策展人。这样一来，考古学又外延出过去不太属于考古学也不太被考古学者关注的范畴：利用。于是考古学叠加成了八个字：发现、研究、保护、利用。

发现和研究侧重专业基础，保护和利用趋向文化应用，有人据此将考古学分为基础考古学与应用考古学。不管怎样，首先还是要以发现和研究做基盘，才能纲举目张。中国考古学会前理事长张忠培先生就说：文物只有被发现了，才知道它重要不重要，文物也只有被研究了，才晓得它究竟有多大价值；否则文物应该一般保护还是重点保护就无从着手，做好让文物"活起来"的合理利用也只能是缘木求鱼了。

考古的发现、研究、保护、利用，其实都是为了让古人留存下来的文化遗产，通过考古发现和研究复原出历史，阐释出价值，保护其信息，修复其形态，传递给我们的子孙后代。所以，传承好古人的文化遗产，把它们写进教科书，让更多的优秀历史文化滋养青少年，把传承落实到日常学习中，又成为考古学的新境界。于是考古学叠加成了十个字：发现、研究、保护、利用、传承。

考古学从过去的冷门学科发展到今天，有了越来越被关注的社会温度。很多考古研究所招聘新人，过去只招聘能发掘或会研究的考古专业科班出身的人，而今非考古专业的学生也开始被吸纳到考古队伍中来，譬如文物修复人才、考古成果策展人才、考古媒体传播人才等。这几年，在国家文旅部、国家文物局和国家广电总局等有关部门的指导下，很多传媒平台创新了更为公众喜闻乐见的文化综艺形式。他们和考古文博学者一起，加上各行各业的嘉宾和影视演员等多方联手，推出了《国家宝藏》《中国国宝大会》《中国考古大会》《万里走单骑——遗产里的中国》等文物、考古、遗产类节目。由此可见，考古学的门槛虽然不低，但越来越走出了象牙塔，走向了天地间。

而今，考古又以守正创新的奋发姿态，不断融入了文旅融合发展的新时代。围绕考古进行的旅游活动、研学产品基本上"上线即秒杀"，考古文创的概念早已突破了"小物件"的瓶颈，考古成果的展示传播也从博物馆逐步走向了空间更大的各类考古遗址博物馆和考古遗址公园中，广阔大地上的遗产成为最大的文创对象。这两年国家又提出要建立国家文化公园和国家公园，为考古成果和文化遗产的保护利用提供了更大的舞台。一个全面贯通考古发现、研究、保护、利用、传承的垂直性、链环性的考古产业正在萌芽，未来可期。

走过百年来时路，贯古通今最考古。在致敬百年中国考古的今天，我们不无欣喜地看到，中国考古已经走出了两条发展之道：一是持续践行科学发现和研究的初衷，务实求真，复原国史，构建中华文明标识体系，揭示人类社会历史发展规律；另一是开拓进取，不断延展出保护、利用、传承的全新领域，把考古专业成果转变成考古文化资源，构建中华文明价值传播推广交流体系。中国考古不但向国人实证复原了古代中国，还向世人全面展示了现代中国。具有中国特色、中国风格、中国气派的中国考古学，已经并将继续为世界考古学提供中国成果、中国案例、中国价值。

（节选自《考古真好——一百个故事里的五千年中华文明》）

人文
社科

上海好春

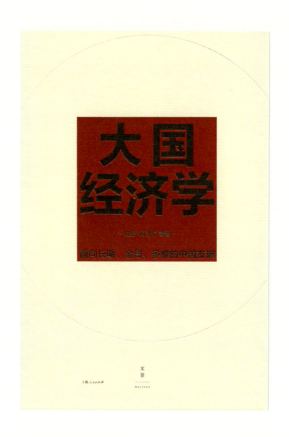

《大国经济学：
面向长期、全局、多维的中国发展》

陆铭 杨汝岱等 著 　　　责任编辑 贾忠贤 曹迪辉

上海人民出版社·文景 　　2023 年 5 月出版

定价：79 元

　　本书从对外开放与全球化、中央与地方间的行政关系与财政关系、所有制改革、产业政策、生产要素市场、金融和资本市场、经济结构与转型、收入分配等方面展开，具体介绍中国社会经济运作的特点与现状，并结合现代经济学的理念，阐释中国特色社会主义市场经济的转型与发展。

作者简介

陆铭，上海交通大学安泰经济与管理学院特聘教授、中国发展研究院执行院长，教育部长江学者。研究领域为劳动经济学、城乡和区域经济发展。著有《大国大城》《向心城市》等作。

杨汝岱，北京大学经济学院教授、博士生导师，教育部长江学者。研究领域为发展经济学、产业经济学。

编辑荐书

　　本书在从经济学专业角度，系统阐释中国社会运作与发展的真实机制同时，也提出一些明确的论题，如"开放"对于"改革"的具体影响和作用，以及"中国特色"如何拆解为可认识、可度量、可推理和分析的基础知识与普遍规律等。本书不仅为厘清中国发展经验而作，也为中国经济与世界接轨而作，直面"特殊"与"一般"的问题。

讲述一个大国转型的故事

当前，中国经济正在形成以国内循环为主、国内国际双循环相互促进的新发展格局。历史的每一步是怎么走过来的？在中国这样一个起点独特、规模巨大，同时区域差异也极大的大国，影响经济增长的体制性结构性问题是如何产生的？面对新的挑战，如何理解中国特色社会主义市场经济的目标？如何进一步深化改革，释放体制性结构性红利，推动中国经济实现可持续的、高质量的发展？如何进一步推进市场化、城市化和工业化？我们需要讲述一个大国转型的故事，一个从传统向现代、从计划向市场、从相对封闭向开放转型的故事。

一个故事，需要一条线索。一个全世界都能听明白的故事，就需要有一条人人都明白的线索。有了这条线索，不同国家之间就能对话、比较和互鉴了。

当代人无法选择历史。每个国家的体制背景和发展阶段各不相同，但国家发展的理想目标是共同的：

一个国家的发展，理想的状态是能够实现长期、全局、多维的发展，最大化人民的福祉。

一、长期的发展

中国古话说，"欲速则不达"。一个国家要实现可持续的发展，必须令消费和投资这两者达到合理的比例，使得经济发展不紧不慢，不温不火。从长时期来看，当期通过投资形成的产能，要能够有后续的消费来消化。这种恰到好处的投资和消费结构，就是宏观经济学里所说的"黄金律"。

和"黄金律"相比，有两种状态是不好的：一种状态是只顾眼前消费，而不注重资本积累，结果是吃光用光，后续的经济增长就没了动力；另一种状态是在当前拼命投资，虽然对当下而言，投资可以带来经济增长、税收和就业，但是如果投资规模过大、增速过快，那么当投资完成的时候，就有可能面临消费不足的局面，产能反而过剩了。

在中国，由于长期以来重生产轻消费，出现了投资拉动型的经济增长方式，投资占 GDP 的比重一度超过一半。由于国内消费需求不足，于是，只能依赖出口来消化国内的产能。2008 年全球金融危机之后，国际需求萎缩，在国内便出现了产能过剩的局面。消费、投资（资本形成总额）和净出口——通常所说的"三驾马车"——对中国经济增长的贡献率。近年来，随着"去产能"的推进，投资过度和产能过剩的局面有所缓解。

除了投资与消费之间的结构关系之外，投资内部的结构也会影响短期增长和长期增长之间的关系。例如修筑道路，作为物质资本积累，其特点是见效快，可以直接带来短期的经济增长；相比之下，用于教育、医疗、环境等方面的投资则有利于积累人力资本和生态资本，更有利于长期的发展，但当下看不到直接的收益。因此，优化投资结构本身就包含了追求经济长期可持续增长的含义。

二、全局的发展

大国的优势就在于统一市场，国内不同地区之间能够实现商品的自由流通，避免小国之间的贸易壁垒。同时，一个国家内部劳动力、资本等生产要素的自由流动，也能够保证资源得到最有效的利用，因为人通常追求更高的收入和就业机会，企业则会追求更高的利润。在市场经济中，个人和企业的趋利避害不是坏事。

劳动力的跨地区流动尤其重要。一个国家内部的不同地区有不同的发展条件，有的自然地理条件好，适合发展制造业和服务业，集聚更多的人口；而另外一些地方，则适合发展农业、旅游业、自然资源相关等产业，这些产业的总产出往往受制于某种关键性的生产要素（如土地和自然资源总量），如果要实现人均收入提高，便需要人少一些，人均资源占有量多一些。

因为个体是趋利避害的，会向着高收入地区迁移，最终达到"空间均衡"状态。但现代经济的"空间均衡"与传统农业社会的"空间均衡"概念是不一样的。现代经济的空间均衡发展是人口和经济集中在少数地区，同时，每个地区在全国的经济总量占比与其人口占比大致相当，从而人均GDP 大致相等；在农业社会，经济活动和人口是跟着土地资源走的，因而天然是分散的，更接近 GDP 总量意义上的"空间均衡"。

现代经济是一种"空间集聚"中的"人均平衡"。在"空间均衡"状态下，不同地区之间虽然经济总量差异很大，但相互间存在专业化分工。一些地区承担着引领国家现代化发展的重任，另一些地区则为国家保障粮食安全、生态安全和国家安全。中央政府向相对欠发达地区提供有效的转移支付，推进地区间基本公共服务的均等化，由此，不同地区就可以共享发展成果。

三、多维的发展

人类的需求是多元的，从经济发展初期的吃饱穿暖，到拥有自己的住房和家用电器；从享受文化旅游等各种服务，满足精神需求，到重视生命财产安全，以及良好的生态环境和空气质量，等等。个体层面的收入水平增长和国家层面的经济发展水平提高，都会带来更为丰富和多元的个体需求。一个国家如果仅有经济增长，没有环境质量，或者收入出现巨大的不平等，都不是一个好的发展结果。如果仅仅在物质上极大的丰富，但是在文化艺术等精神层面封闭落后，也不是人民所向往的美好生活。

多维的发展往往和长期的发展是一致的。提升人民的教育和健康水平，以及保护生态环境等，既是为了实现多维的发展，也是为了追求长期可持续的发展。

经济学通常用人均 GDP 来度量发展水平。从长期来看，人均 GDP 较高的国家，人类发展指数也较高，两者并不矛盾。但是在短期里，不同的发展目标之间却存在着如何兼顾的难题。例如，社会可能存在短视现象，只注重经济增长，却破坏了生态。也有可能个体层面上获得了好处，社会层面上却遭到了损害，比如说有的企业只顾赚钱，却污染了环境。

一个国家如何追求长期、全局、多维的发展，这是一个公共选择问题。每一个个体都有自己的价值观和对于美好生活的评判。因此，一个现代化的国家，就要寻找一种政治过程来加总社会的偏好，形成一个"社会福利函数"。习近平总书记说："人民对美好生活的向往，就是我们的奋斗目标。"2020 年，在深圳经济特区建立 40 周年庆祝大会上，习近平总书记再次强调："生活过得好不好，人民群众最有发言权。"

新中国成立以来，在每一个历史时期，面对当时的国内国际环境，中国实施了不同的发展模式和经济政策。长期、全局、多维的发展是国家发展的理想目标，在追求这个目标的过程中，成功的经验与失败的教训并存。这段历程有得有失，与此同时，中国也在不断地作出调整。

（节选自《大国经济学：面向长期、全局、多维的中国发展》）

上海好书

王永钦
李 蔚
薛笑阳
— 著 —

全面刻画中美债券市场的特征事实，
深入分析大国金融崛起背后的逻辑，
补白国内研究。

中美比较的视角

大国债市

The Rise
of China's
Bond
Markets

陈志武
香港大学经管学院讲席教授
香港大学人文与社会科学研究所所长

李扬
中国社会科学院学部委员
国际欧亚科学院院士

张军
复旦大学文科资深教授
经济学院院长

| 诚挚推荐 |

格致出版社　上海人民出版社

《大国债市：中美比较的视角》

王永钦　李蔚　薛笑阳 著

责任编辑　郑竹青　程筠函

格致出版社　　2023 年 3 月出版

定价：89 元

　　本书从中美比较的视角出发，广集数据和信息，结合量化方法和理论推演，凝练出一系列中美债券市场的特征事实。作者剖析成熟债券市场和发展中债券市场的经验与问题，结合中国经济运行的动态，提出未来中国债券市场进一步发展创新的政策建议。

作者简介

王永钦，复旦大学经济学院教授，博士生导师，教育部长江学者特聘教授，国家社科基金重大项目首席专家，现任复旦绿庭新兴金融业态研究中心主任，研究方向为金融经济学和中国经济。

李蔚，华东师范大学经济与管理学院晨晖学者，经济学博士。主要研究领域为金融市场，研究兴趣侧重于场外市场。

薛笑阳，复旦大学经济学院博士研究生，研究方向为公司金融和金融市场，研究成果发表于《经济研究》等期刊。

编辑荐书

　　债券市场是金融市场的重要组成部分，对资产定价、企业融资、货币政策传导、金融体系的稳定性、人民币国际化都有着重要作用。中国债券市场在过去 30 多年得到巨大发展，规模已跃居全球第二，但就绝对体量而言，仍有成长空间。进一步理解中国债券市场在国际市场中的地位、促进中国债券市场更全面的发展愈发重要。本书视角独到，数据翔实，填补了国内研究的空白。

书摘

债券市场：
现代金融体系和大国崛起的支柱

从经济史的角度看，人类社会发展可以分为两个阶段。一是工业革命之前的时代，这一阶段并不存在真正意义上的经济增长。历史不过是对昨天的重复，人类对于未来缺乏信心，因此信贷并非必需品，而是由过去直接决定未来。二是工业革命之后，经济增长才成为一个社会现象。在这一阶段，人类对未来有了各种增长的预期和不同的信念，经济发展需要由信贷来驱动，因而未来的预期开始决定了今天的行为，金融也就变得至关重要。

英文的"金融"（finance），源自拉丁语，意为"最后将事情做成"。金融是现代经济的核心：作为人类社会经济发展的重要动力和工具，金融打通了未来和现在。一般来说，金融体系至少有三大功能：首先是融资功能。社会中总有人有想法但没有资源，社会需要把资源高效地转移给他们，这就是社会融资的问题。好的金融体系可以将金融资源配置给最有效率的项目，将社会的蛋糕做大。其次是保险功能。经济发展过程中风险相伴而生，如果没有一个好的保险体系，人们不敢去冒险，社会就没有企业家精神，经济发展便无从谈起。好的金融体系能在全社会实现更好的风险分担和保险，为创新活动和经济发展提供动力。最后是信息功能。每个人对社会、投资项目的看法都是不同的，通过买卖金融合约（包括股票和债券等），好的金融体系可以将人们关于未来的观点和思想反映到市场价格中，加总社会的群体智慧（"三个臭皮匠顶一个诸葛亮"效应），引导实体经济的资源配置。

而金融系统三大功能的实现很大程度上依赖于各类金融合约和金融机构。作为企业经营与经济发展中最主要的外部融资工具，债务便是其中不可忽视的重要组成部分。中国人民银行公布的社会融资数据显示，截至2021年末，股票余额仅占社会融资总额的3%，其余为各类贷款、债券和票据。从融资规模的角度看，不仅是中国，在当今世界许多国家中，债市规模均远大于股市规模。世界银行公开数据显示，截至2019年末，中国股票市场总市值约12.2万亿美元，排全球第二位，而居全球第一位的美国股市总市值约40.7万亿美元。就债市而言，中国市场亦居全球第二，截至2019年末，其存量规模为114.2万亿元人民币（约16万亿美元）。美国债市规模居全球首位，同期存量规模为50.2万亿美元。两国债市体量均大于股市规模，由此可见，债券市场在金融体系中具有举足轻重的地位。

债务融资不仅从融资规模的角度促进着经济增长（Levine，1997），也从债务结构方面深刻影响经济发展的质量。从金融体系的视角来看，债务结构主要表现为银行贷款（间接融资）和债券（直接融资）的相对构成；债务结构的演变内生于经济发展阶段和制度环境。当一个经济体处于赶超阶段、远离技术前沿时，经济发展的主要任务是学习现有技术、动员其所拥有的资源，此时抵押品的不确定性较小，因而银行贷款是更为合适的金融工具，银行主导的金融体系在社会资源配置方面发挥着更大的作用；而当一个经济体接近或处于技术前沿之时，经济发展的主要任务是技术创新，抵押品价值的不确定性增大，偏好安全抵押品的银行系统不能为经济体的发展提供足够的信用资源，此时直接融资（债券和股票）的重要性则开始得以凸显。比如美国金融体系在20世纪初也主要依赖资产作抵押，经历很长时间后才完成了由主要以资产作抵押的体系向主要以未来现金流作抵押的体系的转变。80年代之后，现金流成为美国金融市场中主要的抵押品。由于每家企业的经营范围都存在差异，其周期性质也存在差异，美国这一制度变革极大地缓解了美国经济中的"共振"问题。因此，从依赖单一房地产抵押品的经济体系转向采用多样化抵押品的模式，有效地降低了经济中的系统性风险。

债券等直接融资方式不仅为企业提供了更广泛的资金来源，缓解了企业面临的抵押品约束问题；同时，从经济周期的角度看，相比于依赖房地产等抵押资产的贷款，以企业内在价值作为抵押资产的债券融资可以减少传统银行系统对房地产部门的过度依赖，熨平杠杆周期，缓解系统性金融风险。从事后角度看，即便出现系统性金融风险，在银行贷款随着抵押资产价值（如房地产）缩水而下降时，依赖于企业内在价值的债券受影响相对较小，将成为银行贷款的有效替代。例如，在2008年全球金融危机中，能够通过债券市场获得直接信贷的公司大量利用了债券市场：债券融资就有效地缓解了银行贷款的短缺问题，降低了金融危机对实体经济的冲击（Adrian et al.，2012）。

此外，从抵押品的角度看，债券也是金融市场中最合适的抵押品之一。一般而言，债务是支付固定金额的承诺，由某种形式的抵押品（例如住房等）支持；股票是一种与状态依存的承诺，它的抵押品就是公司的价值（现金流）。在所有金融合约中，由于债权人只关注抵押品的最差状态和波动性，债权合约对抵押品信息最不敏感，而股票则对抵押品信息最敏感，其他金融合约的信息敏感度介于这两个极端之间。进而，这些金融合约又可以在金融市场、货币市场做抵押品，相对而言，债券由于对信息不太敏感，更适合进一步用作抵押品而支持新的金融合约。以中国2015年的股市波动为例，伴随着中国2015年上半年宽松的政策环境，中国股票市场出现了前所未有的繁荣景象。许多金融机构通过股权质押，从场外和场内配置了大量资金投资于股市。"股灾"前夕，中国股票市场通过场外配资的杠杆甚至可以加到几十倍。但此时股市的繁荣并没有实体经济增长的有力支撑，相反，市场中疯狂加码的杠杆极大地增加了金融系统的脆弱性。股市的小幅下跌就可以给杠杆投资者造成大额损失，触发强制平仓，而集中抛售进一步促进价格下跌，引发股市危机。股市波动能产生如此巨大的影响，很大程度上就是因为不同于债券作为抵押品，股票的价格对信息更加敏感，危机时股价的下跌幅度会远高于债券价格的下跌幅度，对市场参与者的融资能力产生的负面影响也更大。所以，相比于债券，基于股票作抵押的杠杆融资更加危险。正因如此，发展债市对于降低金融市场中的风险水平起着不可忽视的作用。

（节选自《大国债市：中美比较的视角》）

上海好书

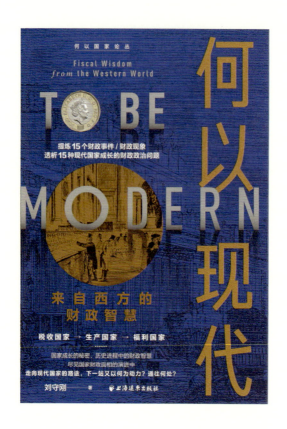

《何以现代：来自西方的财政智慧》

刘守刚 著　　　　　责任编辑　王智丽

上海远东出版社　　2023 年 7 月出版

定价：68 元

通过对财政事件或财政现象的解读，作者揭示了写在西方财政史中的国家成长秘密以及凝聚在历史进程中的财政智慧。"他山之石，可以攻玉"，通过考察西方的财政智慧，读者可以进一步思考中国走向现代国家的方向、路径与动力。

作者简介

刘守刚，上海财经大学教授，经济学博士、法学博士，研究方向为中国财政史、西方财政思想史、财政政治学。代表著作有《财政中国三千年》《打开现代：国家转型的财政政治》《国家的财政面相》等。

编辑荐书

　　从财政国家的发展进程看，西方走向现代国家大致可以说有税收国家、生产国家、福利国家三个步骤，不同的国家发展进程与制度表现各不相同。

　　书中的阐释让我们认识到，财政不仅是国家运行的血液，更是推动社会进步与文明发展的重要力量。在当前全球化与本土化交织的复杂背景下，如何汲取西方的财政智慧，为中国的现代化进程注入新的活力，是每一个关心国家未来的人都需要深思的问题。

为什么说拯救穷人
是政府的责任而非恩惠？

应该说，拯救穷人或者说济贫，一直以来都是国家的财政职能之一。不过，在传统财政支出中，济贫活动地位不高，投入的资金也非常少。比如伊丽莎白一世时期颁布的《济贫法》（1601）将贫困者分为三类：第一类是无工作能力的老、病、弱、残障者，他们可以住在自己的家里接受救济；第二类是贫困儿童，特别是孤儿，他们由治安法官安排，指定到合适的家庭寄养，达到一定年龄时再送去当学徒；第三类是有劳动能力的成年人，对这一类人不予救助，而强制其做工或者直接送到教养院或监狱。这样的济贫方式，在相当程度上认定贫穷源于人的本性或素质，对穷人实施羞辱式的鉴别与强制性的劳动要求。不过，到了现代国家，情况就不同了，像黑格尔说的，"怎样解决贫困，是推动现代社会并使它感到苦恼的一个重要问题"。表现在财政上，那就是从 19 世纪下半叶开始，济贫支出慢慢重要起来，而且不再局限于对需要救济的穷人单纯给予钱物的帮助，以消除贫困的后果，而是通过税收资金、财政兜底或政府监管等方式，发展出一整套福利国家制度来消灭导致贫穷的根源：针对穷困无助者或境况较差者（如无助儿童、残疾人、体弱者及不愿工作者）建立社会救济制度；

针对呈概率发生的年老、疾病、工伤、失业等风险建立社会保险制度；针对人力资本培养采用儿童抚育、公共教育、公共卫生、公共住房等措施的社会投资制度等。

这样的转变是如何形成的？它跟思想史上的一场巨大转折分不开。那就是，在中世纪的西方，济贫被认为是统治者的美德而不是责任，是给予穷人的恩惠而非他们应得的权利；可到了 19 世纪晚期，以英国为代表的西方世界在思想上日益认为，救济穷人不是恩惠或慈善美德，而是基于公民资格的权利，因而也是国家必须承担的责任。如此转变的产生，又跟思想界对穷人本性的态度和对国家本质的看法的变化有关。

济贫从统治者的慈善行为变为国家必担的责任，救济穷人从作为君主的恩惠变为穷人自身的权利，这样的变化之所以会发生，首先因为有一个重要的社会心理转换，那就是对穷人态度的变化：贫穷不再被认为源于个人秉性恶劣、不负责任或者源自上帝对坏人的惩罚，而是因为不利的社会环境或社会失调。变化后的社会心理是，贫穷不是穷人的错，而是社会的果实，政府必须承担起应尽的责任。

美国学者希默尔法布认为，在英国突破歧视穷人心理的关键点在于亚当·斯密，他在贫困方面的观点以及在如何对待穷人方面的理论，可以称得上是革命性的。在《国富论》中，斯密描述了穷人的尊严，指出贫穷并非源于人的本性或素质问题。在他看来，穷人处于社会最底层，不是天生的或者出自上帝的安排，也不是因为天生邪恶和懒惰，所以穷人理应得到某种帮助。换言之，此时有一种新的信念诞生了，那就是穷人有权得到帮助以摆脱贫困，没有人应该贫穷，也没有人需要贫穷。

如果说穷人不应该也不需要贫穷这一说法成立的话，那么解救穷人的责任在谁呢？斯密的回答是，国家应该采取措施确保参加劳动的穷人得到教育，以培养道德和政治判断力。因此，济贫并不是出于对有罪的下层阶级的同情，而是由国家出面运用公共资金来消除贫穷的根源。黑格尔从另外一个角度论述了由国家出面展开济贫的必要性，那就是现代市场经济造成的累积性贫困根本不是个人能克服的，"当广大群众的生活降到一定水平之下，从而丧失了自食其力的这种正义、正直和自尊的感情时，就会产生贱民，而贱民之产生同时使不平均的财富更容易集中在少数人手中"。基于此，黑格尔认为，国家的济贫行为就是要防止出现贱民，要用国家整体的力量保障每一个个体，以恢复他们的尊严与品德。

由国家来解决贫穷问题，还与 18 世纪前后对人性认识的变化有关。此时越来越多的人认为，人的性质是由社会环境造就的。

1889 年查尔斯·布斯在《伦敦人的生活与劳动》一书中指出，伦敦有 30% 的人生活在贫困线以下。在他看来，大部分劳动者无论是否勤劳，在其一生的不同阶段都可能遭遇到贫困的风险，尤其是幼年时期和老年时期。所以造成贫困的根本原因并不是个人的行为，而是社会经济结构本身的问题。如果由国家出面，通过重新分配财富，提供外部条件或环境，让每个人都得到保护、免于极端贫穷，甚至让每个人都得到教育、健康、工作，从而消除导致贫困的那些原因（如无知、疾病、失业等），那么人就会开发自己的潜力，成为更好的人并真正地实现自由。一旦这样的想法提出，福利国家就成为道德的必需、国家的责任、个人的应得了。

由国家出面为穷人提供福利，在19世纪还受到了功利主义思想的支持。在那时，经济自由主义成为古典自由主义的核心，而看起来具有经验基础的功利主义成为经济自由主义的方法论基础。在一开始（19世纪上半叶），基于边沁理论而形成的功利主义，是在为国家不干预提供辩护。不过从理论上看，边沁等人虽然赞成的是那种不干预经济和社会的最小国家，但他们的功利主义在思想上同样能够为国家提供福利进行辩护，只要能够证明，国家提供福利可以促进最大多数人的最大幸福。在边沁的著作中，本来就有赞成济贫法的说法；而功利主义思想对货币收入呈边际效用递减的设定，也可以用来支持收入再分配政策：只要把富人效用评价低的那部分货币收入，转给效用评价高的穷人，就可以增加社会净效用。

作为边沁理论的继承者，约翰·密尔全面接受了边沁的功利主义，但提出要进行适当的修正。密尔强调，快乐不仅有量的差别，而且有质的不同。理性的和道德的快乐，要比仅仅是感官的和肉体的快乐高尚得多。快乐和幸福在质上的差异，是不可以用量来平衡或弥补的。因此，功利主义提倡的应该是，尽量追求质和量两方面的快乐生活。政府的存在，不是为了最大限度地实现公民偶然偏爱的那种快乐的量，而是应该有责任教育公民追求高尚的快乐而不是低级的快乐。个人的快乐和幸福应以他人的快乐和幸福为前提，人们在追求自己快乐的同时，应当顾及一切社会成员的利益。好政府要关心人民的美德和智慧被促进的程度，政府要去造就更好的人民，使用的手段是教育和促进人民达到最高的品质。密尔指出，只有在政府和社会的帮助下，个人才可能发展和理解自己的才智，并自由地追求自身的利益。这样人们才能在一个文明的社会中，最大限度地实现他们的幸福。

可见，密尔在这里代表了福利思想的一个重要过渡：一方面他承认最终的唯一价值是个人的幸福，个人的利益是政府行动的前提，国家对个人自由应尽可能地不干预；另一方面，他开始以最大限度地实现个人的真正幸福为理由，纠正自由放任主义，强调政府对公民有道德责任，提倡政府的教化功能以及为公民的"真正利益"而实现干预，要求政府为个人的自我发展提供条件。这样，政府就可以从公民的"真正利益"出发干预经济和社会运行，并建立起适当的制度提供福利，以便实现最大多数人的最大幸福。

（节选自《何以现代：来自西方的财政智慧》）

上海好书

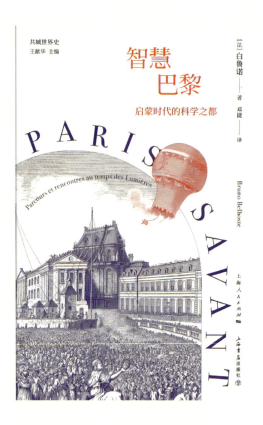

共域世界史
王献华 主编

智慧
巴黎
启蒙时代的科学之都

[法] 白鲁诺 —— 著
邓捷 —— 译

PARIS SAVANT

Parcours et rencontres au temps des Lumières

Bruno Belhoste

上海人民出版社
上海书店出版社

《智慧巴黎：启蒙时代的科学之都》

[法] 白鲁诺 著　　　　邓捷 译

责任编辑　范晶　　　上海书店出版社

2023 年 3 月出版　　　定价：95 元

　　本书以法兰西科学院为线索，涵盖科学机构建制、学科发展、发明创造、科学表演、公共卫生改造等主题，以一种全新的方式描绘了大革命前夕的巴黎，展现了现代科学理念如何融入普罗大众、城市发展、时代变革之中。

作者简介

白鲁诺，国际著名科学史家，法国巴黎第一大学教授。曾任法国国家科学技术史学会理事、法国科学院拉瓦锡委员会委员。其研究主要集中于18—19世纪法国的科学发展，在数学史、工程学史、科学机构史等方面著述甚丰。

译者简介

邓捷，巴黎第四大学艺术史硕士、巴黎第三大学高等翻译学院硕士。现任教于巴黎第三大学高等翻译学院，从事相关翻译工作，并定期举行法国历史、绘画方面的讲座。

编辑荐书

本书围绕18世纪充满活力的巴黎科学界展开。作者在书中探讨巴黎的科技发展在法国启蒙运动中发挥的主要作用，不仅聚焦众多科学巨匠，也关注无数共同塑造智慧巴黎的发明家、冒险者、工艺师、资助人等，把读者带回到18世纪末到19世纪初的巴黎，揭秘那个作为法国乃至世界科技中心的巴黎，以及许多较少人熟知的启蒙往事。

荟萃启蒙的智慧巴黎

　　智慧巴黎这种说法首次见于 1841 年巴尔扎克所著的讽刺小说《动物求取荣耀之驴子指南》中。这部小说的构思灵感来源于当年两位著名博物学家（若弗鲁瓦・圣伊莱尔和居维叶）的学术争论。在书中巴尔扎克讲述了一头化身黄条黑底斑马且行如长颈鹿的驴子和他那位开创了本能论的导师的言行故事。巴尔扎克笔下的智慧巴黎描绘的是 19 世纪由知识界的院士、教授以及科普人士们所代表的巴黎。而本书着力讲述的则是启蒙时期的巴黎在各方面的科学成就。它与巴尔扎克作品的不同点在于，内容不仅限于理论学者的言行，还包括发明家、工艺师、书商、收藏家甚至江湖医生以及他们各自受众群的情况。正如人们所熟知的奢侈品、文学艺术以及具有广泛影响力的各色思潮一样，这些人士的著述和发现也同样是巴黎这座城市的特产。以此观之，本书讲述的历史也可被视为巴黎的发展史。

　　荟萃与交流孕育绚丽多彩的知识。正是在巴黎的几处面向世界的知识策源地之中，各种科学实现了互通有无，而有识之士与新颖的观念亦从八方汇聚于此。就是在这里，交流的成果又通过印刷技术与教育手段得以发扬光大。的确，与其他大都会相比，巴黎更充分地扮演了 18 世纪科学之都的角色，而不啻为一座智慧密集型的城市。本书将遍访当年巴黎的大小遗迹，去探寻那段激情燃烧的岁月，去讲述众多曾以自己的研究或发明为塑造启蒙时代文明作出贡献的巴黎人。

本书从主导智慧巴黎历史的王家科学院开篇，正是该院确定了当年巴黎科技生活的基调。须知，虽然科学院本身设在卢浮宫的原王家套房中，但其院士们工作和生活在巴黎的各个角落：他们或在办公室和实验室里搞研究，或在院校和公众课堂中做讲授，还可能邂逅于沙龙与咖啡馆，并光顾于商店及工坊。当时的君主专制政府为他们提供了诸如巴黎天文台（Observatoire）、王家植物园（Jardin du Roi）、造币局（Monnaie）及兵工厂（Arsenal）这样的大型科研机构。而整座巴黎城就是他们各显神通的大舞台，从墓地及排污系统的消毒技术，到热气球升空，再到建筑物的精密设计及施工等等不一而足。当然这些成就也是通过与法国外省以及欧洲和世界其他国家的合作才得以实现的。

虽然这些学者自成一个小圈子，但他们与巴黎文坛方方面面的翘楚们保持着长期的交往，这里不仅有博学者、教授和文人，也包括记者以及书商。此外，他们身边还不乏来自上流社会以及金融商界的众多粉丝与科学发烧友，而学者们也借此拥有了通向国家最高层的人脉，并常可获得王侯的赞助。可另一方面，一大帮草台班子出身的民科分子也不断地来劳烦这些学者，向其宣扬他们那些鱼龙混杂的重大发现或发明创造。

总之，巴黎王家科学院的院士及其竞争对手们都可以通过舞台表演、出版书籍或讲堂授课的途径接触到广泛的公众乃至一般老百姓。他们正是通过这些方式参与启蒙运动成就的创造和推广的。特别是学者们还踊跃加入了《百科全书》的编写队伍，这座新时代学术的不朽丰碑正是在巴黎构思和成就的。自18世纪70年代起，在首都巴黎，各种公众课程、会所以及形形色色的"博物馆"和智库层出不穷，而新闻记者和书商亦应声跟进，即时发布它们的活动成就，其中有关科学成果的报道尤受青睐。而那个年代的公众舆论对动物磁流学说、高空气球、气体化学理论以及公共卫生等专题都十分热衷。

然而此刻正值法国旧的君主政体大厦将倾之际，民众暴动的风潮已呈抬头之势，官方知识界与巴黎民众的关系随之渐趋恶化。巴黎王家科学院也因其自身的权威不断受到攻击而日益烦恼。也正是在此时期，著名化学家拉瓦锡在兵工厂创立了一种崭新的科学体系，它完全不同于当时在巴黎大红大紫的那种专门取悦于达官贵人和公众的消遣型科学，而是具有非常严谨的治学方法。拉瓦锡的支持者为捍卫严谨科学体系，与那些泛滥成灾的异想天开思维以及那些包天包地的玄学和江湖骗术的行径展开了激烈的斗争。他们虽然成功地击败了动物磁流论，却招致了另一群人的嫉恨，这群人因自己的所谓研究被科学院否定而心怀不满。

　　本书以大革命的爆发及其对巴黎智者们所造成的种种震撼作为收尾。尽管成功建立公制度量体系可以算作巴黎王家科学院的一项伟大成就，但是随着革命对各种话语垄断机制的取缔和对特权的废除，随着赞助人机制的瓦解，官方学院体制存在的合理性遭到了质疑。到头来，拉瓦锡的最后抗争也无法阻止科学院于 1793 年 8 月被关闭的命运。

　　如今，巴黎曾作为智慧之都的那段蓬勃绚烂的历史却仿佛完全被人遗忘。走在卢浮宫博物馆里，你也许会问：在第 33 号大厅，也即亨利二世大厅里曾发生过什么事情呢？今天造访此厅的参观者如果不担心扭到脖子的话，可以抬头欣赏美丽的天花板，那里有乔治·布拉克绘制的画作《鸟》。可是又有谁知道这间大厅在 1699 年到 1793 年之间曾召开过巴黎王家科学院的历次会议呢？当你路过巴士底广场旁的布尔东大道 25 号时，只会看到一座 20 世纪 70 年代的普通建筑，而大楼表面的一块纪念牌却令人惊奇地揭示这里竟是拉瓦锡神奇实验室的旧址，而如今这一切早已随斗转星移而荡然无存了。又有谁会知晓这里曾经的历史呢？

　　徜徉在巴黎，有心人还会发现一些启蒙思想家的塑像孤寂地伫立在他们昔日曾活跃的角落：比如，坐于扶手椅中的狄德罗像在静静注视着圣日耳曼大道上的车水马龙，而雕塑不远处便是他的故居；又如，王家植物园里的布封雕像好似随手便擒住了一只展翅的鸽子；再如，富兰克林像位于其巴黎故居附近的帕西广场，它静静地坐在那里仿佛在等候着什么；而他的朋友孔多塞的雕像则仿佛在法兰西学会和造币局之间的小广场上边沉思边踱着步子，造币局曾是他生活过的地方；最后值得一提的是，在市政厅的外墙上，你会看到遭遇不幸的天文学家兼巴黎市长巴伊的雕像，它已灰迹斑斑，并和其老对手达朗贝尔等其他一些名人的塑像一起伫立在那里忍受着风吹雨打。凡此种种，希望本书能够为读者稍稍生动地再现一下这些对大家而言已成为一种刻板符号的名人名作以及名人们曾生活和工作过的地方。

（节选自《智慧巴黎：启蒙时代的科学之都》）

上海好书

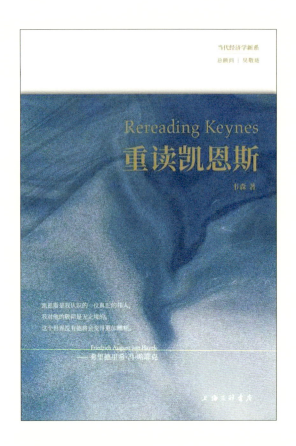

当代经济学新系
总顾问 | 吴敬琏

Rereading Keynes

重读凯恩斯

韦森 著

凯恩斯是我认识的一位真正的伟人，
我对他的敬仰是无止境的。
这个世界没有他将会变得更加糟糕。

Friedrich August von Hayek
——弗里德里希·冯·哈耶克

上海三联书店

《重读凯恩斯》

韦森 著　　　　　　责任编辑　匡志宏

上海三联书店　　　　2023 年 10 月出版

定价：88 元

　　凯恩斯是世人公认的 20 世纪最伟大的经济学家，也是被误解最多的当代思想家。作者基于近十几年来对凯恩斯著作和文章的研读及对其生平的梳理，发现作为货币经济学家的凯恩斯，有诸多理论贡献对于理解当今世界的经济问题仍颇具启发性……

作者简介

韦森，原名李维森，籍贯为山东单县，经济学博士，复旦大学经济学教授，哲学社会科学一级教授，博士生导师，曾任复旦大学经济学院副院长多年。主要研究领域为制度经济学、比较制度分析、货币理论和货币制度史。

编辑荐书

在公众眼中，凯恩斯似乎是个政府干预论者乃至计划经济支持者、狂热的永久性预算赤字的信奉者，以及危险的通货膨胀鼓吹者，在中国甚至还被贴上了对改革不友好的左派标签。在各种形形色色凯恩斯主义的流行和论争之下，凯恩斯本人的思想逐渐变得模糊不清、面目全非，凯恩斯也随之被庸俗化、污名化。在此背景下，本书的出版是一次为凯恩斯正名的努力。

今天，为什么要重读凯恩斯？

　　凯恩斯是 20 世纪人类社会最伟大的经济学家，这几乎是为世人所公认的。然而，也许不大为世人所意识到的是，凯恩斯本人也是当代经济学殿堂中被误解最多的思想家。不但在原来的中央计划经济国家中，凯恩斯及其经济学被人们乃至经济学界内部普遍理解为是政府干预主义的鼻祖和积极倡导者，在西方国家中，大多数经济学家和民众也普遍相信这一点。尽管凯恩斯的名字大都为人们所知，但他既受到一些经济学家的赞扬，又更多地遭到很多人的批评和指责。这一奇特和极其矛盾的现象是如何发生的？

　　稍微读过凯恩斯英文原著和各种语言翻译作品的人都知道，凯恩斯的思想极其鲜活、敏捷、深刻，且语言极其优美。如果读凯恩斯的英文原著，你会发现，凯恩斯的文字表述并不像康德、黑格尔以及米塞斯、哈耶克和熊彼特等德奥思想家那样晦涩难懂、佶屈聱牙。无论凯恩斯的经济学学术著作，还是他的文章、书评、政论和讲演稿，都是用非常优美和极普通的英语表达的。但是，整合起来，为什么凯恩斯的经济社会思想和政策主张却让人感到极其复杂、飘忽不定、扑朔迷离，甚至有些令人难以捉摸，以致被许多人误认为凯恩斯的思想前后多变（包括他的老朋友和论敌弗里德里希·奥古斯都·冯·哈耶克也是这样认为的）？这一切到底是如何发生的？原因何在？

凯恩斯本人是位货币经济学家，而货币理论及货币在经济运行中的作用，是经济学中最为复杂和最令人难以认清和捉摸的。若一个人贸然进入货币是什么的问题以及想进一步弄清货币在市场经济运行中的作用，几乎没人会不先迷路的，接着常常会在一段时期陷入巨大的理论困惑之中。只有经过多年的研究和思考，反复研究经济思想史上各家各派的货币理论，并进行比较分析，再对各国的货币史和经济史有所了解，才能开始有所感悟，才能真正慢慢进入凯恩斯的思想世界。这是世界上这么多人乃至凯恩斯学派的经济学家们觉得凯恩斯的思想很难理解和把握，反过来也是凯恩斯本人的经济学理论乃至政策主张常常被人误识和误解的根本原因。

正是基于这一感悟，笔者作为一名几十年学习、研究乃至讲授经济学的大学教师，基于过去十几年中多次反复研读凯恩斯的中英文著作和文章，写出了这本《重读凯恩斯》，以期正本清源。笔者也期望通过这本通俗的小册子，为那些在经济学和财经界工作且学过一定的现代经济学但还没时间阅读凯恩斯原著的读者提供一个初步的入门阶梯。至于我自己所理解的凯恩斯及其思想，是否准确或者是否有误和失之偏颇，那就留给学界同仁和方家去判断并祈得到批评指正了。

回顾自己几十年走过的学术道路，笔者是在中国大陆"文革"结束恢复高考后，于1978年考入山东大学政治经济学系学习的。1980年左右，在山东大学经济学院选修西方经济学的课程时，曾读过萨缪尔森（Paul Samuelson）的《经济学》（第10版），也选修过胡世凯教授讲授的经济思想史的课程，在那时才初步知道凯恩斯的名字及其理论。大学毕业后，我也曾购买了商务印书馆出版的凯恩斯《就业、利息和货币通论》（徐毓枬译本）的中译本，但是并没读下去。1987年出国一直到1998年初次回国执教复旦后，都没认真阅读凯恩斯的著作。直到2008年8月，复旦大学哲学学院邀请我给他们的西学经典班讲授凯恩斯的《通论》，那时我才系统地研读了这本著作，同时也读了凯恩斯的《货币改革论》和《货币论》上、下卷。为了教好这门课，我曾仔细地研读，做了大量的标签和笔记。然而，今天回过头来看，虽然当时自己一字一句地仔细阅读了凯恩斯的《通论》《货币改革论》和《货币论》（简称"货币三论"），并感觉凯恩斯在文字和语句表达上并没有什么让人不懂的地方，但那时我并没有真正进入凯恩斯博大精深的经济学思想世界，也没有真正理解凯恩斯货币理论的精髓，因而基本上还是按照目前流行的《宏观经济学》的理论框架——尤其是曼昆（N. Gregory Mankiw）的《宏观经济学》中级教程——中的原理来讲述凯恩斯《通论》中的思想和理论。或者说，尽管我在讲课的 PPT 中放了不少凯恩斯《通论》中的术语和一些重要的论述和语句，但我还是以现有的宏观经济学的理论框架来讲述凯恩斯主义的经济学（the Keynesian economics），实际上并不是讲述凯恩斯（本人）的经济学（the Economics of Keynes）。

2013 年是哈耶克逝世 20 周年，《东方早报》曾邀请我写一系列专栏文章，来纪念这位在 20 世纪影响人类社会历史进程的伟大思想家。在研读哈耶克从 20 世纪 30 年代到 40 年代的经济学著作时，我才发现他这一时期的经济学文著大部分是在与凯恩斯的理论论战中形成的。因此，在研读哈耶克的经济学思想和理论时，就不能不读凯恩斯，不然根本不知道哈耶克在说什么。从某种意义上，我是从研读哈耶克的经济学著作，同时仔细研读和对照哈耶克与凯恩斯的理论论战而开始进入凯恩斯的思想世界的。而我写的关于哈耶克与凯恩斯理论大论战的一些专栏文章，部分被汇集在了我的《重读哈耶克》之中。

恰好，自 2019 年开始，浙江工商大学的李井奎教授与复旦大学出版社的谷雨编辑在策划翻译一套《约翰·梅纳德·凯恩斯文集》，他们盛情邀我写个总序。因此，从 2019 年开始，我又系统地阅读了英文《凯恩斯全集》（The Collective Writings of John Maynard Keynes）前 14 卷（著作和文集部分，但是凯恩斯的《概率论》至今我还没有阅读）以及第 18 卷、28 卷和 29 卷，从而到目前为止可以说进入并较系统和全面地理解了凯恩斯本人的经济学的思想和理论全貌。

最近两三年，我啃读了凯恩斯绝大部分著作中英文版，并多次重复阅读了哈罗德、斯基德尔斯基、明斯基等人的凯恩斯传，才在这个基础上写出了这本《重读凯恩斯》的第一篇。

从本书的结构中，读者也许大致能解读出我对货币和经济运行的一些理论见解和思想观念的端倪来了。

今天，刚过凯恩斯 77 岁忌辰（1946 年 4 月 21 日），恰逢德国伟大的古典哲学家伊曼纽尔·康德（Immanuel Kant）299 年的诞辰。故此，这里特别引用康德在晚年所撰写的《历史理性批判文集》中的一段话，与读者和朋友们一起分享："大自然迫使人类去加以解决的最大问题，就是建立起一个普遍法治的公民社会。唯有在社会里，并且唯有在一个具有最高度的自由，因之它的成员之间也就具有彻底的对抗性，但同时这种自由的界限却又具有最精确的规定和保证，从而这一自由便可以和别人的自由共存共处的社会里；——唯有在这样的一个社会里，大自然的最高目标，亦即她那全部禀赋的发展，才能在人类的身上得以实现。大自然还要求人类自己本身就可以做到这一点，正如大自然所规定的一切目的那样；因而大自然给予人类的最高任务就必须是外界法律之下的自由与不可抗拒的权力这两者能以最大可能的限度相结合在一起的一个社会，那也就是一个完全正义的公民宪法；因为唯有通过这一任务的解决和实现，大自然才能够成就她对于我们人类的其他目标。" 让我们重温并铭记康德所表达的这一伟大社会理想，精诚探索人类经济社会发展的一般法则并共勉。

（节选自《重读凯恩斯》）

上海好書

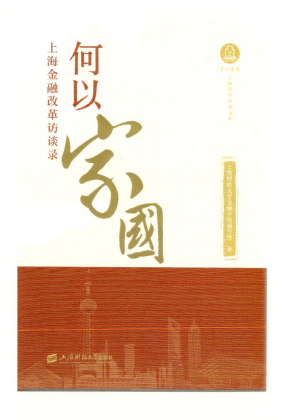

上海金融改革访谈录

何以家國

《何以家国——上海金融改革访谈录》

上海财经大学金融学院编写组 著

责任编辑　台啸天　　上海财经大学出版社

2023 年 9 月出版　　　定价：88 元

　　本书用讲述大事件背后的小故事的方式，记录了上海金融改革中参与者、亲历者、见证者的观察和感受，回顾上海金融改革开放四十年的历程，梳理跌宕起伏的上海金融发展的重要节点和历史脉络。

作者简介

作者团队为上海财经大学金融学院编写组，总主编为上海财经大学校长助理、金融学院刘莉亚教授和中国市场学会信用工作委员会学术委员、金融学院柳永明教授，执行主编为上海财经大学金融学院副院长曹啸教授。

编辑荐书

与其说这是一本关于上海金融改革的访谈录，不如说这是一幅从个性化视角出发的关于上海金融改革进程的历史画卷。亲历者的真实视角，见证人的真情讲述，以多角度又相互印证的方式立体呈现了上海金融改革四十年的流金岁月；以讲述大事件背后的小故事的形式，微观并有温度地为读者梳理了上海乃至中国金融发展的历史脉络，勾勒了中国金融改革的发展规律，并在生动的回忆中重现了金融改革四十年的跌宕起伏、务实包容和曲折辉煌。

见证上海证券交易所成立

放弃"打手势"交易

1990 年暑假期间，刘兰娟和她先生谢玮了解到筹备组接到上级部门的指示，要求上海证券交易所在当年 12 月开业。

当时的情况是：时间紧、任务重，还有很多的工作连初步方案都没有，包括制定交易规则——当时我国证券交易的撮合、清算、价格指数等都没有眉目。

当时国外的很多地方都是用手势交易的，我国香港交易所的计算机只是用于场内申报价格的系统，并不是一个自动撮合交易系统。

……

从世界范围看，当时有三种交易方式。一种是通过打手势口头唱报竞价；另一种是香港交易所用的计算机终端申报竞价；还有一种是像纽约交易所那样的专柜书面申报竞价——在亭子似的专柜里用纸面下单，收市后满地纸片，像我们在影视剧里看到的场景那样。

尉文渊主动请缨筹建上海证券交易所……决定开发电脑交易系统……可以说，这是一种极其大胆的、跨越式的抉择，大家连最简单、基础的交易方法都没有掌握，一下子就进入电子交易时代，谁也不敢保证此事一定能够成功。

刘兰娟、谢玮夫妇向筹备组提出了计算机交易系统的主要构想和设计方案。

……

"尉文渊他们最终选择了这套微机联网方案，因为它是唯一可能让证券交易所在当年开张的方案，其他方案在当年都不可行——时间的约束造成了历史的必然。"

……

开发交易系统

我国的第一代证券交易系统就在上海财经学院青年教师谢玮、黎明公司总经理邓一辉和冶金所工程师王科峰等年轻人的协作下开干了，一个负责软件系统设计与开发，另一个负责网络，还有一个负责大屏幕。当时的大屏幕技术还不成熟，发光二极管经常因为接触不良而不亮。记得开业那天，王科峰就拿根筷子站在大屏幕后面，哪里不亮就捅一下。

……

在采访过程中，刘兰娟还给我们讲了当年的一些趣事。

……

"当时整个交易大厅里只设计了 46 个席位，这就意味着只有 46 家会员。刚开始交易的时候是通过 Modem（调制解调器）拨号进来报价，后来慢慢有了电脑终端联网，连到各个证券公司，证券公司的电脑屏幕上就可以看到价格，当然也可以通过广播、电视等媒体向市民公布行情。第一代的行情上证指数是谢玮编制的，因为筹备人员中只有他是学统计的。

"困难也挺多，但是这帮年轻人干劲十足。交易所开张的前几个星期，他们基本上都不回家不睡觉，累了就在交易大厅里的长条凳上睡一两个小时，醒了接着干。"

开业交易

1990 年 12 月 19 日，上海证券交易所如期开业。开业大典由时任上海市市长的朱镕基同志致辞，副市长黄菊同志、国家体改委副主任刘鸿儒同志揭牌，龚浩成担任主持人，首任总经理尉文渊鸣锣开张。当天有 30 种证券上市，其中国债 5 种，企业债 8 种，金融债券 9 种，股票 8 种（被老百姓称为"老八股"）。现在，上市的股票和债券都很多了，中国的证券市场已经发生了翻天覆地的变化。

刘兰娟一边回忆，一边给我们讲了几个花絮——

"19 日一早，连续几天高烧打吊针的尉文渊起床后发现自己的脚肿得根本穿不上鞋，他急得眼泪都出来了。后来有人借了一只 43 码的鞋给他，他就这样穿着一只大一只小的皮鞋，让人背着来到现场，一瘸一拐地在现场做最后的布置，然后倚着墙迎接贵宾。这是一个举世瞩目的场景，国家高度重视，上海市的主要领导全数到场，中国证券业的第一声锣要他去敲的。

"正式开业前系统做了最后一次调试。开业当天，按道理锣声一响大屏幕就会逐行地绿色翻下来（当时绿色是涨，红色是跌）。结果锣声过后大屏幕上却没有反应，尉文渊一下子就站不住了，感觉要瘫掉了。好在谢玮在零点几秒里就反应过来了：开张前最后一次测试后要有一个恢复指令——以前用的都是 DOS 系统，需要一条条 DOS 操作指令指挥计算机运行程序——他以最快的速度打完一条操作指令，按键下去以后，大屏幕哗哗哗地翻绿了。

"尉文渊说他当时感觉血从脚底慢慢涌上来，人活过来了——因为当时吓得浑身发凉，人就要倒下去了——事后他被送到医院住院治疗。他在住院期间应该要好好休息的，但是大家去看他时，他却兴奋得很，不停地述说着他的感受。我们劝他休息少说话，根本劝不住，这就是做成一件大事对人的精神激励作用。我们中国人一直讲艰苦奋斗，人定胜天，这种坚韧不拔的精神是非常难得的力量。"

当时第一代交易系统设计的最大日成交量是 3000 笔，一秒钟成交 3 笔承载量。上海证券交易所开业当天，交易下来一共也就成交了 93 笔业务，成交金额 1000 万元，其中股票类有 17 笔，其他的债券、国库券、企业债券等，总共有 30 个左右的品种，应该说系统的承载量是很小的。但它的好处是扩充速度非常快，因为它采用的是微机联网的方案，而网络是可以不断扩充的。

回忆这段往事，刘兰娟充满了感慨和骄傲，她说——

"上海证券交易所从第一天开始就进入到电子交易，为我国金融市场的快速发展打下了很好的基础。没有电子交易的技术基础，中国证券市场不可能以这么快的速度扩张，也无法支撑上海到西藏的上亿投资人参与万亿元的成交量。

"当时上海证券交易所的一帮年轻人，特别是尉文渊，很有担当。实施无纸化交易当中是要承担很大的风险的，因为无纸化交易以后，需要把所有的股民手里的股票全部都回收进来，全部都登记到电脑个人账户上，工作量非常大。当中会有各家证券公司记录的差错，会有股票产权不明晰的问题，收集股票实物券的验证工作瑕疵，等等。如果他们当时有一点点顾虑，这件事情可能都做不成。但是这些问题不会随着时间的推移得到解决，只会越来越严重。是把问题留给后人来解决，还是自己敢于担当、勇挑重担，在我看来这是那个时代的年轻人做事和现在的年轻人做事最大的区别。

······

此后，许多国外证券交易所的高管都到上海证券交易所来取经。

（节选自《何以家国——上海金融改革访谈录》）

上海好春

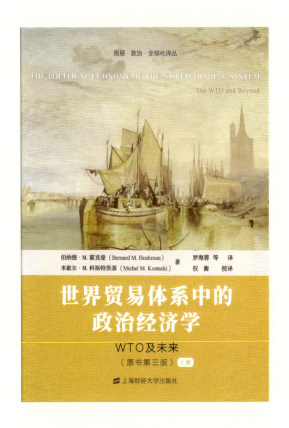

《世界贸易体系中的政治经济学
——WTO 及未来》

伯纳德·M. 霍克曼 米歇尔·M. 科斯特茨基 著

罗海蓉等 译 权衡 校译

责任编辑 温涌 上海财经大学出版社

2023 年 1 月出版 定价：238 元

　　本书涵盖世界贸易体系的经济、制度机制和政治
方面，尤其关注 WTO 作为贸易国家管理其商业关系
的主要组织以及对迅速变化的全球贸易环境作出的政
治协调的平台作用。WTO 反映了全球化进程的诸多
特点，目前面临着史无前例的挑战⋯⋯

作者简介

伯纳德·M.霍克曼，在密歇根大学获经济学博士学位，是伦敦经济政策研究中心的研究员。管理着世界银行的国际贸易部，并在中东/北非以及欧洲和中亚部门担任贸易经济学家。

米歇尔·M.科斯特茨基，在日内瓦国际研究生院获得博士学位，并在苏黎士大学运筹学和应用数学研究所工作。是瑞士纽沙特尔大学经济学院的教授和副院长、加拿大蒙特利尔大学的商业经济学教授。乌拉圭回合期间，任 WTO 秘书处的顾问，并担任东盟、联合国贸易和发展会议、国际贸易中心、经合组织、世界银行等顾问。

译者简介

罗海蓉，上海社会科学经济学博士，上海社会科学院世界经济所助理研究员。已发表个人学术专著一本，国内外期刊论文多篇。主持和参与过多次国家部委和省部级课题研究及多部国内外学术专著的编撰和译制工作。主要研究方向为国际经贸政策与发展经济学。

校译者简介

权衡，二级研究员、博士生导师，上海社会科学院党委书记。主要从事发展经济学、宏观经济学、中国经济发展与收入分配等理论和实践问题研究。先后赴美国哈佛大学、印度尼赫鲁大学等做访问学者。兼任上海市经济学会副会长、上海市人民政府决策咨询特聘专家、民进中央特邀研究员等学术兼职。曾入选中组部国家"万人计划"哲学社会科学领军人才、中宣部"文化名家"暨"四个一批人才"、"上海领军人才"等。权衡研究员的研究成果并多次获"上海市哲学社会科学优秀成果奖""上海市邓小平理论研究与宣传优秀成果奖""上海市人民政府决策咨询优秀成果奖"等。

编辑荐书

本书从内部人的视角解读 WTO，涵盖了世贸体系的经济、政治和制度等各个层面。作者围绕以 WTO 为代表的多边贸易体制，用严谨的逻辑和翔实的资料，系统论述了当前世界贸易体系制度设计的历史背景、经济学原理和内外政治因素。

政治经济学视角下的 WTO 及未来?

世界贸易组织（World Trade Organization，WTO）成立于 1995 年，负责管理其成员谈判达成的贸易协定，特别是《关税及贸易总协定》（General Agreement on Tariffs and Trade，GATT）、《服务贸易总协定》（General Agreement on Trade in Services，GATS）和《与贸易有关的知识产权协定》（Agreement on Trade-related Intellectual Property Rights，TRIPS）。WTO 的法规和原则为这种交换的大部分建立了法律框架。

WTO 的基本理念——就像其前身 GATT 一样——是开放市场、透明度和非歧视性贸易政策有利于所有国家的国民福利。组织工作方式的逻辑——通过互惠谈判确定可执行的承诺和共同商定的贸易相关政策规则——在于获得更多出口市场准入的预期，这将有助于政府克服阻碍采取更有效贸易政策的政治限制。

虽然与 GATT 有许多相似之处，但 WTO 在许多重要方面与其之前的制度存在差异。特别是对发展中经济体而言，这些差异对贸易体系的运作具有潜在的重要意义。GATT 是一个相当灵活的体系。讨价还价和达成交易是其核心，各国有很多机会在特定规定上"选择退出"（Opt out）。如今，这种情况不太多见。WTO 规则适用于所有成员，并且受到具有约束力的争端解决程序限制。这对寻求在各种主题上引入多边规则的群体具有吸引力——从环境和劳工标准到竞争和投资政策再到动物权利。但是，对于某些群体，即认为（所提议的）多边规则不合适，或者担心采取特定规则可能会对政府管制国内活动和处理市场失灵时使用自认为最恰当方式的能力产生不利影响，这也是其担忧的来源。

WTO 几乎从其问世起就引发大量的批评和关注。公众的关注在某种程度上反映出全球一体化正在加速发展。1900—2000 年间，国际贸易的规模翻了一番。外商直接投资（Foreign Direct Investment, FDI）的跨境流动扩张得更快，增长速度比世界产出快 10 倍。自 2000 年以来，贸易和 FDI 继续以惊人的速度增长，世界贸易再次翻一番，对外 FDI 存量在 2007 年超过 13.5 万亿美元——约占世界产出的 10%（UNCTAD，2008）。2000 年后，发展中国家贸易的增长率大大超过了高收入国家贸易的增长率，这有助于维持高经济增长率和降低贫困率。这些积极的趋势与更自由的贸易政策和市场导向的改革不期而遇。跨国公司在世界经济中扮演了更为重要的角色。2006 年，约有 7500 万人受雇于跨国公司的外国附属企业，与 1990 年相比增长了 3 倍，其中大多数增长来源于发展中国家。

从全球经济的角度来看，贸易和跨境投资流动的高速且持续的增长率都是有益的，而且发展中国家市场份额的增加改善了全球收入分配和经济活动布局。发展中国家作为一个整体，目前占到世界贸易的 35%，而 20 世纪 90 年代初这一比例仅为 20%。最令人印象深刻的是中国经济，1990—2007 年间，其在世界出口中的份额增加了 2 倍以上，并有望成为 2008 年最大的货物出口方（WTO，2008）。进口国没有全面实施保护主义措施，这也证明了贸易体系的成功，以及它所促成的贸易增长。现有的开放式全球贸易体系能否得以延续，取决于社会在开展和促进适应发展中国家经济扩张所需的调整方面的有效性。在某种程度上，这些调整可能意味着使用 WTO 规则允许的贸易政策——比如已被许多国家越来越多使用的反倾销（Antidumping，AD）政策，但大多数情况下，它们需要直接针对受影响群体的国内政策。

本书的目的是简要描述多边贸易体系的原则、法规和程序，并就其运作方式进行政治经济学的讨论。本书没有提供详细的谈判历史——谁做了什么以及何时做的，尽管在谈判和部长级会议的成果方面也做了详尽的讨论，包括 DDA 中讨论的主题。作为入门介绍，本书不能只是一个起点。在每章的末尾提供了扩展阅读的指南，有兴趣更深入研究特定主题的读者可以去查阅指南中推荐的著作以及参考书目。

本书分为五个部分。第一部分简要介绍了多边贸易体系的演变、世界贸易的主要发展，并介绍了贸易体制的基本功能（第一章）。

第二部分论述了 WTO 这一制度。其中，第二章介绍了 WTO 的组织结构、范畴和功能；第三章讨论了 WTO 的执行与争端解决条款，并对迄今为止的案例做了总结；第四章分析了 WTO 作为谈判论坛的作用。特别注意互惠的概念，因为这是多边贸易谈判（Multilateral Trade Negotiation，MTN）的关键要素。

第三部分讨论了包含在三大多边协定中 WTO 的核心规则。其中，第五章介绍了 GATT 的商品贸易法规——关税、配额、补贴、海关程序和产品标准等其他方面的规则；第六章讨论了在 GATT 主持下谈判主要针对特定部门的协议，其中最重要的 3 个协议是乌拉圭回合中的《农业协定》（Agreements on Agriculture，AA）、《纺织品和服装协定》（Agreements on Textiles and Clothing，ATC）以及《信息技术协定》（Information Technology Agreement，ITA）；第七章和第八章讨论了在乌拉圭回合中对贸易系统作出的两个主要补充，分别是 GATT 中纳入的影响服务贸易的政策规则和 TRIPS 协定。

第四部分描述和评估了 WTO 中的主要"漏洞"。其中，第九章讨论了允许重新设置贸易壁垒的各种机制，总结了相机保护措施使用方面的法规及其经济学含义，这些在应对（重新）设置保护的国内政治压力方面非常重要；第十章讨论了 WTO 允许的最惠国（Most Favoured Nation，MFN）待遇中最重要的例外之——优惠贸易协定（Preferential Trade Agreements，PTAs），几乎所有的 WTO 成员都是一个或多个 PTAs 的参与者，这对 WTO 非歧视原则的实际意义提出了疑问，优惠贸易的多边化成为 WTO 面临的主要挑战之一；第十一章讨论了 WTO 条款允许谈判所谓的诸边协定，即仅适用于签署协议的成员，其中最重要的是当前的《政府采购协定》（Agreement On Government Procurement），此类协议的使用频率在将来可能会大大增加，因为其允许一部分成员能够在无法达成共识的领域中前行。

第五部分论述了 WTO 面临的最新趋势和挑战。其中，第十二章讨论了发展中国家和中央计划经济体在多边贸易体系中不断发展的作用，以及这些国家关注的有关操作；第十三章讨论了近期很长一段时间内可能会在谈判议程上讨论的许多主题，包括竞争（反托拉斯）政策、劳工标准、投资和环境政策；第十四章讨论了贸易体系的治理、NGOs 的作用以及确保贸易和投资政策在国内透明的重要性。

最后一章，即第十五章简要总结了前几章提出的一些主题，并讨论了 WTO 的未来可能，以及在多哈谈判后，在贸易领域维持国际合作面临的挑战。

（节选自《世界贸易体系中的政治经济学——WTO 及未来》）

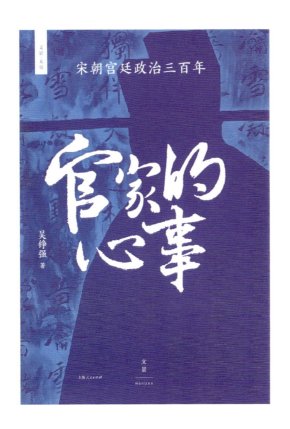

上海好书

《官家的心事：宋朝宫廷政治三百年》

吴铮强 著　　　　　　责任编辑　但诚

上海人民出版社·文景　　2023 年 9 月出版

定价：89 元

　　本书通过宫廷政治视角，围绕宋代宫廷政治斗争中聚讼纷纭的关键事件，如陈桥兵变、斧声烛影、澶渊之盟、绍熙政变等，力图摆脱既有定论的束缚，从史料中寻找未被遮蔽和美化的蛛丝马迹，还原宋代宫廷政治权力的聚散变幻，发掘两宋宫廷斗争的真相。

吴铮强，浙江大学历史学院教授、博士生导师，知名宋史、社会史学者。浙江大学地方历史文书编纂与研究中心负责人，浙江大学公众史学研究中心、宋学研究中心、历史学院宋史研究中心副主任。

作者从"文本与书写史"的角度祛魅、解构史书记载，力图摆脱既有观念之束缚（如宋代士大夫政治高涨、皇权得到限制等），还原被掩盖在各种史料中的宫廷斗争实相，挖掘其对两宋历史走向的影响，以求最大限度地接近历史真相。

鲁智深是谁

赵匡胤用郭威的方式推翻了郭威建立的王朝，而这两个开国皇帝从此成为当时武人崇拜的超级英雄。到了宋朝，武人的英雄形象被边缘化，但军队中、江湖上仍然流传着他们的传说。在文人统治的时代，崇拜开国皇帝成为政治大忌，郭威与赵匡胤的形象就转化为一个虚构的超级英雄，这就是中国人非常熟悉的水浒大英雄——鲁智深。

赵匡胤行伍出身，最后应募投入郭威帐下成为一名小校。不久，后周建立（951），赵匡胤被郭威从普通将校提拔为驻守滑州（今属河南）军队的副指挥使。但在出发去滑州任职前，赵匡胤结识了郭威的内侄、当时的开封府尹、后来的后周世宗柴荣，于是被任命为开封府的马军直使（骑兵指挥官），从而留在了京城。就这样，赵匡胤成了中央禁军的一员将领，开始了他辉煌的军事生涯。赵匡胤与鲁智深的早期形象非常接近，他们都是武艺高强、行侠仗义的军官。只不过赵匡胤生活在五代，趁某个机会当上了皇帝，而鲁智深生活在北宋末年，他只能去当和尚、山大王，然后接受朝廷的招安。《水浒传》开篇描述赵匡胤开创宋朝：

一条杆棒等身齐，打四百座军州都姓赵。

这正是说赵匡胤武艺高强，一根棍子打下了大宋江山。武艺是混迹行伍的基本职业技能，在五代社会甚至是一种生活技能。赵匡胤不只是成功的军官，还是武术界的一代宗师。在金庸的小说里，江湖第一大门派少林寺最经典的武术——少林长拳据说就是赵匡胤所创。少林长拳全称就叫"宋太祖三十二势长拳"，亦称"太祖拳"。相传赵匡胤投入郭威的军队之后，就把平生武学结合在战场上的实战经验编制成三十二势拳法，用来训练士卒。后来赵匡胤发迹变泰，成为宋朝的开国皇帝，昔日跟着赵匡胤习武的士卒顿觉身价倍增，便在民间传授"宋太祖三十二势长拳"。宋初，少林寺住持福居禅师为振兴少林拳法，曾邀集当时全国十八家武林门派在少林寺切磋武艺，宋太祖长拳是其中之一。《水浒传》开篇出场而神龙见首不见尾的王进，以及敢于跟鲁智深切磋武艺的林冲，他们都有一个威震江湖的军队职务——"八十万禁军教头"。小说中这两位"八十万禁军教头"的原型，可能参照了赵匡胤在军队传授武艺及为禁军"殿前诸班"征兵的那段经历。

鲁智深在王进与林冲两位禁军教头之间出场，这三位人物在《水浒传》中占据着前十回篇幅的显赫地位，风头几乎盖过梁山星魁宋江，这种现象当然是有特殊原因的。在《水浒传》所有的英雄豪杰中，鲁智深是公认人格最完美的人物，即便林冲、武松这样的大英雄也不能望其项背。但鲁智深的早期经历非常奇特，读者印象最深刻的无疑是"鲁提辖拳打镇关西"。这个故事讲，为解救被郑屠霸占的流落渭州的小妇人翠莲，鲁达打死郑屠而受到通缉，这才逃到代州，在五台山出家为僧，法号"智深"。鲁达成为鲁智深，但耐不住僧人的清规戒律，被方丈安排往东京投靠大相国寺，又引出倒拔杨柳、与林冲相遇等一系列惊心动魄的故事。但是在从五台山到大相国寺的途中，鲁智深身上还发生了两个故事。先是第五回《小霸王醉入销金帐，花和尚大闹桃花村》，说小霸王周通强娶桃花村刘员外的女儿，鲁智深假扮新娘把小霸王揍了一顿，救下刘家女。接着第六回《九纹龙剪径赤松林，鲁智深火烧瓦罐寺》，说和尚生铁佛崔道成与道士飞天夜叉丘小乙两位恶人霸占瓦罐寺，还强抢民女关在寺院里，花和尚鲁智深与九纹龙史进联手斗杀崔道成与丘小乙，但那个民女已投井自杀。所以在开封遇到林冲之前，鲁智深身上发生的三个故事主题竟然都是英雄救美。

鲁智深英雄救美的系列故事，其实都有一个共同的源头，那就是宋朝已经流传的话本《赵太祖千里送京娘》，其中刻画的赵匡胤完全是梁山好汉的形象：

> 生得面如喷血，目若曙星，力敌万人，气吞四海。专好结交天下豪杰，任侠任气，路见不平，拔刀相助，是个管闲事的祖宗，撞没头祸的太岁。

青年赵匡胤力敌万人，是个路见不平拔刀相助、好管闲事的侠客。由于在开封闯下大祸，触犯王法，被迫流落他乡，一路上惩治各地恶棍。当他来到山西太原时，遇到叔叔赵景清。赵景清在当地的清油观出家当道士，赵匡胤在道观住了几天。一次偶然的机会，赵匡胤发现道观中有一间紧闭着的殿房，里面有一个美丽的少女。一打听，才知道少女赵京娘被两位强盗抢到了这里，赵匡胤听了少女的悲惨遭遇，毅然决定把她送回家。途中遭到那伙强盗的袭击，赵匡胤将他们一一击退，平安地将赵京娘送回家乡。这个故事以少女自杀为结局，说父母见到赵京娘后想把她嫁给赵匡胤，赵匡胤拒绝，赵京娘为证清白自杀身亡。值得注意的还有两位强盗的名号及他们强抢赵京娘的情节：

> 原来那女子也姓赵，小字京娘，在蒲州解梁县小祥村居住，年方一十七岁。因随父亲来阳曲县还北岳香愿，路遇两个响马强人：一个叫作满天飞张广儿，一个叫作着地滚周进。见京娘颜色，饶了他父亲性命，掳掠到山神庙中。张、周二强人争要成亲，不肯相让。议论了两三日，二人恐坏了义气，将这京娘寄顿于清油观降魔殿内。分付道士小心供给看守，再去别处访求个美貌女子，掳掠而来，凑成一对，然后同日成亲，为压寨夫人。那强人去了一月，至今未回。道士惧怕他，只得替他看守。

这里的"满天飞张广儿"与"着地滚周进"就是《水浒传》飞天夜叉丘小乙、小霸王周通的原型，强抢成亲的情节化入《小霸王醉入销金帐》，赵京娘自缢则演绎为瓦罐寺妇人的投井自尽，可见《水浒传》中《大闹桃花村》

与《火烧瓦罐寺》两个故事都由《赵太祖千里送京娘》演化而来。

至于最精彩的"拳打镇关西"，一方面是套用了赵匡胤解救妇人的故事模式，另一方面直接采用后周开国皇帝郭威的一则故事。传说郭威当年也是一个低级军官，也是武艺高强、负气不羁、打抱不平，也特别喜欢喝酒。一次郭威听说某市场有位恶霸屠夫，就喝了很多酒来找茬：

> 帝负气用刚，好斗多力，继韬奇之，或踰法犯禁，亦多假借焉。尝游上党市，有市屠壮健，众所畏惮，帝以气凌之，因醉命屠割肉，小不如意，叱之。屠者怒，坦腹谓帝曰："尔敢刺我否？"帝即割其腹，市人执之属吏，继韬惜而逸之。

郭威对屠夫说你给我割肉，我规定你给我割几刀，割几片，然后嫌屠夫没有按照他的命令割肉，便大骂屠夫。屠夫不服气，袒露自己的肚皮跟郭威叫板说，你有种把我刺杀算了，郭威于是一刀就把屠夫捅死了。这个故事不但与拳打镇关西的情节如出一辙，而且原原本本地保留在新、旧《五代史》中。

（节选自《官家的心事：宋朝宫廷政治三百年》）

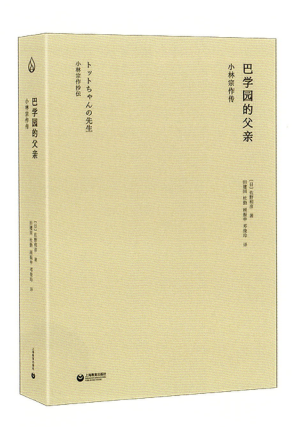

《巴学园的父亲：小林宗作传》

[日] 佐野和彦 著　　田建国 杜勤 顾振申 邓俊玲 译

责任编辑　刘美文　　上海教育出版社

2023 年 7 月出版　　定价：78 元

　　本书作者多次到巴学园原址和小林宗作的家乡实地调研，查阅其撰写的大量作品及相关文献资料，帮助人们了解小林宗作的生平故事、教育思想和理论建树，使这位平凡而杰出的校长广为人知，照亮众多教育者和所有对孩子关怀与热爱的人。

作者简介

佐野和彦，《窗边的小豆豆》作者黑柳彻子的挚友，日本国民电视节目《彻子的房间》制片人。

译者简介

田建国，翻译家，本书第一译者。中国翻译家协会专家会员，上海市外文学会理事，上海外国语大学贤达经济人文学院译审、教授、学科带头人。已翻译出版作品（含合译）近四十部。

杜勤，中国日语教学研究会上海分会常务副会长、上海市日语口译证书考试专家组专家、日中翻译文化教育协会常务理事、上海翻译家协会理事、上海外国语大学贤达经济人文学院教授。

顾振申，中日语双向即席·同声传译兼翻译业者。原上海市对外友好协会日本处翻译。日本海外技术者研修协会高级技术培训班翻译、上海杉达学院外国语学院副教授。

邓俊玲，中国翻译协会专家会员、上海外国语大学贤达经济人文学院日语系前主任。

编辑荐书

　　本书作为一部最全面、最权威的小林宗作传记，和《窗边的小豆豆》互相辉映，相得益彰，呈现了平凡而伟大和教育家小林宗作的生平及教育思想。他在乱世中用无私至诚的爱庇护了众多边缘儿童，创办的"巴学园"像一颗流星，光芒让几代人感到温暖，他尊重儿童天性、遵循天道自然的教育理念，告诉我们必须要"给孩子发展天性的乐园和童年，给教育者自由创造的智慧和勇气"，对当下的教育现实亦有重要的借鉴和启发。

教育必须是自由的

　　我在《窗边的小豆豆》中所描写的小林老师，是我儿童时代眼中所见的老师，是一个上了一年普通小学就退学并转学到巴学园后，每天都要被小林老师夸上一句"你真是个好孩子"的女孩儿记忆里的小林老师。而佐野先生则透过那双跟小林老师一样清澈的眼睛，写出了成年人眼中的这位小林老师。

　　《窗边的小豆豆》问世以后，收到过多少人寄来的"关于小林宗作老师"的信，我已经数不清了。幼小的孩子们在信中说道："我跟小豆豆一样喜欢小林老师。"有的还亲切地写道："我想上小林老师的学校。"母亲们宛若祈祷一般，在信里说："要是小林老师现在还在……"在职教师则在信里表达了"想要成为小林老师那样的老师"的心情。

　　究竟怎么做才能像小林老师那样成为孩子们的知音呢？小林老师到底是如何学习的？小林老师有着一种怎样的感受力？我想，心中存有这些疑惑的人，一定会在这本书中有种种发现。

　　校长伫立在马路上，一动不动，眼睁睁地看着巴学园被烈火吞噬。他和往日一样，身上穿着皱巴巴的黑色三件套西服。校长看着燃烧的大火，儿子金子巴先生就在身边。校长对已经上大学的儿子说："喂，咱们下次盖一个什么样的学校呢？"

老师对孩子们的爱、对教育的热忱，远比吞噬着学校的熊熊火焰还要炽烈得多。老师没有被击垮！　　　——《窗边的小豆豆》作者黑柳彻子

宗作老师一直坚持呼吁：不要拘泥于眼前！要放眼二十年后！基础，要在比小学年龄更小的幼儿园期间打好，可以说，要考虑必须把良种播在精心耕耘的田里，这是理所当然的事。

现代的教育过于依赖文字和语言，使孩子们用心观察自然、倾听神的呢喃、触发灵感的身体功能产生了退化。难道不是吗？

那是在玉川散步时发生的事情。正在河滩上走着，A小朋友跑过来说："老师，大便。"我把他带到石笼背后，挖了个小坑，帮他脱下裤子，对他说："好啦，多拉点大便哦……"不巧没带纸，就用手绢帮他擦好屁股，对他说"A小朋友，把坑埋起来吧"……两个人捧来沙子，把坑填埋好。A小朋友很放心地自言自语道："这样好了吧。"这时，我强烈地感到一种满足。留洋归来，帮别人的孩子擦屁股，还感到莫名其妙的满足，真是件奇妙的事情。不久，就要有十几个小雏鹰离巢去上小学了。我既高兴，又寂寞，在心里祈祷：祝你们苗壮成长……　　　——小林宗作《幼儿园来信》

单纯在教室里读书写字，那不是孩子们的生活。以孩子们在教室里的表现没有区别作为理由，抹杀幼儿园巨大的成绩，是不合理的。人类生活的价值应该更加复杂一点吧。话虽如此，我却不会很快下结论，一概而论地说那些老师特别不行。一个年级要收五六十个孩子，要做到对他们一一予以合适的照料，就算是拥有非凡本领和头脑的教师也是很难做到的。从体验上讲，我对此也能予以充分的同情。但对条理紊乱的奇谈怪论，我却不能听之任之。就是说，把过错嫁祸给幼儿园，对自己做的事情避而不谈，这样的论调对幼儿园的老师们很是失礼。

世上有很多人过于信赖人类的小知识和才能，注意不到生的力量、本能的力量。即使站在讲台上，对些许琐事也会提心吊胆，对不符合自己既定道德形式的孩子马上就认定是不良儿童，稍有大点的失策就像犯了不可弥补的错误一样惊慌失措。这些都是因为不懂生的力量，没有坚信人类不会被这点小事击垮的信念的缘故。人恰恰具有生的力量，就像狗尾草那样，越被踩踏就越会从下面发出新芽，会从内心深处汩汩地涌出希望，不断催生出新芽来。

——小林宗作《生的力量》

当人们相信这种生的力量而活着的时候，就能生活得很坚强。一旦注意到人所具有的才能、知识的力量很小，你就会注意到来自这些东西下面的大宇宙的节奏。跟着宇宙的节奏活下去的时候，相当复杂的人生也能意外地活得很简单。这就跟游泳一样，掌握不了律动的波浪节奏，每次浪来都会被浪打，而掌握好了波浪节奏，游泳的时候再大的浪也能轻松越过。我认为，如果逆宇宙节奏而行地发挥人类的才能，人生就会变得愈发复杂。愚蠢的人会在简单的世上活得很复杂，而伟人则会在复杂的人世间活得很简单。我就想这样活着，把生活过得很简单。

——小林宗作《生活简单化》

活着且生活得简单，一切都会产生余裕，无论是听音乐抑或是唱歌，都能踏踏实实地细细品味。你会对房间里的挂轴感到真正的兴趣，你会时常亲自为庭院里的盆景浇水。我就想这样把人生艺术化，闲适地度过一生。

这比执迷于渺小的荣誉心、渺小的优越心而功利狭隘地度过一生，不知要幸福多少！自从我来到成蹊学园后，切身体味到了这种生活艺术化的愉悦。

与其玩弄这个自由教育、那个某某主义，莫如相信生的力量，站上讲台进行真教育，在学生的内心里也培养出强烈的生的力量。我就是以这样的态度站在讲台上的。假如这样做是错的，影响就会反映在每个学生身上，那就必须改正。所以，如果我有错误之处，就请您为了您的孩子不吝指教。

——小林宗作《生活艺术化》

教育必须是自由的，不受任何束缚。

教育只能把真实教授给孩子。

教育不可无视孩子的感性而用于其他目的。

宗作老师以此三点为核心，把体态律动教育置于教育的原点之上，实践了对孩子的综合教育。这三个观点在宗作老师的内心化作了坚强的意志而发挥作用。

如果真正的美不会因时代变迁而变化，那么，真正的教育也不会因时代变迁而变化。所以，无论是战争中还是战后，宗作老师对孩子的教育从来没有任何改变。教育孩子与战争没有关系。金子巴先生抒怀道："……父亲并没有因为正处在战争之中，就把战争搬进学校。只有衣服之类带上了战争色彩，却从未说过美国是敌人的话。战前战后，父亲没有任何变化……"可见，宗作老师的信念是：真正的教育是不受时代潮流影响的。难道不是吗？

（节选自《巴学园的父亲：小林宗作传》）

《我是谁？段义孚自传》

[美] 段义孚 著 　　　　　　　志丞　刘苏 译

责任编辑　俞诗逸　范晶 　　　上海书店出版社

2023 年 8 月出版 　　　　　　定价：69 元

　　从中国、澳大利亚、菲律宾到英国、美国，辗转于不同文化的段义孚，把童年放在世界格局的大舞台中联动叙事，回忆在欧美求学的岁月，提及自己选择地理学的原因，并将自己的生理和精神特质展示给读者，坦率而真诚地完成了对自我的剖析和反思。

作者简介

段义孚，美籍华裔地理学家，人文主义地理学之父。出生于天津的一个官宦世家，成长于中国与海外，求学于欧美，长期任教于明尼苏达大学与威斯康星大学。代表作有《恋地情结》《空间与地方》《逃避主义》等。

译者简介

志丞，毕业于北京师范大学地理科学学部，译有《回家记》《恋地情结》等。

刘苏，现任教于西南大学，译有《恋地情结》《地方与无地方》《家园》《人文主义地理学》等，著有《上海市嘉定区拾荒者地方认同研究》等作品。

编辑荐书

　　将至古稀，美籍华裔地理学家、人文主义地理学之父段义孚回溯了自己的人生。他把童年放在世界格局的大舞台中联动叙事，回忆求学欧美的岁月，提及自己选择地理学的原因，并将生理和精神特质展示给读者，坦率而真诚地完成了对自我的剖析和反思。如何在平凡的事物与事件里，去体察个体生命的意义？怎样的人生才是美好的？段义孚的经历也许是特殊的，但他的问题却是普遍的，也正因如此，他的观念与思想，仍具有超越时空的永恒价值。

那些平凡的经历，是值得珍藏的面包屑

1988 年，我曾约鲍勃·萨克和凯伦·萨克（Bob & Karen Sack）一起来庆祝我 12 月 5 日的生日，但那天他们都染上了流感，我只好和往常一样在办公室里工作。直到准备离开的时候，电话铃响了。我接起电话，听见一个小男孩儿细微犹豫的声音，问我是否愿意和他一起吃饭。我听出来这是他们家 10 岁的儿子约书亚（Joshua）的声音。他觉得有义务庆祝一下我的生日。之后，我到他家，和他一起踏雪来到隔壁门罗街（Monroe Street）的一家餐厅里。约书亚是个非常英俊的男孩儿，他还为当天这个场合，把蓬松的头发朝后面梳得光光亮。在拥挤的餐厅里，我俩坐在一张小餐桌旁。周围的人都探头探脑地朝我们这边看过来，露出不解的微笑。他们一定在想："这到底是怎么一回事？这个男人很明显不是这孩子的祖父，也不像个保姆。他们到底是什么关系？他俩会聊些什么？"然后，约书亚就开始问我最近过得怎样，接着讲述起他在佛蒙特州（Vermont）祖母的小屋里度过的一个暑假，和那边山上的冰川。

多年来，我一直翻来覆去地讲述这件事，甚至还为此写了一篇文章，1989 年发表了出来。这件事真是历久弥新，在我心里分量十足。就像现在这样，当我写这个故事的时候，忽然觉得自己很可能是第一个同约书亚共进烛光晚餐的人。这是怎样的特权啊！当然，这也有些奇怪——甚至有些伤感——像我这般年纪和阅历的男人，回首往事时，竟还能生动地勾勒出同一个孩子共进晚餐的场景。这件事当然有迷人的美感，但有人也会很理性地问道："难道就没有比这更重大的时刻了吗？比如，当你作了一次成功的演讲后，人们对你表示喝彩的时候？比如说《高等教育纪事报》（*Chronicle of Higher Education*）对你做出很高评价的时候？又比如说滑铁卢大学校长授予你荣誉学位的时候？"

是的，我很高兴自己能取得这些成就，它们在我人生的特定时刻里也是很重要的。但此时此刻，它们在我心里已激不起任何波澜了，特别是当我痛心伤怀，需要安慰的时候，它们似乎不起什么作用。如果说，这些事还一直徘徊在我记忆的洞穴里，那也是因为我的雇主要我记住它们，好作为我官方履历的一部分而已。从这些成功里，我能收获快乐，但全然不是源于内心深处的快乐，因为这些成功只反映出普通大众在传统意义里的智慧而已。能为生命给予最深满足感的是那些平凡的经历，而这里的"平凡"，指的是我们这些"普通人"可以像那些有财富、有名气、有才华的人一样享受到幸福，而通常我们意识不到自己其实和那些人一样在幸福地生活。这个世界比我想象的还要公平，公平地分配着至关重要的好东西。

十年后的一个经历，是另一粒值得珍藏的面包屑。1997 年 12 月 12 日，在四十多年的教学后，我上了最后一课。我把"空间与地方"这门课的学生作业收上来后，看到里面有些个人化的评价。其中一位名叫彼得·普罗哈斯卡（Peter Prohaska）的学生写道：

当我写这份作业的时候，您窗户上那盏让人熟悉的环形灯都还亮着，说不定您当时正在读一份人类学的文献吧。这真是难得的运气。当我思考地方的营造，思考何为家园，甚至想象在暴风中建造一个庇护所的时候……甚至当我阅读 C. S. 刘易斯的书或者您写的书《道德与想象》的时候，就会觉得，在街道的另一侧，有个人始终会伴随着我的思考而频频点头给予肯定。由此，师生之间的纽带似乎就在教室之外的时空里连接了起来，无论彼此是否能感知到。我期待着您能读到我写的这些话，……是想真诚地感谢您把本真的情感和欲望灌注在了我们这些学生的心里，让我们带着您培养起来的思考与关注，更好地去理解这个世界。

后来，我便邀请了这名学生和他的室友林迪·纳尔逊（Lindy Nelson）到附近的一家名叫威尔逊街烧烤（Wilson Street Grill）的餐厅吃饭。很奇怪对吗？可能因为我自己是无根的人，所以，我人生中最值得珍藏也是最勇敢的时刻，竟然大多数都出现在了咖啡厅或餐馆里，而不是卧室或厨房里。我对公共场所的依赖，以及偶然短暂的情感经历，总让我觉得自己是不成熟的。我缺失了两个关键的人生阶段——婚姻和抚养孩子。我还没长大就变老了，从未体会过传宗接代的压力和喜悦，也未承担过家庭的责任。但不成熟却成了我的安慰，因为，人类都是不成熟的。

不成熟意味着从未有过"在家"的感受，从未觉得自己归属于某个地方。我们人类有时候会羡慕动物，因为和我们不同的是，它们始终是待在自然的栖息地里，即家里。但我们人类却在所拥有的事物上发展得太过头了，不仅是自然栖息地，还有人造的各种保护壳，从鞋子到房子再到思想。人类成熟的过程太漫长了，所以，我们就习惯于待在幼年的状态里，习惯于保持"未来我们还能有所改变"的思想。但是动物的幼年期却很短暂，仿佛它们命中注定就是要变得成熟起来，成为一个适应力强、稳定可靠的成年动物。但人类的情况就令人困惑不解了，因为人的特质千变万化。动物的情况则不那么复杂，它们的特征是清晰而稳定的，比如獾、鼹鼠、老鼠、蟾蜍，每类东西都有其特定的习性。

从天性上来讲，人类一直是无家的，所以，他们一直在努力建造家园，力图获得稳定。社会习俗就是一个家。人在很小的时候就会被教导如何遵守一套社会习俗。而效验如神的是，他们会不知不觉地被习俗浸染，说话和做事都好像是出自本能一般。

在我看来，最有意思的不是群体性的离经叛道行为——它们都是"不成熟"的表现，当然它们也很重要——而是个体性的、带有玩闹性质的、无意识的反常行为，这种反常行为实际上是"创造性"的另一种称呼。之所以同约书亚一起吃饭——在我看来很有意思——也是因为它的不寻常性。倘若我是他的祖父，或者，刚好那天是他的生日，那么聚餐尽管也会令人愉快，值得纪念，但它就成为一件遵守习俗的事了，是关乎礼节类的书籍都会提及的事。

看来，说到不成熟这件事，还引发了一股自豪感呢，但其实，还是有令人遗憾之处的。因为有时候，我会十分渴望拥有一个名副其实的家庭，一个永久牢靠、彼此依赖的关系——这意味着成熟。甚至在软弱的时候，我还渴望自己能栖身于一个辉煌灿烂的学科，其中大师巨擘比比皆是，学科体系枝繁叶茂，学术奖项久负盛名，而自己能在里面占有一席之地。但是，命运却另有安排。

让我以一件封存的小事来结束吧。这件事发生在我来威斯康星之前很久的时候。有一次，已过半夜，我独自在内布拉斯加州疏落的景观里驾车向西而行。在不宽的高速公路上，只有我和前面一辆车在行驶。我们一直结伴而行。我对自己的驾驶技术一直信心不够，尤其是在黑夜里，所以，我很感激前面那辆车的尾灯，一直引导着我，给予我安全感。但当我开始觉得这样的陪伴是理所当然的时候，他却闪起了右转灯。这是颇有礼貌的信号，但也是令人遗憾的，因为此后，就只剩下我独自一人了。那辆车拐进了一条乡间小道。于是，就只剩下我自己的车前灯来引路了。这灯光只能照亮很短的一段路，而这路，在更远之处，则被吞没在了重重的黑暗里。

（节选自《我是谁？段义孚自传》）

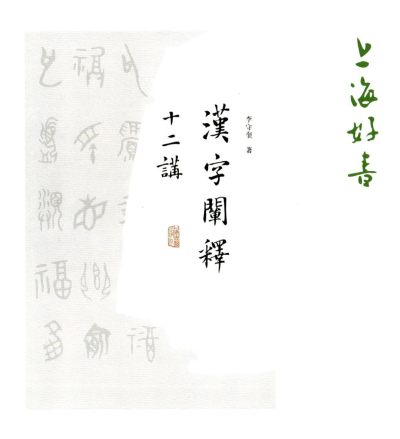

《汉字阐释十二讲》

李守奎 著　　　　　责任编辑　余念姿

上海古籍出版社　　　2023 年 8 月出版

定价：88 元

　　本书从繁简字开始讲起，以最早对汉字发展史进行全面阐述的《说文解字》入手，而后从历史发展、文化传承、社会需求上阐释汉字，使读者对汉字整体形成宏观认识。汉字具有超语言的功能，在中华民族形成和维护国家统一中发挥着重要作用。只有深入研究汉字，才能正确阐释汉字，讲好每一个汉字故事。

作者简介

李守奎，清华大学人文学院、出土文献研究与
保护中心教授，教育部长江学者特聘教授，汉
语言文字学专业博士生导师，中国文字学会副
会长。主要研究方向为汉语言文字学、古文字学、
历史文献学、简帛学等。

编辑荐书

汉字不仅记录语言，还具有文化凝聚的功能，在中华民族形成与
发展过程中起到重要作用。"汉字阐释"指对汉字构形与汉字文化的
解读，挖掘汉字中蕴含的文化，是传统文化的传承与再认识。本书通
过十二个专题，以具体文字如"也""福""卿"等常用字的阐释为
例证。详细描述其形体演变的来龙去脉和规律，带领读者关注汉字阐
释，包括汉字构形的理据、字形与所记录语言之间的关系、汉字中蕴
含的文化。

汉字是中华文明的曙光

汉字是中华文明的曙光。汉字让中国的历史不间断记录成为可能。从公元前841年起，中国就有了不间断的历史记载，这在世界上是绝无仅有的。为什么前一朝代灭亡了，相继的朝代能为其修史？二十四史能绵延不绝？汉字是最重要的"技术"保障。我们今天的学者阅读出土的汉代早期的古书文献，文字上几乎没有太大障碍，读清朝文献就更不成问题。因为汉字，我们的历史记载是贯通的。

在中国的传统文化中，一般认为儒学是思想文化的代表，京剧是表演艺术的代表，但它们都传而不统。汉字是传到今天、统到现在、跨越了传统与现代的分界。在中国文化中大概只有汉字与筷子能够如此。

汉字与时俱进，作为记录语言的交际工具也越来越便利。现代汉字有拼音字母注音；有规范之四定：定量、定形、定音、定序，汉字通过自身的进化也进入了"现代化"，成为全民学"文化"的基础，成为国际交流的重要工具。

汉字更重要的是其文化功能。

表音文字记录语言确实简单便利。3000多年前，地中海东岸就出现了表音文字，东西传播，演化出众多字母文字。传入欧洲，希腊字母演变出罗马字母和西里尔字母；传入西亚，最著名的是阿拉伯文字。这些表音文字大都因商业需求而兴起，有很大的实用性，特别适用于民族单一、语言统一的社会群体。历史上出现过很多使用表音文字的多民族大国，例如罗马帝国、奥斯曼帝国、苏联，即使使用的字母相同，但所记录的语言不同，这些表音文字强化了各民族之间的独特性，表面上看使用的拉丁字母都差不多，但所记录的语言则完全不同。使用表音文字的大国，合久必分，分则不能再合。即使在该地域再次兴起一个大国，也是一种文化取代另外一种文化，很少是同一种文化的延续传承。

汉族是一个文化共同体。学者很早就指出，历史上的胡汉之分，在文化而不在种族。历史上"汉族"的形成过程就是民族融合的过程。

新石器时期，从南到北，从东到西，分布着星罗棋布的各种不同的文化，共同创造中华大地的辉煌。它们是怎么凝聚在一起形成共同的文化？原因很多，但一定与文字产生密切相关。文字很有可能首先在黄河流域出现。随着文明的诞生与传播，使用相同文字的不同文化共同体不断融合，形成更大的文化共同体，商、周文化的融合就是典型，不仅有文献学的证据，也得到考古学的支持。

具有凝聚力的"中国"，早在西周早期的何尊就已经出现了。在其后的历史中，民族不断融合，分裂之后是更大的统一，分久必合是历史的趋势。不论如何改朝换代，主体文化一直传承不绝。

历史上农耕的汉族在军事上往往不能抵御游牧的外族，但由于文化的先进性，一旦被外族认同接受，就会形成更大的文化共同体，民族的融合使得汉族日益壮大，成为世界上人数最多的民族。

中国文化是一种内倾的文化，求融合而不事武力扩张。我们主张的是做好自己，天下归心，国家与民族都向心凝聚。形成这种凝结的文化有种种原因，其中汉字是其核心要素之一。当国家危亡之时，文化共同体的认同感就更加强烈。在抗日战争初期亡国论甚嚣尘上的时候，有识之士的自信就是"中国文化不灭，中国就不亡"。

中华民族是近代产生的概念，中华民族内部，既有各民族之间的差异，又有其统一共融。中华民族共同体是国族，56个民族同属于中华民族。中华民族使用汉字达到95%以上。双语双文教育令中华民族大家庭一方面文化多样，丰富多彩；另一方面有效沟通，文化认同，现代交通、现代信息技术加速了中华民族的文化认同。

在中华民族的内部，民族与民族之间差异很大，地域、经济、血缘、语言、宗教、生活习惯都不相同，是什么能够让他们凝聚在一起？如何和睦地长久地相处？如何凝聚而不分离？短期内政治、经济等都能够发挥作用，但长久地看是文化。

中华民族的复兴不仅仅是经济之振兴、军事之强大，更重要的是文化之自信，民族意识之自觉。

汉族是中华民族之一员，汉字是众多文字之一种。在这个民族共同体里，汉字能发挥什么作用？该发挥什么作用？这是我们应当认真思考的问题。

汉字是中国文化的核心，汉字是民族融合的黏合剂，汉字是中华文化的向心凝聚力。有学者已经指出："文字忠实于语言，如实拼写反映语言，付出的代价是什么？就是汉民族的解体。"

我们是一个文化共同体，对传统文化的认同是我们融合为一体的历史基础，汉字是传统文化的基因。为了文字记录语言的方便而忽视汉字对民族融合与国家统一的重要作用，得失一目了然。

汉字是表意文字系统的典型代表，是自源、古老的表意字中唯一延续至今的古典文字。汉字历经三千多年发展，产生了很多变化，但其平面与层级结构不变，表层结构与深层结构不变，超方言、超语言的功能不变。

汉字不仅是记录语言的工具，在中国统一国家的形成过程中也发挥着不可或缺的重要作用。汉字是中华民族认同的文化核心，不断推动着中华民族的交流、融合，与中华民族一道发展。

由"汉字不灭，中国必亡"，到"灭了汉字，中国即亡"，这种认识反转的背后，是中华民族给自己的世界定位发生了转变。"汉字改革"已经成为一个历史话题，伴随着中华民族的伟大复兴，人们需要重新审视这神奇的"东方魔块"及其承载的厚重文化。世界文化有着丰富的多样性，中华文化则以其悠久、深厚、包容、自新而独具特色，与时共进，在世界文化大观园中熠熠生辉！

（节选自《汉字阐释十二讲》）

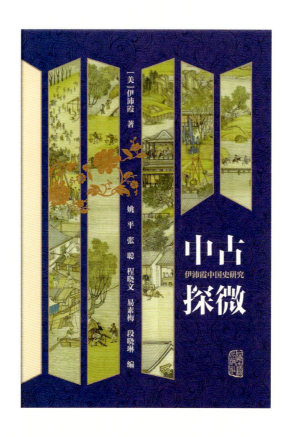

《中古探微：伊沛霞中国史研究》

[美] 伊沛霞 著

姚平　张聪　程晓文　易素梅　段晓琳 编

责任编辑　余鸣鸿　　　上海古籍出版社

2023 年 2 月出版　　　定价：158 元

　　本书收录 16 篇关于中国史的论文，是其从业治学五十年以来成果的选萃。序言《五十年的中国史缘》为伊沛霞访谈录，将其治中国史之缘起、经过等娓娓道来。论文所涉内容包括唐宋制度史、社会史、家族史、性别史等领域，不仅是作者教学成果的集中展现，也反映了西方汉学研究之薪火相传，以及海内外汉学界之学术互动。

作者简介

伊沛霞，美国哥伦比亚大学东亚研究博士，华盛顿大学历史系荣休教授，《中国历史学刊》主编。主治宋史，尤重社会史、家庭史。著有《内闱：宋代妇女的婚姻生活》《宋徽宗：天下一人》等，主编《当代西方汉学研究集萃（五卷本）》等。2014 年荣获全美历史学会终身成就奖，2020 年获美国亚洲研究协会亚洲研究杰出贡献奖。

编辑荐书

　　本书相对于较早介绍给中国读者的专著《宋徽宗》《内闱》等，涉猎更加广泛，包含了伊沛霞教授研治中国史的主要领域。"探微"出于"见微"，而"见微"显然是为了走向"知著"。伊沛霞教授以女性学者的身份考察男人书写的中国古代史料，以其独特的视角，往往能得出创造性结论，使人耳目一新，其研究无疑做到了见微而知著，同时还在一个以男性主导的学术圈子里，确立了女性学者的地位，她所付出的努力更超越旁人。她在《访谈录》中说："我记不清有多少次我是学术讨论会的第一个交稿者。我喜欢在截止期远远还没到之前就交稿。"这或许可以作为其卓越成就的注脚。

处境、做法和期望

在朱熹的时代，向他人展示手书并在上面批注的做法可能还不到两个世纪，但已经有了一些约定俗成的规矩。朱熹自己也发现了这种做法的价值。在他的晚年，他要求他的儿孙保留他的老师刘子翚（1101—1147）几十年前的手书，并告诉他们要把这些手书展现给志同道合的人，让大家得以欣赏。

朱熹的许多题跋似乎都是在社交场合写的，手书的主人也在场，很可能还有其他客人。朱熹经常和学生一起旅行，他们中的一些人可能也在场。主人的其他家庭成员或其他客人也可能在一旁观看。这就给题跋赋予了表演性的特征，因为它经常是在一群观众面前完成的。

朱熹提到了他写题跋的几种不同的情况。其中一个常见的场景是他在旅途中拜访某人。有时是在熟人的家中，有时是首次见面。在上面的第六个题跋中，朱熹提到他在 1181 年路过三衢时，在王家看到了苏轼的一幅书法作品，这份作品很可能是王家所有的。朱熹在第九个题跋中提到，他在南行时曾到过蔡襄的孙子家，在那里看到了蔡襄的作品，朱熹提出借用。对借来的作品写的题记一般都是在朱熹归还作品时就写好的，所以估计是他在独处的时候完成的。

朱熹还提到了有人带着作品来给他看。这些人也许是在他的家里、官衙、书院或客栈中拜访他。在第一个题跋中，朱熹住在一座寺庙里，一位他不认识的当地文人带着作品给他看，希望让他写一篇题记。在题跋二中，朱熹提到他在南康（1179 年至 1181 年在那里任职）时，一位他认识的人带了一些手书给他看。题记十则提到他的一位老师的儿子带来了他父亲写的作品。

在少数情况下，我们得知朱熹同时看了不止一份作品。朱熹的作品集中有他为王厚之（1131—1204）收藏的一系列作品写的题记。王厚之是当时的大收藏家，他拥有欧阳修手稿，朱熹曾在上面题记。朱熹在拜访他以前老师的儿子刘玶（1138—1185）时也看到了很多作品。1195 年，他回忆起 1167 年在长沙拜访张轼时，两人一起去拜访刘玶，花了一整天的时间，"阅其先世所藏法书古刻及近世诸公往来书帖"。然而，朱熹的大部分题跋都没有提到当天看的其他东西。只提到一件作品，这就让主人可以选择将这份题跋附在所回应的这一份作品后面。这种在单一物品上题记的做法似乎在北宋时期就已经形成了，所以朱熹和那些给他看作品的人可能认为这是题跋本身约定俗成的一部分。

那些向朱熹展示手书的人无疑是通过多种方式获得这些作品的，但朱熹最常提到的方式是通过他们的家人。上面的题跋一提到手书和展示人的母亲有关。第十份题跋提到黄达材带来了他父亲的一份手抄本给朱熹看。类似的例子还有很多。1179 年，周敦颐（1017—1073）的曾孙拜访了朱熹，并赠送了周敦颐《爱莲说》的原稿。朱熹的一个高徒蔡元定（1135—1198）向朱熹展示了他已故父亲的手稿。1191 年，高登的后人向朱熹展示了高登（卒于 1148 年）与当时其他知名人士的通信。同样地，方士龙给朱熹展示了他父亲和同时代的其他五个人的书信。朱熹评论说："不唯足以见德顺之为人，而中兴人物之盛、谋猷之伟，于此亦可概见。"1192年，殷先生把他父亲抄写的欧阳修（1007—1072）的三篇文章拿给朱熹看。1194 年，朱熹为赵抃（1008—1084）的手稿写了一个题记，这份手稿是赵的兄弟或堂兄的后代赵遵拿给他看的。同年，朱熹拜访了张栻的孙子，得以看到一份张栻写的奏折，朱熹也为这份奏折写了题跋。

有时人们展示先人收藏的作品而非手书。例如，1190 年，方道辅的曾孙邀请朱熹对程颐写给方道辅的信件写题跋。在另一个场合，谢克家（卒于 1134 年）的孙子给朱熹看了他祖父收到的高官张浚（1097—1164）的信。在评论了张浚的谦逊和向学后，朱熹写道："三复之余，叹仰不足。谨录一通，藏之巾箧，而敬书其后以归之。"

为什么人们会展示与自己亲人有关的作品？可能在许多情况下，这些作品是他们所有的唯一的手书。此外，我认为他们期待自己的行为会被视为孝道的表现。人们也许会觉得把自己写的诗拿出来太尴尬，但不会觉得把已故的父亲或祖父的诗拿出来有什么不对。对于名人的后代而言，他们作为先人手书的守护者，这会使自己变得更加重要。

有一次，朱熹自己也扮演了孝子的角色，在自己父亲的书法上题跋："先君吏部三诗，以宣和辛丑留题政和延福院壁，至今绍熙庚戌，适七十年矣。孤熹来自崇安，裴回其下，流涕仰观，虑其益久而或圮也。里人谢君东卿、陈君克请为模刻，以传永久。"

朱熹有时会看到一些他不太推崇的知名书法家的作品。他偶尔会批评苏轼、黄庭坚和米芾（1051—1107）的书法，这几位都是北宋最有名的书法家。朱熹在一份书信中提到黄庭坚和米芾，认为他们的风格或者失于谄媚，或者过分热烈。朱熹的学生记录了他对苏轼和黄庭坚书法的批评，同时赞扬了蔡襄书法所展现出来的法度。

不管他的真实想法如何，朱熹都能在必要的场合对苏轼、黄庭坚和米芾的作品说些客气话。在为黄庭坚的草书《千字文》所写的后记中，朱熹详细评论了黄庭坚在 1090 年前后的朋党斗争中令人钦佩的行为，但拒绝评论他的书法，只是说："若其书法，则世之有鉴赏者，自能言之，故不复及。"在题注某人父亲和苏轼的两封通信时，朱熹指出，从信中可以看出两人之间的友谊，而且苏轼虽然曾经身陷囹圄但并没有降低他的威望。

在另一个场合，当看到苏轼的作品时，朱熹指出，有很多苏轼的作品在流传，但很难分辨真假。他还承认，他家有两件苏轼的作品，都有生动的"笔势飞动"，但有些看过的人怀疑其真实性。

当被邀请对纯粹的书法作品题跋时，朱熹偶尔会表示不感兴趣。他在一篇文章中写道："西台（李建中，945—1013）书在当时为有法要，不可与唐中叶以前笔迹同日而语也。细观此帖，亦未见如延之（尤袤，1127—1194）所云也。"可能这幅作品已经有了尤袤对其赞扬的题记。在另一个场合，当朱熹看到三国书法家钟繇（151—230）的作品的近世摹本时，他写道："然字小目昏，殆不能窥其妙处。"1182 年，朱熹应邀为著名的《兰亭序》写题跋，他讨论了流传的不同版本，然后认可了这份版本的所有者对此藏品的高度评价："陈舍人至浙东，极论书法，携此本观之。看来后世书者刻者，不能及矣。"

朱熹的题跋被收录在他的作品集中，这也证实了另一种做法：有人抄写了题跋，并让这些题跋能够独立于手书本身流传出去。也许是朱熹自己抄写的，或者是他一个随行的学生所做。由于朱熹和他同时代的人都知道苏轼和黄庭坚的作品集收录有大量的题跋，他们就可能像对待书信一样对待题跋，并试图保留一份抄本。与作品集中的书信一样，题跋无疑也是不完整的，因为并不是每一篇都会被收录。十三世纪二十年代添加到朱熹文集的两份补集中，就增加了几十篇题跋和几百封书信，这些最早并没有被收录在朱熹长子编纂的第一部遗著中。

（节选自《中古探微：伊沛霞中国史研究》）

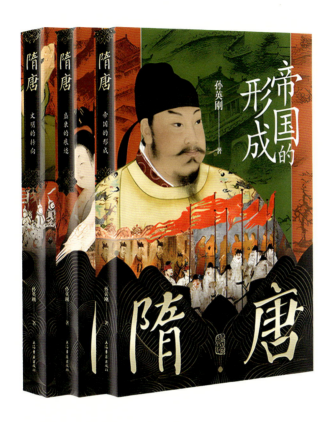

"孙英刚精讲隋唐史"（全三册）

孙英刚 著　　　　　责任编辑　赵暲

上海古籍出版社　　　2023 年 10 月出版

定价：384 元

　　隋唐时代可以说是中国历史上的第二个帝国时期。作者提炼出五大关键词："世界主义""佛教帝国""贵族政治""律令制社会""神文时代"。全书以中古政治史的宗教面为线索，展现隋唐盛世的完整面貌。

作者简介

孙英刚，普林斯顿大学博士。浙江大学历史学院长聘教授、常务副院长。国家社科基金重大项目首席专家、教育部青年长江学者。主要从事中古史、佛教史研究。兼任中国魏晋南北朝史学会副会长、中国唐史学会理事、中国敦煌吐鲁番学会理事。

编辑荐书

　　作者孙英刚教授以中古政治史的宗教面为线索，将枯燥的制度、复杂的战争、杂乱的政变融入人物传记中，以小见大地展现隋唐盛世的完整面貌。此外，"通俗文化对历史记忆的扭曲"的例子在书中不胜枚举，如一代战神苏定方在《隋唐演义》中却成了反派。作者也因此在书中补充了一些小说的成书背景和创作者信息，为读者察看历史提供了更为丰富的视角。

隋唐史的"五大关键词"

如果我们穿越回唐朝，站在长安的天街上，会如何看待这个时代和这个文明呢？直观的感受恐怕会与我们作为后人用倒放电影式的概括不同。在中国数千年文明史中，唐朝占有不可忽视的地位，甚至被描述为中国的黄金时代。桥水基金的创始人达里奥（Ray Dalio）精于用历史周期作投资决策，在他看来，唐朝是中国文明的一个高峰，而之后的宋文明，虽然精致，却是一个长长的 B 浪反弹，酝酿着更大规模的下跌。

那么我们如何来概括唐朝呢？我想用下面五个词来描述：

第一个词是"世界主义"。"世界主义"（Cosmopolitanism）是半个世纪以来中外学者最常用来描述唐朝的概念。比如《剑桥中国史》的主编杜希德（Denis Twitchett）早在 1973 年出版的《唐代概观》（*Perspectives on the T'ang*）中就用"世界主义"来概括唐代的中国文明，而日本著名的唐代史学者气贺泽保规教授也以"绚烂的世界帝国"来描述唐朝。这种世界主义的特质是浑厚、包容，其以海纳百川的气度再造了中国文明，进而带来了宗教、文化、制度、知识的璀璨和辉煌。唐代尤其是盛唐之前，华夷之辨并不占据主流。唐太宗认为四海之内不论华夷，都是自己的子民。彼时盛行的佛教强调众生平等，部分化解了传统"士农工商"

的四民结构以及华夷之间的壁垒。更为典型的例子就是粟特人（Sogdian）。这些被称为昭武九姓（康、安、曹、石、米、何、火寻、戊地、史）的族群，"利所在无不至"，是丝绸之路上的贸易担当。他们不但连通了中国和域外的商业网络，还充当了大唐的使节、将士、音乐人、画家等，给大唐文化注入了新鲜血液。比如随着龟兹等地的中亚音乐的传入，宫、商、角、徵、羽中土五音音律的固有缺陷被不断挑战，"琵琶及当路，琴瑟殆绝音"——以琴瑟、钟磬为乐器的时代过去了，音乐进入了新的时期。又如武则天时期，一个叫安金藏的粟特人，本是太常乐人，为了保护当时的皇储李旦，剖腹以证皇储不曾谋反，被称为"烈士"。安史之乱后中国文明逐渐走向民族主义，而粟特人却逐渐融入汉人之中，这或许是中国人善于做生意的部分基因来源。

第二个词是"佛教帝国"。如果我们把隋唐和其他朝代相比较，就会发现那是一个佛教繁荣的时代，唐朝可谓是一个"佛教帝国"。上至政治宣传、意识形态，下到日常生活、节日习俗，都能看到佛教的影响。大唐的长安和洛阳的天际线被佛塔所装点，人们的心灵被笼罩在佛光下。佛教在亚洲的兴起与传播，是人类历史上的一件大事。它不但带来了宗教信仰的传入与传出、政治意识形态的冲突与融合，也带来了几乎全面的知识和观念的革新：地理知识、宇宙观、生命轮回、语言系统、新的艺术形式、风俗习惯、城市景观等。这种文化融合和再造，不只是"取塞外野蛮精悍之血，注入中原文化颓废之躯"，更是高度发达的知识和信仰体系之间的磨合。仅仅从政治史的层面讲，佛教对未来美好世界的描述，以及对理想的世俗君主的界定，在数百年中，对当时中土政治的理论和实践都产生了重要的影响，包括政治术语、帝国仪式、君主头衔、礼仪革新、建筑空间等方面。武则天正是在佛教繁荣的背景下，才能以佛教转轮王的身份登上皇位。又比如从城市空间的角度看，佛教兴起之前的中国城市，基本上分为"官""民"两种空间，像用于国家祭祀的礼仪空间老百姓是进不去的。佛教的出现，在官—民的结构之外，提供了双方都可以去的近乎公共空间的场域；城市空间在世俗空间之外，也出现了宗教（神圣）空间。从《两京新记》中，我们可以生动地读出这种变化带来的城市活力。如果我们对比汉朝的长安和唐朝的长安，就会发现，这是两个完全不同的城市——唐朝的长安是一座佛教都市。唐代的中国，在宗教信仰上处于文化优势地位，佛教已经成为中国文明的一部分，而且是中国思想世界最为复杂繁密的一部分，唐朝也已经成为当时整个佛教世界的中心。正如近代以来欧洲传教士到东方传教，唐代时中国佛教强势对外传教，比如日本把佛教引入本国，各大宗派都视长安的某个寺院为自己的祖庭。佛教的传入也为中国带来了新的艺术形式和艺术主题，敦煌莫高窟、龙门石窟等，都是人类文明的瑰宝。除了佛教，还有三夷教（景教也就是基督教的聂斯托利派、摩尼教、祆教或者琐罗亚斯德教）也传入中国，让大唐文明呈现出浑厚璀璨的景象。

第三个词是"贵族政治"。你如果穿越回唐朝，可能会发现出身很重要。所以我们在隋朝和唐代前期，看到了大量权势熏天的皇子政治集团：隋朝的晋王杨广夺取了太子杨勇的储位；唐朝的秦王李世民发动玄武门政变，杀死了自己的兄长和弟弟，夺取了皇位；唐太宗的几个儿子也跃跃欲试，觊觎着最高权力。各大家族各自下注，甚至两边下注，希望能延续自己的政治地位。甚至外姓的武则天夺取了李唐皇权，成为中国历史上唯一的女皇帝。唐前期，几乎没有一个太子能够顺利继承皇位，最终真正继承大统的往往是残酷宫廷斗争的胜利者。初唐波谲云诡的政治斗争，催生了一大批个性鲜明的政治人物，中晚唐的政治史同样很精彩。马克斯·韦伯（Max Weber）在《政治作为一种志业》中认为，皇权与贵族权的斗争使得皇权要引进新的政治力量。比如，中晚唐时宦官的崛起，他们的权力来自皇帝，是皇权的延伸；又如僧侣，中世纪欧洲的教士识文断字，具有行政处理能力，同时恪守独身的原则，切断了跟大家族的联系，而在中国，佛教僧侣在特定情况下也成为皇权的重要支持者。

第四个词是"律令制社会"。唐朝是一个律令社会，非常讲究律法和制度。从制度创新上说，它进一步发展的三省六部制、科举制度等，对周边文明都有影响。我们以前对科举制度有非常多的批评，甚至认为它影响了中国的现代化，实际上这种批评是很不公平的。如果放在整个人类文明史上看，科举制度可以说是非常重要的发明，也是中国对人类历史非常大的贡献。说到底，科举制度是一种文官考试制度，近代英国开始进行文官考试制度的时候，考试的内容还不如我们的科举制度——英国考《圣经》。所以问题不在于制度本身，而在于其具体的社会功用以及政治功用。考试的内容是大家诟病的地方，但制度本身是非常重要的发明。唐代的科举制度在最初并没有改变贵族社会的本质，相比寒门子弟，士族子弟拥有更多的资源和优势准备考试，让科举变成有利于自己的新的游戏。但是随着时间的推移，科举在唐朝之后培养了一大批具有人文主义精神的士大夫阶层，他们的崛起，取代了以前依靠家族出身决定政治前途的贵族阶层。

第五个词是"神文时代"。从汉代到隋唐，虽然学术与思想几经变革，但是就政治论述而言，总归不脱神文主义的总体架构。纬学为经学的重要组成部分，当时许多其他知识体系，比如天文、气象、音律、历法、祥瑞灾异、阴阳五行，乃至许多信仰体系如佛教、道教，无不与其紧密相关。这些知识和信仰系统共同构成了中古时代的知识世界和信仰世界。在中古时代弥漫的天人感应、阴阳五行的知识体系中，人类世界是天命秩序的反映，晚至唐代，这种宇宙观依然在学术和思想上占据显著的位置。我们会看到唐代政治操作中频繁出现天象、祥瑞、灾异等讨论，一点都没有自欺欺人的意思。包装皇权、打击政敌，往往会引入天文星占和祥瑞灾异。唐代的这些知识传入日本，结合日本本土信仰，发展成平安时代的阴阳道传统。

[节选自"孙英刚精讲隋唐史"（全三册）]

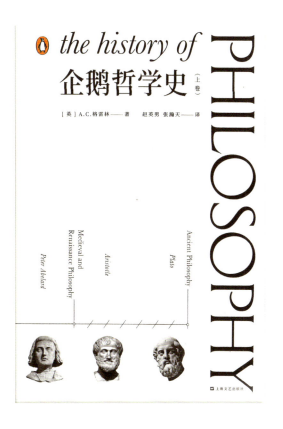

《企鹅哲学史》

[英]A. C. 格雷林 著　　　　　　赵英男　张瀚天 译

责任编辑　肖海鸥　　　　　　　上海文艺出版社

2023 年 1 月出版　　　　　　　定价：128 元

　　本书分上下卷。上卷以前苏格拉底时期哲学家为起点，一路穿行经过古希腊、中世纪、文艺复兴、启蒙时代，终将脚步停留在 19 世纪末。下卷书写 19 世纪末之后的哲学思想，按分析哲学与欧陆哲学分庭抗礼的哲学史发展态势，以平行结构逐一解析两套体系的思想发展历程。

作者简介

A.C. 格雷林，英国哲学家、欧洲非常知名的公共知识分子，经常为《卫报》《观察家》《星期日泰晤士报》《经济学人》等媒体撰稿，参与制作英国广播公司（BBC）等媒体的节目。2015 年获得伯特兰·罗素奖，2017 年获颁大英帝国司令勋章（CBE）。

译者简介

赵英男，中国政法大学比较法学研究院博士后研究人员，北京大学法学博士（2020），北京大学法学学士与社会学双学士（2014），研究领域为比较法和西方法哲学。

张瀚天，芝加哥大学政治学硕士（2019），北京大学法学硕士（2018）、法学学士（2016）。

编辑荐书

　　本书用清晰、畅达、洗练的文字介绍了延续数千年的世界思想脉络，特别是补充了哲学界近年来的新趋势和新风向，并对 21 世纪的哲学做了有前瞻性的展望，权威而不失趣味性，行文晓畅可读。作者的关注既涵盖学院哲学所关注的名家作品，也能跳出学术圈子，将目光投向这些作品诞生时的社会背景和人类精神状况，并在此前提下质询了"哲学"概念本身和哲学在社会中的效用和意义。

今天我们需要一部什么样的哲学史？

在"哲学"的大部分历史中，它都笼统地指"理性的探究"，尽管从文艺复兴以来的现代开始，直到19世纪，"哲学"都特指我们今天所说的"科学"，尽管"哲学家"依然是指那些研究任何事物和一切事物的人。那时的人们把我们今天称为"哲学"的东西叫作"形而上学"（metaphysics），从而把它与我们今天叫作"科学"的东西区分开。它们先前是以"道德哲学"和"自然哲学"这组标签加以区分，前者指的是现在所说的"哲学"，后者则是现在说的"科学"。

"科学家"（scientist）这个词晚至1833年才被造出来，它也赋予了"科学"一词我们今天熟悉的含义。从那以后，"哲学"和"科学"两个词就一直保持着它们现行的含义，同时科学也日益专门化和技术化，而与作为普遍研究的哲学进一步分道扬镳。在当代哲学中，主要的研究领域有认识论（epistemology）、形而上学、逻辑学（logic）、伦理学（ethics）、美学（aesthetics）、心灵哲学（the philosophy of mind）、语言哲学（the philosophy of language）、政治哲学（political philosophy）、以上研究领域中论争的历史，以及对科学及社会科学的其他领域中的预设、方法及主张的哲学研究。以上的大部分领域，尤其是前三项，是英语世界的大学和欧洲大学中哲学科系的主体。

相应地，以上这些研究领域决定了总体思想史中的哪些部分被选入今天的"哲学史"，而其他部分，如古代以来的技术史、天文学史、生物和医学史，17 世纪以来的物理学和化学史，以及 18 世纪以来作为固定学科而崛起的诸社会科学的历史，均被排除在外。因此，要想知道什么因素决定了思想史的哪些部分被剖分出来作为"哲学史"，我们就要从当代哲学的上述分支的视角往回看，而这要求我们对这些分支是什么有初步的理解。

认识论，或者"知识论"（theory of knowledge），探究知识之本质以及知识是如何获取的。它研究知识、信念与意见之间的区别，并试图确定，如果有人主张"知道某事"，那么要确证这一说法，需要什么条件，它也研究对知识的诸种怀疑主义挑战，并做出回应。

形而上学研究的是实在（reality）与存在（existence）的本质。何物存在，其本质是什么？什么是存在？存在物最根本的种类有哪些？存在或存在物（existing thing）有不同的种类吗？除了时空中的具体之物如树木石头，那些在时空之外的抽象实体，如数字和共相是否存在？在自然界之外，是否有超自然实体——例如神——存在？实在是一个东西还是多个东西？如果人类完全是宇宙的自然因果秩序的一部分，还可能会有自由意志（free will）这种东西吗？

形而上学和认识论是整个哲学的核心，它们曾经是，而且现在也是哲学的物理和化学。理解这两个领域中的问题与疑难，是哲学其他领域中讨论的基础。逻辑学，即研究合理有效的推理的科学，是哲学的通用工具，它与哲学的关系就像数学之于科学。在附录中，我概述了逻辑学的基本思想，并解释了它的关键术语。

伦理学，作为哲学课程的科目之一，伦理学研究关于何为善、何为对错，以及道德选择与行动的概念和理论。这里之所以说"作为哲学课程的科目之一"，是因为"伦理学"一词有不同的用法。即便是指称哲学的一个研究领域，它也能指称两种不同的问题：一是对伦理概念和伦理推理的研究——这一领域更精确的名称是"元伦理学"（metaethics）；二是对"规范性"（normative）道德的研究，这些研究试图告诉我们应该如何生活和行动。为了把规范性的道德与更加理论化的元伦理学研究区分开，人们把规范性的道德称为"一阶"的探究，而把元伦理学叫作"二阶"的探究。哲学就其本质而言是一种二阶的探究，因此在哲学研究的语境中，"伦理学"一般是指元伦理学。

但是，与此相关的是，"伦理"一词也可以指个人或组织关于自身价值观，以及他们如何行动，如何看待自己的观点和态度。这是一种常见的恰当用法。而且有趣的是，仔细思考这个用法，我们会发现"伦理"和"道德"的含义是不同的。如果注意到两个词的词源，就更容易理解这一点："伦理"（ethics）一词源自希腊语的 ethos，意为"性格"，而"道德"（moral）一词是由西塞罗从拉丁语词 mos，moris（复数为 mores）所造，mos 意为"习惯"甚至"礼节"。因而道德关乎我们的行动、责任和义务，而伦理则关乎"一个人是怎样的人"。两个词明显相关，但它们又显然不同。

美学研究的是艺术与美。什么是艺术？美是自然事物或人造事物的客观属性，还是仅仅存在于观看者眼中的主观判断？是否一个物体不论美丑、不论是否为艺术品，都在美学上有价值？自然事物（风景、日落、面容）的美学价值是否不同于我们认为人造物（油画、诗歌、乐曲）所含有的美学价值？

心灵哲学研究的是精神现象与意识的本质。它曾经是形而上学的必要组成部分，因为后者在研究实在的性质时，必须考虑实在是否仅仅是物质的，还是另有非物质的方面，例如精神，又或者如"观念论"哲学家所主张的那样，纯粹是精神的。但人们逐渐达成共识，认为世界在根本上完全是物质的，而精神现象是大脑物质活动的产物。于是理解这些现象，尤其是理解意识的本质，成为热门的话题。

语言哲学研究的是我们如何在语音和符号上附加意义，使我们可以相互沟通，表达思想，并能够超越最初的基础水平来产生思想。语言意义的单位是什么，是词语、句子还是语篇？"意义"本身又是什么？当我们"知道某种语言中某个语句的意义"时，我们知道的是什么，又是怎么知道的？存在某个可以被称作"一门语言"的东西吗，例如英语？还是说，存在的是许多英语的语型（idiolect），其数目等于说这些不同语型的人数，于是一种语言实际上是一组并不完全重叠的个人语型的集合？我们如何阐释和理解别人的语用（language‑use）？我们对语言、意义和语用的理解，在认识论和形而上学上有什么后果？在最近的哲学学界，心灵哲学和语言哲学目前已经很合理地结合为一种综合的研究，许多书名和大学课程的名称都明白地确证了这一点。

政治哲学研究的是社会与政治组织的原理，以及对二者的证成。政治哲学会问：组织并管理一个社会的最好方式是什么？什么为政治体制赋予了正当性？在国家和社会中，获得权威的基础是什么？民主制、共产主义、君主制以及其他形式的政治结构，各有什么优缺点？

哲学史，透过以上领域的视角回顾，是哲学本身的必要组成部分，因为所有这些领域的进展历程，都是不同国家、不同环境中的思想者的伟大对话，而这些对话都被纳入了一些共同的基本问题的范畴。因而了解这些论争的历史"判例法"（case law），对理解这些论争十分关键。这使我们能避免重复地做无用功，使我们能避开错误和陷阱，使我们能从前人的努力和洞见中获益，为我们理解所讨论的主题提供材料，并使我们能试着就这些主题提出正确的问题。

（节选自《企鹅哲学史》）

上海好书

《音乐山海经——西方名曲趣谈》

林华 著　　　　　　　责任编辑　吴昕雨

上海音乐出版社　　　2023 年 5 月出版

定价：163 元

　　一本适合大众阅读的古典音乐鉴赏读物。全书以 48 个主题为引领，在浩瀚无边的西方名曲海洋中拎出一条条故事线索，内容涉及音乐艺术的特征、音乐世界的内容、音乐本身的规律、音乐历史的发展、音乐和生命的关系等，是一本不可多得的音乐普及读物。

作者简介

林华，上海音乐学院作曲系教授、博士生导师、作曲家、音乐理论家。曾任上海音乐学院音乐研究所所长、上海音乐学院出版社副社长兼总编辑，现任中国音乐心理学学会副会长，上海音乐学院音乐研究所学术顾问、音乐教育系博士生导师教授。

编辑荐书

本书是一本适合普通大众阅读的音乐人文书。作者将数学、建筑、帝王、鬼怪、中国元素等诸多主题与西方音乐相交汇，牵引出散落在西方音乐历史长河中数世数代的名曲、趣闻，并"穿针引线"地进行讲解、对比，跟大家侃侃而谈。全书配有全新绘制的原创配书水彩插画，书画同行，轻松漫步于西方音乐的高山阔海之间。

乐仁诗先生的贴报簿

这位乐仁诗先生年纪大概五十出头了吧，待人接物挺和气的，没有什么艺术学院大教授的架子。"我和你们一样，充其量只不过是一个音乐爱好者而已，"他的开场白很是谦虚，"只不过是比你们略为老资格些罢了。"他一边被我们前呼后拥地送到"皇家厅"最大的那间包房，一边环视四周，打量着那里墙上的装饰画，最后又看着我们这一群无"音乐细胞"者。

"但我们都是音盲，对音乐一窍不通。"不知是谁轻轻说了一句。

"哈哈，这句话本身就不通。"乐先生笑了起来，"音盲是指对音高没有分辨能力的人，俗话说来就是五音不全，但患有这种辨音力障碍的人并不像我们想象的那样多。"他一边说一边同我们招呼着就座，"而所谓对音乐一窍不通，则是个艺术修养欠缺的问题，两者可不能混为一谈呵。"

"我想我不至于是音盲，"四年级的裘志永勇敢地说，"但我却没那个本事，照一些音乐欣赏手册里描述的那样，分辨出什么主题、副题。"他耸了耸肩。

"所谓音乐修养，"乐先生说，"我想它的物质基础就是听觉感官的接受能力，"说这话的时候，他的目光扫过大家的脸，好像询问我们是否喜欢听他用那样的口气说话，"也就是说，经过一定的训练……"

或许猛然想起我们这群人是不可能接受一定的专门"训练"的吧，他立刻又加了一句："或者与音乐有经常性的接触，那么他的听觉分辨能力也是可以得到提高的。""你能不能给我们介绍一下，如何由浅入深地听些作品，使我们对音乐这门艺术了解得更多些呢？"龚观恩迫不及待地向乐先生提出要求，甚至要他"最好是能够常来，一边听一边为我们做些解释"。

"欣赏音乐全靠你自己心里的感觉，"我们班里的音乐权威杨冬插话，他觉得龚观恩的要求真是太没水平了，"你的感觉怎么可能是靠别人的指点才获得的呢？"

"对于没有基本音乐常识的听众来说，欣赏音乐确实需要有人指点，"乐先生看看杨冬，"因为音乐是一门和其他艺术都不一样的抽象性艺术，"他的话有点像是开场白了，"不要说欣赏它需要有一定的技巧，即便是向你们讲解一下的话，还会牵涉到许多名词术语需要解释的呢。"

"这是肯定的，"裘志永说，"你要看懂橄榄球比赛，首先也得懂规则呀！"

"但是如果我们一开始就讲解乐理常识，恐怕你们又要觉得乏味了。"

大家一起嘟囔着："不会，不会。"

"我想这部分的问题我们放到稍后一点阶段再议吧，可能那时因为有了兴趣就不会觉得枯燥了。再说，这一类的书也已经出版不少了。有了胃口，你们自己可以查阅音乐欣赏辞典之类的手册，"乐仁诗说，"有了一点基本常识以后，我们听音乐就不会再是'你感觉什么就是什么的了'。"

但杨冬就是那种自以为自己懂些什么的家伙："可我们不一定要那么学术性，再说，带着学究的心境去听，也许我们最天真的感受就没有了！"

唉，他老是这样似懂非懂，半桶水，怪不得班上同学都揶揄他为"样样懂"。

"当然，一部音乐作品你要怎么听都可以，但是一个亚马孙河原始森林里的土著人，从《"命运"交响曲》中能得到什么有意义的感受和启示吗？

凭他得到的'天真'感受，我们能说他认识了贝多芬了吗？"杨冬想说什么，但一时急了起来，竟说不出了。

"所以我们要请你来指点一些基本的知识呀！"龚观恩不失时机地为他解了围，又缓和了紧张的空气。她生怕"学究"这个词会让乐先生听了不高兴。"我只是一个教书匠，也说不出什么太多的道理，"乐先生说，"可能还比不上一些发烧友呢，"他笑笑，"比如要我说说什么唱片版本比较的，我就不行了。"

"那也是吹毛求疵，"龚观恩的妹妹说，"欣赏口味，本来就是见仁见智的，没有绝对标准的事，比得出个什么名堂？"

"照你这么说，国际比赛也没有什么意思了？！"乐先生的侄女儿小乐反驳她。

见她们只顾争论却把乐先生的话打断了，龚观恩嗔怨她的妹妹："真是的，说不到几分钟你又论战起来了，还是听乐先生说吧。"

乐先生接着说："而且你们学院又离市区大老远的，我也不可能经常过来，所以，"说着就从公事包里拿出一本厚厚的大相册似的簿子，"我想这样吧，这是我平日里收集的一些有关西方音乐的资料，你们先拿去看看再说。"

裘志永坐他边上，近水楼台，从他手上接过贴报簿，放在膝盖上翻阅起来，略略看了几页，带着几分失望的神情说："剪报好是好，就是……总免不了有些零零星星的感觉，因为搜拢来的……最好能够让我们有系统的了解……"

乐先生没等他说完，就把贴报簿拿来摊到咖啡桌上："这倒是有可能的，因此在书后我附了一个索引，以便看到什么生疏的名词可以查找一下，说不定在另一篇里已作了解释。所以这本书的阅读是不以排列先后为序的，"他一边说，一边翻起来，"你看，我把各种资料分门别类地整理了。"他翻到最前面的目录让我们看，接着向我们介绍了这本贴报簿五个方面的内容：

一是音乐艺术的特征，主要探讨音乐和数学、哲学、文学以及美术、电影、舞蹈等姐妹艺术的关系；

二是音乐世界的内容，主要介绍作曲家眼里的世界，包括音乐作品中的自然、社会和人生等；

三是音乐本身的规律，主要研究音乐的表现手段及其形式问题；

四是音乐历史的发展，主要涉及风格的变化和音乐家生活的文化背景；

五是音乐和生命的关系，主要论述音乐的美的本质。

"这样，整本贴报簿编排起来就可以成为一本较为全面地向大学生介绍音乐艺术的书籍了，"他看着我们传来传去，很有点得意的样子，"音乐艺术是一门抽象性的艺术，要想了解一部作品，应该把它放在系统的、历史的范围里进行观察和比较。这本贴报簿的特色就在于此。它也可说是一部'音乐题材发展史'，虽然这里面提到的一些音乐作品，我们这里未必能够找到音响资料，但对于研究各个时代的作曲家们如何看待社会问题，如何用自己的音乐语言构思和阐述自己的观点，都是有很大意义的。"

（节选自《音乐山海经——西方名曲趣谈》）

上海好书

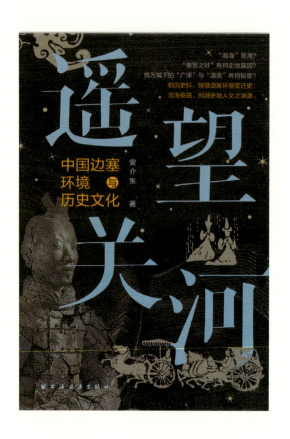

《遥望关河：中国边塞环境与历史文化》

安介生 著　　　　　责任编辑　陈娟

上海远东出版社　　2023 年 7 月出版

定价：128 元

　　本书系统梳理了先秦至明清时期中华古代边塞意识的形成与发展历程，引述"长时段"研究理论解析中国历史民族地理格局及演变趋势，对先秦至唐代关塞格局构建的时空进程也有独到见解，进而展现了中华历史中疆域观与国防观一体的边疆史地思想。

作者简介

安介生，复旦大学中国历史地理研究所教授，中国史学会历史地理研究会理事。主持教育部人文社科重点研究基地重大项目、国家社科基金重点项目等十余项，有《中国移民史》(第7卷)和《江南景观史》《遥望关河》《中国历史民族地理》等数十部著作出版。

编辑荐书

　　本书呈现先秦至明清时期中华古代边塞意识的形成、发展、成熟历程，尽显中华历史疆域观与国防观一体的边疆史地思想。抽丝剥茧不同区域地理环境与政区建制之关系，渐显千年边塞环境变迁史与人文历史演进之密切联系，也展现了与之密切相关的历史环境问题和现实环境问题，代表了目前我国边塞环境史研究的至高水平，具有较高的学术价值。

"瀚海"新论
——历史时期对蒙古荒漠地区认知进程的研究

古地名的环境史

关于蒙古荒漠与"瀚海"（或称"翰海"）问题的认知，对于北方边塞地区历史地理研究的意义是不言而喻的。历史时期对蒙古荒漠地区的认识经历了一个相当曲折而漫长的过程。我们可以发现，这一认知过程似乎始终与"瀚海"一词的认定与解析分不开。但是，迄今为止，古今学者对"瀚海"一词的解释不尽相同，对"瀚海"景观的认定尚没有明确的结论。或以为指贝加尔湖；或以为"瀚海"乃"杭爱"一词的异译，为杭爱山之别称；或以为"瀚海"即"旱海"，即为戈壁沙漠之泛称。事实上，一方面，在漫长的历史时期里，自然地貌景观本身不可能一成不变；另一方面，不同时代人们的认知能力与认知水平又相差悬殊，因此，即使对同一片自然区域，不同时代及不同视角所得到的定义或内涵也可能存在较大差异，而后世研究者据之所作出的单一性的、片断式的认定与诠解，很难全面系统地反映出自然景观的历史风貌变迁的客观过程。

笔者试图在全面梳理历史文献以及总结前人研究工作的基础上，从地理知识论（Geosophy）的角度出发，以"瀚海"一词内涵的变迁为线索，力求系统翔实地展现历史时期中国知识界对蒙古荒漠地区复杂而曲折的认知历程，通过对"瀚海"问题的全面考释，力求展现历史地理诠释学与传统地名考据学之间的显著差异，并以此作为推动传统地名考订与文献考据学向符合当代学术发展趋势的历史地理诠释学转变的一个尝试。

西汉武帝元狩四年的北征

"瀚海"，在中国古籍中原本作"翰海"，最早出现于《史记》关于元狩四年（前119）汉朝军队北征匈奴的记载之中。据《史记·匈奴列传》记载：汉武帝元狩四年，汉朝军队北征匈奴，汉武帝"令大将军（卫）青、骠骑将军（霍）去病中分军，大将军出定襄，骠骑将军出代，咸约绝幕击匈奴"。此次北征获得重大战绩，如（卫青部）"行斩捕匈奴首虏万九千级，北至阗颜山赵信城而还"。阗颜山（或称阗颜山、阗颜山），大致在今蒙古高原杭爱山南面的一支。又如"汉骠骑将军（即霍去病）之出代二千余里，与左贤王接战，汉兵得胡首虏凡七万余级，左贤王将皆遁走。骠骑封于狼居胥山，禅姑衍，临翰海而还"。狼居胥山，为今蒙古国境内的肯特山。

因为蒙古地区地域广袤，地形复杂，行程中所见景观在很大程度上取决于选取的路径。据相关文献关于这场战役的描述可知，当时，在汉武帝的直接指挥下，卫青与霍去病率汉朝军队兵分两路：卫青所率汉军自定襄郡（治今内蒙古和林格尔县西北）出发北上，可称为"西路"或中路。又据《史记·卫将军骠骑列传》《史记·李将军列传》的记载，卫青部又有"东道"之分。"大将军之与单于会也，而前将军（李）广、右将军食其军别从东道，或失道，后击单于。"西汉名将李广当时跟随卫青北征，奉命自"东道"北行。"东道少回远，而大军行水草少，其势不屯行。"结果，李广部在北行途中迷路失期，因此并没有深入漠北腹地，与匈奴正面作战。霍去病"出代（郡，治今河北蔚县东北）、右北平（郡，治今天津蓟县）二千余里，直（匈奴）左方兵，所斩捕功已多于青"，应称为"东路"。

与霍去病东路军最大不同的是，卫青所率西路军并没有"登临瀚海"

的经历。由此可推知，当时文献中所指"瀚海"应在蒙古荒漠的东部地区。

与漠北地区自然景观直接相关的记录，是《史记》等史籍中关于"幕"的记载。我们可以发现，在汉武帝的诏谕中，东路之霍去病部行程又有"绝大幕"的记录，征程较为漫长。而西路之卫青部兵出定襄后，只有"度幕"之经历，而匈奴单于布阵于幕北，卫青部出塞千余里，即与单于兵相遇。以此推想，从西路北上，"幕北"匈奴部距离汉朝西部边塞仅有千里之隔。卫青部又向西北追二百余里，则至寘颜山，即已行至今蒙古国杭爱山南面。

东汉永元元年的北征

东汉时期横贯大漠的北征，是永元元年（89）窦宪等率领军队征讨南匈奴部众的大规模北伐行动。此次北征也是大获全胜，取得了相当辉煌的战绩。据《后汉书·窦宪传》记载，当时东汉军队北征，同样兵分两路，一出鸡鹿塞（在今内蒙古杭锦后旗西），一出稒阳塞（在今内蒙古包头市东），首先会师于涿邪山（在今蒙古国阿尔泰山东南部一带），后又经稽落山，最后抵达私渠比鞮海，并登燕然山，"去塞三千里，刻石勒功"。燕然山，即指今蒙古国境内的杭爱山，私渠比鞮海应为今蒙古国境内的本查干湖。

东汉军队的这次大规模北征，由于大获全胜，因而得以较为从容地凯旋，并非来去匆匆，走马观花。窦宪、班固等人因此有较为充裕的时间参照以往文献与图籍，较为全面地考察漠北地区的地形与地貌。就北征距离而言，窦宪所率东汉军队的北征已超过了西汉，但是，据文献资料判断，其选取的路线应属西路或中路。应该特别注意的是，在这条路线上，窦宪等人并没有遇到"瀚海"，更没有登临"瀚海"之举，这就再次证明"瀚海"应在蒙古高原东部区域。

班固在铭文中没有指明"大幕"，也没有提及"瀚海"，却提出了两个后世极为通行的蒙古沙漠的名称——"大漠"与"碛卤"。

北魏太武帝时期的北征

北魏时期，分布大漠南北的柔然人（即"蠕蠕"）强盛一时，对北魏边境地区形成了严重威胁。向漠北地区的最大规模的北征，发生于太武帝拓跋焘在位时期。拓跋焘于神䴥二年（429）亲自统率北魏军队北征柔然，取得重大胜利。据文献记载，当时北魏军队也是兵分两路：一路由拓跋焘亲统，出东道向黑山（在今内蒙古包头市北）；另一路由大将长孙翰统领，从西道向大娥山。五月，次于沙漠南，舍弃辎重，向北奔袭，行至栗水之时，柔然酋长大檀率部仓皇西逃。"世祖缘栗水西行，过汉将窦宪故垒。六月，车驾次于菟园水，去平城三千七百里。分军搜讨，东至瀚海，西接张掖水，北渡燕然山，东西五千余里，南北三千里。"《魏书·崔浩传》对于此次北征的记载又有补充，如云："世祖沿弱水西行，至涿邪山。"栗水为今蒙古国境内的翁金河，菟园水为推河（或以为图拉河）。弱水即张掖水，即今内蒙古西部的额济纳河。

与《史记》《汉书》《后汉书》等书可相互印证，拓跋焘的北征路线，与东汉窦宪的路径最为接近，最远距离也相仿，即距塞三千余里。然而，北魏军队进入漠北地区后，东西纵贯，征程覆盖面更为广阔。《魏书》所载的"瀚海"，当时已被视为一个重要的地域分界标志。"东至瀚海，西接张掖水"，"东西五千余里"，显然，"瀚海"位于蒙古高原东部边缘地带，张掖水（弱水）与"瀚海"之间的距离应超过五千里。《魏书·蠕蠕传》又载：正光四年（523），柔然部落发生饥荒，故入塞寇抄。肃宗派遣李崇率大军出讨，"出塞三千余里，至瀚海，不及而还"。此处记载较为简略，并没有标示瀚海的位置，只是说明瀚海在距塞外三千余里之地。

（节选自《遥望关河：中国边塞环境与历史文化》）

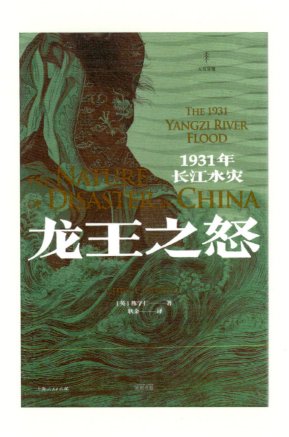

《龙王之怒：1931 年长江水灾》

[英] 陈学仁 著　　　　　　　　　　耿金 译

责任编辑　肖峰　　　　　　　上海人民出版社·光启书局

2023 年 4 月出版　　　　　　　定价：98 元

　　本书是一部以洪水为研究对象的环境史著作，具体描述了 1931 年冲击江淮地区尤其是武汉城市的长江洪水，通过史料挖掘与铺陈，解释洪水对当地带来的生态和经济影响，讲述人们对洪水的应对，探究近代以来中国多发灾害的历史成因，回顾中国对灾害认知的不断加深，从而丰富对灾害历史研究的理解。

作者简介

陈学仁，英文原名克里斯·考特尼，英国杜伦大学历史系副教授，获曼彻斯特大学博士学位，在剑桥大学、新加坡国立大学亚洲研究所等多所高校及机构进行学术访问，研究方向为中国环境史、城市史。

译者简介

耿金，云南大学历史与档案学院副教授，研究方向为水利史、环境史、农业历史地理。著有《形塑地景与人文：9-20世纪浙江宁绍平原水利研究》《中国环境史纲》等。

编辑荐书

　　除了九一八事变，1931年的中国还经历了另一场灾难——长江水灾，武汉三镇首当其冲，竟成一片汪洋。本书再现历史现场，讲述一座近代城市经历的灾害，倡导更全面地认知洪水以及灾害——灾害的成因，不仅仅源于自然，还包括洪水前后人类的应对。获2019年美国"费正清奖"。中文版入选《中华读书报》2023年十大好书。

致中文版读者

　　遗忘灾难的原因有很多。有时灾难发生在媒体很难报道的偏远地区；有时灾难的影响并不明显，因此人们没有完全意识到发生了什么；有时灾难的后果不够严重而无法记录；有时出于政治等目的，灾难的真相被掩盖了。以上这些原因都无法帮助我们理解为什么今天少有人记得历史上（或许）最致命的洪水。1931 年，长江水灾发生在世界上人口最多的地区之一，受灾人口达数千万人。因此可怕的后果显而易见，农村和现代城市都被洪水吞噬。但是这次洪水灾情并没有被掩盖，有关这次灾难的新闻成为世界各大报纸的头条，有关这次灾难的故事在收音机播出，而有关洪水的图像被投影到电影院的银幕上。有一位试图更多了解这次洪水的历史学家很快发现了各种各样的资料，从定性到定量，从新闻到政府公告，从艺术品到音乐剧都有。这场灾难的历史并不难找，它就隐藏在人们的眼皮底下。

　　今天人们没有更好地记住这次洪水的原因之一，是它无法融入历史学家喜闻乐道的关于中国近代的故事。与 1938 年的黄河洪水（最接近的可比事件）不同，我们无法知道谁是这次洪水的罪魁祸首。没有人炸毁堤防以淹没土地，也没有军队在洪水范围内前进。1931 年洪水的历史也被同时代的事件（例如日本对中国东北部的入侵以及中国中部的国共冲突）所掩盖。尽管这些政治事件给人们带来重要的长期影响，但对于居住在灾区的人来说，洪水的影响远大于此。洪水破坏了他们的房屋，破坏了他们的生计，造成超过 200 万人死亡。我写这本书的主要动机之一是要记住所有在洪水中遭受苦难和死亡的人，他们的生活在很大程度上被遗忘了，因为他们无法叙述自己的经历。历史决定了他们是大自然的受害者，因此与近代中国的故事无关。

中国历史学家并没有忘记 1931 年的洪水。有许多出色的书籍和文章试图解释当年的事件，以及在这一历史阶段经常发生的其他悲剧性灾难。没有中国学者的劳动成果，这本书是不可能写成的。同时，这本书希望通过提供新的概念框架并利用以前未使用的一手史料来充实有关洪水的持续学术讨论。洪水发生在中国与世界其他地区一起经历媒体革命的时期，因此关于灾难的史料一直在不断涌现。自从这本书英文版出版以来，我发现了更多关于这次洪水的新材料，包括新发现的关于武汉洪水的许多照片。如今我们已经将这些照片作为中文版的一部分出版。这些视觉材料补充了来自中国记者、学者和政客的书面材料，以及外国传教士、外交官和救济人员的书面材料。

所有这些材料都有自己的偏见，因为每个观察者都在洪水中见证了他们自己特有的希望和恐惧。不过，这些偏见并没有阻碍我们对灾难的看法，还为我们提供了一种棱镜，可以通过其中激烈的争议来更好地观察社会。关于拯救灾难受害者的最佳方法的争议，有些人提倡慷慨地救助，而另一些人则说慈善机构将导致人们变得依赖；关于如何最好地保证洪水受害者生存的争议，有些人认为必须维护好社会和法律规范，而另一些人则同情那些能够竭尽所能找到食物和庇护所的人；关于洪水是什么也有基本的争议，地理学家和气象学家不赞同那些坚信洪水是由龙的愤怒引起的人。

这些争议缺少重要的声音。生活在陆地上的有文化的人对生活在水中的穷人提出了无数看法。洪水的受害者很少有机会表达自己的意见。这使得这些人易受灾害影响的政治和经济进程，也将他们的声音排除在公共话语之外。我们只能零散地找到其他人记录的一些句子。我深深地感觉到，我们不能也不应该相信历史学家会为没有发言权的人说话。这是一种可疑的口技形式，它只会导致历史学家的声音强行进入历史演员的口中。与此同时，我们必须在可能的情况下，尽量对那些被排除在历史记录之外的人保持同情心。为此，我们可以尽可能多地了解他们的世界，尝试辨别他们行为的逻辑，并与那些经历过类似情况的人进行比较。采用这种同理心的方法，我希望提供一个考虑到幸存者视角的洪水观。

当试图通过幸存者的眼光观察灾难时，有时我们必须质疑由有权势的人撰写的叙述，这些人声称对洪水受害者负责。中国内外都有大量令人钦佩的人参与救灾。人们奉献金钱、时间，有时甚至冒着生命危险，试图帮助有需要的人。尽管这样的人应该受到我们的钦佩，但重要的是，我们不应该只关注他们的活动。否则我们会忘记在大多数情况下，是洪水受害者自己采取行动求得了生存。当他们试图以自己的方式生存时，却遭到许多人的反对。难民发现他们的活动受到乐善好施者的阻碍，后者自认为更懂得如何保障他们的安全。他们还面临着根本不关心自己的安全的人的反对，将洪水受害者视为对社会和政治秩序的滋扰和威胁。在本书中，我试图质疑这两个对立群体的动机和策略，并展示洪水幸存者的创造力。

在发生灾难之后，我们经常看到两种代表性观点出现。一种观点认为，危机引出了最好的人性——激发了慷慨和团结。另一种观点认为，危机引出了最糟糕的人性——激发了掠夺和剥削。实际上，这两个过程完全有可能同时发生。在1931年，当然可以见证人类活动的最佳和最糟糕的情况。在本书中，我试图展示灾难的两面，尊重那些助人者和批评那些害人者。同时，我试图证明，在许多情况下，人们并没有办法真正地控制自己。看似有用的行动有时会产生意想不到的后果，人们受意识形态影响来判断救助计划，无论这些救助计划成功与否。规模巨大的灾难有时是无法克服的，而且在许多情况下，生存与否取决于病原体，就跟取决于人一样。

疾病生态只是自然影响洪水结果的众多方式之一。这场灾难既有近端的环境原因，即本书描述的洪水脉冲，也有终极的环境原因，它在长江河谷中盘桓了数千年。认识到环境的影响并不意味着我们应该将洪水理解为自然灾害。相反，本书的目的是研究环境与人类之间的长期和短期互动如何造就了可能发生如此可怕灾难的情境。我称这种互动为致灾机制。我希望这个概念将帮助学界更广泛地了解灾难的因果关系，使我们避免环境决定论和社会决定论。

幸运的是，今天的中国人并没有生活在 20 世纪 30 年代那样的致灾机制中。粮食安全和公共卫生的变化意味着那个时代的饥荒和流行病已成为过去。但是这并不意味着我们可以自满。随着 20 世纪中叶以来人类对环境进行前所未有的改造，致灾机制正在演变出新的可怕形式。随着人为因素带来的气候变化和水利工程对河流的改变，谁知道我们能抑制龙王的愤怒多久？

（节选自《龙王之怒：1931 年长江水灾》）

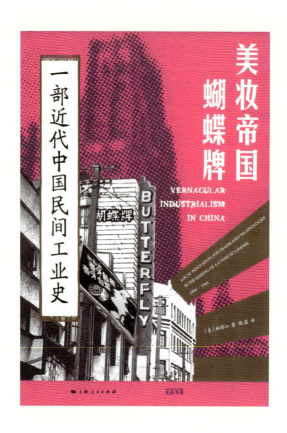

上海好春

《美妆帝国蝴蝶牌：一部近代中国民间工业史》

[美] 林郁沁 著　　　　　陶磊 译

责任编辑　张婧易　　　　上海人民出版社·光启书局

2023 年 6 月出版　　　　定价：89 元

  从牙粉、灭火器到胶印机，书斋里的文人如何转型成为全球化工大亨？在 20 世纪初的中国，陈蝶仙是一位与众不同的文化企业家，他不仅是多产的小说家、杂志编辑，还是工业领袖。他的成功，也预示了中国在 21 世纪经济崛起的方法。

作者简介

林郁沁，加州大学洛杉矶分校博士，哥伦比亚大学东亚研究所所长。从事现代中国史研究，关注领域包括科技与工业史、情感与性别研究、法律和城市社会史等。曾凭借《施剑翘复仇案》一书获得美国历史研究学会颁发的"费正清奖"；2008年被历史新闻网评为"顶级年轻历史学家"。

译者简介

陶磊，复旦大学中文系副教授，从事中国翻译史研究。译作有《异香》《白色旅店》《黑暗的闸门》（合译）等。

编辑荐书

　　本书从陈蝶仙的创业道路入手，考察中国民间工业主义者在全球资本、知识、产品乃至法律的流通中扮演着哪些关键的角色，展现了中国工商业发展不同于西方工业化道路的复杂性与独特性。同时显示世纪之交的中国文人可以在多个领域中游刃有余，自如地积累和转换经济、文化与符号资本。他们的身份是多元且流动的，他们的成功预示了中国制造在 21 世纪全球市场崛起的方法。

陈蝶仙的人生风貌

　　清朝末年，陈蝶仙还是杭州的一个年轻人，他把自己的书斋改造成了化学实验室，一边打磨文学技巧，创作关于新技术的诗歌，一边埋头于化学实验。1913 年后，他成为上海的一名职业作家和编辑，靠连载言情小说积累了可观的财富和文学声望。与此同时，他还搜集、编辑资料，在报纸期刊上开设了具有影响力的"常识"栏目，主要刊登工业和制造方面的大量信息。以创业者身份崭露头角的陈蝶仙，把乌贼骨磨成粉，为粉剂化妆品制备本地原料。1918 年，他创办了"家庭工业社股份联合公司"后来成为中华民国最成功的大型药企之一。这家公司最著名的产品——"蝴蝶牌"牙粉，和它的发明者一样万能，还可以用来擦脸，其功效在众多牙粉中独树一帜。二十世纪 20—30 年代，这款产品在中国和东南亚市场赶超了日本及西方品牌。在一个"词"与"物"不但可以批量生产也可以批量伪造的时代，陈蝶仙积极捍卫自己的本土品牌，始终推动关于商标侵权的新兴国际法，即便他同时为了支持国产商品而鼓励"仿制 / 仿造"国外技术。

　　……本书乃是利用陈蝶仙在工业、商业以及文学方面的事迹，在更大范围内考察一批具有商业头脑的文人精英如何在 20 世纪早期的中国投身工业建设，从事科研与贸易。他们在清王朝衰败的过渡时期筚路蓝缕，凭借自己接受的传统教育，试图在刚刚开始商业化的文坛和新兴的工业制造领域获得成功。中国在经济上被境内的帝国主义卷入世界贸易体系，陈蝶仙孜孜不倦的努力构成了一种我称之为"民间工业主义"的形式。这种工业主义是本地的、"土生土长"的（与帝国主义的或国外的相对），属于非官方的、中国消费文化的一部分（而不是国家发起的，或学院内的），在观念上则是工匠式的、家族经营的，即便最终落实于工厂。其中包含等量的物质性工作——生产原料及制造配件——和知识性工作，比如在杂志、报纸和其他出版物上编纂技术指南类的专栏，介绍制造知识。陈蝶仙在民间工业主义方面所作的尝试，有些并没有起到工业上的效果，甚至显得"无关紧要"。其余则刚好落入所谓工业现代性的范围，催生了中国制药工业。这种民间工业主义，更进一步说，最终超越一切个体努力，凭借民族精神汇入了当时的"国货运动"。不过，民间工业主义在推广时虽然号称是本地的、国产的，但往往还是要融入法律、科学和贸易的全球流通才能维系。

类似陈蝶仙这样的民间工业主义者，本身就是对中国传统文人特征的有力反证——后者只对书本知识和儒家经典感兴趣，关心的都是些琐琐碎碎、异想天开的活动。当时的知识分子常常表现出对商业和逐利的蔑视，他们疲于应对，也没有准备好应对现代性和资本主义，不愿或无力亲身实践以及接受科学技术。20 世纪早期与"新文化运动"相关的知识分子，批评"旧文人"是不可救药的鉴赏家，就算对机械或技术感兴趣，也只是当作奇珍异宝、空中楼阁。照他们的说法，这些人没有能力适应包括科学在内的新式知识，无法满足现代世界的要求。本书通过聚焦陈蝶仙，从根本上质疑这种说法，阐明他和与之类似的人们在现代出版文化乃至工业、科学和资本主义等中国新兴领域扮演的角色。

假如说陈蝶仙之所以值得注意是因为他自己获得的成就，但他的事业毕竟代表了他所处的中国历史转型时期的特征。他的一生跨越了中国引人注目的变局。太平天国运动造成的破坏，深深撼动了清王朝。1905 年，科举考试体系——长期以来将中国知识精英与官僚政治捆绑起来的制度性机制土崩瓦解。随着科举制的废除，儒家经典的官方特权及其道德化的书面知识陡然消解。1911 年，帝国灭亡，新兴共和政体的头十年始于对未来的无限憧憬，旋即四分五裂，陷入政治的无序状态。1911 年的革命目标，包括订立合适的宪法以及建立议会政府，终成镜花水月。到 20 世纪 10 年代末，内战席卷中国，中央政府失势。混乱的政治给帝国主义者壮了胆，尤其是日本，加大了对中国的渗透，向这个蹒跚起步的弱势民族提出羞辱性的要求。瘫痪的北洋军阀中央政府以及无处不在的派系争斗和贪腐，让很多人远离国内政治。

然而，即便呈现出这样一副衰败、混乱和不稳定的景象，20 世纪早期还是出现了史无前例的机遇。虽然题记提到的爱迪生更多的是夸张的修辞，是评论者塑造偶像的一个环节，但也确实指出了托马斯·爱迪生和陈蝶仙从属于怎样一种全球趋势：创业型人才可以利用社会上的新机遇，体验不断加速的工业发展。在中国，失去权力、无所归依的文人，离开了垂死的北方政治中心和传统意义上的江南学术中心，在生机勃勃的通商口岸看到了前所未有的希望。他们迁居到这些新的中心，借助文化技能，在迅猛发展的营利性出版行业、新兴的娱乐文化界，乃至商业化的轻型制造业中开拓新途径。借助知识生产机构、社会职业以及动荡的政治权力结构，城市行动派们施展各种创业策略以应对变化。地方精英、城市里的鉴赏家（或男或女）、特立独行的创业者和工业家、业余的科学家、中医世家、职业编辑以及审美"专家"——所有人都在利用新机会……

20 世纪到来之际，世界范围内涌现出一批引领工业现代化转型的新式创业者，陈蝶仙堪为表率。其行事泰然自若，所作所为每每不落窠臼，以本土化的方式建设工业，涉足科学活动，开发商企，既包括语言文字层面也包括物质层面。他翻译化学、法律方面的文献，探索相关知识体系，改造外来技术，并公然追逐利益——中华帝国晚期，此类活动在正派人士看来是不可想象的。通过高效地制造并出售"词"与"物"，陈蝶仙得以彻底重塑和更新了文人形象。最后值得强调的是：陈蝶仙的事业既是文化的也是商业的，既是想象的也是付诸工业化的，既是文字的也是物质的。

过去对陈蝶仙的考察，倾向于将他的文学活动和工业活动视为各自独立的。文学研究者探讨他在文学领域的丰硕成果，以及作为一个备受关注的上海职业编辑所取得的编辑成就。那些偶像化的通俗传记对陈蝶仙的商业活动和工业活动多有记述，每每不加批评地盛赞其为英雄般的工业巨头。用这种分而治之的方式研究陈蝶仙，源自分析方法的当代分类，这种分类又依赖于我们自身理解职业和知识领域的历史途径。与之相反，本书考察陈蝶仙的活动如何打破上述认识论、职业化的划分。当然，本书无法穷尽陈蝶仙的一生。我不会深入探讨他的小说、剧本、散文和诗歌，只涉及其中一部分，也不会对其工业活动作出全方位的观照，但会精选一些文学、编辑、工业和制造方面的实践活动加以考察，以展示在一个"物"与"词"日趋丰盛的时代，陈蝶仙生命中的诸多面向如何交织在一起。本书会深入观察陈蝶仙专门描写新技术的诗歌、他在女性期刊编纂的技术知识专栏、他翻译并试验过的配方，以及他以汇编的方式为当时新发现的物质性赋予秩序。在物质实践方面，我探讨了陈蝶仙年轻时开办的一家科学仪器商店、他在整个职业生涯中试验过的装置，以及作为成熟的工业家为保护自己的品牌而采取的法律手段和营销策略。

（节选自《美妆帝国蝴蝶牌：一部近代中国民间工业史》）

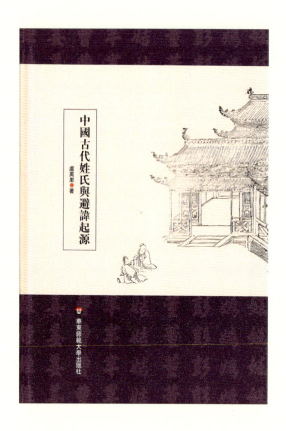

《中国古代姓氏与避讳起源》

虞万里 著 　　　　　　　　责任编辑　庞坚

华东师范大学出版社　　　2023 年 7 月出版

定价：78 元

　　本书由姓氏起源和避讳起源两部分组成。姓氏是一个无人不晓的词汇，但很少有人知道姓与氏含义不同，来源各异。历朝历代积淀下来的姓氏超过三万，而真正的古姓却不满五十。避讳与每个人的名相关，为什么要讳名？作者综合利用传世和出土文献，对姓氏和避讳进行深入研究而得出了最新观点。

上海好书

虞万里,浙江大学马一浮书院敦和讲席教授,《经学文献研究集刊》主编,中国训诂学研究会副会长。主要研究方向为经学与历史文献、传统语言学等。著有《榆枋斋学术论集》《榆枋斋学林》《高邮王氏著作疑案考实》等。

编辑荐书

本书是作者在早年学术论文基础上,补充出土文献等新资料,融入新的思考而完成的一部力作。全书分为两个部分,分别考述中国古代姓氏与避讳的起源,特别是提出了一系列重要论断,如指出上古有"氏"无"姓","姓"只是周灭商之后对氏族进行分封而创立的政治性符号,而"氏"则是各氏族永久性的名称。本书的考证,对殷商史、先秦史研究领域均有一定启发,论证绵密,值得学界重视。

古代姓氏起源与避讳

在现代社会的人际交往中，我们经常听到"请教尊姓大名"，却从未闻"请教尊氏大名"，人们似乎已将"姓氏"之"氏"当作词缀而忽略不计。若告诉你中国古代曾经经历过姓是姓、氏是氏，姓、氏泾渭分明的时期，你或许马上会急切地想知道，自己世世祖传、深信不疑的究竟是"姓"还是"氏"。如果再告诉你一个颠覆常识的事实，中国四五千年累积而成的姓氏有三万多个，而真正的古姓只有四十多个，即使是《百家姓》开首的"赵钱孙李，周吴郑王"仍然都是"氏"而非"姓"，你或许会顾盼自失，感叹自己大概率会落在庞大的"氏"群中。

郑樵说："三代之前，姓氏分而为二；三代之后，姓氏合而为一。""姓氏"一词，习惯性沿用已有一千八百多年，"姓"在"氏"前，似乎"姓"先而"氏"后，尤其是"姓"字从"女"，被认为与母系血统有关，而所读历史课本又说上古历史是由母系社会演进到父系社会，则姓在氏前似理所当然。但若告诉你"姓氏"一词是东汉以后出现的词汇，东汉后期应劭的《风俗通义》、前期王符的《潜夫论》、先秦的《世本》《左传》《国语》等文献一律作"氏姓"，"氏"在"姓"前，可确凿证明"氏"先而"姓"后，你是否会疑惑文献传抄中有错乱？

《说文》："姓，人所生也。古之神圣母感天而生子，故称天子。从女、从生。生亦声。《春秋传》曰：'天子因生以赐姓。'""姓"的字形结构是从女从生，本义为人所生之子，这可以说普天之下，莫不皆然，读之易懂，闻之不惊。但许慎缀以"古之神圣母感天而生子，故称天子"一语，似将百分之九十九点九九九的平民以及绝大部分官僚都排除在外；其引《左传》众仲概述西周赐姓命氏的话作结，则将"姓"的范围限定在天子所赐的某些上层阶级。《说文》九千多字，绝大多数都是以从某、某声作结，许慎在"姓"字下却引经据典作补充说明，究竟有何深意？根据我对中国姓氏长期的研究和对许说的理解，不得不再告诉你一个颠覆三观的事实，上古原本只有"氏"没有"姓"，姓，只是武王伐纣、小邦周打败大商邑后，为巩固政权、安抚天下、稳定政局，对三恪二王等一些历史上曾经显赫一时、绵延十世百世的氏族进行分封而创立的带有政治性的符号。这个事实对于所有生而有姓，长而或诵"百家姓""千家姓"，读书更知母系、父系社会历史，认同"姓"与母系血统有关的人来说，可能会怀疑我在痴人说梦。我想先告诉你，母系社会是二十世纪随着西学东渐而涌入的舶来概念，中华大地上近五千年来是否存在或经历过母系社会，考古学尚未能给出一个充足有据的明确回答；然后请思考：假如夏商周三代或五帝甚至五帝以前是母系社会，以血缘姓族丛聚，为何见载于《庄子》《世本》《金楼子》《路史》乃至出土简牍《容成氏》中数十上百成千个古氏族清一色都是男性首领，且无一例外地以"氏"为标识，绝不以"姓"标识？假如姬周以前存在母系血缘之姓，为何殷商十余万片甲骨、三四千个甲骨文中没有一个"姓"字，却有成百上千个氏族族徽？假如像传统思维所理解的古姓多从"女"旁，表明与母系血缘有关，为何这些字形在西周金文和殷商甲金文中多不从"女"旁？假如姓先而氏后，姓以母系血缘为标识，那姓应该远远多于氏，为何上古三代以还数千个氏族中只有寥寥四十多个古姓？假如姓之古老远在三代之前，各绍血脉，各传其"姓"，应该遍地散花而无论东西南北和贵贱远近，为何这四十多个古姓大多集中在武王、周公、成王所封的黄帝十二姓、尧之祁、舜之姚（妫）、夏之姒、殷之子和祝融八姓、太皞风姓、皋陶偃姓、鬼方隗姓等狭窄的范围内？假如姓传自远古，历经数千年而不变，为何随着姬周王权进入春秋战国最后为秦所灭后便与"氏"合流而称"氏姓"或"姓氏"？

远古的中华大地上氏族林立，各以氏名标榜，互相区别。至周武王创立政治符号"姓"，将这一名号分封显赫氏族的同时，还深谋远虑地制定了一项"同姓不婚"的政策。"同姓不婚"若如后世理解为因血缘太近而其生不蕃，则在周初分封同姓异姓后特定的历史阶段，应该同时有同姓不婚和同氏不婚，才能使人口繁衍。而武王、周公制定这项政策的意图，独独规定姬姓子女不得嫁娶姬周同姓，必须与这些被封赐的数十个显赫异姓联姻，其目的就是想通过姬周世世与显赫异姓联姻，使各路诸侯即使非兄弟之邦，亦成为姻亲之国，同姓兄弟和异姓大族守望互保，姬周政权长治久安、绵延不绝。武王、周公之策略使得姬周王权维持了近八百年，不可谓无效，但终究随着七雄纷争、秦并六国而终结。随着东周的灭亡，周初所封的曾经显赫、荣耀、风光的几十个"姓"便失去了昔日的光环，身份与不断增多的大量的"氏"等价。"姓"与"氏"一旦合流，姓、氏即已同义。

……

我拒绝接受用摩尔根母系血缘氏族的直系演化理论来解释中国古代姓氏，因为这个理论并不适合于中国先秦古史和姓氏史，却赞同杨宽先生接受他的印第安人成丁礼与西周加冠礼有相似性的看法，这就要说到我对先秦避讳起源的研究。

……

研究古代避讳的起源有一个难度，虽然《周礼》《礼记》等先秦文献载有避讳礼制的科条，因书写古文献的文字，屡经籀篆隶楷及古文的演变兴替，传抄授受过程中通假、假借和读为改字的淆乱，使你无法确切把握某字是讳还是不讳。清以前论两周避讳者，大多根据文献流传的周王名讳和传世本《诗》《书》文字，各凭己见，信口是非。近代学者知道利用铭文、简牍来对勘周王名讳，以为出土铜器铭文和简牍文字未经传抄走样，一定可信。但其具体考证和清以前学者一样，既不去追究两周帝王和春秋战国诸侯名讳的原始字形，也没有考虑两周帝王和春秋战国诸侯的世系远近。讳礼规定，祧庙不讳，即世远庙祧不再避其讳，这是很重要的避讳原则。

……

我之敢于将避讳起源追溯到殷商乃至更早，还得益于国外民族学著作尤其是《金枝》的启示与左证。二十世纪八十年代末和九十年代初，正是外国哲学、宗教和文化名著大量翻译出版的井喷期。1987 年《金枝》首次由徐育新、汪培基、张泽石合译出版，我阅后有感于其禁忌的人、物、行为和词汇与中国古代的幼名冠字和避讳礼俗有惊人的相似性，曾追想杨宽写《冠礼新探》时只见摩尔根《古代社会》而未见弗雷泽《金枝》，如果见到《金枝》，他对古代冠礼取字的认识或许会更深刻。

在追溯姓氏起源时，我反对用摩尔根母系社会和直系血缘理论套用到中国古史和姓氏研究中来，而在追溯避讳起源时，却援用弗雷泽等所调查的民族志资料来佐证。这看似一种双标，实际关涉到我学术研究的理念。……针对所要研究的对象，可以用相似相关的理论来解释，却不宜随便搬用，简单套用，更不宜滥用。……回归本题，母系社会在我国全无考古学证据，而新石器时代晚期以来，与姓氏相关的数百个氏族和殷商甲骨卜辞呈现的上千个族氏，恰恰都反证其是男性主宰的社会。氏族和族氏的结构复杂，注定不可能有永恒不变的纯血缘系统。而语词与名字的禁忌与避讳，确是东西方共同呈现出来的现象，我只是将之绾合在一起作一个比较，至于相同迹象背后的或同或异之心理，仍有待深入研究。

（节选自《中国古代姓氏与避讳起源》）

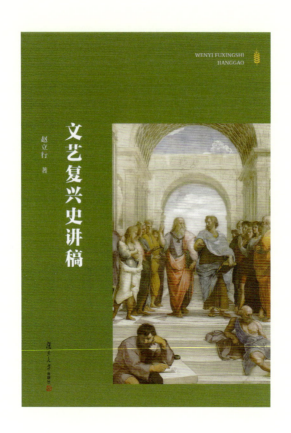

《文艺复兴史讲稿》

赵立行 著　　　　　　　责任编辑　张雪莉

复旦大学出版社　　　　2023 年 9 月出版

定价：36 元

　　全面呈现欧洲历史上一个重要历史时期即文艺复兴时代，从多角度揭示文艺复兴的内涵，了解经济、政治、思想和文化兴起之间的关系，介绍学界有关文艺复兴的研究和争论，认识文艺复兴对欧洲近代社会转型的重要意义，从而达成对文艺复兴时代全面客观的理解。

作者简介

赵立行，复旦大学法学院法律史学科教授、博士生导师，曾任复旦大学历史系世界史学科教授、博士生导师，研究方向为外国法律史、欧洲中世纪史等。主要著作有《西方史学通史·中世纪时期》《世界文明史讲稿》等。

编辑荐书

当一束阳光洒向大地，大自然就幻化出五彩斑斓的景象，渲染着生命的色彩，当一种新观念破土而出，整个社会都会为之悸动，震颤出一个崭新的世界。人文主义恰如理性之光，穿透了宗教迷信的迷雾，照亮了文艺复兴时代，文艺复兴如同一座界标，终结了一段梦幻般的神意历史，指引着理性时代的方向。《文艺复兴史讲稿》意在睿智的分析，全景式呈现文艺复兴时期，哲学、宗教、文学、艺术、绘画、科学、政治、战争等各个领域的辉煌画卷。

布鲁尼：新史学的开端

　　相比于维兰尼旧瓶装新酒式的改进历史写作，人们给予布鲁尼更高的名声，认为他启示了史学的新时代。如果说维兰尼只是代表着从中世纪史学向文艺复兴史学的过渡，那么布鲁尼则代表着文艺复兴史学的真正开始。正是从他开始，才真正有了完全不同于中世纪历史的作品，因此布鲁尼被后人所推崇，同时他也被当时的佛罗伦萨人所尊敬。

　　布鲁尼是萨卢塔蒂的学生，并继任他而成为佛罗伦萨的执政官；他还担任过几任教皇的秘书，包括英诺森七世（Innocent VII，1404—1406 年在位）和约翰二十二世（John XXII，1316—1334 年在位）。他经历了佛罗伦萨共和国和美第奇家族的统治，政治的转换并没有影响他的地位。他撰写了大量的传记和历史著作，其中有《新西塞罗传》（*The Cicero Novus*），但丁、彼特拉克和薄伽丘的传记，他还翻译了古希腊的哲学和历史著作，包括亚里士多德的《政治学》《尼各马可伦理学》以及伪亚里士多德的《经济论》，等等。当然，让他久负盛名的是他的《佛罗伦萨人民史》。

　　20 世纪以前，史学界似乎并没有特别关注布鲁尼，如布克哈特在其名著《意大利文艺复兴时期的文化》中极少提及布鲁尼，反而对维兰尼大加赞赏，对维兰尼之后的人文主义历史著作感到失望："人文主义的精神支配着历史的写作也是势所必然的。把这一时代的历史和较早的年代记，特别是像维兰尼那些生气洋溢、色彩丰富、光辉灿烂的著作，做一个粗浅的比较，将使我们对于这种变化不禁喟然兴叹。和他们比较起来，最优秀的人文主义者，特别是他们在佛罗伦萨历史家中最有名的直接继承者，列奥那多·阿雷提诺和波吉奥，显得如何枯燥无味和墨守成规啊！"尽管在他列举的继承者的名字里并没有提到布鲁尼，但布鲁尼显然在他所批评的这些人物之列。到了 20 世纪，史学界对布鲁尼高度重视并给予他高度的评价。汉斯·巴隆撰写的《早期意大利文艺复兴的危机》提出了"市民人文主义"（Civic Humanism）概念，并将布鲁尼视为这一派别的代表人物。该著作的副标题就明确为"古典主义和专制时代的市民人文主义和共和国自由"。在这部著作中，他清晰地分析了从萨卢塔蒂那里萌芽到布鲁尼那里成熟的"市民人文主义"，并通过布鲁尼的著作分析了形成"市民人文主义"的不同阶段。所谓市民人文主义，就是人文主义脱离了早期人文主义者对古典的追随以及人性层面的抽象思考，而关注自己所身处的城市的生活和时代精神，所以布鲁尼非常注重市民的生活。有人总结他对人文主义的理解就是："活跃的生活优于沉静的生活，财富优于贫困，婚姻优于独身，政治行当优于寺院行当。"这一点，和早期人文主义者如彼特拉克是完全不同的，因为彼特拉克更追求一种隐居式的学者生活，正如布兰查德（W. Scott Blanchard）所说："尽管彼特拉克在漫长和多产的一生中参与或加入了一系列的政治和市政工作，但是他可能从来没有自愿选择完全'积极的'职业。他在佛罗伦萨拒绝教师职务，在阿维农拒绝教会职务就是明证。毫无疑问彼特拉克的理想生活方式是献身于学术和创造性活动，而逃避所有其他事情。"

布鲁尼的"市民人文主义"主要是通过历史著作来体现的，所以他又被称为"第一个近代历史学家"，也被称为"人文主义历史学之父"，其在历史学中的地位堪比人文主义之父彼特拉克和文艺复兴绘画之父乔托。

正如伊安兹提（Ianziti）所评论的，人们把他称作第一个近代历史学家，说明"布鲁尼的《佛罗伦萨人民史》与中世纪所运用的历史写作方法相比，有了质的飞跃；其次，这种飞跃可以概念化为向近代的过渡"。同时，在20世纪的历史学家眼里，布鲁尼的著作很多方面都符合史学学科所认可的现代标准：开始对所使用材料具有批评的眼光，注重历史事件的因果解释，致力于发现历史的真相，等等。

如果我们以后人所设立的这些历史学标准去考察布鲁尼，不难发现两者之间的相似之处。首先，他把历史写作的重心转向了城市和公民，而不是传统的帝国和教会；他关注俗语甚于高雅的拉丁语；而且，他撰写历史的对象也是佛罗伦萨的市民而非少数人文主义者。正如汉斯·巴隆所说《佛罗伦萨人民史》"各卷描绘近来他所处时代的权力斗争。由于他要为普通市民而撰写，而非拉丁语培养的学者，所以俗语在他的人文主义中占据了一席之地。他在理论上维护佛罗伦萨的俗语，而且在他的著作中进行实践，尤其是在但丁的传记中。在他看来，从但丁身上可以看到追求学问与市民参与国家事务的完美结合"。

从布鲁尼开始，历史开始回归其本体，也就是说他开始努力将历史置于客观事实的层面，把不符合客观事实的事件和描述排挤出历史叙述之外。弗里德（Edmund Fryde）引证说，在他的《新西塞罗传》的引言中，"他主张'必须对所有的陈述都给出原因，并对自己的所有主张都提供证据'"。《佛罗伦萨人民史》第一次不再从神创天地来讲述历史，也拒绝将人们不断重复叙述的神话传说收录其中，而把整个历史写作事业置于一个新的层面。布鲁尼考察了佛罗伦萨历史的过去，并试图提供可靠的早期历史的信息，提出了佛罗伦萨建造的理论。布鲁尼把自己的论点基于考古和理性的证据，他的素材直接对应他的主要论题，而不涉及与论题无关的神学内容。这是中世纪历史学家们所缺乏的。在《佛罗伦萨人民史》的序言中，他说："我决定考察和撰写这一城市的历史，不仅是我自己的时代，而且远至记忆所及的早期时代。该记录还会涉及更宽广的意大利历史，因为长久以来，没有意大利或意大利人的参与就不会成就什么重要的事情。要解释该城市派出和接受使节，就要求关注其他国家。在我进入主要和我有关的时代之前，我乐意（按照某些年代记作者的模式）叙述有关该城市建立和其起源的最准确的传统。其中包括抛弃一些普遍认同但是属于神话信仰的内容，清楚地阐述接下来要发生的事情。"

布鲁尼强调，历史学家有两种方式来撰写历史，一种方式是作为目击者记录相关的历史事件，另一种是通过发现材料，综合和重写他人的叙述。他认为后一种工作尽管更加困难，但这是历史学家的重要任务。前者尽管也可以通过目击而描绘历史事件，但是他们所描绘的东西顶多算是没有形式的资料，而历史学的工作就在于处理这些素材，将它们变成历史。同样是面对这些材料，现代历史学家主张首先要对这些材料进行考证和批评，从而确立这些资料的真实性和客观性，因为这是保证所撰写历史具有客观性的前提和基础。但在布鲁尼看来，考证这些资料的真实和客观并不是最重要的，重要的是如何为了历史的目的而选择这些材料。如果客观真实的材料符合自身所撰写历史的目的，当然要重视这些资料，但是如果这些材料尽管客观真实但不能符合自己撰写历史的目的，那么这些资料就可以舍弃而选用别的资料。布鲁尼认为自己才是资料的主人，而资料是供自己裁剪和选择的东西。正如卡布里尼（Carbini）所评价的：阅读布鲁尼的《佛罗伦萨人民史》，不能以 20 世纪的实证主义者所提倡的单向度的方式来进行。布鲁尼并没有以客观追求真相的方式来处理自己的材料。相反，他将材料服从于自己的目的，其中包括将佛罗伦萨称颂为一流的政治力量。

（节选自《文艺复兴史讲稿》）

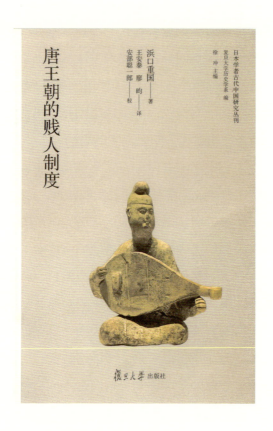

《唐王朝的贱人制度》

[日] 浜口重国 著　　　王安泰　廖昀 译

安部聪一郎 校　　　　责任编辑　史立丽

复旦大学出版社　　　2023 年 6 月出版

定价：98 元

　　本书全面、细致地考证了官贱人的由来，并探讨了唐代官私奴婢、部曲客女等多个群体的性质与面貌；讨论了"部曲"一词的含义、唐代贱民的形成过程及古代中国社会分期等问题。全书聚焦于可视作中国古代社会基础的身份制问题，论述周详，引证丰富，可谓中古史研究的经典必读之作。

作者简介

浜口重国，历任东京帝国大学文学部助教授、山梨大学文学部教授等职，为战后日本东洋史学界与西岛定生、增渊龙夫齐名的重要学者。主要研究方向包括汉唐政治制度史、社会史、身份制度史。

译者简介

王安泰，台湾大学历史学系博士，现任南开大学历史学院副教授、南开大学韩国研究中心副主任。研究领域为魏晋南北朝史、中国政治制度史、东亚古代史等。著有《开建五等——西晋五等爵制成立的政治史考察》《再造封建——魏晋南北朝的爵制与政治秩序》等书，发表研究论文数十篇。

廖昀，南开大学历史学院硕士，日本中央大学东洋史学专攻博士后期课程在读。主要关注方向为魏晋南北朝隋唐史和古代东亚国际关系。

编辑荐书

　　本书是浜口重国的代表作，分主篇与外篇，全面、细致地考证了唐朝官贱人的由来及来源，并探讨了唐代官私奴婢、部曲客女等多个群体的性质与面貌。全书聚焦于可视作中国古代社会基础的身份制问题，论述周详，引证丰富，对前人观点多有修正阐发，对后来者亦影响深远，可谓中古史研究的经典必读之作。本书由南开大学王安泰副教授、日本中央大学博士生廖昀翻译，日本国立金泽大学安部聪一郎教授校订，译稿语言流畅，史实准确，所涉及的史料均进行一一核检，出版后颇获好评。

唐代法律中的"贱人"用语

关于贱人一词，我过去一直认为这个词是指唐代身份法中所有非良民者，亦即所有的官府太常音声人、杂户、工户、乐户、官户、官奴婢及私家的部曲客女、私奴婢，且从未对此抱有任何疑念。然而最近我收到了滋贺秀三博士的建议，他认为"《唐律疏议》所记的贱人只有奴婢，没有使用贱人一词称呼其他身份者的案例，这些人恐怕不能划入贱人的类别"。这正直指我考证所未至之点。

《唐律疏议》卷四《名例四》"诸年七十以上、十五以下及废疾……八十以上、十岁以下及笃疾……盗及伤人者，亦收赎"条的问答云：

答曰：奴婢贱隶，唯于被盗之家称人……

同书卷六《名例六》"诸官户、部曲（注省略）、官私奴婢有犯，本条无正文者，各准良人……即同主奴婢自相杀，主求免者，听减死一等"条云：

疏议曰：奴婢贱人，律比畜产，相杀虽合偿死，主求免者，听减。若部曲故杀同主贱人（指奴婢），亦至死罪，主求免死，亦得同减法。但奴杀奴是重，主求免者尚听；部曲杀奴既轻，主求免者，亦得免。既称同主，即是私家。若是官奴自犯，不依此律。

同书卷二十《贼盗四》"诸知略、和诱、和同相卖及略、和诱部曲奴婢而买之者……知祖父母、父母卖子孙及卖子孙之妾、若己妾而买者。各加卖者罪一等"条问答云：

问曰：知略、和诱充贱，而取为妻妾，合得何罪？

答曰：知略、和诱、和同相卖而买之者，各减卖者罪一等；其略为部曲、客女，减为贱（指为奴婢之事）罪一等；为妻妾、子孙，又减一等：即是从贱（从奴婢）为妻妾减罪二等，通初买减三等。

前述这些贱隶、贱人、贱的用语皆指奴婢，其他身份的人并未包括在内。

另一方面，同书卷二《名例二》有"诸犯十恶、故杀人、反逆缘坐……即监临主守，于所监守内犯奸、盗、略人，若受财而枉法者，亦除名"云云，该条问答云：

问曰：监守内略人，罪当除名之色。奴婢例非良人之限；若监守内略部曲，亦合除名以否？

答曰：据杀一家非死罪三人乃入"不道"，奴婢、部曲不同良人之例……
同书卷十二《户婚一》云：

诸放部曲为良，已给放书……
同书卷十四《户婚三》云：

诸杂户不得与良人为婚，违者杖一百。官户娶良人女者，亦如之……
该条疏议云：

太常音声人，依令"婚同百姓（所谓百姓即同良人）"，其有杂户作婚姻者，并准良人。

同书卷十七《贼盗一》"诸杀一家非死罪三人（……奴婢、部曲非）及支解人者皆斩，妻、子流二千里"条问答云：

问曰：假有部曲若奴，杀别人部曲、奴婢一家三人或支解，依例"有犯各准良人"，合入十恶以否？

答曰：部曲、奴婢虽与良人有殊，至于同类杀三人及支解者，不可别为差等。坐同良人，还入十恶。

依照前述史料，奴婢自不待言，唐代法律中的部曲客女与官户、杂户、太常音声人等确实也不具有良人的身份。

总结上述内容可见，部曲客女及官户、杂户、太常音声人等与官私奴婢一样都被规定为非良人，不过在唐律中，贱隶、贱人、贱等词所指称的对象都只限奴婢。从而若此论点无误，那么部曲客女与官户、工户、乐户、杂户、太常音声人在身份上不属于良人，但他们与被称作贱隶、贱人、贱的奴婢也不属同一身份。因此如滋贺博士所言部曲、客女的法律地位："当然，他们也不是良人，而是介于良与贱中间的身份。"然而，这个前提真的是正确的吗？

《唐律疏议》卷四《名例四》"诸略、和诱人，若和同相卖；及略、和诱部曲奴婢，若嫁卖之，即知情娶买"条云：

疏议曰：上文皆据良人，此论部曲、客女、奴婢等……其知情娶买者，谓从略、和诱以下，不问良贱，共知本情，或娶或买，限外不首，亦为蔽匿。

同书卷八《卫禁二》"诸不应度关而给过所（注省略），若冒名请过所而度者，各徒一年……若家人相冒，杖八十"云云一条称：

疏议曰：家人不限良贱，但一家之人，相冒而度者，杖八十。

此处"良贱"的"贱"，不仅包括私奴婢，也包括部曲客女。又同书卷六《名例六》"诸称'道士'、'女官'者，僧、尼同……观寺部曲、奴婢于三纲，与主之期亲同；余道士、与主之缌麻同（犯奸、盗者，同凡人）"条注称"犯奸盗同凡人"，该条疏议虽然仅称"道士、女官、僧、尼犯奸盗，于法最重……若不满十匹者，不坐"，但在《宋刑统》卷六的同一条下又有续文：

议曰……议奸者谓僧寺有婢及客女，尼寺有奴及部曲，良贱相奸者、道士、女冠观亦同。

此处"良贱"的"贱"也包含部曲客女。

而据《唐律疏议》卷三《名例三》"诸工、乐、杂户及太常音声人犯流者，二千里决杖一百，一等加三十，留住俱役三年"条可见：

疏议曰：此等（指工乐户等）不同百姓……故犯流者不同常人例……若是贱人，自依官户及奴法。

如后章所详述，"若是贱人，自依官户及奴法"一条规定，对于从官户、官奴婢中选出的、正在修习工艺或音乐技术之人，应根据他们现在的身份等级进行处罚，所以此处的贱人一词当然是指官户与官奴婢两者。

同书卷十二《户婚一》"诸养杂户男为子孙者，徒一年半……若养部曲及奴为子孙者，杖一百。各还正之"条云：

疏议曰……注云"无主"，谓所养部曲及奴无本主者；"及主自养"，谓主养当家部曲及奴为子孙：亦各杖一百，并听从良。为其经作子孙，不可充贱故也。

此为对"有人将自家部曲与奴，或失去主家的部曲与奴养为自己的子孙"这一情况的处罚规定。虽然被养之人的养子身份遭到消解，但或许是因为他们一度为良人子孙，让他们回到原本贱人身份的话于情不忍，所以法律只能承认他们已变为良人身份云云。因此，此处的"贱"无疑是部曲客女与奴婢的合称。

上文详细考察了《唐律疏议》中"良贱"的"贱"，以及贱隶、贱人、贱等词汇的用例。即是说，有时"贱"可指良人以外的所有人，有时说到贱隶、贱人、贱，指的是部曲客女与私奴婢，有时指官户与官奴婢，有时则只指奴婢。由此可知，"贱"的用法多种多样，绝非只用于指称奴婢。这是因《唐律疏议》用语不统一而出现的现象，书中相似的例子甚多，不足为奇。

（节选自《唐王朝的贱人制度》）

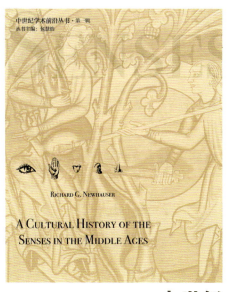

《中世纪感官文化史》

[美] 理查德·G. 纽豪瑟 编　　钱文逸 译

责任编辑　张晶　　　　　上海社会科学院出版社

2023 年 11 月出版　　　　定价：78 元

　　本书揭示中世纪有关感官的多种解释。理解感官对理解中世纪是不可或缺的，因为在这一时期的思想架构和文化实践的发展中，对诸感官的理论探讨和实际运用扮演着至关重要的角色。从具体的都市或集市中的感官到医学、科学乃至哲学中的感官，从作为社会地位象征的感官到用于学术分析中的感官，书中都有涉及。

作者简介

理查德·G.纽豪瑟，亚利桑那州立大学英语与中世纪研究教授，其研究方向是道德传统与感官史。著有：《贪婪的早期历史》《罪恶：西欧中世纪道德传统论集》等。

译者简介

钱文逸，艺术史学者、译者。早年求学于英国伦敦大学学院，获艺术史与材料研究学士学位（2014年）和艺术史硕士学位（2015年）。2019年至今，在多伦多大学美术史系进行博士阶段的训练与研究，研究方向为近代早期欧洲的艺术实践、物质文化与工匠群体。

编辑荐书

　　本书是中世纪感官文化研究的里程碑式的著作，每个篇章均出自不同领域的优秀中世纪研究学者，从城市感官、集市感官、宗教感官、哲学与科学感官、文学感官、艺术与感官、感官媒介等广泛多元的角度切入，综合考量欧洲各地的文本和考古证据，力图重现视觉、听觉、味觉（和言语）、嗅觉、触觉以及内感官在中世纪的发展历程，为读者构建一个生动形象的中世纪感官世界。

集市中的感官：
中世纪城镇中的集市、商铺与购物

　　对中世纪人而言，集市代表一种鲜活多元的感官体验。不论是市场上还是商铺前，都充满了各种声响：街上的叫卖声和公告声，叮当作响的铃声和泼水声，刺耳的短促尖叫声，拍打声、研磨声、咒骂声，沉重的车轮碾过地上石子的隆隆声和嘎吱声，陌生的口音和语言，零星的口哨声和歌声。在集市中，都市生活的常见气味——烟味、下水道味、旧衣服和煮沸的蔬菜味、烘焙的气味和教堂中的熏香气味——被阵阵血腥气的鱼腥味、热腾腾的点心和浓郁的奶酪味、新鲜的麦秆和新制成的皮革味所覆盖了。新鲜的农产品和全新的织物色泽艳丽，花哨的饰品和抛光的金属制品闪闪发光，琳琅满目的食物和饮品令人垂涎，还有柔软的奢侈皮草、粗糙的木桶狭板和黏稠的蜂浆，这一切刺激着视觉、味觉和触觉。但在中世纪集市中不仅有感官享受，也容易因感官而受骗。商贩利用各种诱惑、诡计，甚至赤裸裸的假货来引诱、欺瞒顾客，人群常常失控，小偷和扒手潜伏在四处。因此，中世纪的集市呈现出一派密集纷杂的感官景象，但其中也不乏潜在的危险。

中世纪早期的集市，500—1000 年

在拉丁西方，蛮族入侵、帝国政府崩溃和长途贸易收缩导致社会的重心从城镇转移到大量乡村庄园和修道院。在欧洲北部，许多城镇在 5 世纪和 6 世纪间日渐萧条，最终沦为废墟。当新的定居点和集市重新在 7 世纪和 8 世纪崛起时，它们往往建立在原罗马城镇之外的一些新地区，比如在海滩或河边、乡间修道院或别墅附近，又或位于朝圣区域中心和其他聚集点。到了 9 世纪和 10 世纪，许多这些城外的定居点和非城市的集市都落入了维京人之手（Pestell 和 Ulmschneider，2003；Ottaway，1992：125、144）。

与欧洲北部相比，欧洲南部城市生活的生命力是更强的。我们可以从来自高卢罗马的贵族西多尼乌斯·阿波利纳里斯（Sidonius Apollinaris，生于 430 年前后，卒于 480—490 年间）的两封书信中看到罗马和克莱蒙（Clermont）的集市。西多尼乌斯的第一封信写于他初到罗马的 467 年。他告诉自己的友人赫雷尼乌斯（Herenius）：

> 我抵达罗马时，恰逢贵族里西梅尔（Ricimer）的婚礼，他正要迎娶皇帝的女儿，希望能以此为国家带来更多的安宁。忘我欢庆的人不止是个别几个人，各阶层和派别的人士都沉浸于此……每个剧院、集市、官邸、公共广场、神殿或竞技场都回荡着粗俗诗般的"塔拉西奥"的喊声。
>
> （Murray，2000：199、202—204）

显然，包括集市在内的许多罗马的公共机构仍然存在。他们为庆祝王室婚礼而歇业，这些场所回荡着的不再是喧闹的讨价还价声，而是异教时代古老的婚礼仪式欢呼声。

西多尼乌斯给马赛主教格雷库斯（Graecus）写第二封信的时候（约 5 世纪 70 年代前后？），已经成了克莱蒙的主教（约 470）。他在信中明确指出，那些可能是住在乡村庄园里的富裕的高卢罗马人，曾付钱让专业的代理人代表他们到城市的集市上去选购进口商品：

给您送这封信的人仅靠作为交易商的身份来勉强维持生计……因为大家都知道他是采购代理人，他的名声渐长，但随之增加的却是别人的财富。尽管他的财富不多，但人们十分信任他的工作；当一艘货船的货物登岸并被运往集市时，他拿着别人的钱去悉心选购，但在那些相当认可他的债权人那里，他留下的不是任何担保品，而是他为人诚实的好名声。

（Murray，2000：193、226—227）

大约一个世纪后，比德（Bede，731）讲述了一件有关教皇大格里高利在就职（590—604 年在位）之前的著名轶事，我们从中再一次看到了罗马集市的情形：

据说，某天，一些刚抵达罗马的商人在集市上展示了他们的许多物品。蜂拥而至的人群中就有格里高利，他看见几个当作商品被展示的男孩。他们肤色白皙，五官端正，头发也很漂亮。格里高利充满兴趣地打量着他们，询问他们是从哪个国家和世界上的哪个地区来的。"他们来自大不列颠岛，"有人告诉他，"那边的人都长这样。"

当格里高利询问他们的种族和省份时，他被告知这些男孩是来自德伊勒（Deira，大致是今约克郡的东区）的盎格鲁人（Angles）（Bede，1955，2.1：99—100；Cramp，2004）。根据比德的讲述，接连的哥特人战争（the Gothic wars）让罗马变得支离破碎、人口减少，但在随后不到一代人的时间里，罗马集市又开始吸引海外的商人和成群的购物者，其中包括出身贵族的格里高利本人。在古典世界中，公共集市上贩卖奴隶的场景极为常见，在后帝国时代的基督教罗马，仍是如此。但吸引格里高利注意的是盎格鲁男孩的美貌，而非他们沦为贩卖商品的状态。

在 8 世纪和 9 世纪，许多加洛林王朝的城镇（Carolingian towns）每周都会举办售卖当地货物的集市。日常生活所需的物品通过船只运抵如杜里斯特（Dorestad）、昆都维克（Quentovic）、鲁昂（Rouen）和美因茨（Mainz）这样的海港和河港，其中包括麦子、葡萄酒、盐和铁（Riché，1988：112—113）。较大的城镇吸引了那些从事进口奢侈品贸易的商人和有相应消费力的顾客。举例而言，康布雷（Cambrai）和美因茨的集市上就有诱人可口的东方香料出售，比如胡椒、肉桂、高良姜和丁香（Riché，1988：174；Reuter，1991：235），而在阿尔卑斯山以南，帕维亚（Pavia）这座王室首府则吸引了来自威尼斯和意大利南部的商人，他们带来的奢侈品诱惑着当地和周边区域的买家，以及翻越阿尔卑斯山前往罗马的有钱朝圣者们。皮亚琴察（Piacenza）的主教以及诺南托拉（Nonantola）和布雷西亚（Brescia）的修道院院长们在当地建起一间间仓库，用以存放大量购得的货物，当查理大帝（768—814年在位）在意大利北部时，他的随从们在帕维亚购买了许多用进口绸缎制成的价值不菲的服装。成功的集市不仅是贸易的中心，还是新闻和流言的中心，当富有的贵族欧里亚克的杰拉尔德（Gerald of Aurillac，约855—909）将要带着亲随从罗马回家的消息在帕维亚传开后，威尼斯的商人们便带着服装和香水蜂拥而至，想从他们身上大捞一笔（Riché，1988：29、116—117、164）。

考古发掘工作揭示出其他集市中心更加肮脏的一面，包括在英格兰北部的约克的集市。罗马人在约克这片区域建立了军队堡垒，称其为"艾伯拉肯"（Eboracum），在后罗马时代，这里几乎被遗弃了。在盎格鲁时期，一个名为"野猪村"（Eoforwic）的新定居点在距离约克一公里（即半英里）开外的弗斯河（River Foss）畔逐渐落成。一部撰写于8世纪的圣鲁伊德嘉（St. Luidgar）的传记提及了在约克出没的弗里西亚商人（Frisian merchant），著名学者约克的阿尔昆（Alcuin of York，732—804）称赞约克为"一座海陆商人城镇"。法国北部和莱茵兰地区出土的陶器遗迹表明，盎格鲁时期的约克的确是一座国际性的商贸中心，满足了诺森布里亚的王室家族（Northumbrian royal house）的需求（Ottaway，1992：120—132）。

（节选自《中世纪感官文化史》）

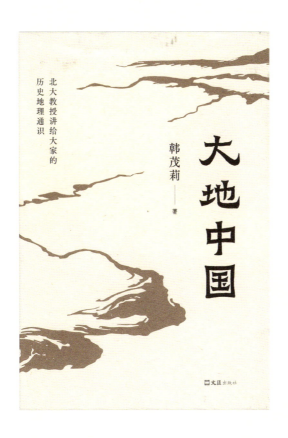

《大地中国》

韩茂莉 著　　　　责任编辑　何璟

文汇出版社　　　　2023 年 4 月出版

定价：69 元

　　"中国"一词从何而来？中华文明为什么诞生于中原大地？为什么说关中地区为秦统一天下奠定了地理基础？本书以二十六个专题，贯通上下五千年，遍及南北东西，涵盖了中国历史地理的重要问题，是理解中国历史大脉络的一把钥匙。

作者简介

韩茂莉，北京大学博雅特聘教授，主要研究中国历史地理，在历史农业地理、历史时期环境变迁以及历史乡村社会地理方面作出重要贡献，主讲课程"中国历史地理"被教育部评为国家级精品课。

编辑荐书

　　本书是一本生动的历史地理读本。作者立足于扎实的文献考证和前沿的考古发现，探寻先民们在华夏大地上留下的足迹及其对后世的影响，从人与大地的关系、文化与历史遗存等角度讲述发生在这一片广袤土地上的中国故事。作者以流畅优雅的笔触把多年学术研究成果转化成深入浅出的叙述，向读者普及了中华文明孕育形成及发展演进的地理基础，让人们进一步了解自己来自何处，脚下的大地如何变迁。

何谓东西

　　"胡焕庸线"也称瑷珲—腾冲线，线的两端分别对应着黑龙江瑷珲（今黑河市）与云南腾冲。以此线为界，线东南占中国国土面积的 43.8%，却生活着 94.1% 的人口，这里的经济生产以农耕为主；线西北人口密度极低，56.2% 的国土上，人口只占全国 5.9%，游牧生活是这里的主旋律。胡焕庸用地理学家的视角，观察到了与画家笔下同样的风光。

　　如果说"胡焕庸线"是二十世纪三四十年代界分中国东西的一条人文地理界线，那么两千多年前司马迁在《史记》中也划出了一条东西之界。司马迁同样以社会经济为考量标准，将天下划为山西、山东、江南与龙门—碣石以北四个区域，其中山西、山东、江南均为农耕区，物产或为谷，或为布，或为丝苎，或为鱼盐，唯有龙门—碣石以北所产为"马、牛、羊、旃裘、筋角"。龙门—碣石一线，就是两千年前的中国东西之界。龙门位于今陕西韩城市，碣石在河北昌黎县。从司马迁到胡焕庸，两千多年，界分东西的这条界线无论怎样确定，有一个事实是共同的，那就是在界限东西两侧，农牧这两种生产方式始终没有改变。于是，一个问题呈现在我们面前，东西界线背后是否存在起决定作用的力量？

　　当代地理学告诉我们，中国大地上有一条隐形的界线，这就是年降雨量 400 毫米等值线。"雨露滋润禾苗壮"，农作物需要灌溉，年降雨量 400 毫米等值线以东、以南的东南之地，降雨能够满足农作物生长需要，北方旱地、南方水田都分布在这里。与此相对，这条降雨量线以西、以北，却因降雨量稀少而气候干旱，除有水灌溉的黄河河套与祁连山、天山脚下的绿洲，很难发展农业，而成为畜牧业的天堂。仔细推敲，无论司马迁的龙门—碣石一线、《辽史》中的长城南北，还是胡焕庸的瑷珲—腾冲线，貌似其间有别，但根本都建立在共同的降雨量基础上。

司马迁的龙门—碣石一线也好，"胡焕庸线"也罢，界线东西，各为农、为牧，界线本身自然就是农牧交错带。今人通过大量观测数据划定了这一地带，古人则是在生产活动的摸索中意识到它的位置。何以为证？翻开当代地图，我们会看到，明长城几乎就落在年降雨量 400 毫米等值线上，两者之间的惊人吻合说明了一个问题，古人清楚地知晓农牧交错带的位置，正由于如此，他们才将长城这道防御工程设在这里。

"青海长云暗雪山，孤城遥望玉门关。黄沙百战穿金甲，不破楼兰终不还。"这是唐代诗人王昌龄的边塞诗作。然而，很少有人注意，那些烽火狼烟、金戈铁马的古战场为什么总在西部。摊开地图，一个清楚的地理地带呈现在我们面前，即中国北方农牧交错带。在农业与畜牧业之间，耕作在土地上的农民，面对着驰骋在马背上的草原民族，貌似并不具备优势的定居生活却成为守疆固土的法宝，即使在国力最弱的王朝，国家坚守的疆域底线不是军事要塞与锁钥之地，而是农业生产能够持续进行的地带——年降雨量 400 毫米等值线，这条线既是中原王朝守疆固土的底线，也是新生疆土拓延的起点。

清以前的各个王朝，周边民族的族属虽然不同，但中原王朝与周边民族互有进退的土地之争与文化交融，始终没有离开农牧交错带。农牧交错带既是新生疆土的增长点，也是疆域内缩的终止线。今天我们看到汉唐盛世的版图，总会激动不已，但理性地看待这个问题就会发现，历史上多数王朝的版图，并没有停留在开疆拓土的盛期，疆域延伸只是一时间的状态，不能代表整个王朝统治时期的情况。就说东汉时期对于西域的经营，班超投笔从戎、万里封侯，是为历代传颂且彪炳青史的佳话，但从公元73年班超出使西域到91年任西域都护，以及此后两任继任者坐镇，再至107年西域都护撤任，共三十四年。这三十四年可以看作东汉政权掌控西域的时期，时长在东汉王朝195年的历史中仅占六分之一，随着西域都护的撤销，西域再次陷入匈奴人控制之中。再看唐代，《新唐书·地理志》载："开元、天宝之际，东至安东，西至安西，南至日南，北至单于府。"这描绘的是唐代版图最大时期疆域的四至。随着"安史之乱"爆发，盛极一时的唐王朝江河日落，西域先后为回纥、黠戛斯、吐蕃控制，至张义潮收归河西之前，河西走廊及其以西地区几乎不为唐王朝掌控。东北契丹、奚等民族也脱离了唐王朝。开元、天宝年间的盛唐版图至晚唐时期几乎四边皆失，《新唐书·地理志》记述的安东、安西、日南以及单于府均不为唐王朝所属。中原政权疆域的不稳定性主要缘于农耕民族与非农耕民族力量的此消彼长，而经济生活方式不同的两类民族，背后是自然环境的差异。正是因为自然环境的差异，无论农耕民族还是非农耕民族，要跨越自身熟悉的生存环境，均需付出很大的努力，双方的拉锯之地就在农牧交错带。

清朝面对的疆域形势不仅与以往中原王朝完全不同，与元朝也不一致。蒙古人进入中原之前已经拥有了西边、北边的土地，在此基础上推行了由外及内的领土路线，而满洲人只拥有东北，整个内地及其他各边均不在控制之内，故仍然采取由内及外的领土路径，但与前朝不同的是，清人在北边采取了联蒙政策。16世纪，蒙古分为漠南、漠北（即喀尔喀蒙古）、漠西（即卫拉特蒙古）三大部，清人入关前已经与漠南蒙古建立了连属关系，漠北喀尔喀蒙古也归附在清人统辖之下。至17世纪末，内外蒙古全部归于清版图内。南、北两部蒙古的归属，将农牧交错带融于境土腹心的同时，也将疆域向北延伸至贝加尔湖南岸，向西抵达西域。西部蒙古即卫拉特蒙古，游牧于天山南北，其中准噶尔部势力最强且不断侵扰漠南、漠北两部蒙古，并与境外势力建立了联系。针对西北边疆危机，清廷于康熙、雍正、乾隆三朝陆续发兵，平定了准噶尔与回部大小和卓势力，统一了西域。就地理意义而言，清王朝针对蒙古准噶尔部以及回部大小和卓的系列战役，其争夺的空间早已逾越了农牧交错带，而推至中亚草原的边缘。中国历代王朝不乏将境土扩展到中国北方农牧交错带以西、以北的事例，但在此必须说明一个事实，即清以前的各王朝，对于年降雨量400毫米等值线以西、以北地区都没有持续而稳定的获取，王朝国力强盛时期拓土西北，国力衰微即固守农牧交错带。只有清朝的军事行动不仅突破了这条农耕民族守疆固土的底线，将疆土延伸至中亚草原，而且稳定、持续地拥有了这片土地，并在光绪年间设立新疆巡抚，将其置于与内地等同的管理系统之下。

必须承认，几乎很少有人意识到清初康、雍、乾三世对西北军事行动的重大政治地理意义。是法国学者儒勒·格鲁塞（René Grousset）在他的名著《草原帝国》中清楚地指出，这一切对于中国疆土意味着什么：

乾隆皇帝对伊犁流域和喀什噶尔的吞并，标志着实现了中国自班超时代以来的18个世纪中实行的亚洲政策所追随的目标，即定居民族对游牧民族、农耕地区对草原的还击。

格鲁塞提及的班超时代，距今一千九百余年，事实上还可以向前追溯一百多年至汉武帝以及郑吉时代。近两千年的历史进程中，农耕民族以北方农牧交错带为基点，将疆土拓展的目标伸向草原。而经历了多次反复，最终跨过农牧交错带，将帝国的疆土实实在在锁定在伊犁河流域和喀什噶尔地区的，不是汉、唐，而是清朝前期康熙、雍正以及乾隆三位帝王所在的时代，并由此划定了泱泱大国的基本版图。

农牧交错带界定东西，又以此为核心将东西融为一体。自清朝乾隆年间至今，中国大地上只有自然地理的东西分异，再无政治归属的东西之别。

（节选自《大地中国》）

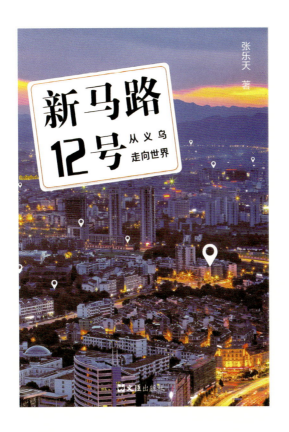

上海好书

《新马路 12 号：从义乌走向世界》

张乐天 著　　　　　责任编辑　陈屹

文汇出版社　　　　2023 年 8 月出版

定价：58 元

　　作者以 8 个义乌工商业经营者的创业故事，剖析这些源自村落共同体价值观的工商业经营者如何适应市场经济的行为准则，超越村落共同体中"情"的局限，成就了适合市场经济的"经济结义"。他们是义乌从"草帽市场"发展到"买全球，卖全球"国际小商品交易平台的缩影。

作者简介

张乐天，复旦大学社会发展与公共政策学院创
始副院长。现任复旦发展研究院当代中国社会
生活资料中心主任，浙江工商大学中外话语研
究院特聘教授。著有《张乐天联民村数据库》等。

编辑荐书

　　作者摒弃了宏大叙事，从细微处入手，以 8 个义乌工商业经营者
的创业故事为主线。他们是义乌从"草帽市场"发展到"买全球，卖
全球"国际小商品交易平台的缩影。他们的生命史中潜藏着中国经济
发展的内生动力，他们的工商业经营活动中包含着市场与地方政府良
性互动的道理，他们近十年激动人心的故事更是理解中国式现代化的
最生动、最有说服力的素材。

芝麻开门

为大家做事，我开心。

——冯爱倩

冯爱倩拿到了编号001的经营许可证，有机会到供销社拿到批发价的小商品，却仍难为她提供在农村集市销售小商品的合法性。那时候，农村集市只允许买卖"不纳入国家统购范围"的农副产品，不准销售日用小百货等工业产品。冯爱倩摆摊卖小百货"不合法"，个人小商品市场交易的大门仍然紧闭着。

在北门集市，冯爱倩与"义乌县打击投机倒把办公室"（简称"打办"）的干部们玩起了"猫捉老鼠"的游戏。冯爱倩敏捷灵活，手脚利索，但北门的"打办"管得很紧，她"摆摊的时间少，逃跑的时间多"。

冯爱倩觉得在北门做生意太累，与几个同道商量着转移场地。大家又讲起义乌廿三里"鸡毛换糖"的故事，尽管路远，但那里的市场管制比较宽松，市场名气更大，外地来采购的人多。想来想去，大家决定到廿三里去摆摊。廿三里是农村集市，每月逢一、四、七日开市。

在义乌，廿三里集市与其他农村集市不同，廿三里集市是义乌"鸡毛换糖"的集散地。义乌各地准备去外地"鸡毛换糖"的农民，事先都去廿三里采购货物，然后带着这些货物远走他乡。他们从全国各地回义乌以后，也把部分带回的东西在廿三里交易。这里是原始状态的"批发市场"。冯爱倩他们第一次到廿三里做生意就尝到了"批发"的甜头。在这里做生意，虽然也有一件、两件小商品的零卖，但更多的是"大批量吃货"，来几个买主，就把你的小商品全部收购了。到廿三里路太远，每个月只有九天生意可做，但生意做得爽快。

……

几次廿三里跑下来，冯爱倩发现，廿三里这个小地方，胃口大得很，可以"吃下"大量日用百货。

这是新的机会。

冯爱倩想抓住这个机会，但缺钱。她想到杨兴贵供销社里的一个朋友，他有空喜欢到老杨这里玩。一天晚上，这个朋友来了。冯爱倩直截了当提出借钱。朋友问："借多少？"她说："想借300元。"朋友说："我身边最多只能摸出20元钱。"冯爱倩知道他与佛堂镇信用合作社主任关系很好，说："你给写一个条子给佛堂信用社主任，我跑一趟，到佛堂信用社去借。"朋友说："公家的钱，不是闹着玩的，你保证能及时还吗？"冯爱倩一五一十介绍了做小百货生意的情况。朋友听了，觉得挺靠谱的，答应了冯爱倩的事。冯爱倩高兴极了，第二天就跑到佛堂镇信用社借钱。

她借到钱了！当她从信用社柜台上拿到300元的时候，顿时有了不一样的感觉。

……

有了钱，她可以进更多货。那一次，她批了较多的小百货，挑了满满两袋东西到市场，一下子赚了六元人民币。她从来没有一次赚那么多钱，不由得心花怒放。

……

1980年秋天以后，冯爱倩不再去廿三里，那里路途太远。她开始到新兴市场湖清门一带做生意。

生意兴隆，冯爱倩却心里烦躁。商品的大门打开了，市场的大门还紧闭着。冯爱倩从供销里批发到大量日常工业品，但是，她拿到市场上去卖，就是"走资本主义道路"。商品是合法途径获得的，商品的交易却是非法行为。这是什么逻辑？！在义乌市场上，"打办"的人、"市场管理所"的人、工商所以及派出所的人，随时可能出现。冯爱倩这样正在做买卖的小商人，随时可能被抓，轻则没收商品，重则罚款、关押。冯爱倩敏捷机灵，廿三里还有亲家相助，逃得快，躲得巧，从来没有被抓过。但是，这不是她要的生活；这不应该是她过的生活！

冯爱倩想不通，不偷不抢，不欺不诈，日用工业品商品交易明明可以更好满足老百姓的生活需求，为什么日用工业品买卖会是非法的？

……

她坚信自己走在"正道"上，她期待着，终有一天，自己的"正道"可以被国家"正名"……

1982 年初夏，冯爱倩就听说义乌来了个姓谢的新书记。据说，这个谢书记"经常穿件破旧的军大衣，皮鞋很少穿，总拖着一双洗得边都毛了的布鞋，裤脚管卷起，有时卷得一边高一边低"。冯爱倩开始注意这个"有点不一样"的谢书记，她说："我站在县委门口看了好几次，都看到了。""我想，我一定要去找他。"

1982 年 5 月下旬的一天，冯爱倩母亲身体不好，她到县委旁边的药店给母亲抓药。她在付药钱的时候，看见谢高华书记走出县委大院，去对面南门街小弄堂里的"菊芬理发店"理发。冯爱倩立即意识到机会来了。她不走了，在药店柜台与营业员讲笑话。营业员问："怎么不走了？"冯爱倩说："刚刚谢高华去旁边理发，我要等着见谢高华。"营业员吃惊地说："你这个人要死，你自己作死。"冯爱倩说，"死就死，我怕什么？！我找死了，你给我拿牢饭。"

谢高华从理发店走出来，冯爱倩赶忙迎过去，情绪激动，不经意讲出一口义乌话，谢高华根本听不懂。

冯爱倩说了自己的名字。她告诉谢书记，自己本来是城市居民，带着五个小孩，下放到农村，一颗粮食都没有。她说："你是共产党派的父母官，我没有办法活了，只能找你们。我实在没有办法，只能到你这里吃饭。你在哪里吃，我们跟到哪里。你到食堂，我们也到食堂。"说着，说着，冯爱倩哭了，越哭越难过。

谢高华进一步了解冯家的情况。冯爱倩一边哭，一边讲。她唠唠叨叨讲了很久，谢高华认真听着。

谢高华追问："爱倩，你真的没有办法？"冯爱倩说："我借的米要还给人家，只有靠摆摊。"谢高华陷入了沉思，他深深吸了几口香烟，凝视着冯爱倩，不紧不慢地说："照理说，摆摊是资本主义，我们没有接到中央的指示，不能允许你在义乌摆摊……这样，你暂时去摆好了。"

"暂时去摆。"自己有没有听错？冯爱倩看了看这位衣着朴素的县委书记，两人一个对视，她清楚知道，书记是认真的。她忍不住去握住谢书记的双手，说不尽的感激。

几十年过去了，说起此情此景，仍让冯爱倩激动万分。80岁出头的老人，竟然跃上长条凳，挥动着双手，感慨地说："暂时去摆！就是这样一句话，打开了市场经营的大门！小商品市场从此合法了！"冯爱倩深深抽一口中华牌香烟，说："这句话说出来是不容易的。这句话有了，我就可以去摆了。无论谁来管我，我都会说，谢书记说的，'暂时去摆'。我可以合法摆摊了。"

40年前，一个在生存线上挣扎、与"打办"玩"猫捉老鼠"疲倦了的义乌农村妇女冯爱倩，心血来潮找到了县委书记谢高华；谢高华被缠得无奈，也为她的生活处境所触动，说了一句"暂时去摆"，竟然无意中打开了义乌发展历史的大门。

（节选自《新马路12号：从义乌走向世界》）

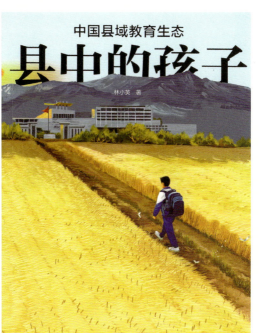

中国县域教育生态

县中的孩子

林小英 著

文景

Horizon

《县中的孩子：中国县域教育生态》

林小英 著　　　　　　　责任编辑　周灵逸

上海人民出版社·文景　　2023 年 7 月出版

定价：88 元

　　本书用纪录片式的分镜头细致呈现了县域教育的生态，深度剖析了中国"以县为主"基础教育管理体制所面临困境的根源及其后果，详解县域教育何以在今天这个时代成为一个问题式的存在。

作者简介

林小英，博士，北京大学教育学院长聘副教授、北京大学教育质性研究中心主任。研究领域为教育政策和质性研究方法，当下专注于研究教育改革的合法性塑造、新中国高等教育场域的形成和质性研究中的图像方法。

编辑荐书

　　本书还未上市时，就已获得公共领域的热烈关注，几十家一线媒体发来了采访邀约。关系全中国一半学子的县域教育问题，牵动着全社会的神经。曾经辉煌的县中为何会成为教育之痛？读书到底还能不能改变命运？我们的基础教育系统究竟出了什么问题，又面对怎样的困境？在这部倾尽作者心力的作品中，我们看到了县域中国的全貌，也看到了一个学者的责任和良心。

县域教育到底怎么办?

　　县域乡镇村校的校长们不仅仅是在一个真实的、被纳入轰轰烈烈城镇化建设轨道的乡土社会之中的学校里工作，而且也处在一个由考核和报表所营造的数字空间之中，在这个虚拟空间中，他们的工作似乎更为真实。这造成了一种内在矛盾：真实的场景被有意无意地忽略，虚拟的空间才能让他们的努力被看见。如果将位于镇上的中学校长和处于村里的小学校长做比较，我们可能会发现，与家长距离越近，碰面越频繁，则校长们面对的冲突越多，也越有可能在最后形成退守的管理策略。镇中心学校和下辖的村小之间也存在一个断层，中心校的校长履行了原有的政府教育行政最低一个层级的职能，但村小的校长也无法单纯只做一个教书育人的工作。在"控辍保学"的"零指标"要求之下，只要有一个学生脱离学校教育轨道，校长们也就"吃不了兜着走"，哪怕在可通约的绩效指标上拔得头筹。家长们深知校长和班主任们头上的这个"金箍"，才会有我们看到的村小李校长所面对的那三个案例中家长们的所作所为，进而也才有校长和教师们的"终极"反应性：学生来了就行，不学就算了。

　　就算是勉力维持而不是奋力发展一个学校，校长们也会面临很多无法测评的琐碎事情，这对于我们如何理解何为学校、何为教育却是有意义的。

量化通约机制下的不可通约和反应性行动可以看作是核心价值观的奋力表达，向人们发出应该如何对待这些事情的信号。本书呈现的校长、教师、学生和家长们，必须重点加注的是，在这些身份名称前有一个重要的限定词：县域乡镇村校。这意味着他们的这种身份和关键角色中有太多成分无法用比较的类别来定义其真正的内涵。相信某事是不可通约的，可以使一个人有资格建立某种关系，当通约对于定义怎样"存在"很重要时，这就是"构成性的不可通约"（constitutive incommensurables）。当人们发现自己被制度性地确定为处在"构成性的不可通约"状况时，他们通常会拒绝参与，甚至认为提供的选择、指明的解决方案根本就是虚伪的。王校长作为中心校校长，对国家明令终止的代课教师政策了然于胸，但随时出现的教师缺口如何弥补，他只能在自己的管辖区域内自行"通约"——尽管这在更大范围、更上位层面上分明不属于基础教育质量追求中的通约范畴。这也意味着，在教育政策抵达县域的乡镇村落时，执行者要保有一种信任，即相信不可通约是限制理性选择的一种方式，政策对象对量化通约机制的反应性行动也是验证政策可行性和成效的重要指针。如此，也许能够帮助构筑一种重要的教育与社会、教师与家长、学校与政府的良性关系的通道。

县域教育到底怎么办？出路在哪里？我并没有确切的答案。很多认同我的描述和分析的人觉得不过瘾，就是因为我没有明确给出改进建议，但我可以给出为何没有明确答案的理由。我认为知识分子的职责是去发现事实，找到问题，并从某个角度给出甚至带有偏见的解释。然而，从分析性、解释性的结论到如何改进乃至改造现实，二者之间还有很长的路要走。这条路，不仅仅需要遵从切实的政策执行、评估和反馈的线路，就算是给出咨询建议，也需要专门的从"对政策的分析"到"为政策分析"的转变。我曾给国家审计署讲授过一门完整的"公共政策评估"的课程，由于自身专业领域所限，其中所用的所有案例都来自教育领域，因为我认为教育是最大的公共政策，涉及千家万户，涉及国家发展之根本。我花了 12 次课一共24个小时才能讲明白，如何循着从对政策的"问题构建"开始进行"政策质询"，怎样走完"执行监测—绩效评价—预测未来—建议行动"四个大的步骤，才能知道改进之道是什么。因此，本书基于不同省份中大相径庭的县域教育的调研，很难对不同的问题开出统一的处方来。

实际上，已经有很多研究者从校长培训、教师轮岗、资源配置、薪资倾斜、校额到校、评价机制等方面提出了很多改进建议，有的县份也开展了多年的行之有效的改革实验。只不过，落到一个具体的地方去细细地思考怎么做，依然会发现困难重重。而当地的校长和教师们，作为局内的知情者，深耕教育多年，他们其实是知道怎么办的。

有一次我在一个县调研结束，临近天黑，我要赶往一个镇子住宿，方便第二天赶早班飞机。我打听到那个镇有一所新中国成立前由一个土匪创建而延续至今的学校，遂打算趁天还有亮时去看看。从调研点到那个镇要走盘山公路，公路边到处都是悬崖，我闭着眼睛不敢看外面，总算是到了目的地。下车进入学校参观，才发现还有十来个人跟着我一起参观校园，他们是来自十个中小学的校长和一个幼儿园的园长，说是希望看校园的时候还能继续跟我交流一下。结束后，我们一起吃火锅。初冬时节，大家喝着米酒，我问他们究竟是怎么回事。原来那天下午由于我受高中校长之邀，临时决定在学校做一场面向该教育行政辖区内所有学校的关于教育、教师和教学方面的讲座，其中也结合了在当地的调研内容和我的评论。因为是正常工作日，尽管当时学校采用了同步线上直播的方式，但依然有很多其他学校的校长们没能听到。不过，他们在下班后听到了一些老师的反馈，于是追到了几十公里之外的这个镇上，想要与我面对面交流一些想法和做法。这着实让我感到惊奇，这帮人为了本地的教育，堪称执着。家境好、成绩好的学生多数都通过各种途径离开当地，要么进入县城最好的高中，要么去市里上学，留在镇子里的小学和初中念书的孩子，早就是过了好几遍筛子筛剩下来的了。这是很多县域教育的基底，此地也不例外，并且，这十来位镇域学校的校长和园长也深知这个状况，关键是，他们该怎么办？

在过去的几年中，面对这样的现实，他们早就试着放下以往评价制度中单纯对学习成绩的执念，转而真正思考如何为这些注定无法升入较好大学的孩子们提供值得他们一生回想的学校教育体验。孩子们成绩不是很好，但校长们想让他们在学校快乐一些；孩子们对文化课程不是很有兴趣，但校长们想把兴趣类、动手类的课程开得有趣一些；他们想用自己的方式出卷子来考试，让孩子们的成绩显得不那么难看；他们熟悉几乎每个孩子的家庭情况，知道学校应该尽可能兜底，担负起一些外出务工的父母无法履行的责任……听了他们的想法，我骤然觉得研究的成果可能并不那么重要，更重要的是为了研究而深入实地去调研，作为一个外来者到达那里，让他们感觉到自己被看见了，被听见了，被确认了，然后他们能笃定地继续前行，用每个人通过多年的实践生发出来的智慧滋养着当地教育。说了那么多，他们最后简而言之就是想得到一个回答："林老师，我们就想听您一句话，我们这么做，您觉得可行不？对不对？"此时的我几乎泪流满面。餐后，十几位校长还得开车走几十公里的盘山悬崖公路返回各自学校，而我也无法入眠。

无须多言，这就是县域学校校长们的实践性知识，里面已经蕴藏了改进的建议和行动方案。

（节选自《县中的孩子：中国县域教育生态》）

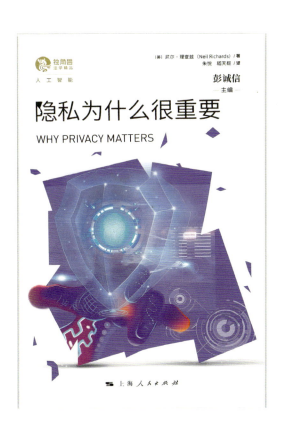

《隐私为什么很重要》

[美] 尼尔·理查兹 著　　　　　朱悦 嵇天枢 译

彭诚信 主编　　　　　　　　　责任编辑　夏红梅　伍安洁

上海人民出版社　　　　　　　2023 年 1 月出版

定价：84 元

　　作者给出了一个隐私的定义，并澄清了隐私认识中的四类偏见：隐私说明有事见不得人、只有让人毛骨悚然的信息技术才会威胁隐私、隐私只意味着能控制个人信息、隐私已死。作者强调，隐私很重要，因为其是关乎身份、自由和保护的工具，是人们参与和信任数字社会的基础。

作者简介

尼尔·理查兹，隐私法、信息法领域的权威专家。圣路易斯华盛顿大学法学院科赫杰出法学教授，科德尔医学与法律政策研究所联合主任。斯坦福互联网与社会中心学者，耶鲁信息社会项目学者，民主与技术中心研究员，隐私案件的顾问和专家。

译者简介

朱悦，同济大学法学院助理教授，上海市人工智能社会治理协同创新中心研究员。曾在一家大型互联网平台企业从事数据和算法合规工作。研究方向是网络和信息法、比较法和法制史。作为主要成员参与我国《人工智能示范法》（专家建议稿）及其释义的起草。出版和发表多本（篇）专著、译著、论文、译文、著作章节、学术评论、实务评论和书评。

嵇天枢，印第安纳大学 MPA， 圣路易斯华盛顿大学法律职业博士。圣路易斯华盛顿大学院长奖学金获得者，优秀国际出庭律师奖获得者；特拉华州律师协会奥尔夫德卓越青年律师奖获得者。美国公共管理荣誉学会（Pi Alpha Alpha）成员。目前在美国从事并购投融资业务，同时为中国企业出海提供法律支持。研究兴趣包括公司治理、隐私权保护的法律框架研究。

编辑荐书

　　本书解答有关隐私的基本问题，如什么是隐私，哪些隐私观点是完全错误或被蓄意误导的，通过保护隐私可以保障哪些具体权利等。更重要的是，在大部分人无奈地点击"同意"商家新隐私政策的时代，本书试图唤起普通个体和消费者关心隐私背后的权利博弈、参与制定隐私规则的紧迫感，同时为未来隐私法的价值取向提供启发性建议。

隐私并非主要关于控制

如果消费者和公民对收集和使用人类信息的方式感到困惑，解决这个问题的一个合乎逻辑的办法可能是使他们重新控制这些信息。这种论点似乎无处不在。科技公司把"隐私是关于控制"作为至理名言。脸书在剑桥分析丑闻后继续把强调控制作为隐私问题的解决方案。扎克伯格提出了一些据称保护隐私的新脸书会坚持的关键性原则，这些原则的第一条是"私密互动，人们应该有一个简单、亲密的地方，在那里他们可以清楚地控制谁可以与他们交流，并相信没有人能获得他们分享的东西"。

让消费者控制如何收集和使用他们的数据能有什么问题呢？认为隐私是关于控制允许消费者作出反映其不同喜好的选择。按照这个逻辑，隐私问题也仅仅源于我们没有得到控制我们的信息的权利，对吧？

不幸的是，事情并不是那么简单。

隐私是关于控制的第一个问题是控制会压垮用户。此处理论上的隐私是关于控制在实践中变成了隐私自我管理。更多的控制意味着更多的选择，而尽管这在理论上可能是很好，但我们可以给予的选择的绝对数量可以是压倒性的。移动应用程序可以向用户索取两百多个权限，甚至平均每个应用程序也可以索取五个权限。您的手机和计算机上有多少个应用程序？伍德罗·赫佐格解释说："认为隐私是关于控制的问题在于，如果希望拥有更多隐私的愿望得到响应，那就意味着我们将得到更多的控制权，而最终我们将被巨大的控制权数量扼杀。"由于这种观点，商家、平台、开发者向我们提供了"一系列令人眼花缭乱的转换、删除按钮和隐私设置选项"。当一家公司对隐私丑闻的反应是"更多的控制"时，这就意味着更令人迷惑的选择，而不是更易懂的选择，这使问题恶化而不是变得更好。正如学者广泛记载的那样，我们的同意是被制造出来的，所以我们只需点击"同意"。但是谈论"让人掌控"对高管来说是一个很好的公关方式，它分散了我们对权力和操纵的真正问题的注意力。

此外，所有这些都假定我们甚至知道我们同意了什么。每一个数字服务和网站都有自己的隐私政策，但通常我们得到的真正能够使我们控制自己隐私的信息是无可救药地不足。从大谈特谈前提却缺少细节的空洞语言，到只能借助法律学位和咖啡因才能破译的密集、浮夸的表达，我们每天都会遇到太多隐私协议，以至于我们不可能真正掌握它们当中的任何一个，更不用说掌握所有这些隐私协议了。

无论如何，隐私政策的数量太大了。2009 年的一项著名研究估计，如果我们在一个典型的年份里快速阅读我们遇到的每一个网站的隐私政策，我们需要在这个任务上花费 76 个工作日。挪威消费者委员会 2016 年的一项研究发现，典型智能手机上最常见的 33 个应用程序的隐私政策超过 25 万字——比《新约》更长，而且如果你将这些协议朗读出来，需要 24 个小时以上才能完成。调查人员总结道："目前数字服务的条款和条件状况近乎荒谬。它们的范围、长度和复杂性意味着几乎不可能作出明智的决定。"对个人信息的控制在抽象中可能具有吸引力，但在实践中这是一项令人崩溃的义务。

隐私是关于控制的第二个问题是，当涉及隐私时，控制是一种错觉。我们容易忘记互联网并不是自然存在的。它是人类建造的，由人类为人类目的所作的决定组成。我们现在得到的互联网是这样一个接口，这个管理隐私的接口是由人类工程师为了满足他们的老板而建造的，他们的目的不是赋予人类权力（尽管广告声称他们是）。围绕控制"用户"的所有说辞都掩盖了这样一个事实，即工程师设计他们的技术以产生特定的结果。这些设计选择限制了使用该技术的人类可用选项的范围。公司决定我们可以勾选的选项框。它们还决定了基本隐私仪表板中包含哪一组选择，"高级设置"中包含哪些选择，更重要的是，"用户"根本无法作出哪些选择。例如，脸书让"用户"管理位置设置，关闭照片中的面部识别（默认选项被设置为与公司"共享"直到用户强烈抗议并改变这个选择为止），但"控制"脸书收集大量有关其客户的其他人类信息的"选择"是永远不会被提供的。至关重要的是，通过设计技术和设置默认选项，脸书的工程师不仅知道普通用户可能选择哪些选项，而且还可以利用选择架构的微调效果来达到他们想要的结果，并为他们的商业利益服务。设计可以塑造结果，拥有数百万（或数十亿）"用户"的大型科技公司可以对这些人类受试者进行大规模的科学实验，使用 A/B 测试来弄清楚哪些选项、选择、决策结构、措辞甚至配色方案的混合体产生了公司想要的结果。利用行为经济学的见解，公司创造了操纵界面，利用我们更喜欢大的闪亮多彩的按钮，而忽略小的暗灰色按钮的内在倾向。他们还可能羞辱我们以使我们对扣留数据或拒绝选择感到不适。有时，平台会设计在线服务，通过游戏化来帮助人们进行过度共享，例如保持连胜。公司知道冲动分享是如何实现的，因此它们建立了一个完整的系统，使冲动分享尽可能容易。

隐私是关于控制的最后一个问题是，隐私关于控制，是不够的。技术主管和一些监管者的谈话似乎表明解决隐私问题的方法是给予更多的控制、更多的仪表板、更清晰的隐私政策，以及继续将更多的隐私工作倾倒在人们已经疲惫不堪和困惑的脑海中。我们已经看到当信息收集中存在许多我们不能察觉或者不明白的地方时，迷恋信息控制是毫无成效的。而隐私，正如我们所看到的，是一种社会价值；我们的隐私不仅取决于我们自己作出的选择，而且取决于社会上其他人的选择。在这方面，隐私就像公共卫生或环境一样。在应对疫情时，我们指望其他人戴上口罩，遵循社交距离准则，并接种疫苗以帮助我们度过公共和私人健康危机。我们无法独自完成这些工作，其他人的糟糕或有限的选择使得公共卫生状况比它本来的情况更糟。即使我们在隐私控制上进行超人的努力，其他人不可避免的行动已改变了隐私环境。普通消费者会屈服于祖博夫的"精神麻木"，他们的意志会逐渐被磨损直至听任和接受他们那被企业炮制出的同意。

有时候，我们几乎或根本无法阻止其他人披露有关我们的信息。比如当孩子的学校决定使用"学习管理系统"或其他只有学校才能同意的具有隐私实践的软件时，抑或者，当有人向一家公司披露他们的遗传数据时，由于血缘亲属具有很高的遗传相似性，这意味着他们也分享了有关其亲密家庭成员的敏感信息。也许更重要的是，这类隐私泄漏完全发生在我们可以同意的领域之外，这种同意理论的空白区域进一步证明了隐私是关于控制这一观点无法承受强加于它的巨大压力。

因此，隐私是关于控制的限制是多方面的。它易于表述和理解并且在理论上显得高尚，但在实践中却是一个烟幕弹。公司在烟幕下控制着人类，而不是人类控制着他们的数据。问题不在于控制和选择总是很糟糕——很难想象一个美好的生活或一个自由的社会不给人们提供真正的、选择和控制他们自己生活的选项。但正如21世纪的数字世界中所发生的那样，通过提升虚构的控制，而忽略选择的架构、设计、默认和权力，隐私是关于控制的论调是一种剥夺权力的形式而不是所谓的解放力量。我们当然应该专注于为数字消费者提供一套有意义的选择，而不是绝大多数消费者面对的大量严格控制和最终控制有限的选择。我们需要改变我们的观点。

（节选自《隐私为什么很重要》）

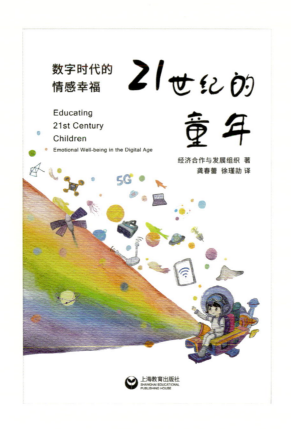

上海好书

《21 世纪的童年：数字时代的情感幸福》

经济合作与发展组织 著　　龚春蕾 徐瑾劼 译

责任编辑　李玮　　　　　上海教育出版社

2023 年 8 月出版　　　　　定价：79 元

　　本书从四大主题（身体健康、情感幸福、数字技术和家庭及同伴群体）探究了当代童年的内涵、主要特征、影响因素及干预路径，尤其关注了情感幸福和数字技术的交叉点。本书还提出了应对挑战的可行性解决方案，以供研究和政策参考。

作者简介

经济合作与发展组织（简称 OECD），1961 年 9 月在巴黎成立，通过开展决策研究、制定国际规范、推进同行审议和拓展国际合作等，已经成为具有全球影响力的综合性国际组织。在教育领域，OECD 教育与技能司组织了具有全球影响力的一系列项目，如国际学生能力评估项目（PISA）、国际教师教学调查项目（TALIS）等，该组织针对数据进行了分析，提供了政策建议，对世界各国的教育政策与实践产生了深远的影响。

译者简介

龚春蕾，教育学博士，副教授，研究领域为教育管理，现任上海师范大学天华学院教学副校长，所领衔的高校通识教育、"活力课堂"教学改革等成果曾获 2018 年、2022 年上海市高等教育优秀教学成果一等奖、二等奖。

徐瑾劼，教育学博士，副教授，研究领域为国际比较教育，联合国教科文组织教师教育中心项目主管、上海 TALIS 项目负责人助理、TALIS 视频研究数据主管。主要研究方向为学生素养评价、教师教学绩效评价、国际课堂分析工具开发与评估和国际教育合作等。

编辑荐书

数字时代的来临，对儿童的成长和发展，究竟会产生什么样的影响？我们怎样才能让儿童保持本真，在犯错中学习和成长？我们怎样才能对儿童加以保护和指导，帮助和支持他们获得更好的人生起步？经济合作与发展组织（OECD）的"21世纪儿童项目"检视了当代社会中的童年，特别注意了情感上的幸福和新科技之间的交集。在数字时代，父母对子女的养育和儿童的同伴友谊如何变化？OECD还研究了作为数字公民的当代儿童，如何才能最大化地利用在线机会的好处并避免其危害。在结尾，该组织展望了如何增加儿童的数字化素养和韧性。

数字育儿与被数据化的儿童

如今很多家长不仅越来越担心孩子的健康和安全，而且对自己能否成为"称职"且"负责任"的父母也忧心忡忡。本章用实验研究的证据加以阐释，由信息产业、大众媒体、营销手段，以及通常意义上"负责任父母"的社会期望所共同催生的"数据迷信"，创造出了一种"即插式"的养育模式，最终造成了在线上、线下两种情境下，孩子都始终处于严密的数据监管之下。各式各样的数字养育工具（从怀孕 App、婴儿监视器到各种家长控制和追踪的工具）以及实践（如"晒娃癖"），本章都有所涉及，最终证明这些与数据权利和儿童隐私有关的事件是如何背弃了过度保护和科技适度的养育立场，从而导致了对童年时代的商品化和数据化。

强加在未出生孩子身上的数字阴影

在互联网发展的早期，怀孕的准妈妈们就投奔了在线论坛和网站以及"妈咪博客"，寻求精神支持和有关孕期及儿童养育方面的信息。一项有 24 个国家参与的研究发现，97% 的怀孕女性（样本总量 613）会使用互联网搜索有关怀孕的信息、与怀孕有关的社交网络、寻求帮助或是网购。大多数情况下，女性把互联网作为从健康专业人士那里获取信息的补充。

很多女性还表示对医生或助产士所提供的信息不够满意，或缺乏足够的时间向健康专业人士咨询问题。研究还发现，男性也开始使用互联网，特别是社交媒体，一方面练习扮演"上心的父亲角色"，与其他爸爸交流寻求鼓励、信任和建议，另一方面也"学习如何能成为好爸爸"。

近年来，对未出生的孩子的干预在技术过载的社会里达到了新的高度。生育跟踪应用程序专门瞄准了想要怀孕的女性，让准妈妈们可以全程跟踪胚胎孕育的过程，并且获取相关的信息。孕期应用程序盛行一时，不仅初次做妈妈的女性爱用，准爸爸们也在用。这种"量化自我"运动的趋势，已经蔓延到了全世界。休森（Hughson）等学者甚至宣称，"高收入国家的大多数准妈妈都在使用这类软件"。例如，2015 年，苹果应用商店里的超过 9 万个应用程序中，有 7% 是针对女性健康和怀孕的。这一市场日益繁荣。与此同时，有实验研究表明，一些被边缘化了的群体（如低收入妇女、少数民族、其他很难触及数字技术的人口），以及英语语言能力、信息技术能力和健康知识都很缺乏的群体，依然深陷被信息技术排斥的恶性循环里。

然而，高科技正在重新定义大家对为人父母、健康以及身份的理解。针对父亲角色的孕期应用程序，起到的是"教学中介"的作用。它们的目标是就"如何做好怀孕女性的另一半、当好未来的父亲"提供建议和信息（如为婴儿准备好家具和托育环境）。这些软件经常把为人父母描绘成知识习得的锻炼过程。托马斯（Thomas）、卢普顿（Lupton）和佩德森（Pedersen）的分析却认为，这些应用程序对准爸爸的画像存在重大的歧义和矛盾。一方面，这些应用程序基于的是"中产阶级勇于担当的、新自由主义父亲形象"，激进且富有创新性。另一方面，它们往往又会强调对父亲形象的一贯认知，不断复刻程式化的性别角色。例如，他们会把新生儿比作啤酒瓶或足球大小，把怀孕的过程比作在树林里进行的一次远足或是野营（如"爸爸爬山 App"）。

尽管此类应用程序建构的理想父母，"基于的是中产阶级具备个人能力，能够承担自我教育责任这种新自由主义的假设"，沃马克（Womack）、安德森（Anderson）和莱德福德（Ledford）对孕期 App 所做的内容层面的分析却显示，应用程序提供的各种建议经常是相互矛盾的，毫无可信度。尽管此类应用程序经常被人当作成为称职和成功母亲的标志，妈妈们会基于此类 App 来作健康方面的决策，如控制饮酒、进食鱼类和奶酪制品、怎样服药、染发或规划免疫接种等，但她们从中得到的建议也经常是相互矛盾的。正因为如此，这些可能会影响母亲和孩子身心健康的资讯，很可能也不可靠，或从医疗健康的角度出发是靠不住的。再联系到如今，尚没有规定明确该由哪些机构来审核和批准此类应用程序上市，这些信息的可靠性问题难免会发生。此外，在数字技术领域之外也同样存在透明度的问题，如全世界范围内，对疫苗接种计划的临床指南、孕期饮酒指南、产后体育运动指南以及其他很多与健康有关的问题，操作方法会略有不同，所提供的证据也会自相矛盾。

然而，这类应用程序流行的原因不仅是为热衷"各类健康话题"的准父母提供建议和推荐。事实上，除了建议和推荐，通过输入个人健康信息和身份信息，孕期应用程序还为女性提供了全程跟踪自己怀孕过程的机会，让她们可以了解备孕期间的饮食、受孕日期、父母的心路历程、病史、胎动次数和预产期等信息。也正因为如此，巴拉西（Barassi）批评此类 App，"不仅利用了用户诸如身体功能、行为举止、社会关系这些个人隐私，而且令准妈妈的整个身心都受到了影响"。

海伦·桑汉姆（Helen Thornham）认为，对女性怀孕和抚养孩子的"数据化建构"，通常只是一种"简洁明了、科学且自动进行的客观度量"，而不是充满情感、焦虑和日常沮丧情绪，以及喜悦与痛苦交织的个人主观经历。例如，尽管此类 App 可以追踪睡眠持续的时长和频率，计算主动进行母乳喂养的次数，却不能测量睡眠的质量，或计算所有非主动的母乳喂养次数。因此，桑汉姆声称，怀孕 App 并没有把"母亲的主观性"纳入考量范畴，反而让母亲平凡的日常生活和个人感受黯然失声。桑汉姆的小范围人种学研究的结论表明，手机上的怀孕应用程序，与其说缓解，不如说是助长了准父母的焦虑情绪，而且将其正常化，甚至到了不健康的程度。

此外，此类应用程序收集、管理和分享了大量有关父母和未出生婴儿的个人身份信息，实际造成了对个人隐私的巨大威胁。但看起来，用户们并未经常联想到隐私问题，而是更倾向于一笔带过。理由是，相对于此类 App 所提供的潜在机遇和全新知识，其他都无关紧要了。很多父母对使用此类软件可能造成的潜在个人隐私风险并不知情，原因是服务供应商撰写的数据政策并未清晰地写明隐私问题，反而将所有与隐私有关的责任全部推给用户自身（另参见第十章）。

与此同时，除了与服务提供商和其他潜在的第三方共享私人医疗健康数据之外，准父母们还为自己未出生的孩子创设了个人数据信息，并且使之商品化了。由此，正如巴拉西所认为的，我们所见证的，不仅仅是"准父母们已知人生经历的商品化，同时还有对未出生婴儿数据流的利用"，从而导致数据化儿童的产生。

（节选自《21 世纪的童年：数字时代的情感幸福》）

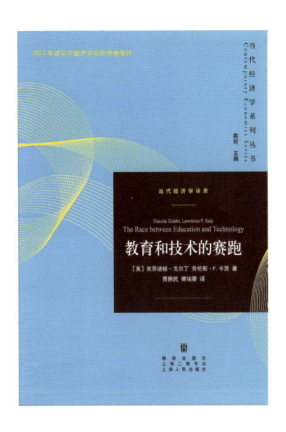

《教育和技术的赛跑》

[美] 克劳迪娅·戈尔丁　劳伦斯·F. 卡茨 著

贾拥民　傅瑞蓉 译

责任编辑　王萌　　　格致出版社

2023 年 1 月出版　　　定价：118 元

2023 年诺贝尔经济学奖得主克劳迪娅·戈尔丁的这部代表作，探讨教育、技术变革与收入差距三者的关系，带领读者反思 20 世纪美国劳动力、性别、教育、移民等社会问题背后的历史联系与必然，对我国的劳动力技能提升、技术进步和产业结构升级，有重要启示意义。

作者简介

克劳迪娅·戈尔丁，哈佛大学经济学教授，著名劳动经济学家、经济史学家。"因增进了我们对女性劳动力市场结果的理解"，获 2023 年诺贝尔经济学奖。

劳伦斯·F.卡茨，哈佛大学经济学教授，美国经济学会现任主席（2024）。

译者简介

贾拥民，经济学者，资深译者，有译作 40 多部。

傅瑞蓉，教师，译者，有译作近 10 部。

　　《教育和技术的赛跑》是 2023 年诺贝尔经济学奖得主克劳迪娅·戈尔丁的代表作。本书深入探讨了教育、技术进步与收入不平等之间的关系，通过对美国 20 世纪劳动力市场和教育发展的历史分析，揭示了教育与技术之间动态赛跑的机制。这部作品不仅对美国社会提供了深刻的洞见，对我国在应对技术进步浪潮的同时如何缩小收入差距也极具参考价值。本书以其严谨的数据分析和独到的历史视角，为理解并解决现代社会的不平等问题提供了坚实的理论基础。

"美国世纪"与"人力资本世纪"

　　20 世纪初，美国成为全世界最富裕的国家，美国民众的平均生活水平也超过了英国——上一个全世界最富裕的国家。然而，这只是美国进一步崛起的序幕而已。美国与其他位居第一梯队的国家之间的差距，还将不断扩大；即使美国的大门随时向全世界的穷人敞开，美国民众的生活水平也仍在持续提高。美国一直将这种世界经济霸主地位维持到了 20 世纪末。

　　20 世纪也可以称为"人力资本世纪"。到了 20 世纪末，所有国家都已经在向大多数民众提供小学及更高阶段的学校教育了，即便是那些最贫穷的国家也不例外。相比之下，在 20 世纪初，甚至到了 20 世纪中期，许多国家（包括那些相对富裕的国家）仍然只向那些个人有能力负担的人提供教育。但是，美国却是一个异类。美国的教育体系一直不像欧洲国家那么精英化。从 1900 年开始（甚至可能更早一些），美国就已经着手在普通民众当中推广中学教育了；至于小学教育，美国更是早在 19 世纪就已经取得了巨大的成功。

　　20 世纪既是"美国世纪"，又是"人力资本世纪"，这绝不是历史的偶然。人类社会的现代化程度越高，经济增长就越需要受过教育的工人、管理人员、企业家和公众来推动。现代技术必须被发明创造出来，并得到应用和维护，而且必须有大量有能力的工人来掌握它们。快速的技术进步是 20 世纪的根本特征，这一点早就通过各种途径展现出来了。正是因为美国民众在 20 世纪是全世界范围内受教育程度最高的，所以他们才能够在发明、创业以及运用先进技术生产商品和服务方面，占据最有利的位置。

"美国世纪"与"人力资本世纪"之间的这种联系，与教育在经济增长和个人生产率的提高中所扮演的角色密切相关。教育水平越高，劳动生产率就越高；与此同时，提高一个国家的全民教育水平，通常能够加快总体经济的增长。因此，作为在教育上投资最多，且在教育至关重要的这个世纪内完成了大部分教育投资的国家，美国发展成了全世界人均收入最高的国家。在教育上大力投资，获得更高水平的技术和生产率，进而就可以实现快速的经济增长和更高的生活水平。当然，经济增长带来的好处不一定能够均等地分配给所有人，更高的平均生活水平也不一定能够转化为所有人境况的改善。

"美国世纪"经历了巨大的技术进步和经济增长，它原本也完全有可能成为一个不平等不断扩大的世纪，因为经济增长有可能导致一些人的收入大幅度增加，而另一些人则完全没有增加。

美国人的经济福利在整个 20 世纪几乎一直在持续不断地增长。美国整个国家的 GDP 的增长，在整个 20 世纪都很快且格外地稳定，增长速度一直保持在平均每年 3.2％ 左右的水平上。与经济增长的这种相对持续性形成鲜明对比的是，美国经济不平等状况的发展，是高度不连续的。就美国经济不平等的演变而言，20 世纪实际上包含了两个截然不同的历史阶段。最初，从 1900 年到 20 世纪的差不多前四分之三个世纪里，经济不平等现象分阶段地逐渐减缓了。在那之后，不平等现象却加剧了，而且往往是以非常惊人的速度发生的，这种情况一直持续到了 20 世纪末期。从大多数衡量指标来看，现在的经济不平等程度已经与它在出现大幅度下降之前一样高了。

在经济体系的上述两个组成部分——技术变革和经济不平等——之

间，一个关键链接就是教育的进步。在 20 世纪的前四分之三的时间里，美国民众的教育水平或受教育程度极其迅速地得到了提高，而且这种提高呈现出了很强的持续性。但是，从 20 世纪 70 年代开始，年轻成人受教育程度提高的速度就明显放缓了，到了 20 世纪 80 年代初，劳动力大军整体教育水平的提高速度，也出现了明显的放缓。对于在 19 世纪 70 年代至 1950 年前后出生的那些同龄群来说，受教育时间平均每 10 年就会增加大约 0.8 年。在那 80 年的时间里，绝大多数人的受教育程度都远远超过了他们的父母。随后，教育水平一代高过一代的进步过程，就戛然而止了。孩子们总能比他们的父母过上更好生活的"美国梦"受到了严重的威胁。究其原因在于，在"美国世纪"里，经济不平等程度先减缓后恶化的变化趋势，也体现在了生产率上。

美国的生产率在 20 世纪的大部分时间里一直都在快速提高，但是在进入 20 世纪下半叶之后却明显放缓了。到了 20 世纪 90 年代末期，生产率提高速度的放缓趋势似乎结束了，但是仍然结束得不够快。国民收入已经远远低于生产率提高速度不放缓的情况下本来能够达到的水平了。事实上，在劳动生产率提高速度放缓的情况下，人均实际收入之所以仍然能够保持快速增长，唯一的原因就是劳动力的增长速度超过了人口的增长速度。

在 20 世纪初，美国是自信的，充满了活力。当时大量的工业制成品已经从美国各港口源源不断地流向世界各地了。在诸如图书出版、马车制造、商用机器生产、农业设备和工业机械等行业，美国人都被描绘成了"入侵者"。在 20 世纪的头 20 年里，美国就已经确立了全世界头号工业制成品生产国的地位，其中就包括汽车，那是现代生活的象征。

而到了今天，在人类踏足 21 世纪之初，美国却已经在一定意义上变得不如 100 年前那么风光了。它早就向全世界证明了普及教育的重要性。于是欧洲和亚洲各国最终追随着美国的脚步赶了上来，其中有一些国家近年来甚至已经在年轻同龄群的高中和大学毕业率上超过了美国。研究表明，美国学生在标准化阅读、数学和科学类课程的考试成绩等方面，都已经明显落后了。

我们这本书考察的是一个非同凡响的世纪。在这个世纪的许多年间，经济持续增长，技术不断变革，教育日益进步，甚至贫富差距也在缩小。本书将要分析的是一个独特的、创造条件的制度体系，它使得美国实现了教育大众化，并使得美国的教育水平远远超越了其他富裕国家——至少直到 20 世纪末期仍然如此。本书还将探讨：为什么 20 世纪大多数时间里，快速的技术进步并没有导致日益严重的经济不平等？为什么经济增长的成果，往往得到了更加平等的分配——至少一直到 30 年前都是如此？

这本书有三个基本主题——技术变革、教育和不平等；这三者之间存在着复杂的联系，而且主要体现在一种微妙的"赛跑"的关系上。在 20 世纪的前四分之三的时间里，受过教育的工人的供给不断增长，同时技术进步导致对他们的需求持续上升，但是前者快于后者，从而使得实际收入的提高伴随着不平等的减少。但是，在 20 世纪的最后 20 年里，形势发生了逆转，不平等现象急剧恶化。或者换句话说，在 20 世纪上半叶，教育跑到了技术的前面，但是到了 20 世纪后半叶却变成技术跑到了教育的前面。就整个 20 世纪而言，技术的技能偏向性并没有发生太大的变化，技术变革的速度也没有发生太大的变化。因此，不平等的急剧恶化在很大程度上更应该归因于教育进步的放缓。

（节选自《教育和技术的赛跑》）

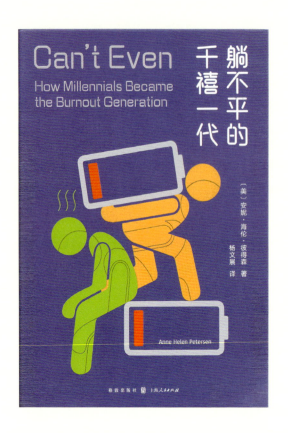

《躺不平的千禧一代》

[美]安妮·海伦·彼得森 著　　　　　杨文展 译

责任编辑　王萌

上海人民出版社·格致出版社　　　　2023 年 10 月出版

定价：72 元

　　本书真实记录美国千禧一代（1981—1996 年出生的人）在工作和生活各方面承受的重压，包括一路为了升入大学作准备的成长经历、将好工作等同于过度工作的病态职场文化、被工作不断挤压侵占的休闲时间，以及令人心力交瘁的育儿竞争等等。

作者简介

安妮·海伦·彼得森，文化研究学者、作家、记者，惠特曼学院前访问教授。长期从事流行文化和社会议题报道，善于敏锐捕捉公众心理。2019 年的文章《千禧一代如何成为倦怠一代》获得超过 700 万次阅读量，成为爆款热文。

译者简介

杨文展，复旦大学社会学系本科，华东师范大学公共管理硕士，国家二级心理咨询师。从事图书翻译十多年，有译作《聪明的思考者》等。

编辑荐书

　　本书深刻揭示了美国的"80 后""90 后"所面临的现实困境，这不仅是一本关于一代人的挣扎与挑战的社会学著作，更是对当代资本主义社会结构问题的一次深度剖析。作者通过翔实的数据与生动的个人故事，展现了这一代人在求学、求职乃至育儿过程中的重重压力。无论你是对社会学感兴趣的研究者，还是希望了解当代美国社会现状的普通读者，这本书都将为你提供独特的视角和深刻的洞察。

化身为育儿竞争的阶层焦虑

像斯蒂芬妮这样的中上阶层父母，并不担心支付基本的经济开支，他们担心的是向下流动：如果斯蒂芬妮的孩子不参加夏令营或不戴牙箍，他们家保持中产阶层地位的机会是否会减少？这可能听上去很傻，但却是一种真实且极具鼓动性的恐惧：阶层地位的下降，就等于是将祖辈、父辈或自身来之不易的向上流动性给逆转了。这让人感觉极不符合美国精神，也就是为何这么多家长为了避免这种情况使自己陷入了更深的倦怠。

以凯茜为例，她是住在费城远郊的中产阶层白人。她是一名律师，丈夫是一名护士。夫妻俩有四个孩子，他们家刚刚宣布破产。"如果没钱，我们如何送孩子去参加夏令营，为有特殊需要的孩子找家教？"她问，"如果没有经济来源，我们如何参加其他人家的生日聚会并维持社交计划？"他们所做的——正如数百万其他勉强坚持中产阶层生活方式的人一样——让他们在债务中越陷越深。

梅雷迪思自诩为一位"过度教育的白人女士"，她用愤怒来阐述自己的倦怠：愤怒"通常是因为无止境的工作与无休止的家务相互交织"，加之还有在街坊邻居中保持形象这种"令人作呕"的任务。"我们必须把房子维护好，以讨好业主协会，"她解释说，"如果孩子的小伙伴们参加某项活动，而我们家孩子不参与的话，丈夫就会感到内疚。于是，我就全力支持此事，这样他就不会再过问了。可随后我发现自己变成了唯一负责此项活动用具存放地点的维护并确保其清洁的人。"然后，她又补充道："我自感愧疚不堪，因为我是由于'富有白人女性面临的问题'而感到倦怠。与其他人的问题相比，这种事实在是不值一提。"

尽管有一定的经济保障，但梅雷迪思表示，自己育儿方面的一切决定，都取决于"这会使孩子在三十岁时还想住在咱家地下室的可能性更大还是更小？"这一终极拷问。换句话说：如何让孩子们处于一种经济上和心理上双双独立的状态？对于住在爱达荷北部一个小镇上的亚历克莎（Alexa）来说，当全家人从东海岸搬来此地时，她的倦怠感大大降低了。在东海岸，"你必须拥有合适的东西，且要负担得起私立学校，这方面的压力要大得多"。而在爱达荷州，他们赚的钱足够用，既可以减少工作量，还能支付额外的儿童保育费用——包括雇一位保姆。"我们感到安稳，"她说，"但要为大学存够钱仍然让人深感压力重重。"

这种焦虑往往以参加更多活动的形式展现。尽管某些中产阶层的千禧一代是在紧凑的日程安排下长大的，但与他们现在出于无奈被迫安排自己孩子活动的方式相比，实属小巫见大巫——给孩子们的那些日程安排早在婴儿期便已开始。在《亲子聚会：家长、儿童及对玩耍的新期待》一书中，塔玛拉·R.莫斯采访了纽约市的家长们，与其聊起亲子聚会及关于此类活动不成文的"规则"。毫不意外的是，她发现亲子聚会的主要推动者不是孩子，而是家长——尽管家长们的日程已经排满，但总能为这类活动抽出时间来。这可并非因为亲子聚会减轻了家长的劳动强度（在许多情况下，父母双方都参与其中），而是出于分别建立家长之间、孩子之间的"社会联结"或阶层联结的考虑。

从"一起去玩"到"亲子聚会"的转变，将儿童生活中过去那些随性的成分正式化了。从儿童主导（"我要去埃米莉家玩"）转变为父母定夺——由父母指导下的手工艺品、小点心和社会交往，一概都在预料之中。而且，由于是家长指导的，自然也就是由家长来决定其他家长中哪些才是"恰当"的社交对象：几乎总是会选择与自己同等阶层、同样受教育水平和同样育儿方式的家长。莫斯认为，这样一来，亲子聚会就成了精英社会阶层"自我复制"的主要场所。

中产阶层家长往往势利至极（即使是下意识的）——但他们对其他家庭"糟糕"育儿习惯的恐惧，无非就是老一套的阶层焦虑及阶层不稳定的新版本罢了。当父母试图与"合适"的家庭建立关系时，其真正试图实现的，是建立一份保险单，使孩子在有生之年都能保持这种中产阶层的人脉、习惯与阅历。照此逻辑，与"不合适"的家庭相处，就像暴露在某种传染病面前，使孩子面临感染向下流动这一永久性恶疾的威胁。

根据家长在经济阶层中的位置，他们可能会花费大量精力来安排所谓"合适"的亲子聚会，或是隐瞒自己家庭在他人眼里可能并非合适的亲子聚会伙伴的事实。住在多伦多的白人母亲埃米告诉我，她憎恶组织亲子聚会，倒不是因为孩子本身，而是担心：若自己的阶层地位被其他家长知晓，可能会发生什么事。埃米说："我担心孩子们会对他们的父母说什么，因为我们家住的是租来的公寓，并不拥有属于自己的像样的房子。"

接受马尔科姆·哈里斯的采访时，莫斯描述了自己作为一位黑人母亲，要确保自己的孩子以"恰当方式"玩耍时所面临的压力。"我一直希望我们家能以体面的黑人家庭形象出现在众人面前，因为我十分清楚外界对于黑人家庭、黑人儿童所持有的一切刻板印象，"她说，"所以我总想确保家里窗明几净，也总想确保给孩子提供适当的食物——'适当'意味着有机食物或水果和蔬菜，而非垃圾食品或类似的东西。"换句话说，向中产阶层白人家长证明你的孩子值得与他们的孩子交往，是一件苦差。

哈里斯把亲子聚会比作某种形式的私立学校，其中"更富裕的家长把他们的孩子从公共场所带走，将孩子置于某种有来宾名单和服务费的地方，使其与众人隔离开来"。这实际上恰好也准确地描述了新中产阶层儿童过生日的情境。在我成长过程中，曾在溜冰场组织了一场聚会，还有一场以我最爱之书——《最后关头》为主题的聚会。妈妈至今仍在为此事抱怨不已。但我是导演这些聚会的主角，邀约名单也由我做主。而如今的聚会，尤其是为幼儿举办的聚会，其旨在进行阶层复制的企图心，实在是赤裸到了可笑的程度。

莫斯继续写道："生日聚会不一定是为了孩子，尽管许多人试图将其描绘成一切都是为了小寿星。"相反，这是"恐慌"的一种表现："出于维持母亲身份和社区角色的需要"，以及展示"经济优势，进而显示阶层优势"的需要。在《大小谎言》一剧中——表面上讲述一场谋杀，实则是关于维护阶层地位的电视剧——当劳拉·德恩饰演的雷娜塔·克莱因得知丈夫因欺诈被捕，他们家的资产将被清算时，她的反应是为小女儿举办一场奢华的 70 年代主题的生日聚会。

《大小谎言》是一部情节剧，但其情节源于生活，仅仅是现代育儿焦虑略为夸张的版本而已。我和一位名叫朱莉的女性聊了聊。她家属于中上阶层白人，最近刚从纽约市韦斯特切斯特县附近的一个小镇搬走，那里"每个人都太夸张了"。以一次典型的妈妈购物为例：为孩子的游戏室购置了几套 Yogibo 牌巨型枕头（单套价格 100 美元）。"我决定不再追随这种潮流，而是尝试做自己想做的事情，"她说，"可后来，儿子想在那种有充气蹦蹦床的地方举行生日聚会。我们最终花了 700 多美元为 12 个孩子办了一场聚会。"即使像朱莉这样试图抵制生日"社交仪式"的家长，也会被卷入其中。毕竟，孩子们认为自己只是去参加一场聚会而已，并不会认为这是什么对阶层不安全感几乎不加掩饰的展示，虽然每个参与其中的成年人都在悄悄地自怨自艾。

（节选自《躺不平的千禧一代》）

上海好书

《日常生活的现象学》

黄旺 著　　　　　　　　　责任编辑　熊艳

上海社会科学院出版社　　2023 年 3 月出版

定价：78 元

　　本书包含三个部分：《内篇》涉及一系列经典的现象学主题；《外篇》谈了旅行、阅读与写作的意义，节日和传统，教育和洗脑等话题；《断章》由一系列自发而有趣的格言式洞见组成，体现出作者转引自胡塞尔所说的"不要大钞票，而要小零钱"的现象学式生活态度。

作者简介

黄旺，武汉大学哲学博士，南方医科大学马克思主义学院教授，研究方向为现象学、解释学、当代法国哲学。著有《时间与想象：现象学与解释学中的想象力问题》，译有《伽达默尔传：理解的善良意志》《当代修辞学与解释学读本》，发表 CSSCI 论文 20 余篇，主持国家社科基金 2 项、教育部课题 1 项。

编辑荐书

　　一部直面你我当下生活的书。作者深入生活又跳出生活，以细腻、冷静而又鞭辟入里的笔触谈及对生命、死亡、爱情、记忆、孤独、友谊、家、教育、时间、媒体等与现代人生活息息相关主题的感悟与反思，阅读的当下，你我会不自觉地与作者"共情"和"对话"，重新走入对生活的思考……真正"面向事情本身""返回生活世界"，或许这一现象学的力量可以帮助我们摆脱现实层面的盲目性，更自觉地展开行动，发现、享受生活世界的乐趣，探寻生命的更多可能性……

时间的经验

当我们有时间从城市中短暂摆脱出来时，我们才感觉到，大部分人所习以为常的时间经验其实是病态的，这种病态能从很多方面表现出来。李子柒在一段时间受人追捧的深层原因也在这里。为什么人们更向往乡下时间，而排斥城市时间呢？因为一个是富有意义地流动着的，另一个则是碎片化的无意义；一个是有机的河流的意象，另一个是无机的机械的意象。后一种时间经验是病态的，因为在那里人受到支配和异化。机器式的碎片化和无意义时间是人的生命经验被异化的其中一个体现。当人们掌控机器来为人类服务后，人同时就卷入了由这架机器所支配的秩序当中，成为机器流水线上的一个环节或零件，因此，人同时也就受到机器的支配。人本来是机器的主人，但反过来却成为机器的奴隶，这就是黑格尔所讲的主奴辩证法和马克思所讲的异化，是现代人的荒谬生存：人的生命被迫嵌入时间计时系统中，使得不是人去度量时间，而是生命反过来被时间所度量。一方面，通过机器，我们从自然的压迫和劳苦的工作中解放出来，由此获得了更多"自由"的闲暇时间；但另一方面，通过这样一种操作，我们的时间在两方面都变得"无机化"了。首先，我们工作的时间成为受社会大机器主宰的时间，它们给我们分配了日程，人在一个他无法理解的机器中工作，并且感到自己被奴役和丧失意义。马克思对蓝领工作的分析也适用于今天的白领。工人的工作被社会大机器的流水线切割分离了：每个人只负责其中的一个小小环节，不能体会到它的意义。这使得他不能享受劳动的愉悦和成就感，他无法在其中进行创造和获得一种创造的满足，他甚至无法看到自己劳动的成果，更别提在劳动成果那里品尝到"丰收的喜悦"。工作对于很多人来说变成了无意义的过程，或者说它唯一的意义只是在于为自己赢得金钱，然后用这些金钱去购买闲暇的"享受"的时间。这就是为什么越来越多的人会像马克思所描述的那样，"像逃避瘟疫一样地逃避劳动"，尽管工作本应是人最大的享受所在。

更荒谬的是，人们凭工作所挣得的时间，也变成了人的噩梦，成为需要打发的时间，需要杀死的时间（kill time），因为今天的人们有空闲时间，却丧失了"闲暇"的能力，丧失了无所事事而又感到幸福的能力。克尔凯郭尔曾说，能够在闲散中而不感到无聊，是人真正高贵的标志。我们不妨留意一下，今天的人们在候车的时候，在等人的时候，以及在一切空闲的时候，有多少人能忍住不拿出手机来逃避无聊？我们今天很难想象古人的生活，他们甚至需要经过几个月的旅程才能抵达一个地方，他们用很多天来等待一个朋友的归来。现代人即便在一刻的空闲时间里，也无法逃避无聊的恶魔，因此我们拼命地用各种琐碎信息来填补我们的时间。很多人在刷朋友圈或抖音的时候都有这种体会，一方面他感到了深深的无意义，另一方面他又似乎很难摆脱它们。朋友那些吃喝玩乐的日常，明星那些鸡毛蒜皮的家事与我何干！连刷几个小时短视频的人常感到时间过得飞快，同时又感到自己什么也没得着，这些东西的唯一意义似乎就是帮助我们打发时间，以躲避无聊的恶魔。朋友圈和短视频的真正意义，恰恰在于它是无意义的！对于我们来说，重要的是不要让注意力空闲下来，关键不在于给我什么东西，只要你给我点东西就好。如同一个强自镇定的人，需要随便什么东西来稳定他惊慌失措的灵魂。麦克卢汉说，传播信息的发展已经到了这样的阶段：重要的不是传播什么，而是怎么传播。而我认为，对现代人来说，重要的甚至不是信息的传播方式，而是有信息本身。我们所需要的不是某种信息内容，而是能够打发时间的消遣活动，手段本身倒过来成为目的。

除了消遣，人们还用出卖自己工作时间挣来的钱去消费，而消费活动马上也掉入了资本"制造欲望"的陷阱中。在这里，人们"自由地"通过广告、杂志等媒介，去追求自己想要的东西，但这时人是受摆布的，因为我们欲望的是他人和社会让我们去欲望的东西，而不是自己真正想要和应该要的东西。广告告诉我们"你值得拥有"，借此兜售它的产品从而帮老板实现利润，而人们则在这个追踪欲望的游戏中迷失自我。于是，在现代资本的游戏中，"韭菜们"一方面在工作中通过为老板创造剩余价值而被收割一次，另一方面在消费中通过奉献金钱和时间帮助老板兑现利润而再被收割一次。我一度很不理解，为什么很多人会愿意一连花一两个小时在手机上逛淘宝，尽管有时候他们什么也不买。现在看来，这种活动受欢迎之处恰恰在于它同时满足了消遣和消费这两大需求。

当人在工作和闲暇时间中失去了对自己的支配时，我们的时间就被抽干了意义，成为无机化的原材料或废渣。它的一个特征就是，我们的目光被牢牢地束缚在眼前之物中，被束缚在当下。现代人的口号是"活在当下"。为什么我们要活在当下呢，因为我们和自己的过去、未来失去了有机联系，每一个时间都被分隔了，成为需要填补的间隙和空格。这就是说，我们缺乏一个能够将过去、现在和未来贯穿起来的东西。我们没有感觉到自己是在继承前人的遗业，也没有将自己的事业与我们的子孙后代联系起来，没有在立足于历史而朝向未来使命的过程中让自己的生命充满意义。我们的时间好像是散落一地的碎片，而不是连成一串线或构成一条河流。"醉生梦死"是一个对我们非常适合的描述。醉和梦（无意识）的共同点是时间意识的消失。人在醉的时候，仿佛将过去和未来全都排除出我们的视野，什么也不用想，什么也不操心，我们完全被当下占据，唯一重要的是让什么刺激来填补眼前的这个瞬间。所以，这种时间也是一种无根的时间。人们常说，现代人的生存是无根的生存，这是因为我们丧失了和我们祖辈的联系，丧失了和这片土地的联系，没有感到自己的生活和事业是前人奋斗的延续。在城市的摩天大楼的公寓中，我们彼此陌不相识，每个人活得像孤岛，我们没有一个共同的祠堂，没有建立与祖辈的血脉联系，没有构筑起彼此的共同记忆和生活空间。

如果我们只关注当下，只活在当下；如果我们醉生梦死般地生活，那么我们将失去时间经验。我们知道，人在听音乐时，如果不同时让过去的瞬间和未来的瞬间在当下保持，如果不是同时有对过去的记忆和对未来的预想，那么我们将听不到任何旋律，我们顶多只能听到当下那个唯一的噪音。在某种意义上，我们所谓的信息时代就带有这样的特征。在今天海量信息的时代，人是健忘的。各种热点层出不穷，每天都会滚动着新的热搜事件，并且转瞬又被覆盖。我们的时代是由同质而又无意义的不断取代的公共事件组成，这是非常可怕的。发生一个热点事件之后，能摆脱它的最快方式就是等待另一个事件取代它，以便使前者被遗忘。一个取代另一个，一个被另一个所掩盖和遗忘。于是我们的时间中充斥着毫无规则和联系、只是在短暂的一个瞬间吸引我们眼球的东西，我们的时间中唯一能剩下来的只是当下一刻那尖锐而无意义的喧嚣。我们的时间破碎了，换言之，我们的存在解体了。当你在刷抖音时，你会去记住你刚刚看的前一个视频是什么吗？不，那不重要，重要的是眼下刺激我们眼球的东西。

……

（节选自《日常生活的现象学》）

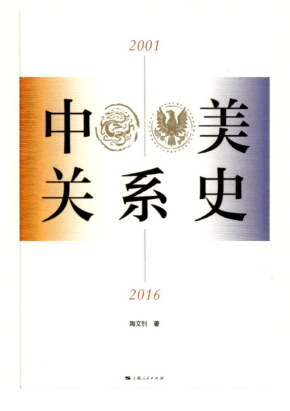

上海好春

《中美关系史（2001—2016）》

陶文钊 著　　　　　责任编辑　秦堃

上海人民出版社　　　2023 年 7 月出版

定价：150 元

　　本书讲述 2001—2016 年间中美关系中的许多新现象、新发展，包括中美建设性合作关系的建立及展开，中美在维护台湾海峡的稳定方面的指施以及应对朝核问题中的台作，中美关系的机制化建设，中关建设性地管控分歧等，回首过往，展望未来，为新时期坚持相互尊重、和平共处、合作共赢原则，推动中美关系真正稳下来、好起来，提供了有益的启示。

陶文钊，中国社会科学院荣誉学部委员、美国研究所研究员。主要研究方向：中国近代对外关系史、美国外交、中美关系。主要著作有：*A Brief History of China-U.S. Relations, 1784-2013*；《中美关系史，1911—2000》（三卷）；《抗日战争时期中国对外关系》（合著）。

编辑荐书

　　本书作者是中美关系史研究的权威学者，已出版三卷本《中美关系史》，系统叙述 1911—2000 年间的中美关系，广受学界和读者的好评。本书可视作第四卷，描绘了 2001—2016 年间中美关系演变的基本轨迹，着重叙述了新世纪以来中美关系中的许多新现象、新发展，并力图进一步解读和探讨背后的真正动因。全书结构完整、材料丰富、论点鲜明、叙述详密，是一部高水平的中美关系史论著。

中国将始终做世界和平的建设者

2015 年 9 月下旬，习近平主席应邀对美国进行首次国事访问。9 月 22 日，习近平抵达西雅图。习近平出席以"清洁能源与经济发展"为主题的第三届中美省州长论坛，充分肯定地方合作对发展两国关系的重要性，鼓励双方发掘地方优势互补的潜能加强各方面的合作，并表示欢迎包括美国在内的各国积极参与"一带一路"。美国加利福尼亚等五个州的州长、中国四川省等六位省市领导出席论坛。同日，习近平出席华盛顿州当地政府和美国友好团体联合欢迎宴会并发表演讲。习近平从自己在陕北农村插队的经历讲起，深入浅出地向美国朋友解释中国梦，阐述中国的发展方向，讲得入情入理。他强调：中国"愿同各国一道，构建以合作共赢为核心的新型国际关系，以合作取代对抗，以共赢取代独占，树立建设伙伴关系新思路，开创共同发展新前景，营造共享安全新局面"。他说：

中国是现行国际体系的参与者、建设者、贡献者。我们坚决维护以联合国宪章宗旨和原则为核心的国际秩序和国际体系。世界上很多国家特别是广大发展中国家都希望国际体系朝着更加公正合理方向发展，但这并不是推倒重来，也不是另起炉灶，而是与时俱进、改革完善。这符合世界各国和全人类共同利益。

中国发展得益于国际社会，中国也要为全球发展作出贡献。

9 月 23 日，习近平出席美国侨界欢迎招待会并讲话，出席中美企业家座谈会，参观波音公司商用飞机制造厂、微软公司总部、塔科马市林肯中学。出席中美企业家座谈会的美国前财长保尔森、美国商务部长普里茨克都表示，国际社会高度关注中国的发展，美方同样认为世界能从中国的发展中受益，愿同中方加强合作。

在波音公司举行的欢迎仪式上，习近平致辞说，中国同波音的合作跨越了时代，实现了共赢。中国发展将给美国企业带来更多发展机遇，为双方开展更高水平、更高层次互利合作开辟新空间。在微软公司总部访问时，习近平强调，中国倡导建设和平、安全、开放、合作的网络空间，中美都是网络大国，双方理应在相互尊重、相互信任的基础上，就网络问题开展建设性对话，打造中美合作的亮点，让网络空间更好造福两国人民和世界人民。

习近平主席在西雅图的多次演讲引用具体生动的事例和故事，包括本人的切身经历，集中传递了一个信息，就是无论中国的国力发展到什么水平，中国政府永远都要把中国的可持续发展放在第一位，永远都要把有限的能力和资源优先用于发展经济、改善民生。这就实际上反驳了一些美国人的所谓"能力变大，意图必然随之变大"的逻辑。习近平主席还有针对性地指出，中国 2000 多年前的智慧就揭示了"国虽大，好战必亡"的深刻道理。习近平主席的演讲在美国引起热烈的反响。白宫始终密切关注习主席在西雅图的活动，并给予高度评价。美国主流媒体也纷纷给予正面报道和评价。

9 月 24 日，习近平飞赴美国首都华盛顿继续进行国事访问。24 日晚，奥巴马即邀请习近平来到白宫，两国元首进行了 3 个多小时的会晤，就治国理政、中美关系和共同关心的重大问题深入交换意见。习近平强调，改革开放是中国的基本国策，走和平发展道路是中国的战略选择，同时，中国也将坚定地维护自身的主权、安全、发展利益。改革和完善现行国际体系不意味着另起炉灶，而是要推动它朝着更加公正合理的方向发展。中国提出的"一带一路"、亚投行倡议都是开放、透明、包容的，欢迎包括美方在内的有关各方积极参与。太平洋足够大，容得下中美两国发展。奥巴马表示，他不认同守成大国和新兴大国必将发生冲突的"修昔底德陷阱"理论，美中两国有能力管控好分歧，美中之间的竞争应该是建设性的、具有积极意义的。

25 日，在白宫南草坪举行的隆重欢迎仪式之后，两国元首继续进行会谈，并达成多项重要共识和成果。双方积极评价"庄园会晤"以来中美关系取得的重要进展，同意努力拓展务实合作，以建设性方式管控分歧和敏感问题。双方同意强力推进谈判，加快工作节奏，以达成一项互利共赢的高水平投资协定。同意加强宏观经济政策协调，共同促进全球经济增长和金融稳定，在二十国集团、世界银行、IMF 等多边机构中加强合作，美方支持人民币纳入特别提款权篮子，尽快落实 2010 年二十国峰会通过的 IMF 份额和治理结构改革方案；双方同意加强两军各级别交流和政策对话，举行更多联演联训，加强反恐、反海盗、人道主义救援等方面的合作；双方同意努力构建亚太地区积极互动、包容合作的关系，继续合作应对全球性挑战，为国际社会提供更多的公共产品。

两国领导人在会谈后共同会见记者。习近平强调，同美方一道，努力构建新型大国关系，实现双方不冲突不对抗、相互尊重、合作共赢，是中国外交政策的优先方向。奥巴马提出了南海问题，对中国的岛礁建设提出质疑，并称美国将继续在国际法允许的地方自由航行和飞越。习近平指出，在南海问题上中美双方有着诸多共同利益。双方都支持维护南海和平稳定，支持直接当事国通过谈判协商和平解决争议，支持维护各国依据国际法享有航行和飞越自由，支持通过对话管控分歧，支持全面、有效落实《南海各方行为宣言》，并在协商一致基础上尽早完成"南海行为准则"磋商。

25 日，习近平还前往国会山会见美国参众两院领导人。习近平表示，中美关系发展要防止跌入所谓大国冲突对抗的"修昔底德陷阱"，中美共同利益只会扩大、不会减少，合作领域只会拓宽，不会变窄。要正确看待中美之间存在的分歧，并以建设性方式妥善处理。国会领导人表示愿为巩固和深化两国之间的友好和合作发挥积极作用。

习近平访美期间，商务部长高虎城与美国国际开发署负责人伦哈特在华盛顿签署《关于中美发展合作及建立交流沟通机制谅解备忘录》，提升了两国在国际发展领域的交流与合作水平，丰富了中美双边关系的内涵。双方同意在"受援国提出、受援国同意、受援国主导"的前提下，在农业、卫生、人力资源培训等领域开展项目合作，推动国际发展合作，为消灭全球贫困和饥饿作出新贡献。

习近平主席结束对美国的国事访问后前往纽约，出席联合国成立七十周年系列峰会，包括发展峰会、南南合作圆桌会、全球妇女峰会、联合国气候变化问题小范围领导人午餐会、维和峰会，在国际讲坛上发出了中国的庄严声音，作出了中国的郑重承诺。9 月 28 日，习近平在联大一般性辩论中发表题为《携手构建合作共赢新伙伴，同心打造人类命运共同体》的重要讲话，强调：中国将始终做世界和平的建设者，坚定走和平发展道路，永不称霸，永不扩张，永不谋求势力范围；中国将始终做全球发展的贡献者，坚持走共同发展道路，欢迎各国搭乘中国发展的"顺风车"；中国将始终做国际秩序的维护者，继续同广大发展中国家站在一起，坚定支持增加发展中国家特别是非洲国家在国际治理体系中的代表性和发言权。

［节选自《中美关系史（2001—2016）》］

上海好书

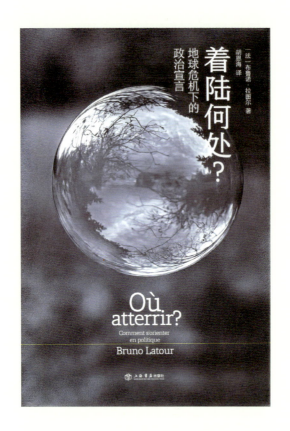

《着陆何处？地球危机下的政治宣言》

[法] 布鲁诺·拉图尔 著　　　　胡恩海 译

责任编辑　范晶　　　　　　上海书店出版社

2023 年 11 月出版　　　　　定价：65 元

　　本书浓缩行动者网络、重置现代性、盖亚学说等理论精华，在今日世界经历的不同事件（气候变迁、去管制化、移民、不平等现象暴增等）之间建立起了关联，厘清了看似混乱、实则极为自治的全球情境，为新世纪的关键议题作出了有益的思考和展望。

作者简介

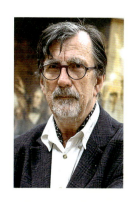

布鲁诺·拉图尔，当代西方世界最有影响力的
思想家之一，法国著名哲学家、人类学家，科
学社会学研究的领军人物，国际科学与技术研
究（STS）的重量级学者，行动者网络理论创立
者，曾获霍尔贝格奖、京都奖等学术荣誉。

译者简介

胡恩海，巴黎第一大学哲学博士。

编辑荐书

　　针对近年来全球重大社会事件，当代西方世界最有影响力的思想
家布鲁诺·拉图尔在本书中以深入浅出之笔法、丰富清晰之图解，跳
脱"全球""本土"的传统二分意识，标定隐而未显的"离地"政治
立场及背后的思考模式，呼吁人类与多样化的万物共同实践"在地"
的政治：行动永远不晚，关键是你想在哪里着陆，你想和谁一起共同
生活？

特朗普主义的深渊

　　我们必须感谢唐纳德·特朗普的支持者，因为在他们的推动下，特朗普于 2017 年 6 月 1 日宣布美国退出《巴黎协定》，这反而将问题变得更加清晰了。

　　数百万生态主义者的抗争、数千名科学家的警告、数百名工业家的行动，甚至教皇方济各都未能引起大家注意的事情，特朗普却成功做到了：现在所有人都知道，气候问题是所有地缘政治议题的核心，并且它与不公正和不平等问题直接相关。

　　特朗普宣布退出《巴黎协定》，明确引发了一场战争。这即便不是世界大战，也至少划定了战区（du théatre des opérations）："我们美国人和你们并不属于同一个地球，你们的地球可能受到了威胁，但我们的并没有！"

　　美国总统老布什曾于 1992 年在里约作过预判："我们的生活方式是没得商量的！"这一预判所引发的政治后果及可能的军事后果，或者任何可能存在的后果都已清楚地显现。

　　至少，事情变得明晰起来：过去我们口中的"西方"共享一个世界，但这样的理念已经不复存在了。

第一个具有历史性的大事件是英国脱欧。这个曾在海上和陆上均开发了广阔市场的国家，这个曾不懈地推动欧盟变成一个巨大商场的国家，在面对突然涌入的成千上万的难民时，决定停止全球化的游戏。在追寻早已消逝的帝国的过程中，它（英国）以越来越多的无法摆脱的困难为代价，尝试将自己撬离出欧洲版图。

第二个具有历史性的大事件是特朗普当选总统。这个曾以暴力的行径强行向世界推行自身相当特殊的全球化方式的国家，这个消灭了自身原住民但又以移民之地自居的国家，将自己的命运托付给了一个许诺把美国孤立在孤堡之内的人，阻止了难民的进入，阻止了不在本土范围之内的任何理由的救助，即便这个国家仍继续在全世界范围内进行传统的随心所欲的干涉活动。

边界对那些系统性地鼓吹脱钩的人产生了新的诱惑，这标志着某种全球化概念的终结。旧时"自由世界"（monde libre）的两大巨头国家正在对其他国家喊话："我们的历史不再和你们的历史产生任何瓜葛，去死吧！"

第三个具有历史性的大事件是移民潮再起，范围更大、更广。就在每个国家都在经历全球化的多重威胁之时，许多国家都得想尽办法接待数百万人（也许是数千万人！）这些移民被累次战争的余波所驱赶，又因为经济发展受挫和气候突变，只得背井离乡寻找一块自己和孩子可以安身立命的土地。

有人会声称，这是一个十分古老的问题。但其实并不是，这三种现象仅仅是同一种巨变（métamorphose）的不同面向：土地概念的本质正在改变。全球化梦想的土地开始塌陷。过去我们谨慎地称之为"移民危机"，事实上这种现象是首次出现。

如果说这种焦虑是如此深的话，那是因为我们每个人都开始感觉到脚下的大地正在塌陷。我们或多或少地隐约发现，我们全体都在朝向着亟待重新发现和重新占领的领土迁徙移民。

这是因为第四个历史性的大事件，这也是最重要但最少被讨论的事件：在 2015 年 12 月 12 日的巴黎，"世界气候大会"（COP21）的会议尾声，各国签订了协议。

衡量这个事件的真实影响不能从与会代表们所做的决议出发，甚至不能从是否达成共识（否认气候变化的人将会尽最大努力来破坏它）出发；不，关键的事实在于，在 12 月的那天所有的签署国 ——即便它们正在为协定的成功签署（能不能落实另说）而鼓掌——意识到警报已至：如果它们都按照各自现代化的计划而前进，那么地球将负担不起它们的发展期望。它们需要若干个地球才行，可惜它们仅有一个。

所有国家都声称迈向全球化中的"全球"，现在如果没有星球、没有土地、没有土壤、没有领土，那么对任何人来说，安稳的"家园"（chez soi）便不复存在。因此，我们每个人都面临如下问题：我们是继续做着逃避的清梦，还是着手寻找一块自己和孩子都可以居住的领土？要么我们否认问题的存在，要么我们就寻找一块土地试着着陆。从现在起，这是引发我们分歧之所在，而这种分歧远比我们政治光谱的或左或右要深得多。

这对富裕国家的旧居民和未来居民来说都是真实存在的。对旧居民而言，因为他们认识到没有适合全球化的星球，于是他们将不得不彻底改变自身的生活方式；而对未来居民而言，因为他们不得不离开荒芜的故土，于是也只能彻底改变旧有的生活方式并习得新的生活方式。

换言之，移民危机已经普遍化了。

除了那些不得不横跨边境，并以巨大的悲剧为代价离开祖国的外部移民（l'extérieur），我们现在还必须考虑到内部移民（l'intérieur），尽管他们留在原地未动，但同样体会到了被祖国抛弃的惨剧。移民危机之所以很难加以概念化，是因为我们所有人或多或少共同经历的苦难症候：发现自己被剥夺土地。

这种集体苦难解释了为什么人们对紧迫的局势表现出相对冷漠的态度，并解释了为什么我们其实就是气候寂静派（climato quiétiste），希望"万事终将皆大欢喜"但同时毫无作为。我们每天都能听到有关地球状况的新闻，很难不自问这些会对我们的内心产生怎样的影响。我们不知如何回应问题，这种焦虑击垮了我们，如何能做到内心毫无波澜？

正是这种个体和集体的焦虑不安，使特朗普当选一事变得重要。如果不是这种焦虑，我们只是在翻阅一本极其平庸的肥皂剧剧本。

美国有两个选择：要么通过承认气候变化的程度及美利坚所应肩负的巨大责任，面对现实并引领"自由世界"远离深渊；要么索性进一步否认（气候变化的事实）。那些隐藏在特朗普身后的人想着美国能推迟几年着陆的时间，与此同时却将其他国家拖入深渊——或许是永久性的深渊。

（节选自《着陆何处？地球危机下的政治宣言》）

上海好书

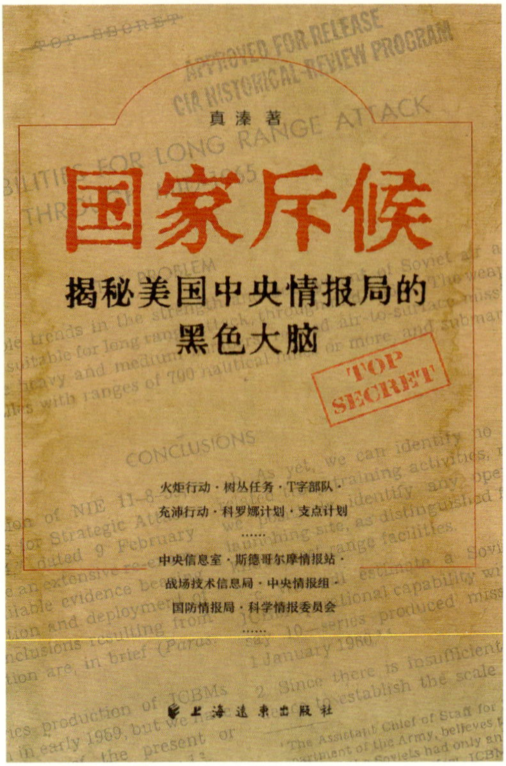

《国家斥候：揭秘美国中央情报局的黑色大脑》

真溱 著　　　　责任编辑　王皑

上海远东出版社　　　　2023 年 6 月出版

定价：58 元

作为一支在国际舞台上活动了数十年的国家级情报力量，美国中央情报局的业务包含情报收集、情报分析、秘密行动三大块。

本书的内容时间是从二战到冷战“古巴导弹危机”时期，书中不仅介绍了中情局分析和研究部门的形成与发展，而且揭秘了该时期美国军方的一系列情报行动和项目。

作者简介

真溱，图书馆学、情报学专家，曾任中国国防科技信息中心总工程师、中国图书馆学会专业图书馆分会和中国国防科技信息学会常务理事，曾出版《国家窃听》《国家智囊：兰德公司如何影响世界》等多部著作。

编辑荐书

本书在大量公开及解密资料的基础上，在国内首次对深藏美国中央情报局幕后的分析和研究部门进行介绍，梳理了其曲折前行的历史，讲述了中央情报局许多目前尚不为人所知的故事。

本书内容跨度约 30 年，不仅涉及二战盟军北非登陆的"火炬行动"、冷战美苏"古巴导弹危机"等广为人知的重大历史事件，而且揭秘了二战美军劫掠德国科学家和科技资料的"树丛任务"，冷战美国技侦领域重大项目"科罗娜计划"等鲜为人知的情报行动和项目。其中不少内容系在国内首次详细披露。

敌方目标组

　　1942 年 11 月，敌方目标组给第 8 航空军提交了第一批试验性成果，其主要针对纳粹德国的合成油、点火装置、螺旋桨锻件以及汽车的生产工厂。而后，他们根据军方的反馈意见，把主攻方向调整为轴承、橡胶、轮胎及石油设施，继续编写瞄准点报告，并很快形成了一种较为稳定的模式。到这一年年底，已成为"熟练工"的学者们一共完成了 285 份瞄准点报告。

　　按照谢尔曼·肯特的分类方法，这些报告大抵都属于"基础描述类"情报的范畴。由于第 8 航空军和第 15 航空军轰炸司令部手中的情报十分匮乏，这些报告被当作高质量的基础性情报来使用。沃尔特·罗斯托后来回忆，编写这类报告虽然"痛苦"但并不需要太多"缜密的思维"。而以这类报告为基础，学者们接下来所要回答的才是最为困难的核心问题：究竟应该选择哪些轰炸目标，才能获得最好的结果。

　　为了获得答案，经济学家们用了近两个月的时间，提出了一种"目标选择"的理论框架。简单而言，就是以数量最少的轰炸目标来达到某个特定的军事目标。军事目标的表述必须比较清晰，不能仅仅是"削弱敌方经济实力"或者"破坏敌方政治基础"之类笼统说法。至于如何选择轰炸目标，则应当充分考虑作战策略尤其是时间因素，并且对轰炸给敌方造成的破坏程度、这种破坏对敌方军事力量产生的影响程度，以及己方的损失大小等诸多因素进行定量化的分析，才能得出较为合理的结果。

学者们将每个相关的工业类（如石油工业、飞机工业和汽车工业等）分别视作一个"目标系统"，并以其作为战略级决策的选项。而对于每个目标系统，他们进一步细化出 11 个方面进行定量化的考察。针对某个具体的目标，他们设计了三个条件进行判断。同时满足所有三个条件的目标，被写入"潜在目标报告"，并作为战术选项交给军方。

学者们可能未必意识到，他们的这套"目标选择"框架实际上是一种运筹学方法，其核心后来被研究分析部的经济学者瓦西里·列昂替夫抽象为一整套理论，名为"投入产出分析"，而他也因此获得诺贝尔经济学奖。第二次世界大战期间，运筹学在英国兴起，第 8 航空军的高级将领——尤其是伊克尔少将——对这个实用性很强的领域立即表现出极大兴趣，他们迅速组建起"运筹研究部"，下设若干个小组，针对提高轰炸精度、降低飞机战损等关键问题开展运筹分析并积极进行尝试，很快便取得了令人惊艳的效果。

可能是由于双方的想法接近，再加上理查德·休斯上校在其间穿针引线，敌方目标组与军方的合作相当顺畅。曾经有许多次，休斯让学者们直接向陆军航空兵的高级将领汇报研究成果和决策建议。"机灵"的学者们很快发现，与将军们在一起，只要把"阁下"常挂在嘴边，即便产生一些争执，气氛也不会变得太糟糕。就这样，敌方目标组与许多将领保持了良好的关系，这其中就包括斯帕兹将军，以及他的副手弗雷德里克·安德森将军。

"火炬行动"胜利结束后，罗斯福和丘吉尔在卡萨布兰卡举行会议。在伊克尔"富有技巧且不屈不挠"的劝说之下，丘吉尔同意美国陆军航空兵继续执行在白天进行空袭的行动准则，英美参谋长联合委员会也很快敲定了五类轰炸目标。按照其优先顺序，这五类目标依次是：

1.德国潜艇的建造船坞和基地；2.德国飞机工业；3.敌方运输线；4.德

国石油工业；5.敌方其他军工目标。

经过一番仔细研究，敌方目标组认为，应该把"德国飞机工业"放到更为优先的位置，并且把单引擎战斗机工业排在首位。由此他们认定，最佳目标系统是飞机引擎，而其中的关键是敌方的轴承工厂。理查德·休斯上校四处游说，最终使学者们的建议部分反映在了1943年6月发布的"轰炸机联合进攻"计划当中。这一行动代号"近射"（POINTBLANK）。

随着盟军行动的展开，纳粹德国单引擎战斗机的生产能力应声而降，从1943年7月的1050架锐减到同年年底的560架。不过，美军的作战准则也在战斗中暴露出严重问题。尤其在对德国轴承厂的空袭过程中，只依赖自身防御的美军重型轰炸机遭受重创，229架B-17"飞行堡垒"中有36架被击落，战损率高达16%。他们迅速调整策略，在后继的行动中逐渐采用远程战斗机P-47D"雷电"和P-51B"野马"进行护航，减少了轰炸机的损失。

1944年2月，盟国空军对德国飞机工业基地发动了新一轮空袭。美国人把这次行动吹嘘为"伟大一周"，但德国的飞机生产能力只是被短暂地削弱，相比之下，一大批富有经验的飞行员战死才是纳粹空军更真实的损失，他们从此元气大伤，再也没能恢复。而更重要的是，"近射行动"的胜利令斯帕兹开始相信，对纳粹德国的其他工业基地进行轰炸，不仅必要而且可行。

敌方目标组闻风而动，他们只用了很短的时间，便完成了对运输线和石油工业这两个目标系统的比较，胜出的是石油工业。经测算，盟军有能力打击23个合成油工厂和31个炼油厂，这些工厂的产能占到轴心国整个精炼油和合成油产能的90%以上。如果空袭成功，德国将在六个月内消耗掉一半以上的汽油储备。

3月5日，敌方目标组拟制的文件经由休斯上校交给了斯帕兹将军，稍后作为正式上报的计划附件，送到了欧洲盟军总司令艾森豪威尔上将手中。此刻除了这份"石油计划"，艾森豪威尔手中还有另外一份计划，上面开列了法国和比利时境内的 76 处铁路目标，这是他的副手英国空军上将亚瑟·泰德交给他的，又被称作"运输线计划"。

和斯帕兹将军相似，泰德将军身后也有智囊相助，他就是动物学家索里·祖克曼。敌方目标组里许多人看不上祖克曼的学术背景，嘲笑他的专业是"研究类人猿社会生活"，试图给他的计划抹上一丝滑稽可笑的色彩。但祖克曼的专业背景并没有妨碍他积极运用运筹方法，并且成为公认的运筹学早期探索者之一，而他提出的"运输线计划"也是以运筹学理论为基础的，只不过和敌方目标组的结论不同而已。

面对咄咄逼人的斯帕兹和寸步不让的泰德，艾森豪威尔深感压力，再加上其中又掺和了盟军空中力量指挥权问题，在某个时刻，他甚至一度动了"辞职回家"的念头。不过，在 3 月 25 日那个令人难忘的会议上，他还是坚定地宣布了自己的决定：不反对"石油计划"，但"运输线计划"要放在前面。

（节选自《国家斥候：揭秘美国中央情报局的黑色大脑》）

Kissinger
—— on ——
Kissinger

基 辛 格
谈 基 辛 格

亨利·基辛格作序
关于外交、大战略和领导力的省思
Reflections on Diplomacy,
Grand Strategy, and Leadership

[美] 温斯顿·洛德 著　吴亚敏 译

上海译文出版社

《基辛格谈基辛格：
关于外交、大战略和领导力的省思》

[美] 温斯顿·洛德 著　　　　吴亚敏 译

责任编辑　陈飞雪　　　　上海译文出版社

2023 年 11 月出版　　　　定价：62 元

　　这是百岁外交传奇人物基辛格首部且唯一的口述史著作。长期合作伙伴温斯顿·洛德对其进行了一系列采访，包括基辛格对自己在担任国家安全事务助理期间所面临的具体挑战的思考，对领导力和国际关系的一般性建议，以及那个时代传奇般的世界领导人的惊人肖像，几乎涵盖尼克松政府时期的全部重要外交活动和举措。

作者简介

温斯顿·洛德，美国外交官。1971 年 7 月随基辛格秘密访华，1972 年 2 月随尼克松访华，是打开中美关系大门的代表团中最年轻的美国外交官。1985 年至 1989 年任美国驻华大使。

亨利·艾尔弗雷德·基辛格，当代美国著名外交家，国际问题专家。1971 年，作为尼克松总统的先遣代表秘密访华，为中美建交作出历史性贡献。1973 年，基辛格在巴黎完成了结束越南战争的谈判，与黎德寿共同获得诺贝尔和平奖。

译者简介

吴亚敏，北京第二外国语学院文学学士、厦门大学历史学硕士。已翻译十几部英译中和中译英作品。英译中著作有《人虎》《萨申卡》《格尔尼卡》《床的文化史》《简短的婚姻故事》《埃卡·古尼阿弯作品小辑》等。

编辑荐书

　　在整整半个世纪里，基辛格是中美两国之间乃至更大范围内难以忽略的声音。本书是基辛格首次接受口述访谈且唯一的文本呈现。面对长年共事的白宫同僚的深厚访谈，他的回答诚实吗？围绕划时代的外交得失的理据分析和重新审视，可谓鞭辟入里还是难免滤镜？而读者最好也放下滤镜，暂时放下长篇累牍的评传，进入一个直面基辛格的场域，聆听口述的、不失幽默而又十分严肃的对话。

谈判风格和人物侧记

我想我们现在要谈谈外交了。关于如何从事外交，您会给今天的领导人留下什么样的关键原则呢？

我们并没有带着精确的谈判理论进入政府，但我想说的是：第一，我们总是带着一个问题开始每一次外交努力："我们在这里想要做什么？这次行动的目的是什么？"所以我们试着不纠结于谈判的所有技术细节。我们总是试图把注意力集中在我们想要去实现的东西。我们努力为自己制定某些原则，写下许多文件，阐明我们要在这里做些什么事，并对这些事进行回顾。在越南问题上也是如此，我们很早就制定了分别处理政治问题与军事问题的战略，强调政治问题应当由越南人自己去解决，而由我们来处理军事问题。

撇开这样做的优点不说，它很好地以这种方式达到目的，这一协议也反映了这种设计。随后，由于美国国内局势动荡，我们没有维持协议。

中国问题也是如此。总的来说，我应当说，尼克松的外交政策是以"我们要达到什么目的"这个问题开始的，这不仅仅是形式上的，在非常明确的意义上也是如此。

所以这不仅仅是一个过程，而是目标的最终状态？

是的。最终状态是什么？我们从来不相信谈判本身会产生某些神奇的结果。我们认为，谈判进程将支持我们要努力实现的目标。你可以把它应用于我们所进行的每一次谈判。我们努力参与谈判，因为我们知道应当得到什么样的结果，以及应该如何去实现。这种态度的结果是，我们努力去理解对方的想法，这样我们就没有把永久的敌人作为一个抽象的固定概念。所以我们试着去理解对方想要达成的目标，因为必须获得有关各方的支持，才能结束谈判。否则，你只是在谈判停战协议而已。当我们遇到不可调和的敌意或无法弥合的冲突时，我们努力运用某种战略来解决。

然后，我谈谈对具体谈判实践的看法。传统的谈判方法是阐明你的最大目标，然后一点点地放弃，一点点地让步，直到得出最后的结论。

我一直反对这种方式，理由是，当你运用这种所谓的渐进战术时，你永远都不知道你何时才能抵达终点，一切都变成了对力量和耐力的考验。所以我的一般方法（我说是我的，因为我实际参与了很多问题的谈判），是很快就提出我们的基本目标，提出我们想要达到的基本目标，也许再加个百分之五，然后向另一方详细解释。目的是要探求概念上的理解。

温斯顿亲历了几乎所有这些谈判过程，所以他可以证实，我通常会花很多时间从战略角度和哲学角度去解释我们的长远目标。我认为另一方必须根据对他们自己的目标的某种评估来作出决策，他们需要知道我们的目标。

我想说，只有对方给了你相当坦率的解释，谈判才会成功。我要说，与周恩来和萨达特的谈判就是这样的例证，在谈判中，我们没有为小事而讨价还价，而是朝着既定的目标大步向前。

在秘密旅行以及随后的旅行中，您多次与周恩来会谈，几小时接几小时地和他探讨大局远景。与周恩来一起工作同后来与毛泽东一起工作有何不同？他们的方法有什么不同？

周恩来是一个极具智慧和个人魅力的人。他在非凡的知识和非凡的耐心框架下进行谈判，从来没有企图宣称要维护力量的相对平衡。有时他非常强硬，但他在这些阶段中是在一个具有说服力的框架内进行谈判，表明我们都是认真的人，都决定朝着某个方向前进，我们将设法找到实现这个目标的最佳途径。因此，他会捡起一些小事——如果我们这方有人生病了，或者在以前有过某种联系——他总是想方设法去提及。但他从来没有想要去讨好某个人。

毛泽东是革命奉献的化身。他身上有支配一切的气势。就像在舞台上，一个伟大的演员在三十秒之内就吸引了观众。毛泽东并没有特别想说服你，他说的是格言。他几乎总是以一个问题开始谈话。与大多数政治家不同，他没有说："我要说五点。"他会说："你在考虑什么……"然后他会带你进入下一步，用苏格拉底式的对话来回答，然而在对话的不同阶段会被他冷嘲热讽的评论打断，这些评论传达出"不要试图愚弄这个研究人类弱点的专家"。

……

公平地说，在尼克松—毛泽东会谈中，尼克松想要谈论实质问题，而毛泽东一直说这都由总理去定。我们对毛泽东在每一个问题上的简短评论感到有点吃惊。但随着时间的推移，我们意识到这是他为建立一个战略环境而施展的技巧。

还有一件事。我后来和唐闻生谈过，她当时是毛泽东的翻译。我们不知道尼克松到达前的一星期毛泽东病得很重，甚至在认真考虑是否取消这次访问，却又极不愿意这样做，因为没有人会相信他真的生了病，或者，如果他们真的相信他生病，就会设法加以利用。医生告诉毛泽东，如果他与尼克松的会面超过半小时，他就无法对其后果负责。事实上，他坚持了大约五十分钟，这就解释了为什么每当尼克松提出实质性问题时，他总是说："这必须由周恩来和其他人来谈。"部分原因是，由于尚未就《上海公报》达成最终协议，他不希望与可能出现的失败联系在一起。但可以明显地看出来，他当时身患重病。

我觉得有趣的是，周恩来和毛泽东坐在一起时，与毛泽东不在场时，举止不同。

周恩来在和我谈判时是一个大权在握的人物，完全控制着会议室中他那一边的局面。毛泽东在场的时候他非常恭敬。我不记得他有过什么插话。他可能会说一两句话，但即便如此，我也记不起来了。

所以谈判其实是毛泽东和尼克松之间的谈判，而不是你们四个人的谈判吗？

在首脑会议上没有进行真正的谈判，因为毛泽东拒绝讨论任何实质性问题。他和尼克松之间谈的都是一般性的原则。《上海公报》是周恩来与中国外交部副部长和我之间的谈判达成的。周恩来与尼克松一起回顾了具体问题和国家的演变，但毛泽东说了一些非常重要的事。第一，他并不执着于立即统一中国。他说："我们可以等。他们是一群革命者。"在当时这是一条非常重要的保证。然后他说他宁愿与西方保守派打交道也不愿与西方左翼人士打交道，这意味着是对看这份记录的人作出的指示，他希望谈判取得成功。他对尼克松非常友好，但没有进行真正的谈判。

（节选自《基辛格谈基辛格：关于外交、大战略和领导力的省思》）

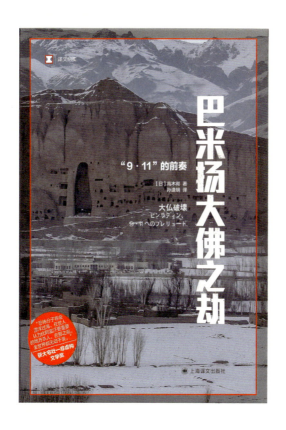

《巴米扬大佛之劫》

[日] 高木彻 著　　　孙逢明 译

责任编辑　常剑心　　上海译文出版社

2023 年 6 月出版　　定价：55 元

　　巴米扬的东西大佛，纽约的双子塔，两场相隔仅半年的恐怖事件，有什么内在联系？原本支持保护大佛的塔利班为何改变立场？本·拉登在其中扮演了怎样的角色？大佛被毁，他得到了什么？威胁遍布全球，何时才能平息……

作者简介

高木彻，1965 年出生于东京，1990 年东京大学文学部毕业。NHK 节目导演，曾在福冈地方局任职，后转职报道局，参与多项 NHK 国际大型节目的制作。所著《战争广告代理商》获讲谈社非虚构文学奖、新潮纪实文学奖，《巴米扬大佛之劫》获大宅壮一非虚构文学奖。

译者简介

孙逢明，山东科技大学外国语学院日语专业副教授、研究生导师，主攻翻译口译教学与研究。译有《战争广告代理商》《巴米扬大佛之劫》《捏造》《43 次杀意》《王阳明大传》《丰臣秀吉》《人间失格》等。

编辑荐书

　　作者采访原塔利班高层成员以及试图阻止巴米扬大佛被毁的国际人士，详细叙述塔利班与基地组织、奥马尔与本·拉登之间的关系，揭示这起毁佛事件的来龙去脉。作者非常关注以"形象公关"为于段的情报战在国际政治中的作用。通过他深入浅出的分析，我们有理由相信：促成巴米扬大佛被毁是本·拉登的一项形象公关战略，大佛之劫正是包括"9·11"事件在内的一系列全球恐怖袭击的前奏。

两次劫难

那是发生在二〇〇一年初夏的事情，比纽约和华盛顿遭遇恐怖袭击早一点。

联合国阿富汗特派团的政务官田中浩一郎给我打来了电话。

"我搞到一盘很有意思的录像带，想给你看看，可是不能借给你，更不用说翻录了。请你当着我的面播放。"

我对这一年三月在阿富汗巴米扬发生的"塔利班毁坏大佛雕像"一事很感兴趣，曾联系田中，问他能否采访该事件的内幕。于是我立刻请他来我们电视台，准备播放那盘录像带。

田中带来了录像带，他进一步谨慎地说：

"整盘录像带大约一百分钟，我能给你看的只有很少一部分，大概三分钟。"

画面上出现的是从极近距离捕捉到的"巴米扬大佛被毁"的瞬间，爆破影像十分清晰，我以前从未见过。关于此次劫难的情景，CNN 已经播放过从相距数公里的位置拍摄的远景影像。那是 CNN 不知从何处购得的，各国电视台又进行了转播。但是，如今在我眼前播放的影像和它截然不同，是从大佛跟前拍摄的，收录了专业的摄影师花费心思拍摄的几个镜头，有的是从大佛的斜侧方或正下方等各种角度拍摄的，还有摄影师沿着大佛上方的悬崖朝弥漫的白烟走去的推拉镜头（移动拍摄）。很明显，他得到了实施破坏行动的人们的许可，是在得知安全地带等信息的前提下进行拍摄的。

二〇〇一年三月，阿富汗遭遇了这场浩劫，在半年后的九月，纽约又将遭遇另一场更大的浩劫，田中带来的录像带在两次劫难中间，这个时间点已经表明二者存在密切关联。

阿富汗的首都喀布尔是一个布满泥沙的城市。

当飞机落地后，吸一口弥漫着灰尘的空气，你就能立刻体会到这一点。这个城市有二百万人口，大多数道路都没有铺设好。尽管如此，塔利班政权倒台后，在国际社会的支持下，成立了卡尔扎伊政权，大量二手车流入这个城市。街上到处都是汽车和卡车，车身上还印着曾经使用该车的日本公司或商店的名字及电话号码，非常醒目。一旦下雨或下雪，路面顷刻间变得一片泥泞，就像在整条街上和稀泥一样。因此，在这座城市，无论多么富有的人，都不会穿名牌鞋子。

据说在二十世纪七十年代，这里是充满异域风情的城市，在整个亚洲也是屈指可数，拥有各种民族、宗教、文化背景的人们汇聚于此，曾经辉煌一时。之所以会变成现在这样，是因为在长达二十多年的岁月里，这个国家一直在经历战争和暴力。全世界都忘记了这个国家，任由其荒废下去，直到二〇〇一年。

恐怕很少有人不记得自己是在何时何地得知二〇〇一年九月十一日发生在纽约和华盛顿的事件的吧。共三架飞机通过自行爆炸达成目的的那一刻，我正在西伯利亚上空。由于工作关系，我正在飞往巴黎的途中。降落在夏尔·戴高乐机场的时候我还毫不知情，前来接机的汽车司机用带有法语味道的英语说："飞机撞上了纽约的双子大楼，引发了大火。"当时我还以为他的表达可能存在错误。到达宾馆以后，我在电视上亲眼看见事件录像的瞬间，脑海中浮现出一个人物的名字，当时他在阿富汗，我觉得他就是这件事的幕后主使。

我感到心烦意乱，不能自已，很想确认一下这个想法是荒唐无稽的呢，还是专家也这么认为。当天我就给人在日内瓦的田中浩一郎打电话问道：

"您也觉得这是奥萨马·本·拉登干的吗？"

我至今仍然记得田中的回答。

"很遗憾，我觉得是。"

他是这么说的。

由于军阀之间的内战，阿富汗形势极为混乱。田中隶属的联合国阿富汗特派团（UNSMA）是联合国派往当地的组织，任务是调停各派的纷争，给阿富汗带来和平，其成员是各国派遣的外交官。田中以前曾在驻德黑兰的日本大使馆任职，回国以后担任民间智库的研究员，由于他熟悉当地情况，外语能力突出，能够和阿富汗人自由地交流沟通，所以被外务省聘请过去，日本政府又将其派往 UNSMA。田中几乎每周都会去阿富汗，坚持与争端各方进行协商，其中包括当时占据大部分国土的塔利班组织。他将人脉扩展到了所有阶层，上到各派的首领，下至一介士兵，算是全世界最熟悉阿富汗现状的人物之一。这位田中先生尽管没有直接证据，却简单明了地回答说一切状况显示这是本·拉登的罪行。

关于这一点，我在提问之前就预料到了。我感到不可思议的是，田中说的那句"很遗憾"。

可想而知，今后美军将会用压倒性的军事力量进行报复，塔利班政权将会垮台，他是在担心这会给自己的谈判对象带来苦难的前途吗？不，不可能。针对本·拉登自不必说，即使针对塔利班政权，无论接触多少次，他也一直冷静而透彻地保持批判性目光。

在此之前，奥萨马·本·拉登和基地组织也确实有过在阿富汗筹谋惊天计划的征兆，田中可能觉得自己本应有机会识破它，却没能防患于未然。

我认为，他是出于这种悔恨的心情，才会不由自主地说出了"很遗憾"三个字。四个月前的"录像带"也是征兆之一。那盘录像带收录了关于巴米扬大佛之劫的未公开影像，奥萨马·本·拉登在里面呼吁歼灭"安拉的敌人美国"，并保证自己也会为此而奋斗。

那之后过了五年多，历史的车轮沿着攻打阿富汗、塔利班垮台、本·拉登失踪、伊拉克战争这条道路滚滚前行。恐怖主义的连锁反应波及土耳其、西班牙、印度尼西亚、伦敦，如今已经扩散到全世界，"反恐战争"逐渐陷入了看不到终点的混乱局面之中。

这一切的起点存在于二十世纪末到二十一世纪初这短短数年的阿富汗。这是塔利班掌权，奥萨马·本·拉登积蓄力量、筹谋计划的时间和地点。但是，阿富汗当时处于所谓的"闭关锁国状态"，它的实际情况基本不为人所知，由于现在那些主角大多数已经死亡或逃亡，真相已成为历史的黑匣子。

巴米扬的"大佛被毁"比"9·11"事件早半年，是解开这个谜团的最重要的钥匙。塔利班及其最高领导人奥马尔为何会在此时突然决定"毁坏"大佛呢？当时身在阿富汗的奥萨马·本·拉登与此事有何关联？此事与半年后的连环恐怖袭击有何关联？

喀布尔已成为遍布泥沙的城市，只有天空依然明净。在天气晴朗的日子里，那片蔚蓝几乎让人眼睛感到刺痛。这座城市与这个国家，如今正逐渐被世界再次忘却。

然而，短短数年前，也是在联结阿富汗与世界的纽带被斩断的时候，有些人正在策划一场左右我们命运的巨大阴谋。

（节选自《巴米扬大佛之劫》）

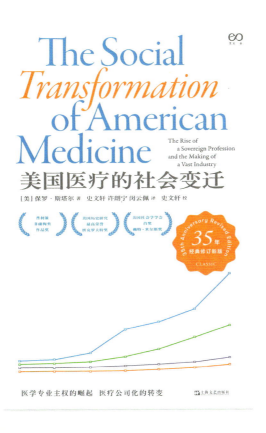

《美国医疗的社会变迁》

[美] 保罗·斯塔尔 著

史文轩 许朗宁 闵云佩 译

责任编辑　余静双　　上海文艺出版社

2023 年 8 月出版　　定价：128 元

　　本书追溯美国医疗保健现行制度和政策的起源，追问了那些在发展中或自行消亡，或遭到废除，或受到阻碍的制度和政策的命运。对于关切不同的读者，他兼具结构性与历史性的分析都有助于阐明美国当前医疗体系的困境，甚至是普遍的医疗困境。

作者简介

保罗·斯塔尔，普林斯顿大学社会学与公共事务教授，传播学与公共事务讲席教授，致力于政治、公正政策与社会理论领域的诸多问题。《美国瞭望》杂志创办人之一，曾担任美国前总统克林顿的医疗改革计划资深顾问。另著有《媒体的创造：现代传媒的政治起源》（*The Creation of the Media: Political Origins of Modern Communications*），获金史密斯奖。

译者简介

史文轩，南京大学历史系硕士。编辑，译者。译有《美国医疗的社会变迁》《三十年战争史》。

许朗宁，首都医科大学医学硕士，于北京儿童医院完成住院医师规范化培训，现于日本顺天堂大学攻读医学博士。

闵云佩，自由职业。九十年代赴美，旅居美国 12 年，长期专注人文历史、社会学科以及艺术与建筑文献的挖掘与研究；现从事翻译工作。

最初出版于 1984 年的《美国医疗的社会变迁》曾获得普利策非虚构类作品奖、美国历史研究至高荣誉班克罗夫特奖，还有美国社会学研究重磅奖项赖特·米尔斯奖。这是一部兼具社会学与历史视角的美国医疗问题研究著作，并且获得了两个领域的专业认可。本书可以看作围绕这样一个问题的探究：美国的医疗保健是如何以及为何发展成今天这种技术高度发达、医保严重落后的状况的？本书对普遍的医疗困境，如医患矛盾、医保问题等，也有着启示作用。此外，作者用叙事性的方法呈现分析，语言简洁明晰而不干枯，令这部硬核社科著作也具有极强的可读性，不愧是普利策奖得主。

医学权威的增长

专业的兴起既是为文化权威而斗争，也是为社会流动性而斗争的产物。我们不仅需要从医学专业的知识和抱负的角度来理解它，还需要从更广泛的文化和社会变化的背景来理解它，这些变化解释了为什么美国人愿意承认对医学专业的依赖，并将这种依赖制度化。从某种意义上说，对专业权威的接受是美国的"文化革命"，就像其他革命一样，它让新群体拥有权力，在医学这里，既有对工作和制度掌握的权力，也包括解释经验的权力。

在一个国教宣称对人类经验的方方面面拥有最终发言权的社会里，医学的文化权威显然会受到限制。但在 19 世纪早期，这已不再是医学面临的主要障碍。哪怕许多对疾病持有理性主义和积极主义倾向的美国人也拒绝接受医生的权威。他们相信，常识和乡土智慧可以同样有效地解决大多数健康和疾病问题。此外，医学专业自身缺乏团结，无法对持不同和不相容的观点的成员行使任何集体权威。

正如我已指出的，权威要求放弃个人判断，而 19 世纪的美国人不愿意对医生作出这种让步。权威意味着拥有某种让人信服的特殊地位或权利要求，而 19 世纪的美国医学的权利要求并不让人信服。深奥的学问、拉丁语知识，以及英国内科医师传统上拥有的高雅文化和卓越地位，在等级社会中比在民主社会里更能让人信服。现代专业主义必须重新建立在拥有技术能力的基础上，而这种能力需要通过标准化训练和评估来获得。但是，医学专业的标准化同时受到内部和外部的阻碍，内部是医学从业者的宗派主义，外部是整个社会对特权垄断的普遍抵制。

将医学转变为一个权威专业的力量既来自其内部发展，也来自社会和经济生活中更广泛的变化。在内部，由于社会结构的变化和科学的进步，医学专业在 19 世纪末获得了凝聚力，并且在主张自己的权利时也更有效。随着医院的发展和专业化程度的提高，医生变得更加依赖彼此，以获得转诊病人和使用医疗设施。因此，他们更容易调整自己的观点以适应同行们的看法，而不是把自己标榜为相互竞争的医学派别的一员。更大的凝聚力增强了专业的权威。专业权威还受益于诊断技术的发展，它加强了医生对病人进行身体检查的权力，同时减少了医生对病人自己陈述症状和表象的依赖。

与此同时，美国人的生活方式和意识形态也发生了深刻变化，使他们更依赖专业权威并更愿意接受其合法性。不同的生活方式对人们提出了不同的要求，赋予了人们不同的能力。在前工业化时代的美国，农村和小城镇社区生活方式赋予了其成员在满足自身需求方面的广泛技能和充分自信。劳动分工不甚发达，人们有着强烈的基于宗教信念和政治理想的自力更生倾向。在这种情况下，专业权威很难发展。美国人习惯于在自己家里或社区内处理大多数疾病问题，医生只是偶尔介入其中。但到了 19 世纪末，随着美国社会越发城市化，美国人日渐习惯于依赖陌生人的专业技能。由于电话和机械化交通降低了时间和出行成本，向专业人士咨询的费用也不再那么昂贵了。在科学技术的真实进步的支持下，专业人士要求拥有恰当权威的主张也更加可信，虽然在客观上并不总是如此；科学对人的想象的影响，甚至比起其实际对疾病治疗工作的影响还要大。技术变革正在让日常生活日新月异；人们似乎完全可以相信，科学也会为治疗作出巨大贡献，而最终科学也确实做到了。此外，一旦人们开始将科学视为能够解释和控制现实的一种优越且理当复杂的方式，他们就希望得到医生对经验的解释，而不管医生是否能提供治疗方法。

当传统的确定性正在被打破的时候，专业权威提供了一种方法，来组织关于人类需求以及事件的性质和意义的不同构想。在19世纪，许多美国人，以民粹主义者为代表，仍然相信常识便已足够，继续抵制专业人士对权利的要求。另一方面，也有一些人，比如进步主义者，相信科学提供了道德和政治改革的手段，认为专业是一种新的且更先进的秩序基础。进步主义的观点一直被陈述为一种不偏不倚的理想，然而，这种观点恰巧与新兴专业阶层解决问题和推行改革的雄心壮志不谋而合。事实证明，进步主义者的文化胜利相较其政治胜利更为持久，而这与专业人士在新职业和组织等级中地位和权力的上升是分不开的。然而，这并不是简单的篡位夺权，专业人士的新权威反映了新生活方式的不稳定性，以及这种不稳定性对传统信仰的挑战。一个人越是不相信"自己的眼睛"——新的科学世界让人不断产生这种感觉——就越愿意用专业人士的眼睛来看待世界，后者声称自己拥有专业的技术知识，还得到了同行团体的认可。

医学权威的增长还需要被理解为制度的变化。在19世纪，医学专业还未巩固其地位之前，一些医生拥有巨大的个人权威，他们会对很多问题发表意见，绝不限于身体疾病方面。事实上，在早期美国社会的小社区里，受过教育的人相对较少，所以一些医生可能拥有比如今大多数医生都更广泛的个人权威。另一方面，我在这里探讨的是医生身份中内在的权威，这种权威已经在一个标准化的教育和执照授予系统中制度化了。这样一个系统的建立让权威可以从一代人传递给下一代人，并将整个专业的权威传递给所有个体成员。

在19世纪末20世纪初医学的专业权威制度化之前，医生可能凭借品德和对病人的熟悉而获得个人的权威。而一旦医学权威完成了制度化，那么标准化的教育和执照授予程序就赋予了所有通过考核的人以权威。行外人士和业界对某位医生权威的认识变得相对不那么模棱两可。权威不再取决于个人品德和普通人对个人的看法，而是越来越多地融入制度结构中。

　　还有一些事态发展，例如医院的兴起，也让人们对专业权威的"固有"依赖增加了。我这里指的不仅仅是精神病院的发展和非自愿住院程序，尽管精神病院显然是一种重要的、激进的制度化医学权威形式。即使重病患者是自愿从家中转移到综合医院的，住院也会增加病人的依赖程度。在家里，病人可以很容易地拒绝医生的建议，而许多人也确实如此，这在医院里要困难得多。对于重病患者，从属于医生的临床人员实际上已经取代了病人家属成为医生的代理人。他们不仅需要在医生不在的时候执行治疗，而且还要对病人进行持续监测，保存病历，并且强调必须遵守医生的指示。

　　还有一些制度性变化也让人们变得依赖医学权威——无论他们是接受还是敌视医生。随着医生越来越多地充当认证者和守门人，一些需要认证才能获得某些好处的人们对医生的依赖也增加了。法律禁止大众在没有医生处方的情况下获得特定种类的药物，这也增加了人们对医生的依赖。埃利奥特·弗雷德森（Eliot Freidson）写道："一门专业控制的附属设备越是重要，对设备的批准就越是能加强专业权威。"19 到 20 世纪，医疗保险已成为保证人们依赖专业的一种重要机制。当保险只能赔付由医生提供的治疗服务时，受益人就会因保险金而对医生产生依赖。医生对药物和外科手术的批准已经成为一系列保险和税收优惠的必要条件。在所有这些方面，专业权威都已经成为制度上必不可少的部分，遵守与否已不再是一个自愿的选择。人们对医生的判断的看法依然重要，但是已经远不如从前那么重要了。

（节选自《美国医疗的社会变迁》）

上海好春

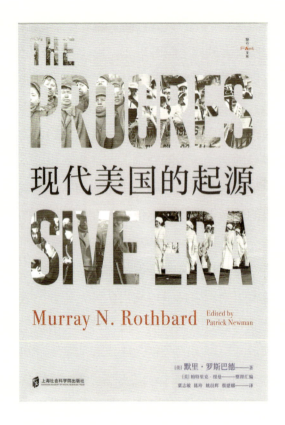

现代美国的起源

THE PROGRES SIVE ERA

Murray N. Rothbard　Edited by Patrick Newman

[美] 默里·罗斯巴德——著
[美] 帕特里克·纽曼——整理汇编
粟志敏 陈玲 姚晨辉 蔡建娜——译

上海社会科学院出版社

《现代美国的起源》

[美] 默里·罗斯巴德著 [美] 帕特里克·纽曼 整理汇编

粟志敏　陈玲　姚晨辉　蔡建娜 译

责任编辑　应韶荃　上海社会科学院出版社

2023 年 5 月出版　　定价：168 元

　　19 世纪 80 年代到 20 世纪 20 年代，美国出现了许多社会、政治和经济的改革实践。这个时期被称为"进步时代"。进步主义带来了有组织种族主义的胜利，南部黑人被剥夺选举权，移民终止，对军人形象和征兵的大肆赞美，以及美国的海外扩张。简而言之，进步时代启动了美国现代政治经济体系的形成。

作者简介

默里·罗斯巴德，美国经济学家、历史学家，著有《美国大萧条》《自由的伦理》《权力与市场》《银行的秘密》《为什么我们的钱变薄了》《美联储的起源》《人、经济与国家》等。

译者简介

粟志敏，英语专业毕业，曾先后任职于世界500强企业和国际组织，从事过质量管理、培训和项目管理等工作。翻译出版有《现代美国的起源》《英超联盟》《沃伯格家族》《从优秀到卓越到陨落》等数十本书籍。

编辑荐书

本书由奥地利经济学派代表人物罗斯巴德撰写，是一部美国政治经济史典藏之作，写的是历史，但处处可见作者的批判性思考。进步时代是指美国19世纪80年代至20世纪20年代波及全国的激进社会和政治改革时期。在经历这段时期之后，美国遭遇了1929年大萧条。由于进步时代启动了美国现代政治经济体系的形成，读者除了可以领略作者对于美国历史上一段关键时期的洞见，还可以把本书当成勘查美国今日政治文化之经纬的一副透镜。

战争和妇女参政权

　　第一次世界大战的另一项副产品是宪法第 19 修正案。该修正案在 1919 年提交给国会，次年得到批准，赋予了妇女参政权。妇女参政权运动和禁酒运动一直相伴进行，但其影响更为持久。妇女参政权运动和禁酒运动长期以来直接结盟。福音虔敬派发现人口发展趋势于己不利，且逆转无望，因此呼吁赋予妇女参政权。之所以这样做，是因为他们明白，虔敬派妇女在社会和政坛都非常积极，而少数族裔妇女或礼仪派通常受文化影响，习惯于在家里围着灶台转，参与选举投票的可能性更小。所以妇女参政权在很大程度上可以提升虔敬派的表决权。1869 年，禁酒党成为首个公开支持妇女参政权的政党，并且一直延续这种立场。进步党在妇女参政权问题上同样热情洋溢，也是首个允许妇女代表参加党内大会的全国性大型政党。妇女参政权运动中，领头的组织之一是基督教妇女禁酒联合会，其成员数在 1900 年达到了庞大的 30 万人。全美妇女参政权协会是主要的妇女参政权群体，苏珊·安东尼、卡丽·查普曼·凯特夫人和安娜·霍华德·肖博士连续三位会长最初都是禁酒主义者，并以此为契机成为活动家。苏珊·安东尼说：这个国家的家家户户都有一个共同的敌人，它就是酗酒。凡是涉足赌场、妓院和酒吧的人都坚决投票反对妇女的解放。如果你相信纯洁，如果你相信诚实正直，那么……就必须把选票交到妇女的手中。

1914 年 11 月，内布拉斯加州妇女参政权公投失败。该州德裔美国人联盟当时以德文发出呼吁："我们德裔妇女不需要投票权，我们的对手需要妇女参政权的唯一目的就是给我们的脖子套上禁酒的枷锁。我们要竭尽所能加以反对……"

美国的参战推动妇女参政权运动战胜了强烈的反对意见。这是禁酒取得成功必然带来的结果，也是有组织妇女为支持战争付出努力获得的奖励。为了全局的成功，那些行动多数既要消除罪恶和酒精，也要对可疑的移民群体进行"爱国主义"教育。

就在美国宣布参战后不久，美国国防委员会成了妇女国防工作咨询委员会，也被称为妇女委员会。当时一份记录写道，该委员会的目的是"协调本国有组织和无组织的妇女的活动和资源，在必要时迅速发挥她们的力量，并且在妇女和政府部门之间搭建一个直接合作的新渠道"。

妇女委员会迅速在全美各州和各市建立组织，并且在 1917 年 6 月 19 日召开大会进行工作协调。全国有 50 余家妇女组织参会。在这次大会上，"食品沙皇"赫伯特·胡佛"向美国妇女布置了第一项明确的任务"。胡佛邀请全美妇女加入他以"节约"和消除"浪费"为名发起的运动。这项雄心勃勃的运动旨在控制和限制食品行业，在业内建立企业联盟。专门揭露黑幕的进步主义作家艾达·塔贝尔夫人支持妇女联合起来。她也是妇女委员会的成员之一。塔贝尔夫人称赞"各地日渐意识到，我们发起的是一项伟大的民主事业，（美国参战）是全国大事。个人或一个社会如果希望尽自己的一份力量，就必须同华盛顿政府合作，在政府的领导下开展工作"。

塔贝尔夫人是指挥者，而不是被指挥者，这可能促使她更加热情和积极。赫伯特·胡佛在那场妇女大会上提议所有妇女为食品节约运动签署并分发一张"食品节约承诺卡"。公众对食品节约承诺的支持不如预期那样强烈，于是通过教育推动食品节约承诺成为妇女节约运动的基础之一。妇女委员会任命塔贝尔夫人担任食品管理委员会主席。她不知疲倦地组织这场运动，并在报刊上发表大量文章，宣传该运动。

除了食品控制，妇女委员会的另一项重要职能是对全美所有可能从事志愿或有偿工作支持参战的妇女进行登记。所有 16 岁及以上的女性都被要求填写并签署一张登记卡，内含所有相关信息，包括所接受的培训、经历和期望的工作类型等。通过这种方式，政府可以了解每位妇女的住所和受训情况，以便政府和妇女能够更好地匹配供需。

路易斯安那州州长拉芬·普莱曾特宣布 1917 年 10 月 17 日为强制登记日，众多州级官员参与了登记推动工作。州食品管理委员会力争民众也同时签署了食品节约承诺卡；州学校委员会规定 10 月 17 日放假，以便教师可以协助进行强制登记，尤其是在农村地区。路易斯安那州委派了 6000 名妇女指导登记工作。她们与州食品节约局官员和教区示范员并肩工作。在该州法裔聚居区，天主教神父呼吁教区所有妇女居民履行登记义务，为登记工作贡献了宝贵的力量。妇女活动家发放法语传单，上门进行劝说，并且在电影院、学校、教堂和县政府所在地发表演说，呼吁大家进行登记。

为妇女登记和食品控制出力的还有另一家妇女组织。该组织规模相对较小，但气势更强。这家组织由国会在建设性爱国主义大会上发起，是一家备战组织。建设性爱国主义大会于 1917 年 1 月底在华盛顿特区召开。所成立的组织名为全国妇女服务联合会，后来在功能上与妇女委员会重叠，在影响力上逊色于后者。区别在于，全国妇女服务联合会的架构是直接采用军事化方式。

妇女委员会的工作中，至关重要的一部分是"爱国教育"。政府和妇女委员会意识到，其他族裔的妇女移民迫切需要此类重要的指导。妇女委员会成立了教育委员会，由精力充沛的卡丽·查普曼·凯特夫人领导。凯特夫人清楚地向妇女委员会阐述了问题所在：美国有数百万人并不清楚我们为什么要参战，以及为什么"我们必须赢得这场战争，以让未来数代免受肆无忌惮的军国主义威胁"。可能美国的军国主义是"讲良心的"，所以就没有问题。

凯特夫人认为，太多人漠不关心，不了解情况，因此她提议动员 2000 万美国妇女，开启"一场庞大的教育运动"，让妇女"积极推动，以最快速度赢得战争"。这些妇女"在任何社会都是最具影响力的情感煽动者"。在凯特夫人继续探讨战争的目的时，她还指出，"不管国家喜欢与否"，我们必须参战并赢得战争，"不管愿意与否"，都必须作出"牺牲"。在最后的陈述中，除了所谓的参战必要性，凯特夫人还为战争找到了一个合理的理由：必须赢得战争，让它"终结所有战争"。

妇女组织的"爱国教育"运动在很大程度上是说服妇女移民（1）成为中立的美国公民，（2）学习"英语"，以实现"美国化"。这场运动被授予"美国第一"的名义。通过促使移民学习英语，并且劝说妇女移民参加下午或晚上的英语课程，"国家统一"这个概念得到了宣传。组织起来的爱国妇女也关心如何保留移民的家庭架构。如果孩童学习英语，但家长对英语一无所知，孩童会嘲笑家中的长者，"家长将无法对孩子进行教育和控制，整个家庭结构将被削弱。那么社区里这股重要的维稳力量会无法发挥作用"。为了维持"母亲对年轻人的控制"，"必须通过语言让妇女移民美国化"。艾达·克拉克表示，美国化运动的结果是"这个国家的妇女组织可以发挥重要的作用，助力我们的国家拥有共同的语言、共同的目标，以及共同的理想，即团结统一的美国"。

（节选自《现代美国的起源》）

上海好书

《上海图鉴：苏州河》

《上海年鉴》编辑部　陆杰城市影像工作室 著

责任编辑　冯裴培　贺寅　　　　上海远东出版社

2023 年 8 月出版　　　　　　定价：288 元

　　本书精选与苏州河相关的摄影作品，辅以记录文字，涵盖 20 世纪 80 年代至今各时间段及吴淞江（上海段称苏州河）全流域。作为反映上海自然、政治、经济、文化和社会情况的年度资料性文献，用纪实手段为读者重新认识、思考苏州河与上海这座城市的关系提供了较为权威的视角。

作者简介

《上海年鉴》编辑部，隶属上海市地方志办公室，每年出版《上海年鉴》和《上海年鉴（英文）》。《上海年鉴》是全面系统反映上海自然、政治、经济、文化、社会等方面的年度资料。

陆杰城市影像工作室，长期致力于上海变迁的观察与研究，是一座关于这座城市四十年变迁的影像库。工作室立足于写实，立足于人文，立足于城市的灵魂与血脉，记录下城市点点滴滴的发展历程，有助于我们理解这座城市，理解过往的岁月。

编辑荐书

作为反映上海自然、政治、经济、文化和社会情况的年度资料性文献，发挥存史资政的重要功效，用纪实之手段为读者重新认识、思考苏州河与上海这座城市的关系提供较为权威的视角。

用平和的视角看待上海苏州河

　　《上海图鉴：苏州河》的编辑出版是一次有益的尝试。全书近300幅图片及10万文字，用一种更平和的视角看待上海的这条母亲河。

　　苏州河，在学者笔下，它是风云变幻的传奇；在作家书中，它是爱恨交织的乡愁；在摄影师镜头中，它是一坛醇厚的老酒；在导演心中，它是永远的舞台……它的故事延绵数千年。

　　2019年，上海市政府发布的《苏州河沿岸地区建设规划（2018—2035）》综合考虑沿岸功能、发展和建设情况，将吴淞江上海境内全域分为三个区段。

　　（一)内环内东段(长寿路桥以东)，是高品质中央活动区，以高端商业、金融、文化、旅游等核心功能为主，同时带动配套居住功能，强化功能的高度复合，打造苏州河的形象代言活力地标。

　　（二）中心城内其他区段（外环高速至长寿路桥）。以居住功能为核心，局部产业功能呈组团式沿河分布。滨水沿线突出娱乐休闲、文化艺术、体育服务等功能，腹地以十五分钟社区生活导则为标准完善便民服务功能和配套服务设施，提升综合品质。

　　（三）外环外区段：生态功能区段。该区段以生态保育功能为主导，落实"上海2035"要求，建设河流两侧生态空间，提升绿化环境水平，形成重要的区域性生态廊道；落实郊野公园规划，形成具有生态和休憩功能的郊区节点，作为市域生态基地的同时，可以进一步丰富城市休闲娱乐、体验等功能。

河流塑造了城市的形态，城市也影响着河流的演化。上海独特的城市肌理中，苏州河是不可或缺的重要部分。根据苏州河沿岸的功能结构布局，地区呈现差异化的城市空间肌理，主要包括：现代商务区肌理、居住社区肌理、里弄石库门肌理、传统古镇肌理、生态绿化肌理等。在新一轮规划的引导下，苏州河沿岸地区将在公共活动功能为核心的基础上，强化复合功能发展，重点聚集在居住功能、产业功能、生态休闲功能河文化旅游功能，焕新的城市肌理势必散发出更为独特的魅力。

吴淞江发源于瓜泾口，这是现今绝大多数方志和史书中的表述。瓜泾口位于太湖东岸，其所在的苏州市吴江区西部边线从南至北濒临太湖，河港交织，大小湖泊星罗棋布。

太湖的形成，主要是来自浙江天目山的苕溪和江苏宜兴溧水山地北麓荆溪的水流，以及苏南浙西等周边地区的众多地表径流注入，汇集成太湖。据1992年出版的《吴江县志》记载：古时，太湖的下泄出水口在浪打穿（菀坪旧称）至松陵（吴江旧称）瓜泾口一带，直到唐宋以后，出水口逐渐北移，以吴江长桥为主道，元明清间长桥淤浅，乃以瓜泾口为上源。

查阅更早一些的文献可知，古代太湖排洪的天然大川主要有"三江"，通指松江（吴淞江）、娄江、东江，但学界解释不一。较为主流的提法认为，中有松江（吴淞江），东南有东江，东北有娄江，最重要的是吴淞江。古代太湖湖尾与吴淞江江首浑然一体，是一片广阔的水域。隋代便有"吴江、平望间是一片白水"之说。当时松陵镇（今吴江区所在地）南、北、西皆为水乡，前往苏州几无陆路。唐元和五年（810），苏州刺史王仲舒"堤松江为路"，也就是建了平望至苏州的吴江塘路。后梁开平三年（909），吴越国王钱镠置吴江建县时，松陵镇以南"古吴淞江宽达五六十里，风涛汹涌，漕运多败舟"。

北宋庆历二年（1042），"苏州通判李禹卿筑长堤界松江太湖之间，横截五六十里，以益漕运"。庆历八年（1048），"吴江知县李问建垂虹桥又名长桥，横跨吴淞江，东西千余尺"。吴江塘路和垂虹桥的建成，使太湖往吴淞江的出水口改道于长桥下。明清时期，洞庭东山和苏州西南山区间的"大缺口"逐渐淤塞，形成狭长淤浅的东太湖，长桥所在的吴淞江河道淤浅为两线细流，吴江塘路东西两侧淤积成陆，逐步垦辟成田。吴淞江源头遂从长桥北移至现瓜泾口，这就是通常所说的："太湖水唯去瓜泾为速。"

说到"垂虹桥"，可以说是吴江最知名的古迹之一，而它又与松陵密切相关。松陵镇，位于吴江北部。自吴江建县以后，松陵一直是县治（元代为州治）所在地，直至 2005 年撤县建市。2012 年，吴江撤市设区，成为苏州市吴江区，松陵也就变成其下辖的一个街道。现今，吴江城区内随处可见以"松陵"命名的各类地名。

瓜泾港，因瓜泾口得名。而"瓜泾口"的这个"瓜"，据当地水利部门介绍是因这片水岸的轮廓外形类似冬瓜而得名，至于源起何时，已无从考证。瓜泾港西接瓜泾口东至现今 G524 国道，全长不足 3 千米，一般单独标注名称，但通常都将其视为太湖水注入吴淞江最源头的一段河道，可谓"苏州河正源之水"。瓜泾港东端与一条南北流向的著名历史河道几乎垂直交汇，这就是京杭大运河。大运河以东，吴淞江进入苏州市吴中区界，开始真正意义上的奔赴大海之旅。

（节选自《上海图鉴：苏州河》）

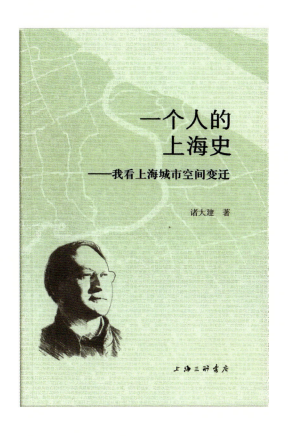

《一个人的上海史
——我看上海城市空间变迁》

诸大建 著　　　　　　责任编辑　殷亚平

上海三联书店　　　　2023 年 7 月出版

定价：48 元

　　城市科学是跨学科的总体性研究。本书用管理学思维，从个人视角分析讲述了上海城市历史中"南市老城厢""旧上海租界""大上海计划""生产性城市""浦东大开发""国际大都市"和"世界影响力"等 7 个空间变迁故事，道出了"一个人的上海史"。

作者简介

诸大建，同济大学特聘教授，经济与管理学院博士生导师。现任同济大学可持续发展与管理研究所所长。主要研究可持续性科学、城市发展与公共治理、循环经济与低碳经济等。2016年获世界经济论坛全球循环经济领导力奖。

编辑荐书

上海这座城市的精神特质和内在活力是如何在历史发展源流中耦合而成？未来的城市建设在空间打造和文化肌理上会呈现哪些创意性的构思和实践？如果带着这些问题去阅读《一个人的上海史》，读者大多能寻到满意的答案。本书的精巧之处在于"把自己作为了一种研究方法"，而这个典范性的样本将更有助于大家去透视和思考"个体"和"城市"和谐共生的关系，以及城市生命共同体的构筑过程。

魔都上海魔在哪里？

据说，魔都的说法最早来自日本作家村松梢风 1923 年出版的小书《魔都》，他描绘自己在上海的所见所闻，用"魔都"指称上海租界的包罗万象和无奇不有。后来许多写上海魔都的书，大多数内容与租界有关，其中最离奇的故事是英国作者法兰奇写的《恶魔之城》（2020）。谈旧上海如"魔都"，惊诧之下的口气大多是贬义的。

村松梢风（1889—1961），日本作家。20 世纪二三十年代多次到中国游历，撰写了近十部有关中国的著作。《魔都》是其在中国的第一部旅行记，其惊讶于上海租界的包罗万象，用了"魔都"这个名词描述上海。如今这一词语几乎已成为上海的代名词，但是对它的理解却五花八门。

《恶魔之城——日本侵华时期的上海地下世界》，P. 法兰奇（P. French）著，社会科学文献出版社 2020 年中译本。法兰奇被认为是一流的上海故事讲述者，本书以两个老外 1930 年代在上海发迹为线索，美国逃犯杰克通过钻营成为上海老虎机之王，维也纳人法伦积累资本成为上海歌舞表演之王，描绘了旧上海租界的各种怪象。

现在对上海之魔的理解早就超越了租界的故事，开始呈现褒义。研究上海城市发展和空间变迁，我觉得有三方面的魔幻吸引人。第一个是空间之魔，上海城市空间形态与国内外许多城市不一样；第二个是缘起之魔，这些空间形态的发生发展背后有引人入胜的故事；第三个是精神气质之魔，从空间之魔和缘起之魔可以别有趣味地探讨上海城市的精神气质。

帝都北京，外围的道路和空间围绕皇宫一圈一圈展开，城市形态是空间规整有对称性的单中心。但是在魔都上海，却不容易识别城市中心在哪里。上海的城市中心是随时代变迁而游移的，建城 700 多年以来已经产生过多个中心。上海也有城市环路，但是环内环外有不同的中心。

你说环城圆路内的老城厢是城市中心，有人马上说现在的热闹地方是拥有上海中心等三件套的浦东陆家嘴。你说老外滩、北外滩和陆家嘴三者形成上海现在的城市中心金三角，有人会说未来更摩登的地方是黄浦江上游的前滩、世博滨江和徐汇滨江。还有人会说这些都是主城区，未来的中心也许是在外环外的虹桥和临港。

上海城市发源于苏州河和黄浦江，但是它一直在东奔西突走向大海。700 多年前，上海老城厢在吴淞江支流、黄浦江前身的上海浦边诞生；19 世纪下半叶开埠，上海跨越苏州河由南向北发展；20 世纪末浦东开发，上海跨越黄浦江在面向东海的新空间爆发了活力；21 世纪中叶，上海也许会迎来一个新的长江口和杭州湾时代。

上海位于中国沿海岸线与长江的交汇处，城市的许多优势是由自然因素和空间区位决定的。然而往细里研究上海城市的发生发展，会发现魔都城市空间形态的形成与人文社会的创造性有关。空间区位的潜力变成实力，很大程度取决于人的抉择和智慧。空间之魔背后有许多缘起之魔的故事。

历史上的江浦合流使得开埠后在黄浦江边出现了十里洋场，浦东与浦西在陆家嘴对接出现了世界级的中央商务区，世博会选址使得黄浦江成为上海城市的缝合线和中轴线，大小洋山建设深水港导致杭州湾口崛起了新的滨海城市，大虹桥从综合交通枢纽发展到国际中央商务区，每一个都是思想创新和观念突破的空间投影。

解读上海城市的空间变迁，有意思的事情是探索城市气质对于缘起之魔和空间之魔具有什么样的影响和双向因果关系。上海城市发展史上差不多每一次重大的空间变迁，都有过激烈的发展思想和空间方案的争论。后来的发展证明，这样的思想碰撞和价值判断对上海城市的与众不同具有关键性作用。

改革开放以来 40 年上海城市的凤凰涅槃，得益于四次大的战略研究。1980 年代的大讨论促成了浦东开发开放，1990 年代的战略研究引出了四个中心的全球城市建设愿景，2000 年的世博会大讨论促进了上海城市的品质提升和能级提升，2010 年的战略研究为上海建设中国式全球城市提供了智力支撑。

我说，上海城市气质之魔的根本是城市发展的上海性和与时俱进的海派精神。上海城市在西风东渐中长大起来，城市发展得益于各种来路的理念和时尚。在这个过程中，上海形成了自己做事情的腔调和格调。上海拥抱外部世界但是不会丧失自我，不断在世界面前讲述着包容惊艳、标新立异的故事。

（节选自《一个人的上海史——我看上海城市空间变迁》）

本书编委会　编

2023

上海三联书店

文学艺术

《她们：中国古代女子图鉴》

蔡琴 编著　　　　责任编辑　黄醒佳　王聪芸

上海书画出版社　　　2023 年 11 月出版

定价：168 元

  全书从五个问号出发，通过"形象"——古代图像中女性形象的变迁、"妆容"——古代女性的妆容打扮、"空间"——女子的日常活动空间、"才能"——古代女性的才情技能、"创作"——古代女性的书画创作五个方面，呈现中国古代女性的艺术与生活图景，展开对女性生存环境和生活态度的探讨。

作者简介

蔡琴，浙江省博物馆研究馆员、副馆长，浙江省国际文博交流中心主任。长期从事博物馆学、女性文化研究以及博物馆、美术馆建设和陈列布展工作。"丽人行——中国古代女性图像"等精品展览策展人。散文作家、新浪微博知名历史博主。

编辑荐书

　　作者从古代女性的"形象""妆容""空间""才能""创作"5个问题出发，梳理古代女性图像资料，构筑她们生活的世界。从衣食住行的闺中日常，到琴棋书画的才女风流，数百件古代女性相关绘画和文物，立体呈现出一部可读亦可赏的古代女性之书。书中另附孙机、扬之水、白谦慎、巫鸿、孟晖、冯幼衡等学者文章，从不同视角解读女性艺术。

　　回望过去，续写当下，作者从女性策展人的视角书写古代女子群像。面对这些"画中人、闺中影"，有意做一位"卷帘人、推门人"，不仅是为图像中的古代女性，更是为今人。

从"闺阁"到"庭院"和"郊野"：
古代女性的生活空间

  古代女性的生活空间主要通过文学作品和绘画作品呈现，相对于文学作品中创造的女性空间，绘画更为直接和具体，也更容易引起人们的联想。绘画不仅以其特有的艺术风格展现了中国古代女性形象，更将女性置于各种场景，生动地建构了古代女性生活的各个面向。男女有别、男尊女卑的纲常礼教都在女性日常的生活空间中得到了直接表达。

  男性文人十年寒窗，求得功名，从私家书斋到朝廷公堂，由私域空间向公共空间扩展。闺秀才媛则从原生家庭的闺阁到夫家的闺阁，被划归于"内"的范畴，正所谓"正位于内"的女教规范。我们从古代女性图像中可以看到，这一教条彻底将女子围困于狭窄的空间之中。

  在中国的传统文化中，未婚女子的住所称作"闺房"，青春少女在这里坐卧起居、修炼女红、研习诗书礼仪。闺阁生活是女子一生中极为重要、最为温馨和美好的阶段。古人又把"闺房"称作"香闺"，把青春少女唤作"待字闺中"，更是不吝笔墨地创作了大量诗词歌赋来描绘闺阁情趣。

  中国名著《红楼梦》中就细致地描写了几位女子的闺房：秦氏的闺房香艳奢侈，林黛玉的闺房清雅充满书香气，薛宝钗的闺房如雪洞一般表现出女主人淡泊冷漠的性格。《红楼梦》还描写探春的闺房："三间房子并不曾隔断。当地放着一张花梨大理石书案；案上垒着各种名人法帖，并数十方宝砚。各色笔筒笔海内插的笔如树林一般。那一边设着斗大的一个汝窑花囊，插着满满的一囊水晶的白菊花。西墙上当中挂着一大幅米襄阳《烟雨图》，左右挂着一副对联，乃是颜鲁公的墨迹。

中国古代的住宅空间遵循着"辨内外"的原则：以中门为界，将住宅分隔成"内"与"外"的空间，将"女""男"分别与"内""外"相联系，设置"女正位于内，男正位于外"的纲常规范，并将这一规范提升至"合天地之大义"的高度。

古代女性活动空间应以"中门"为限，深居内闺，不可外出闯入男性的领地，否则便是违背妇道、不合礼制要求，即所谓"妇人无故不窥中门""莫窥外壁，莫出外庭"。在宋代的《文姬归汉图》中，蔡文姬流落至南匈奴十二年后回到家乡，宅院中的女性早已聚集在前院中门处迎接，但她们仍不敢跨出院门一步。

在女性群体内部，对未婚女性的空间限制更为严格，未婚女性的闺房设计具有极高的隐蔽性和私密性，用来严格约束所住之人，以达到"养在深闺无人识"的目的。这些待字闺中的少女们终日被藏在闺房中，只能学习女红，看书、绘画、弹琴。百无聊赖之时，也只能透过闺中小窗向外瞭望，或倚着美人靠凭栏寄情，观赏内院风景。例如，在明代戏曲家汤显祖《牡丹亭》中，杜丽娘作为理学传家南安太守的女儿，从小被森严的礼教限制在深闺绣阁之中，不能自由行动、与外界隔绝，居然不知道自家后院还有个大花园。

"女正位于内"的教条在约束女性行为的同时，也规定了男子涉足于女性空间的禁忌，这为女性，尤其是未出嫁的女性不受男权文化的干扰和熏染，保持自己的独立个性和自然真情提供了可能。此外，在复杂多变的实践过程中，这种简单的教条不可能被完全遵守。因此，在实际生活中，慢慢地形成了一种边缘化的"自由"空间，以包容女性逃脱束缚、迈入男性的空间，甚至作出逾越礼制的行为活动。

例如，自家的园林虽有诸多桎梏，但其空间特殊性仍为失去接触机会的青年男女提供了逾越礼教的可能性，成为爱情萌生的绝妙地点。后花园作为一个过渡空间，成为联结闺阁与外界、禁闭与自由的中介场域，模糊了"内"与"外"的界限。

从幽闭的闺房走进明媚的园林，自然界的美景最能撩动少女的春心。从小被规训"内外各处，男女异群"的人们，只需鼓起"钻穴隙相窥，逾墙相从"的勇气，便能释放出压抑的自我欲望，产生一种逃离礼教桎梏、获得自由的期盼。因此，后花园也成为诸多戏曲中"才子佳人相见欢，私定终身后花园，落难公子中状元，奉旨完婚大团圆"情节模式中的一个空间意象。美国弗利尔美术馆藏清人仿仇英《西厢记图册》第六开"翻墙相会"，描绘的就是这样的场景。

此外，由于明清时期结社雅集之风盛行，女子也能在自家的闺阁、园林甚至是郊园之中，聚在一起吟诗赏画、举办和参加各种雅集聚会，努力进入曾经对她们封闭的男性世界。正如《红楼梦》中探春邀请姐妹们创立诗社时，结社文中便有"孰谓莲社之雄才，独许须眉；直以东山之雅会，让余脂粉"的豪言壮语。

《红楼梦》中闺秀的结社主要以家族亲缘关系为基础，交际范围有限。而在现实生活中，也有闺秀突破家族藩篱，形成以地缘关系为主的社交圈子。典型如清初由江南闺秀结成的蕉园诗社。她们的活动地点同男性文人雅集一样，或由年长女性在自家园中组织集会，或选择明媚的春日同去郊园游赏。

事实上，若想游赏，也不必非得托"雅集"之名目。明中叶至清代，在商品经济发达、风景秀丽的江南地区，各个阶层女子都热爱出游，可借宗教朝圣与节日民俗之名，行游山玩水之实。袁景澜描述过苏州府及所属各县春时妇女皆有进香杭州灵隐寺的习俗。"城乡士女，买舟结对"；富豪则雇画舫，三二人，携家眷，"流连弥月"；小户人家，则数十人结伴，"雇赁楼船"，船上多插有小黄旗，上书"天竺进香"四字，或写"朝山进香"字样。袁氏认为，这些妇女"名为进香，实则借游山水。六桥花柳，三竺云烟，得以纵情吟赏"。归时，到松木场买竹篮、灯盏、藕粉、铇花等物，分送亲友，"以示远游"。时间从农历二月初至三月中旬，历时一个半月之久。

明清江南妇女好游之风引起封建官府及某些卫道士的担忧和不满，认为妇女"冶游"违反了纲常对妇女角色的规定，伤风败俗。封建官府屡屡示禁，封建文人"口诛笔伐"，但仍未能阻止江南女子游乐的脚步。明末张岱在《陶庵梦忆》中多次描述苏州仕女倾城而出，到郊外游园的热闹情景，并评论说这是"妇女不得出城者三岁矣，萧索凄凉，亦物极必反之一"的结果，可见即使女子出游之风遭严禁却不能止的现实。

辽宁省博物馆藏的清代徐扬的《姑苏繁华图》描绘了清代苏州城中看戏女子们的画面。种种现象皆显示了明清时期女性空间已不再像以往封闭禁锢，但是女性出游活动相较于男性而言还是偶一为之。再加上外在公共空间的构成基本上以男性的需求为中心，充满有形和无形的性别区隔与禁忌，闺阁女性外出，易造成抛头露面的议论，尤其是举手投足暴露于男性的凝视之下，女性必须时刻关注自身行为是否合宜，行为是否符合闺秀身份，谓之"不禁亦无异于禁"。

（节选自《她们：中国古代女子图鉴》）

《无尽的玩笑》

[美] 大卫·福斯特·华莱士 著

俞冰夏 译　　　　　　　　　　责任编辑　陈欢欢

上海人民出版社·文景　　　　　2023 年 4 月出版

定价：168 元

　　这是一个物质高度发达的年代，人们的娱乐需求不断产生又不断得到满足。一部名为《无尽的玩笑》的神秘电影在地下流传，所有看过它的人都沉迷其中无法自拔，它的致命吸引力将一所网球学校、一家戒瘾康复机构、加拿大分离组织以及美国情报部门都卷入其中，灾难一触即发……

作者简介

大卫·福斯特·华莱士，美国作家，1985 年获哲学和英语双学位，毕业论文之一是他的小说处女作《系统的扫帚》。1987 年获亚利桑那大学艺术硕士学位。1996 年出版《无尽的玩笑》，上市一个月内即加印 6 次，至今畅销不衰。

译者简介

俞冰夏，自由撰稿人，曾在上海多家媒体供职，译有《悠游小说林》《杰夫在威尼斯，死亡在瓦拉纳西》等。

编辑荐书

这是一部有着自己的大脑和心脏的小说，反映了这个时代最令人困惑的问题：消费主义、焦虑、抑郁、成瘾等问题，大卫·福斯特·华莱士挥洒他天才的语言，巧妙构建挑战读者智商的故事结构，于无限放大的细节中，制造出席卷现实与人物内心的连绵不绝的风暴。

无尽的玩笑

　　九个或者十个成年中产阶级男性坐在温暖的房间里橙色的塑料椅子上，椅子腿是模制钢管。每个人都有胡子，每个人都穿着斜纹棉布裤和毛衣，且都以同一种方式坐着，那种印度人盘腿的姿势，手放在膝盖上，脚在膝盖下面，且都穿着袜子，看不到鞋子或者任何冬天的外套。哈尔轻轻把门关上，几乎贴着墙边找到一张空椅子坐下，过程中都显眼地举着手里的会议手册。椅子没有任何你能看得出来的排列次序，且它们的橙色与房间本来的颜色不协调得厉害，墙壁和天花板都是千岛沙拉酱的颜色——这种色调总给哈尔带来无法确定但令人不安的联想——以及更多的狮皮色涤纶地毯。32A 里的暖气很闷，充满二氧化碳，且带着不穿鞋的柔软中年男性身体让人不快的气味，一种变质的肉和奶酪的味道，比克拉克夫人的得克萨斯—墨西哥之夜以后的恩菲尔德更衣室还令人作呕。

　　会议上唯一表示看到哈尔进入的是那个坐在房间前方的男人，一个哈尔会叫作圆得几乎病态的男人，他身高几乎跟利思一样却是球一样圆的身体上面还附带一个小一点但一样圆的脑袋，他的袜子有格子花纹，腿几乎盘不起来所以看起来随时会从椅子里灾难性地往后翻，他在哈尔溜进来坐下低头的过程中对着哈尔的外套和 NASA 杯子亲切微笑。圆滚滚男人的椅子在一块神奇马克笔小白板前面，而其他椅子都差不多对着它，那个人一只手拿着马克笔，另一只手则在胸前抱着一个看上去有点像泰迪熊的东西，也穿着棉布裤和吐司颜色的粗针挪威式毛衣。他的头发是那种上过发油的金色，还有金色的眉毛以及怪异的金色睫毛以及一个真正的金发挪威人那种绯红色的脸，小胡子是那种打过蜡的皇帝胡子，看起来像是被截断的星形。这个圆到病态的金发男人毫无疑问是会议的领头人，可能是匿名戒毒会的高层人员，哈尔想之后可以随意上去问问他应该买些什么材料来学习。

房间前方的另一个中年男人在哭，他也抱着看上去像熊的东西。

领头人说话的时候金色眉毛忽上忽下，他说："我建议我们所有男人抱紧我们的小熊，让我们的'内心婴儿'不带评价地听凯文的'内心婴儿'表达他的悲伤与失落。"

他们与哈尔形成各种不同的角度，哈尔在倒数第二排靠墙的椅子上低着头，而在一些微妙的漫不经心的扭动脖子到处看的动作以后，没错，所有这些至少三十岁的中产阶级男人毛衣胸前都抱着熊——且是一模一样的泰迪熊，胖乎乎的棕色小熊，四肢张开，红色灯芯绒舌头从嘴里伸出，所以那些小熊看上去都好像奇怪地窒息了一般。房间里安静得可怕，除了暖气口的嘶嘶声和那个抽泣中的凯文，还有哈尔的唾液触到空杯子底发出的噗声，比他希望的要响太多了。

那个哭泣的男人脖子后面越来越红，他紧紧抱着他的熊，在大腿上左右摇晃。

哈尔把他的好脚踝架在膝盖上，晃动着他的白色高帮鞋，看着自己长满了老茧的手指，听着那个凯文的抽泣声和擤鼻子声。那个人用掌根擦鼻子，跟恩菲尔德网球学校那些小弟弟一模一样。哈尔想这些眼泪和小熊肯定跟放弃毒品有一定关系，而"会议"可能正在朝着公开讨论毒品和如何在一个时期内不感到痛苦不堪的情况下放弃毒品，或者至少是提供一些数据，关于放弃毒品以后这种痛苦不堪的生活持续的时间，神经系统及唾液腺才会回到正常状态的方向而去。虽然"内心婴儿"听上去跟多洛雷丝·腊斯克博士那可怕的"内心的孩子"有令人不安的相似之处，然而哈尔还是愿意希望这是匿名戒毒会给"中枢神经系统的边缘部分"或者"我们大脑皮层中那些没有毒品也不会痛苦不堪且到现在为止悄悄让我们度过每一天的部分"，或者其他什么让人欢欣鼓舞的东西取的绰号。哈尔希望自己客观看待事物，不要在得到真正的数据之前形成任何评价，极度渴望某些积极的情绪出现。

胖葫芦身材的领头人十指交叉，放在泰迪熊脑袋上，呼吸很慢很平稳，从金色眉毛下亲切地看着凯文，看起来更像是加州冲浪男子的佛像。领头人慢慢吸了口气，说："我能在这个小组感到的能量是对凯文'内心婴儿'无条件的爱与接纳的能量。"其他人都什么也没说，而领头人似乎也不需要别人说什么。他低头看着自己在小熊脑袋上用手搭的笼子，且不断微妙地改变笼子的形状。那个凯文，脖子现在不止红菜头那么红且闪闪发亮，尴尬的汗水在衬衫领子和鬓角之间闪着光泽，爱与支持让他哭得更厉害了。球形领头人高亢嘶哑的声音与腊斯克有同样平静又和蔼的说教特点，一直像在跟一个不怎么聪明的孩子说话。

……

正是在这个时候，哈尔开始失去了他强加给自己的客观性以及开放的态度，开始对这个匿名戒毒会议产生了糟糕的个人情绪，会议似乎已经进行了很久且一点也不像他想象中积极向上的反毒品会议应有的样子。更像某种美容心理体验课。目前为止没有人提到"物质"或者"物质戒除"的症状。而这些人的样子看起来也根本不像接触过比酒精饮品更"物质"的东西，如果要他猜的话。

哈尔的心情更灰暗了，他看到那第一排的球形人现在身体歪歪扭扭前倾，打开了白板下面他的椅子旁边某个玩具盒子，从里面拿出一个廉价塑料便携CD机，把它放在玩具盒子上面，它开始放一种低沉甜蜜的商场环境音乐，大提琴为主，还有零星的竖琴和钟声。这些声音在闷热的小房间里像融化的黄油一样蔓延开，他在橙色椅子上坐得更低了，使劲盯着他

NASA 杯子上的太空与太空飞船标志。

"凯文？"领头人在音乐声中说，"凯文？"在哭的男人的手像蜘蛛一样罩在脸上，他根本没抬头看，直到领头人平静又和蔼地说了好几遍："凯文，你觉得可以抬头看其他人了吗？"

凯文的声音被他躲在其后的手挡住了。"我能感到我'内心婴儿'被抛弃与严重丧失的问题，哈尔夫，"他说，一边浑身发抖地吸气，淡紫色的毛衣肩膀在颤抖，"我觉得我的'内心婴儿'正站在他的婴儿床里握着栏杆透过栏杆往外看……他婴儿床的栏杆，他哭着要他的妈咪和爹地来抱他疼他。"凯文以上气不接下气的样子连着抽泣两次。一只手紧紧抱着他腿上的熊，哈尔觉得能看到熊嘴里舌头周围有填充物开始掉出来，而透明稀薄的泪水一样的鼻涕从凯文的鼻子上垂下来，离那只窒息小熊的脑袋只差毫厘。"而没人会来！"他哭着，"没人会来！和我的小熊和塑料飞机和磨牙圈在一起，我感觉很孤独。"

所有人都以一种肯定又痛苦的方式点头。没有两个人的胡子有同样的浓密程度与形状。房间里出现了几声其他哭声。所有人的熊都茫然地看着前方。

领头人的点头是缓慢而深沉的。"你能跟我们分享一下你的需求吗，凯文？"

"分享一下，凯文。"黑色文件柜旁边一个瘦子说，他看上去像是以印度式坐姿坐在硬塑料椅子上的老手。

音乐还在放，没有尽头的样子，像吃了安眠酮的菲利普·格拉斯。

（节选自《无尽的玩笑》）

上海好春

《黑塞书信集》

[德] 赫尔曼·黑塞 著

谢莹莹　王滨滨　巩婕 译

责任编辑　杨沁　　　　上海人民出版社·文景

2023 年 3 月出版　　　定价：79 元

　　从黑塞长达 70 年的书信中挑选了有代表性的信件，包括黑塞个人的成长与发展，追求、奋斗、创作的历程，与父母、妻儿、姐妹的日常信件，参加社会公共活动，与同时代大家如茨威格、罗曼·罗兰、托马斯·曼等人的交往等。这些书信见证了黑塞的生平经历，也呈现出半个多世纪历史交替与文化变迁的轨迹。

作者简介

赫尔曼·黑塞，德国作家、诗人、评论家，
20世纪最伟大的文学家之一。以《德米安：彷
徨少年时》《荒原狼》《悉达多》《玻璃球游
戏》等作品享誉世界文坛。1923年入瑞士籍。
1946年获诺贝尔文学奖。

译者简介

谢莹莹，北京外国语大学德语学院教授、博士
生导师。1938年生于广东，长于台湾，1976
年辞去德国教职回到祖国。1990年患脊髓恶性
肿瘤，手术后卧病多年，但她凭借坚强的毅力
重新投入教学和研究工作，多年笔耕不辍，学
术成果卓著，译作涵盖卡夫卡、黑塞等重要作家。

王滨滨，毕业于北京外国语大学德语系，德国
哥廷根大学硕士，复旦大学外国语言文学学院
教授。译有《荒原狼》、《卡夫卡文集第2卷》、
《死亡与少女》（合译）、《剥洋葱》（合译）等。

巩婕，毕业于北京外国语大学德语系，高等教育出版社德语编辑、副编审。译有《独异性社会》《幻想的终结》等。

编辑荐书

　　诺贝尔文学奖评委会赞扬黑塞的作品"具有遒劲的气势和洞察力，也为崇高的人道主义理想和高尚的风格提供了范例"，其书信也有这样的力量。译者从黑塞一生数万封书信中挑选出有代表性的信件，它们见证黑塞的生平经历和思想蜕变，也呈现出半个多世纪历史交替与文化变迁的轨迹。黑塞忠于灵魂深处的召唤，始终相信每一位个体存在于世的使命和价值，他的精神探索能为心灵带来无限慰藉。黑塞喜爱中国文化，他对中国文化精神的深刻理解也能引起读者的深深共鸣。

黑塞谈职业与理想

致一位青年诗人（1930 年 1 月）

亲爱的先生：

……您的问题简单明了，就是：我是一个诗人吗？我的天赋足以让我写出能够出版的书籍吗？可能的话，我能够以写作作为职业吗？

假若做得到，我当然愿爽快地回答您爽快的问题。只是，这是不可能的事。我认为，看了一位相交不深的写作初学者的一些作品，就要得出他是否有写作天才的结论，根本是不可能的事。您有没有才华，是可以看出来的，但才华并不是稀罕的事物，世界上有大量才华横溢的人，在您这个年龄和教育程度的青年，如果写不出让人能够接受的诗句和散文，其禀赋事实上是正常才华之下的。从您的文章中我可以看出，您是否读过尼采和波德莱尔的作品，哪一位当今的作家对您产生了影响。我也看得出您是否已有意识地对自然和艺术建立了审美观，但这与文学天赋没有丝毫关系。最多可以看出一些您的经历的痕迹，想象出您的性格（这是对您诗行的好评），再多就不可能了。如果有人说他可以通过您的文稿习作评估您的文学天赋，就像报纸上读者来信一栏里那些笔迹专家鉴定订报人的性格一样，那么他不是肤浅就是骗子。

读过《浮士德》后宣称歌德是位重要诗人，这并非难事。但我们也大可以从歌德的早期作品，还可以从他稍后的作品中找一些编成小册子，从中我们除了可以发现这位青年诗人读了不少格勒特和一些经典作品，知道他押韵很在行，此外，什么结论也得不出。我们可以看出，即使是伟大作家，他们早期的写作也并不是总有特色，并不那么非凡卓越。我们惊异地发现，席勒青年时期的诗有的严重离题，而 C. F. 迈尔的诗经常见不到才情。

您以为评判一位文学青年的天赋是很简单的事，事实上却很难。我对您不熟悉，不知道目前您处于个人发展中哪一阶段。在您诗中出现的简单幼稚处，您自己可能半年后会微笑着嘲笑一番。也有可能，有利的条件使您的天分现在就开花结果，然而没有能力继续发展下去。您寄给我的诗，可能是您一生写得最好的，也可能是最差的。有的天才在二十岁或二十五岁达到高峰，接着就萎谢了，而有的直到三十岁，甚至更晚，才意识到自己的天赋。

我不知道，您五年后或十年后会不会成为一位重要作家。如果您将来成为一位重要作家，那也和现在所写的诗绝无关系。您无须依赖它们。

如果您是出于野心和追求名声而想成为诗人和作家，那么您是选错了领域：今天德国人对作家和诗人并不太看重，没有作家和诗人也照样过日子。同样的情况是收入：假如您是德国最负盛名的作家（我先不谈戏剧方面的），那么您与任何袜子或缝衣针工厂的主任或行政人员相比，也会是一个可怜虫。

但是如果您拥有一种理想，想成为一位诗人作家，因此而让自己的内在变得强大，因为您认为作家有创造性，心灵纯洁，易于接受新生事物，有敏锐的感受，纯净的感情生活，具有敬畏之心，渴望过着活跃灵魂和高尚的生活。或许您觉得诗人作家是与孔方兄和暴力相反的人。或许您并不是为了诗句和名声而追求诗人王国，而是因为您预感到，诗人只是表面看起来享受着一种自由和孤独，事实上是高度负责并且必须牺牲的，如果诗人的品质不是假面具的话。如果是这样，那么您写诗，就走在正确的路上了。

那么您随着时间的推移能不能成为诗人，就完全无所谓了。因为那些您认为诗人应有的高尚特性、任务和目标，那种忠于自我、那种对自然的敬畏、那种做好为一种任务作出不同寻常投入的准备，以及那种对自己从不满意、为了一个句子再三琢磨、为了结构好的诗行而彻夜不眠的责任心——所有这些美德（如果我们愿意如此称呼的话）并非只是真正诗人的特性。它们是真正的人的特性，是未被奴役、未被机械化的人的特性，不管他们从事何种职业。

如果您具备了如此的人物的理想，如果您不把闯劲和成功、钱财和权力作为生活目标，而是在自己内心建立起外部无从动摇、诱惑的生命，那么您即使还不是一位诗人，也已经是诗人的兄弟了……

致布鲁诺（1949 年 1 月 5 日，蒙塔诺拉）

亲爱的布鲁诺：

谢谢你的新年来信。满纸的悲伤与沮丧，这我太能理解了。但也读到了这样的句子，说一个想法让你苦恼——你和你的生活被赋予了意义，担负着使命，无法完成使你很痛苦。尽管这一切，还是大有希望的，因为这确实是事实，我请你时不时地想想我对此的一些意见，好好思考一下。这些思想不是我的，它们古已有之，人们思考自己与自己的使命时，它们是最好的想法了。

你生命中所做的事，不只是作为画家，同样也是作为人、丈夫与父亲、朋友与邻居等来完成的，不是按某个固定的标准由世界永恒的"意义"、永恒的正义来衡量的，而是按你独特的、个人的标准。如果上帝要审判你，他不会问你是不是成了霍德勒、阿米耶特、裴斯泰洛齐或戈特黑尔夫，而是会问："你真的曾是或成为布鲁诺·黑塞了吗，就是生来就有布鲁诺·黑塞资质与遗产的布鲁诺·黑塞？"在这个问题上从来没人不带着愧疚或恐惧回想他的生活与走过的歧路，他最多会说："不，我没能成为自己，但至少尽力而为了。"假如他坦诚地如是说，那么表明他做对了，经受住了考验。

如果像"上帝"或"永恒的法官"等这类概念令你不舒服，你尽可删除，它们并不重要，唯一重要的是我们每个人都先天被赋予了一份遗产，有天命，从父母、许多先人、他的民族、他的语言方面承袭了的某种特性，有好有歹，有惬意的有麻烦的，既有天赋，也有缺点，所有这一切构成了那个"他"，他需要掌管这个唯一的特质（在你这儿就叫布鲁诺·黑塞），直至生命结束都带着它，使它成熟，最终或多或少完全归还。这方面有令人印象深刻的例子，世界史与艺术史上比比皆是，比如像许多童话里的某个人，他是家里的笨人，是个废物，可恰恰他成为主角，恰恰由于他本性不改而让所有的人较之更渺小，哪怕他们更有才能、更成功。

比如19世纪初，法兰克福布伦塔诺家族差不多有二十几个孩子，都极具天赋，其中两个今天还享有盛名，即诗人布伦塔诺与贝蒂娜，自然，众多兄弟姐妹都是极具天资、有趣、不平凡的人，是闪光耀眼的天才，只有老大始终头脑简单，一生都像个安静的家神与父母同住，百无一用，他是虔诚的天主教徒，也是耐心和善的长兄与儿子。在风趣、欢快的兄弟姐妹那里常常有乖张的事发生，而在他们中间，老大越来越成为沉默的中心人物与休息场所，成为奇特的家宝，浑身散发着平和与善良的光芒。兄弟姐妹说起这个头脑简单的老黄童总是满怀敬畏之情与爱意，对其他任何人都不是这样。也就是说，这个痴人与笨人也有与生俱来的意义与任务，他比所有光彩耀人的兄弟姐妹都更完美地完成了这个任务。

（节选自《黑塞书信集》）

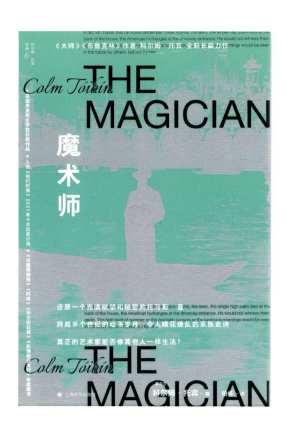

《魔术师》

[爱尔兰]科尔姆·托宾 著　　柏栎 译

责任编辑　徐珏　　　　　上海译文出版社

2023 年 4 月出版　　　　定价：89 元

　　小说在 19、20 世纪之交德国边远小城吕贝克拉开帷幕，男孩托马斯·曼在那里成长，娶了犹太富商的女儿卡提娅，生了六个孩子……这是一部史诗般的家庭传奇，背景跨越半个世纪。书中塑造了一个复杂但富有同情心的作家形象——他一生都在与自己内心的欲望、家庭和经历的动荡时代斗争。

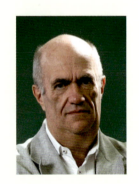

科尔姆·托宾，爱尔兰当代著名作家，已出版十一部长篇小说，两部短篇小说集，一部诗集，多部戏剧、游记、散文集。2011 年，英国《观察家报》将其选入"英国最重要的三百位知识分子"，同年，被授予爱尔兰笔会文学奖，以表彰他对爱尔兰文学作出的贡献。

译者简介

柏栎，高校学报编辑，青年译者，十多年来翻译多部托宾作品《布鲁克林》《大师》《魔术师》，并还将继续。

编辑荐书

　　这是一部深刻描绘托马斯·曼晚年生活的虚构小说。在这部作品中，托宾以细腻的笔触和深刻的洞察力，带领读者走进这位文学巨匠的内心世界。书中不仅展现了曼与家人在战争阴影下的流亡生活，还细腻地刻画了他与时代的复杂关系，以及他对文学、艺术和个人身份的深刻思考。托宾巧妙地将历史背景与曼的个人经历交织在一起，让读者在感受历史沧桑的同时，也能体会到曼作为一个普通人的情感与挣扎。

托马斯·曼的晚年回忆

　　从苏黎世去吕贝克的路上，他们休息了几次，让他可以稍加活动。但上下火车汽车然后进酒店的这一程，把他累得都不想告诉卡提娅。

　　轰炸过后的教堂和居民楼还没怎么修复，市长对此颇觉尴尬。当托马斯和卡提娅朝蒙斯特劳斯街走去时，他看到以前曾是房子的地方，现在是野草丛生的荒地。刹那间，他似乎看到了那次轰炸发生时的恐慌。接着他清晰地回想起曾与克劳斯争论过吕贝克的轰炸。假如克劳斯还活着，他也许会和他们同来，并看到吕贝克市中心仍是一片废墟。

　　在颁奖仪式上，他望向人群，似乎看到了过去的人都来到了身边——父亲、祖母、姑妈、母亲、海因里希、两个妹妹、维克托、威尔利·廷佩、阿尔明·马滕斯，还有数学老师伊默塔尔先生。

　　他在发言中说他回到了原地，说这个城市曾经并不称许他的第一部小说，他问假如现在卡塔林恩中学的老师们看到他，会有何感想。他们会惊讶，这个当年看似迟钝的男生，竟然成为一代文豪。他发言时，听众似乎距离遥远，他也一定距离他们遥远。他觉得疼痛，但他尽力掩饰。当持久的掌声响起时，他快站立不住了。

　　后来回到特拉沃明德的酒店，他倍感失望和郁闷。他曾以为会有很多感受。他发现自己并没有走了一圈回到原点，而只是蹒跚前行。他就是他们在中学里说的那块不可雕的朽木。他竟然蠢到会以为被授予荣誉市民，就能得到什么，但他得到的只是后悔没有待在家里，没有满足于在基尔希贝格舒适的家中想象吕贝克。

颁奖仪式后的那天是星期天。他早早起床，发现汽车和司机已经等在外面，他给卡提娅留了字条，说他去吕贝克市中心走走。

他抵达时，管风琴已经开始了。他发现这家教堂已经修复了，或者也许它并没有像马利亚教堂在轰炸中受损严重。他站在一排长凳旁边，一位老妇为他让开了位置，朝他露出端庄和善的笑容，这是他记忆中的吕贝克的女性。他想，他的母亲永远都没能完全学会这种笑容。她笑得那么爽朗，吕贝克的女人们看到了都不喜欢。

在礼拜间隙，牧师站在高高的圣坛上，他是一个戴着拉夫领的秃了顶的年轻人。他在布道中说，他们都将化为尘土，这话显然让众人很满意。托马斯希望卡提娅和他同来，他们过后可以聊聊教堂会众们期待的星期天午餐，这也许比化为尘土的前景更让他们暖心。牧师布道完毕，一个年轻女子带着一支小型弦乐队登场，她唱了一曲布克斯特胡德的康塔塔中的咏叹调。她的声音单薄，开头有些紧张，但随着曲调逐渐增强，她的歌声也渐渐上升，回荡在这栋老建筑中，萦绕在穹顶高处。

他让司机等他，他自己去附近的一家咖啡馆喝热巧克力，吃杏仁糖膏饼。

他很满意自己挑了角落里的桌子，因为咖啡馆里人越来越多，他也很高兴在这个星期天上午，没人认出他。他想起了一个故事，那一定是孩提时代，他的母亲经常讲给他们听的。后来再未讲过，在慕尼黑一定没有。这个故事关于布克斯特胡德的女儿。在故事中，每年都有年轻的管风琴手到来——包括亨德尔——打探布克斯特胡德的秘密。布克斯特胡德向每个人保证，只要年轻人愿意娶他最小的女儿安娜·玛格丽塔，他便会对他说出秘密，这足以令他成为最伟大的作曲家。

后来他的女儿终于有了一个追求者，但此人对音乐不感兴趣，布克斯特胡德担心自己死后，这个秘密将会消失于世。他并不知道，在阿恩施塔特有一个非常年轻的作曲家听说了他的事，并决定徒步前往吕贝克，探寻这个秘密。

托马斯付了账，朝他祖母的房子走去。这会儿他能看到他的两个妹妹都穿着睡衣，正在等着听故事的后半段，他也看到了海因里希正坐在远处。讲故事时，他们的母亲总是会叹口气，说她还有活要干，明天再接着讲。他们便会恳求她，请她把故事讲完。而她也总会讲完。

她说，这位年轻作曲家名叫约翰·塞巴斯蒂安·巴赫，他顶风冒雨前往吕贝克。他常找不到寄宿处，只能睡在干草堆或田野里。他时常忍饥挨饿，更时常受寒。但他对目标坚定不移。只要能到吕贝克，他就能见到那个能让他成为伟大作曲家的人。

布克斯特胡德几乎已经绝望。有时候他以为这个秘密将随他入土。有时候他在内心深处相信会有人来，他梦想着他会立刻认出此人，把他带到教堂，把秘密讲述给他听。

"他是怎么认出这个人的？"卡拉问。

"这人的眼中有光，或者声音很特别。"她的母亲说。

"他为何这么肯定呢？"海因里希问。

"等等！他还在路上，他还在担心呢，"她接着讲，"每天的徒步路程似乎越来越长。他告诉他的老板，他只是离开一小段时间。他不知道吕贝克有多远。但他没回头。他走啊走，一路都在问吕贝克还有多远。可是那太远了，他遇到的一些人都没听说过吕贝克，他们让他回去。但他下定了决心，终于当他走到吕讷堡时，他得知距离吕贝克不远了。布克斯特胡德已经名扬此地。可因为一路艰辛，可怜的巴赫，一个原本多么俊俏的人，沦落成了流浪汉。他知道布克斯特胡德绝不会接受一个像他这样衣衫褴褛的人。但他很走运，吕讷堡有个女子听说了巴赫的遭遇，便借给他衣服。她看到了他身上的光。"

"于是巴赫到了吕贝克。当他打听布克斯特胡德时，别人告诉他，他正在马利亚教堂中演奏管风琴。巴赫一踏进教堂，布克斯特胡德就感觉到自己不再孤独。他停下演奏，朝过道望去，他看到了巴赫，也看到了他身后的光，那是巴赫一直都有的光，来自他灵魂的光。他知道这就是那个他要对之讲出秘密的人。"

"但那是什么秘密？"托马斯问。

"我说了，你就会去睡觉吗？"

"是的。"

"它就是美，"母亲说，"那个秘密是美。他告诉他，要大胆地把美谱进他的音乐。接下来日复一日，布克斯特胡德教导他应该怎样做。"

"巴赫后来把衣服还给那个女人了吗？"托马斯问。

"是的，他还了。他在回家路上还的。他在她的钢琴上为她弹奏一曲，她以为那来自天堂。"

托马斯看到，老家房子，也就是《布登勃洛克一家》的房子，有些窗子已经被木板封起来了。市长许诺说，整栋楼房会很快重建。这栋房子曾赋予一本书生命，吕贝克似乎为此骄傲。托马斯站在房子前，很想问问其他人——海因里希、卢拉、卡拉、维克托——他们是否也记得布克斯特胡德和巴赫的故事。他已多年没想起它了。

他又朝房子望了一眼，然后穿过马路朝汽车走去。车子将把他带回特拉沃明德，卡提娅在那里等他。

（节选自《魔术师》）

"走进唐诗"系列（全四册）

上海辞书出版社文学鉴赏辞典编纂中心 编

责任编辑　吴艳萍　辛琪　祝云赛　吕荣莉

上海辞书出版社　　　2023年1月出版

定价：172元

　　"走进唐诗"系列已出版山水、边塞、咏物、爱情四个主题。本系列由俞平伯、周汝昌等文学名家领衔，鉴赏品评。编者从每个主题的唐诗佳作中精选70到90首左右的唐诗，通过不同类别的主题诗歌鉴赏，引领古典文学爱好者进入唐诗的百花园，领略别样风景。

作者简介

上海辞书出版社文学鉴赏辞典编纂中心致力于维护和开发文学鉴赏辞典系列丛书，已编纂修订出版中国文学鉴赏辞典新一版系列、中国文学名家名作鉴赏辞典系列、外国文学名家名作鉴赏辞典系列等。鉴赏文作者有萧涤非、俞平伯、周汝昌、周振甫、程千帆、马茂元等古典文学专家。

编辑荐书

"走进唐诗"系列将唐诗中山水、边塞、咏物、爱情四个人文主题的经典诗作，分类汇聚成书，力图展现唐诗不同侧面的多姿风貌。书中收录的每首唐诗均配以注释，并以专家赏析导读的形式，引领读者进入唐诗的大观园。每一册还配有数幅彩色古今名家绘画佳作，诗情画意，相映成趣。在书中，能领略唐人笔墨描绘的锦绣山河，感受超越时空与阶层的美好爱情，体验唐人细致入微的洞察力，记取边关冷月、塞外黄沙中寄托的家国情怀、壮志豪情。

走进唐诗：梦回诗的国度

《走进唐诗·山水》

鹿柴

王 维

空山不见人，但闻人语响。

返景入深林，复照青苔上。

这是王维后期的山水诗代表作——五绝组诗《辋川集》二十首中的第四首。

静美和壮美，是大自然的千姿百态的美的两种类型，其间本无轩轾之分。但静而近于空无，幽而略带冷寂，则多少表现了作者美学趣味中不健康的一面。同样写到"空山"，同样侧重于表现静美，《山居秋暝》色调明朗，在幽静的基调上浮动着安恬的气息，蕴含着活泼的生机；《鸟鸣涧》虽极写春山的静谧，但整个意境并不幽冷空寂，素月的清辉，桂花的芬芳，山鸟的啼鸣，都带有春的气息和夜的安恬；而《鹿柴》则不免带有幽冷空寂的色彩，尽管还不至于幽森枯寂。

王维是诗人、画家兼音乐家。这首诗正体现出诗、画、乐的结合。无声的静寂，无光的幽暗，一般人都易于觉察；但有声的静寂，有光的幽暗，则较少为人所注意。诗人正是以他特有的画家、音乐家对色彩、声音的敏感，才把握住了空山人语响和深林入返照的一刹那间所显示的特有的幽静境界。而这种敏感，又和他对大自然的细致观察、潜心默会分不开。

（刘学锴）

《走进唐诗·边塞》

从军行
李　白

百战沙场碎铁衣，城南已合数重围。

突营射杀呼延将，独领残兵千骑归。

这首诗以短短四句，刻画了一位无比英勇的将军形象。首句写将军过去的戎马生涯。伴随他出征的铁甲都已碎了，留下了累累的刀瘢箭痕，以见他征战时间之长和所经历的战斗之严酷。这句虽是从铁衣着笔，却等于从总的方面对诗中的主人公作了最简要的交待。有了这一句作垫，紧接着写他面临一场新的严酷考验——"城南已合数重围"。战争在塞外进行，城南是退路。但连城南也被敌人设下了重围，全军已陷入可能彻底覆没的绝境。写被围虽只此一句，但却如千钧一发，使人为之悬心吊胆。"突营射杀呼延将，独领残兵千骑归。"呼延，是匈奴四姓贵族之一，这里指敌军的一员悍将。诗中这位身经百战的英雄，正是选中他作为目标，在突营闯阵的时候，首先将他射杀，使敌军陷于慌乱，乘机杀开重围，独领残兵，夺路而出。

诗所要表现的是一位勇武过人的英雄，而所写的战争从全局上看，是一场败仗。但虽败却并不令人丧气，而是败中见出了豪气。"独领残兵千骑归"，"独"字几乎有千斤之力，压倒了敌方的千军万马，给人以顶天立地之感。诗没有对这位将军进行肖像描写，但通过紧张的战斗场景，把英雄的精神与气概表现得异常鲜明而突出，给人留下难忘的印象。

（余恕诚）

春梦

岑 参

洞房昨夜春风起，遥忆美人湘江水。

枕上片时春梦中，行尽江南数千里。

这首诗的前两句写梦前之思。春回大地，风入洞房，该是春色已满人间了吧。季节的更换容易引起感情的波动，尤其当寒冷萧索的冬天转到晴和美丽的春天的时候。面对这美好的季节，怎么能不怀念在远方的美人呢？古代汉语中"美人"这个词，含义比现代汉语宽泛。它既指男人，又指女人；既指容色美丽的人，又指品德美好的人。在本诗中，大概是指离别的爱侣。在春风吹拂之中，想到湘江之滨的美人，相距既远，相会自难，所以更加思念了。后两句写思后之梦。由于白天的怀想，夜眠洞房，因忆成梦。枕上虽只片刻，梦中却已走完去到江南（即湘江之滨）的数千里路了。梦中的迷离惝恍，暗示出平日的蜜意深情。北宋晏几道《蝶恋花》云："梦入江南烟水路，行尽江南，不与离人遇。"即从此诗化出。醒时多年无法做到的事，在梦中片时就实现了，虽嫌迷离，终觉美好。谁没有这种生活经验呢？诗人在这里给予了动人的再现。

（沈祖棻）

《走进唐诗·咏物》

咏 柳

贺知章

碧玉妆成一树高，万条垂下绿丝绦。

不知细叶谁裁出，二月春风似剪刀。

这是一首咏物诗，写的是早春二月的杨柳。

写杨柳，该从哪儿着笔呢？毫无疑问，它的形象美是在于那曼长披拂的枝条。一年一度，它长出了嫩绿的新叶，丝丝下垂，在春风吹拂中，有着一种迷人的意态。这是谁都能欣赏的。古典诗词中，借用这种形象美来形容、比拟美人苗条的身段，婀娜的腰肢，也是我们所经常看到的。这诗别出新意，翻转过来。"碧玉妆成一树高"，一开始，杨柳就化身为美人而出现；"万条垂下绿丝绦"，这千条万缕的垂丝，也随之而变成了她的裙带。上句的"高"字，衬托出美人婷婷袅袅的风姿；下句的"垂"字，暗示出纤腰在风中款摆。诗中没有"杨柳"和"腰肢"字样，然而这早春的垂柳以及柳树化身的美人，却给写活了。

"碧玉妆成"引出了"绿丝绦"，"绿丝绦"引出了"谁裁出"，最后，那视之无形的不可捉摸的"春风"，也被用"似剪刀"形象化地描绘了出来。这"剪刀"裁制出嫩绿鲜红的花花草草，给大地换上了新妆，它正是自然活力的象征，是春给予人们美的启示。从"碧玉妆成"到"剪刀"，我们可以看出诗人一系列艺术构思的过程。诗歌里所出现的一连串的形象，是一环紧扣一环的。

也许有人会怀疑：我国古代有不少著名的美女，柳，为什么单单要用碧玉来比呢？这有两层意思：一是碧玉这名字和柳的颜色有关，"碧"和下句的"绿"是互相生发、互为补充的。二是碧玉这个人在人们头脑中永远留下年轻的印象。碧玉在古代文学作品里，几乎成了年轻貌美的女子的泛称。用碧玉来比柳，人们就会想象到这美人还未到丰容盛鬋的年华；这柳也还是早春稚柳，没有到密叶藏鸦的时候；和下文的"细叶""二月春风"又是有联系的。

（马茂元）

（节选自"走近唐诗"系列）

《秘要》

田耳 著　　　　　　责任编辑　江晔

上海文艺出版社　　　2023 年 3 月出版

定价：68 元

　　一次因缘际会，丁占铎、纪叔棠开始搅动起武侠黑书江湖的风云，他们在搜寻黑书藏界第一缺本《天蚕秘要》的过程中，无意间卷入了盗中有盗的江湖传奇，并发现这本书背后藏有的巨大秘密⋯⋯"鲁迅文学奖"获得者田耳的最新长篇力作，再现20 世纪80—90 年代的武侠江湖一段隐秘热烈又最终消散的往事。

作者简介

田耳，当代著名作家，作品多次入选各种选刊、年选和排行榜。已结集出版作品十余种。获人民文学奖、郁达夫小说奖、华语文学传媒大奖年度小说家奖等文学奖项十余次。中篇小说《一个人张灯结彩》获得第四届鲁迅文学奖，现供职于广西大学艺术学院。

编辑荐书

这是一场跨越时空的追踪。作家田耳"以古人之规矩，开自己之生面"，将二十世纪八九十年代的武侠黑书热潮与惊心动魄的历史相结合，将现实与虚构、个人与家国、爱与恨、明与暗囊括笔底，突显人的志气、骨气与底气，呈现出一种极具创意的"新国风"。

主角们对黑书的追寻，亦是对流淌至今的士气与侠义的召唤。田耳描摹普通人的孤独和热血，为他们寻回"收拾人生的勇气"，他打量人物生活的每一个细枝末节，以简练之笔，写远阔江湖，并由此抵达写作的自由与辽阔。

书摘

黑书

　　我所在的公司"博冠楼"这几年专做大众收藏品的网拍——网拍也只适合大众藏品，高端藏品必须现场拍。这几年，收藏网站的网拍整体形势一路高走，博冠楼算是规模较大的一家，线下也设置预展厅，把搜集来的藏品放进玻璃展柜，供买家现场鉴定。时下的拍卖，实体与网店，线上或线下，难免有些缠杂不清。网拍藏品价格一般不高，有时候一个展柜里的藏品还不如展柜本身值钱——就像此时此刻，纪叔棠煞有介事地做鉴定，围着他的一帮小年轻听课倒也聚精会神，但他拿在手上的书册，却是一目了然地粗糙。年代并不久远，上世纪八十年代的地下印刷品。

　　这种书，我们都熟悉。我读小学初中那会儿，县城几条破街大概有十几家书摊、三四家书铺，满摊满架都是这种非法印刷的武侠小说，租一册两角钱，包月五块钱不限册数，但品种有限，更新太慢，包三个月能把一个书铺翻了个底朝天。每一册书都是一份家当，书皮用油纸精心包好，熨斗烫平。每次还书，老板逐页翻查有没有缺页。有些纸页包含引发生理愉悦的段落，租客偷偷裁剪。那是人的神经末梢如何发达的年代啊，只言片语的色情描写都要反复咀嚼吸干榨尽。裁了以后，往往会有修补，或从语文课本里裁下相同页码的纸页粘贴上去，手工极好，简直天衣无缝，换现在跟錾花镉碗一样，够格申请一下非遗项目。只是，前面书中一男一女动手动脚情难自持，读者情绪最大程度撩起来，往下一翻，突然变成鲁迅先生《记念刘和珍君》……这让我对穿越有了最初的体认。

那真叫武侠小说的时代，不光学生，街面上所有的流氓都看武侠。流氓的精力永远发泄不完，看书不比写论文，要比一天看完几本。有的大哥一天能看两套六大本，看少了压不住一票小弟似的，看瞎了又不好意思戴眼镜，所以盯人目光更凶，其实只是费劲巴力把人看清楚。至于阅读效果，那些人可都入了帮派，没帮派的也火线上马成立一个，反正用不着备案和注册，然后逞勇斗狠，互相砍杀，热血青春，快意恩仇……武侠小说之于他们，简直是教科书。

不说别人，我那会儿看武侠也不含糊。同班的猴子，他家瘸腿大伯开着镇上最大的租书铺。瘸腿大伯防着猴子外借，每次只许他拿一套书，虽不用付钱，但得掐着时间归还。我和猴子搞好关系，蹭看免费小说，通常看了下册再看上册，或者看了中册、下册，再倒过去看上册。这样看了几年，脑袋里堆满头尾颠倒的武侠情节。

初二的暑期，猴子忽然跟我说，丁丁，我想写武侠小说。那神情，像是说他想吃雪糕或是糖油粑粑。我顺着他说，想写就写嘛，你敢写我就敢帮你看。作文课上，猴子尽管写得不好，却想摆一个好态度，每一次篇幅都抻到全班最长。老师从没给过猴子高分，批语里总有"请按老师的字数要求写作文"这样一句。现在，猴子忽然想写武侠，心里没底，拉我一块干，因我每次比他写得短，分数总要高一大截，经常被老师当成范文。我并不拒绝，叫他写个开头，我往下面续。猴子用三天写好五千来字，都是对人物形象及关系初步的构想。他拿给我一看，感觉里面的情节都似曾相识，没有意外，印象最深的倒是他给人物取名，男人名字中间往往要带枚数字，比如唐五荡、邱三串、金九陵……而那个显然将在后续写作中发育成全书女主的小姑娘，他谳个名字"完颜鸳鸯"。以我当时的审美能力，竟然觉得"完颜鸳鸯"极好，算是全书一大亮点，如果语文老师依然要求摘抄优美词句，我一定把这四字工工整整抄写上去。

有了开头，我顺着往下胡编乱扯，试了一下竟比想象中来得容易，很快将五千字拓展成一万八千字，添加了几个人物，也各自有了模样。稿子还给猴子，他一看，往下捏造出一个狠角，把我创生出的人一个个干死，再丢还给我。我一看，这算哪门子写法，人都被他写死了，如何继续往下编？

我本是想学传统一点的路数，每个人物都要有成长，慢慢学会了盖世神功再互相扯皮打架。猴子这么一写，我只好转投还珠楼主门下，编出灵丹妙药，把猴子写死的人重新弄活，再编一场大战，所有人合力弄死猴子捏造的狠角，一定要千刀万剐才解恨。

猴子初看脸皮一抽，看到后头脸色煞白，仿佛被我写死的是他。接下，他又浑身来劲，编造一个新的狠角，功力倍翻，嗜血无比。

……双方交手，火盐帮一众好汉悉数毙命。

……一顿乱战过后，毕七耀（猴子的狠角）一举荡平骆家堡，两百余人再也看不到明天的太阳。

……三招过后，瘟神居吾骨直接雾化不见，消失于黄昏的万点霞光。

……南天七鳄分七路一齐攻向毕七耀，毕七耀已无任何退路，只是将手朝天一挥。七鳄即将扑到毕七耀身前，却纷纷仆地毙命，他们各被一片树叶插进了后脑勺。

猴子还有交代，被这个毕七耀弄死的人，就彻底死掉了，不能活过来。前面被我救活的人纷纷死去两回，不能再死第三回，陡然间我确凿地知道什么叫事不过三。

"七鳄面对毕七耀，他手一挥，树叶怎么就插进人家后脑勺？"

"丁丁，你不知道啊，有回力镖，还有飞去来器，想插哪里就插哪里，我是借助了这个原理。"

"好吧，没发现你理科学那么好。"我又说，"但是，猴子你杀人实在太快了，这么搞不行的，我写再多的人物，都不够你杀半天。你这是杀人成瘾，还'看不到明天的太阳''消失于万点霞光'，写武侠小说和写作文要有点区别好不好？"

"其实我编的这个人物有点小失控，他一出手别人就会死。"猴子说着还有些委屈。

我提醒："我俩难道不是凑一起写小说？我写的人，也都是你的人哩，一下写死了，故事没法往下编。"

猴子无奈地说："看出来了，武侠小说大概只能一个人写。"

我便松一口气，以后用不着陪他辛苦码字。

过得几年，镇上家家户户都有了电视机，最受欢迎的只能是港台武侠剧，每一部都刀光剑影，光看武打就让人一个劲叫爽，剧情简直是免费奉送的，哪能不好？一开始，我们还担心这部武侠剧播放以后，再没片子可看，后面才知道，武侠剧也像地里的韭菜，割了又长，永不枯竭。

一连看了好多年，我们慢慢知道，每一部电视剧里总有一两个家伙活到须眉皆白，荷尔蒙多到无处发泄，妄图称霸武林。当然，年纪越大功力越高，人越坏身体越好，坏老头从不会自己发作个中风心梗脑溢血一命呜呼，就像毛主席说的"任何反动派都不会自行退出历史舞台"。

一旦有了电视，书就少人看了，武侠小说密密麻麻的字迹很快也没人看了。镇上租书摊转眼消失不见，像是被风刮走；租书铺搬不动，要转做别的营生。瘸腿大伯及时搞起一家麻将馆，以前翻旧的书大都卖废纸，只留下一摞用来垫桌腿。

初中毕业，猴子去省城读医药中专，中专毕业分配到隔壁一个县，此后我俩再无联系。慢慢地，我意识到，人与人之间似乎应有点恩怨情仇，否则，就这么不咸不淡地长大，终有一天彼此失去联系才是大概率的日常。

（节选自《秘要》）

《独坐》

奚美娟 著　　　　　责任编辑　李霞
上海文艺出版社　　　2023 年 5 月出版
定价：78 元

　　表演艺术家奚美娟首部随笔集，以温婉的文笔书写成长经历、阅读生活、创作心得，以及家人和所遇见的长辈，充溢着从生活中所获取的力量，也展示了她的表演艺术观。笔下的黄佐临、周小燕、张洁、李敖、樊锦诗等人物跃然纸上，充满着魅力。

作者简介

奚美娟，国家一级演员。上海戏剧学院表演系毕业后，进入上海人民艺术剧院（1995 年后改为"上海话剧艺术中心"）工作。四十多年来，在话剧、电影和电视剧中塑造了一百多个艺术形象。多次获"梅花奖""华表奖""金鸡奖""飞天奖""金鹰奖" 及塔什干国际电影节最佳女演员奖。

编辑荐书

　　作者通过她多年的演艺生涯，不仅在表演艺术上取得了卓越的成就，也在个人修养和生活哲学上积累了丰富的经验。她的书《独坐》不仅是她对艺术的深刻洞察，也是她对人生和时间的感悟。奚美娟的美，是经过时间沉淀和人生历练后的一种丰厚的美，这种美是艺术滋养的结果，也是她个人魅力的体现。

　　她的故事和经验对于年轻演员和普通读者来说，无疑是一种激励和启发。她所展现的返璞归真、耐住寂寞、不浮夸、不盲从的态度，是在这个快节奏、高压力的社会中，每个人都可以学习和借鉴的生活哲学。这种态度有助于我们在面对挑战和诱惑时，保持内心的平静和专注，从而更好地实现自我价值和生活的意义。

说不尽的秦怡老师

每次见秦怡老师，我都会不由自主地浮想联翩。

略过对她远远仰慕的时代，我初次和秦怡老师见面，是在二十世纪九十年代初。那时，我三十多岁，虽然在话剧舞台上风风火火了十来年，但初入影视行业，在前辈明星面前还是有些拘谨的。记得是某个下午，上海大光明电影院放映故事片《假女真情》。放映前，我作为主演被引到电影院的第一排就座，没想到我的旁边就坐着秦怡老师。此时影片还没开始放映，我尊重地和她打了招呼，马上感到词穷了——我不是一个能够见面就熟的人。秦怡老师大概看出我有些忐忑，就主动和我说话，她说："我看过你的话剧，没想到我们今天坐在一起看你主演的电影了。"接着还问了一些我拍摄中的情况。她是那么善解人意，三言两语就让我产生了亲切感。这种感情一直延续到今天。

我常常想到秦怡老师。她的气质里，有女性的美丽高贵，有朴实的善解人意，有对艺术的不懈追求，有遭受生活不公时的坚韧不馁，还有对爱的坦荡。她既自尊又淡定，既高高在上又落落大方、平易近人，她拿得起放得下，经历过人生坎坷儿女情长，得到过至高荣誉辉煌成就，丰富绚烂又简单如水。好像上苍在她的那盘天生丽质的人生菜肴里添加了各种佐料，翻炒不息，可是我们秦怡老师，总是波澜不兴坦然面对，稳稳地把人生走得更远更远……为此，我常常心底里起了冲动，我想问问秦怡老师：在您将近百年的人生中，哪个时段（哪怕是瞬间）是您最自我、最放松、想哭就哭、想笑就笑的时光呢？

我想起二〇一六年十一月底，第十届全国文代会召开，秦怡老师作为上海代表团成员和我们一起入住北京京西宾馆。报到的当天晚上，中国文联和上海代表团的领导、上海影协的工作人员，还有我们几个晚辈，满满一房间人，都是去看望她的。秦怡老师年事已高，会务组特意给她订了一个里外套间。那时大会规定代表不能带家属，所以秦怡老师一个人住在空荡荡的套间里。等大家散去后，我和上海影协的一位女同志留了下来，想照顾她洗漱休息。没想到秦怡老师坚决不让我们照料她，态度异常坚定。见她这样，我们既不放心又没办法，就妥协说："那我们俩坐在外面房间休息，等你洗漱完睡下后，我们再走。"即便如此，秦怡老师也坚决不从，甚至斩钉截铁地说："你们要是不走我就不洗了。"——那一刻，我突然意识到，我们这样做，也许是对她的打扰。她那年虽然已经九十五岁高龄，但还是自我意识饱满，那样自尊，希望保留私人空间。这是多么令人尊敬的个性啊！她在生活中需要私人空间，只有在那个空间里，她才可以彻底放松自己。那一回我在秦怡老师身上学到了许多做人的道理：对人施以帮助，哪怕再有诚意，也必须得到对方的同意。这是人类文明的要求。

又想起有一年，武汉发生水灾，我和上海文艺界同仁去慰问演出，其中也有秦怡、张瑞芳等前辈艺术家。秦怡老师因为担心儿子小弟没人照顾，特地带上他一起出行。在浦东机场安检时，她突然发现忘了带儿子的身份证件。那时离登机时间已经不远了，我看到她焦急万分地和机场安检人员协调商量。后来，张瑞芳老师等上影厂的艺术家们写了证明，确认她的儿子有疾病需要母亲照料，团队又出示了我们去武汉慰问演出的邀请函。在特殊情况下，机场方面作出了人性化的处理，给小弟办了临时身份证件予以通行。这才见秦怡老师千恩万谢地松了一口气。我想，那个时刻，她的头上没有光环，她的内心只有儿子，她的身份只是一位母亲，她焦急的神情与天下所有母亲如出一辙。这也是真实的秦怡，在子女面前，她永远是一个凡人。

秦怡老师九十岁生日那天，中国影协委托我代表影协主席团去看望并祝寿。在她吴兴路的府邸，整洁干净的客厅里有一股后人望尘莫及的气息。我们欣赏着她和周恩来总理的合影，看着她年轻时在舞台上扮演莎士比亚名剧《第十二夜》的剧照。我们夸她身上的衣服好看时，她笑嘻嘻地轻声说："这都是几十年前的衣服，舍不得扔，没想到这几年又变成时髦货了。"

我曾经听过两次秦怡老师公开发言，印象极深。一次是多年前在外滩附近的北京东路上海文广局，那是一次小型的纪念白杨老师的座谈会。我记得在场的多数人都是即兴发言，只有秦怡老师认真做了准备，还写了发言稿。她发言中特意提到，从白杨的表演风格以及艺术成就来看，她每一次都是在生活中苦苦思考，积蓄能量，为下一次跃上更高的艺术台阶做着准备。秦怡老师指出，白杨的成功，不仅仅是靠机会，她是一个非常努力、勤奋钻研的人。她说，白杨读书很多，善于思考，白杨成为电影表演艺术大家不是偶然的。秦怡老师这段对白杨前辈的评价，饱含着感情，且逻辑清晰，揭示了艺术家成长的规律。另一次，还是在二〇一六年底的第十届文代会上，已经九十五岁高龄的秦怡老师在小组发言时，依旧思路清晰，态度鲜明，她说她理解的中国特色社会主义，就是要突出"中国特色"这几个字。——她是如此与时俱进，到鲐背之年还能在精神上挺立着，我想，这也不是偶然的。

二〇〇九年，秦怡老师获得中国电影"金鸡奖"终身成就奖。我作为电影界的晚辈，在颁奖台上担任她的讲述人，给大家讲述了她的艺术成就，还讲述了她在汶川地震时把原来为儿子准备的二十万元积蓄，慷慨地捐给了灾区人民的事迹。当我把秦怡老师从后台引出来时，全场老中青电影人眼含泪水，纷纷站立鼓掌，对她表示了深深的敬意！

秦怡老师啊，是个有大爱有胸怀的人，大家都知道秦怡老师福高寿长，而我以为，除了基因以外，人的健康长寿一定是和良好的心态、宽广的襟怀紧密相连的。我们不知道她是如何平息丧子的苦痛，如何走出爱的纠结，等等等等对她的不可知，使我觉得离她既近又远。我们爱她，心痛她，羡慕她又敬畏她。我们学不会她的高洁通透，我们只知道她厚德载物，她一定会长命百岁！

近年来，秦怡老师活动很多也很忙碌。她的美貌、豁达、有求必应，有时会让人们忘了她其实已经是个接近百岁的老人了。二〇一九年春节前夕，我在青岛拍摄电视剧《燃烧》期间，给她女儿菲菲姐打电话问候秦怡老师，告诉她我拍摄结束后就去看望她。菲菲姐在电话里说，她母亲最近身体有点状况，住进了华东医院病房。挂了电话，很长一段时间我心里五味杂陈，焦虑不安，但后来我释然了，我想，也许秦怡老师用这种方式把自己保护起来了。我真的愿意理解为，这是她的大智若愚，她太需要为自己能够安度晚年找一个理由了。

去年下半年，我由于过度劳累，身体也出现了一点状况，在华东医院住了一段时间，竟然巧得很，和秦怡老师同一个楼层。待我康复出院前一天，我总觉得心里有件事还没有做，有点坐立不安；忽然想到，今天一定要去看看秦怡老师。下午四点左右，我问了护士小孟，说老师正好坐在椅子上休息。于是我就过去了。和以前一样，秦怡老师依然干净美丽，清清爽爽，发型是小孟帮她剪的，利落大方。她看着我，眼睛一亮，先缓缓地说，你这件衣服很好看。然后又仿佛记起来了，说：嗯，奚美娟……长期陪护她的阿姨见我去也很开心，阿姨告诉我，秦怡老师已经知道我在这儿住院了，还说，秦怡老师一直讲到你，以前在家里也一直提到你的……我不断地与秦怡老师讲话，开着玩笑，慢慢地，她的话也多起来了。

（节选自《独坐》）

上海好春

《乌托邦大道》

[英] 大卫·米切尔 著　　　　唐江 译

责任编辑　曹晴　　　　　上海文艺出版社

2023 年 8 月出版　　　　　定价：119 元

　　小说全景式描绘了摇滚乐和流行乐的第一个黄金时代，通过乐队成员之口，讲述动荡的命运与时代——关于与魔鬼交易而来的名声和成为明星的荆棘之路；关于选择的家庭和没有选择的家庭；关于脑海里的声音，在耳边低语的真相与谎言；关于音乐、艺术、爱情、疯狂、社会和理想主义。

作者简介

大卫·米切尔，英国著名作家，欧美文学界公认的新一代小说大师，五度入围布克奖。博采村上春树、奥斯特、卡尔维诺、博尔赫斯诸大师作品所长，自成一派，为21世纪英语小说开启了全新的模式与风貌。著有《幽灵代笔》《云图》《骨钟》等8部长篇小说，为各项文学大奖和榜单的常客。

译者简介

唐江，英语文学译者。译作包括马可·奥勒留《沉思录》、E. M. 齐奥朗《在绝望之巅》、阿拉斯代尔·格雷《拉纳克》、大卫·米切尔的小说多部。

编辑荐书

　　本书是布克奖五度入围者、《云图》作者大卫·米切尔的最新长篇巨著。作者创造出一个苍穹般宽广、山峦般巍峨、海洋般深邃的虚构世界，主场景横跨欧洲、美洲、亚洲多国，时空格局磅礴浩瀚；同时见微知著，刻画一支乐队从成军之初到曲终人散，立体呈现社会、经济、文化、日常生活的各个位面。

　　米切尔将超过130首经典歌曲，近200个杰出音乐家、乐队、歌手，30余张经典专辑贯穿全书，在他的笔下，音乐是身份的容器，是属于每个人的不同版本的投影仪，是帮助理解世界的镜头和棱镜。

暗房

　　当平克·弗洛伊德乐队将飞船的控制器设置好，飞向太阳脉动的中心时，飞碟俱乐部震动起来。梅卡在跳舞，眼睛望着他。她的眼睛是柏林蓝色的。彩灯照射出来的水母滋生出来，给跳舞的人染上了色彩，贾斯珀心神浮动。哎呀，是个男孩，为什么不叫贾斯珀呢？为什么是这个名字，而不是别的名字？是因为某个朋友？宝石？失散多年的恋人？只有贾斯珀的母亲知道，现在她睡在海床上的一只箱子里，在埃及海岸附近。我们来到，我们观看，我们在此徘徊，直到死神熄灭我们的蜡烛……在我们来的地方，还有很多。每一滴生命的精华里都有一百万个。追踪我们每一个的情况，会把上帝逼疯。舞台上，席德·巴雷特用一把梳子拨弄着他的芬达琴那调整为夏威夷流行乐模式的琴弦。仿佛一头翼手龙在发泄着她的悲伤。诚然，悉德不是演奏大师，但舞台技巧和拜伦式的外表充分弥补了他的不足。这时，在照明设备里，霍皮打开了一个开关，黑泽明的武士开始在墙上游走。这就是 UFO 的著名灯光秀。贾斯珀的手在描画着"8"，已经有好一会儿了："8"是坐直了的无穷大。言语向他涌来，暗哑而刺耳，就像幽冥中的无线电波……"如果知觉的门户得到净化，万物都会向人显现出它的本质：无限。因为人已经把自己封闭起来，直到他透过自己洞穴的窄缝，看到万物为止。"这话是谁说的？我知道不是我。是咚咚？还是一位祖先？一只天蓝色的灯光水母从里克身上掠过。里克·赖特弹奏着键盘——法菲萨牌——系着紫色领带，穿着黄色衬衫。平克·弗洛伊德上个月跟百代公司签了约。这个礼拜他们在阿比路度过。里克早些时候告诉贾斯珀："B录音棚的工程师溜达进来，说：'小伙子们在隔壁休息，想打个招呼吗？'于是我们就进去了。约翰撒了尿，乔治牙疼，林戈讲了个黄色笑话。"他们听了保罗的一首歌，叫《可爱的丽塔，处理违停的女警》。梅卡绕到了近前。她的只言片语让他的耳朵兴奋不已："我已经作好了起飞的准备。"贾斯珀的德语已经生锈了，不过梅卡在宝贵的每一刻都在擦去锈迹。

……贾斯珀的身体还留在原处，在托特纳姆府路的UFO俱乐部里跳舞，但贾斯珀的心思却被弹弓发射出去，先是绕过被灌溉的火星，然后飞呀飞呀飞呀飞呀，来到吞吃后代的土星；然后更快，更远，获得了光速，这里的时间和空间都凝固了，然后又是那个刺耳的声音："主的荣光照耀四周，他们甚为惧怕。天使对他们说：'不要怕，系好安全带，享受旅途吧。'现在是《圣经》的黑色，没有星星。彗星的尾巴，一根银线，分散又展开。咚咚。谁在那儿？不，不要回应。我们还是来想想更理智的事情。尼克·梅森正在打鼓。在我们来之前，鼓就在这儿了。这是我们的母亲心跳的节奏。梅卡会在星期一晚上离开。美国会将她吞噬，就像鲸鱼肚子里的约拿。我们现在正随着罗杰的贝斯跳动，那是一把里肯巴克牌的费尔格罗。罗杰·沃特斯的笑容既是斗篷又是匕首。梅卡的脸变得凹陷下去。它拉长了，环绕着他。我那植物般的爱可以生长，比帝国更广阔，更缓慢。"她的脸映照出他的脸，他的脸也映照出她的，哪一重映像会猜到它是映像呢？贾斯珀问："你觉不觉得，现实只是一面镜子，用来照出别的东西？"

梅卡的答话滞后于她那蜡质的、男孩般的嘴唇。"是的，当然。所以某物的照片要比原物更真实。"他把她的手按在自己心口。她的脸恢复了正常。"恭喜你了，我感觉到他在踢。你的预产期是哪天？"

"我通过面试了吗？"

"我们找辆出租车吧。"

一辆黑色出租车在俱乐部外面等候。梅卡告诉司机："切尔西区的布莱克兰兹坡道。约翰·桑德斯书店对面。"黑沉沉的街道飞快掠过。阿姆斯特丹绕着自身，将自身包裹起来；而伦敦伸展，伸展，伸展。她很纯洁地握着他的手。只有几扇高高的窗户亮着灯。贾斯珀还能听到鼓声。平克·弗洛伊德乐队的微弱声音跟出了老远的路。出租车停了下来。"不用找了。"梅卡说。一个有风的夜晚，一条人行道，一把耶尔牌门锁，楼梯，一个厨房，一盏灯。"我去洗个澡。"梅卡说。贾斯珀坐在桌旁。她再次出现，穿得比刚才少了很多。"刚才那是邀请。"他们一起洗了澡。后来，他们上了床。后来，一切都很宁静。后来，一辆卡车隆隆驶过，在一两条街以外。切尔西区的商业街？有可能。梅卡睡着了。她背上有一枚凸起的人胎痣。贾斯珀想起了艾尔斯。过去和未来彼此渗入。他在一个瞭望台上，可以看到一个海湾，下面是屋顶、屋檐和仓库。炮火隆隆。这一幕肯定是电影。断断续续的雷声敲打着他的感官。天空在摇摆。所有的狗都在吠叫，乌鸦也发了疯。一个身着拿破仑时代服装的壮汉靠在栏杆上，透过望远镜望着海面。贾斯珀问他，这是不是一个梦。

拿望远镜的男子咔嚓着他的手指。唰——唰。贾斯珀走在一条街上。他来到他姨妈在莱姆里杰斯市的膳宿公寓。他坐轮椅的姨夫对他说："你离开了我们，去过更好的生活了，记得吗？滚蛋！"

咔嚓。唰——唰。贾斯珀从伊里主教学校的斯沃夫汉姆学院走过。校长像保安一样站在门口。"走吧，走吧，这里没你的事。"

咔嚓。唰——唰。大风车街的阿盖尔公爵酒馆。贾斯珀透过雕花玻璃往里看。埃尔夫、迪恩、格里夫、他自己和梅卡正坐在一张桌子旁边。"我一半的朋友说'出路'听起来像一本自杀教科书，"埃尔夫解释说，"另一半人说，这就像一个嬉皮士在说：'嘿，出路，伙计！'要是我们现在从头构思一个名字，我们会选择什么？"他们都看着贾斯珀的眼睛，包括屋里的另一个贾斯珀。

咔嚓。唰——唰。梦境照亮的雪，或旋转的花朵，或掐丝工艺制作的飞蛾遮住了贾斯珀的视线。他在一个比现实中更像迷宫的苏豪区迷了路。他要寻找一个标志。它慢慢出现了，就像模糊的景物渐渐变得清晰一样。那是一枚路牌，用伦敦路牌的字体，写着"乌托邦大道"。咔嚓。唰——唰……

　　那些字母拼作 P-E-N-T-A-X，离他的脸只有几寸远。咔嚓。相机上了发条——唰——唰。梅卡穿着一件奶油色的阿伦毛衣，垂到膝盖。她又安排了一个镜头。咔嚓。唰——唰。她上方的天窗露出污浊的天空。乌鸦们上下翻飞，就像烘干机里的袜子一样。还有什么？一床毯子。干硬的纸巾。一个电暖炉。一块地毯。贾斯珀的衣服。黑白照片，几十张，钉在墙上。水洼里的云，倾斜的光线，通勤者，流浪汉，狗，墙上的涂鸦，从破碎的窗户吹进来的雪，过道里的恋人，模糊难辨的墓碑，还有伦敦的各种虚幻的画面，只要它们吸引了梅卡的目光，让她觉得，我想把你保存下来。咔嚓。唰——唰。

　　她放下手中的宾得相机，盘腿而坐。"早上好。"

　　"我看到你很早就开始工作了。"

　　"你的眼睛……"她没找到合适的词，"……在你的眼皮底下疯狂移动。你做梦了吗？"

　　"是的，做梦了。"

　　"也许我可以把你安排成一个系列。睡着了的德佐特；醒来的德佐特。或者我叫它'失乐园'。"她拉上海军蓝色的袜子。"早餐在楼下。"她走了。

　　贾斯珀想知道，他和梅卡是否仍是恋人，昨晚是不是他们的第一次和最后一次。他慢慢穿上衣服，花了几分钟时间，端详着梅卡的摄影作品。

（节选自《乌托邦大道》）

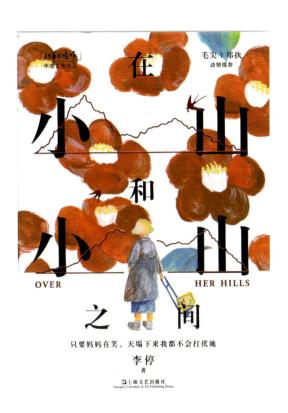

《在小山和小山之间》

李停 著　　　　　　责任编辑　江晔

上海文艺出版社　　　　2023年5月出版

定价：45元

　　六零后"不快乐妈妈"独自来到异国他乡，与定居于此的待产女儿重启久违的同居生活。两代女性内心隐秘、柔软却坚韧的东西被层层剖出，在生活的对峙中于无声处和解，如逢光而融的坚冰，以冰层之下潺潺流动的细微情感孕育出巨大的动容。

作者简介

李停，本科就读于北京电影学院电影剧作专业，后赴东京 MARCH 日本文学专业硕博连读。现定居东京，从事写作、翻译。已出版作品《在小山和小山之间》，翻译作品《当你还是异类的时候》。

编辑荐书

　　一个身体，两个心跳。从孕育生命那一刻起，母女之间就长出了一辈子都无法相割的丝带。她们之间，永远不变的是关心却宁愿用激烈语言的争斗，是相爱却无法说出口的沉默。在不可避免的交锋、争吵、埋怨、相互伤害之中，母亲和女儿究竟要走过多久，才能真正理解对方。女儿在一次又一次与母亲的告别中，完成了成长这件小事。母亲在一次又一次得体的退出后，完成了养育女儿的天命。

　　这世间的所有母亲，都是一座座不起眼但坚强的小山。

渡边彩英

我的肚子还不是很明显，妈妈说因为我吃得太少。五个月应该很明显才对。

我不以为然，我看了很多孕前教科书，从没有一本书指出孕妇应该吃胖自己。孕妇应该多摄取蛋白质、优质脂肪，而不是随心所欲开怀吃。我去产检，日本医生对体重增长要求严格，说我的增长幅度很标准。这些都代表我的吃法肯定没问题。

"我生你的时候没有条件，连鸡蛋都吃不上。你爸爸从市场批发一箱子挂面，我们每天都是清汤面条。"

我嘴上应付着，心里却在嘀咕：我们家不至于那么穷吧。我出生的时候他们都已经是学校的骨干老师了，会穷到那个地步吗？

妈妈的叙事里，生活总是非常艰苦的，经济上艰苦，其他方面也艰苦，苦得让人流泪，是我想象不出的。比如：我奶奶对她很不好，她经常以泪洗面。再比如：我爸爸不站在她那边为她讲话，导致她在婆家吃了更多的苦。她还偶尔问我，记不记得奶奶是怎么欺负我们娘俩的。

她不厌其烦一遍又一遍地说："你奶奶不喜欢你，因为你是个女孩，她重男轻女，想要男孩。而生了你就没有名额再生了，她恨你。"

我记得第一次听到这个是在三年前，那时我已经在日本生活七年，刚和渡边结婚没多久。我和妈妈打电话闲聊，忘记是从什么话题说开去，她突然说到这个。在我印象里，她确实说过很多次我奶奶重男轻女，因为我是女孩所以不喜欢我。

　　短短三年，我发生了很多变化。其中之一就是对关于生孩子的任何事都充满兴趣，想要知道。看到电视上有虐待儿童的新闻，甚至只是儿童游玩受伤，我都会眼眶湿湿的。有天我偶尔回忆起那个电话的内容，想到如果是现在我就一定会追问下去那个"名额"的事。而如果有人跟我说任何关于"重男轻女""只能生一个"的话我一定会愤怒。因为为母则强，从我开始设想自己成为一个母亲的样子，到那个胚胎在我体内被孕育，我想要保护他（她）的本能也越来越强烈。

　　不管妈妈怎么说奶奶重男轻女、欺负我们，我都认为妈妈不快乐跟奶奶对她不好没有直接关系。因为妈妈眼里全是不如意的事，不止奶奶这一件。而这除了是她的性格使然，还有什么别的可能？如果她懂得换个角度去看，或者换一种更柔软的处理方式，一切都不会太糟。婆媳关系不好处理很正常，毕竟不是亲生女儿和妈妈的关系，说到底也是外人，只要表面上过得去就好了，何必要求太多？像我和渡边妈妈只见过一次面，过年时才发一条祝福信息，平时没有任何交集，这样不是很好吗？

　　这种话没法和妈妈说，她只会冷嘲热讽一句"那是日本人的习惯"，我都能想象她那种不关心的语气。

　　她来东京之后，我带她去吃贵的寿司，她只吃了玉子烧，并抱怨太甜。那时她也说了类似的话："这是日本人的习惯，我吃不惯。"甚至我吃的时候她也要管："你怀孕了，不要吃生鱼。"

　　"医生说我可以吃。"我觉得很扫兴，这种地方我平时都舍不得来的，是因为带她来才点这些，吃完自己那份我已经饱了，但她剩下的实在浪费，我不得不吃完。

　　"那是日本医生说的，你是中国人。"

那一刻我很震惊，因为在我印象里妈妈不是那么狭隘的人。她想说什么？因为我是中国人所以我的身体构造和日本人不同吗？

"可是已经点了两人份，你知道你剩下的要浪费多少钱吗？"

妈妈不说话，只喝免费的水。当晚她到我房间，给我一个装着人民币的信封。

"白天你请我吃的饭钱。"她说。

我心里突然一阵难过，但还是若无其事接了过来。

我试图回忆起我和妈妈是怎么走到今天这一步的。

我记得小时候她每天一边给我穿衣服一边教我背唐诗，晚上家里不开电视，她陪我一起写作业，正因为她对我学习成绩要求严格，我才成为当地第一个保送本硕博连读的人，校长亲自来我家送来了奖状，妈妈很骄傲，我也终于熬出了头，离开了家。

第一次去大城市，第一次吃麦当劳，第一次和同学逛街……很多对于别人来说再普通不过的事情，对我都是新奇的。我不认识他们追的明星，也不认识商场里的牌子，我凭着高考的超高分数考进了最好的大学，但进校的同时我和所有人又重新站在了同一条起跑线。这次的赛道不再比成绩，而是比见识、比谈吐，甚至比外表。

我嘴硬说自己没兴趣的事情其实对我诱惑最深，在新的赛道我输得一败涂地，至今不愿意去回忆当时同学拉帮结派是不是在背后说我坏话。

妈妈再也帮不上我的忙，除了尽量多给我一点零花钱。

但钱反而不是最重要的，大三开始我做兼职家教，开始攒钱。我只是不知道该怎么花，只好偷看别人买什么衣服、什么护肤品，我也跟着买。

我的初恋开始于大学，经历各种波折，却意外地长久——一直到我研究生毕业。妈妈说我运气好，这也让我特别反感，好像我就该很快被甩似的。可真有机会让她和我的初恋男友见面时，她又看不惯那个男生的谈吐。

"他小家子气。怎么能让他那么对你？我生你可不是为了让你受气的。"她趁初恋去卫生间时跟我说。

妈妈总是这样的，挑剔、爱抱怨、自怨自艾，好像她的目的只有一个：弄得大家谁都不开心。她也总是成功。

我不顾妈妈反对，和初恋一直相处到他提出了分手。

其实现在回过头去看，初恋男友的可疑之处太多。但在当时我没有精力也没有能力去判断，只能被动地接受，直到他都懒得骗我："我可能喜欢男生。"他的确用了"可能"这个词，这种委婉让我印象深刻。他难道还想要我把自己的全部人生押宝在他的"可能"上吗？我难道应该欢天喜地接过我的命运——那一点可能性吗？

"可是你说你打算和我结婚。"一定是哪里搞错了，我的震惊不亚于考试考零分。

"本来是的，但我不想再骗你了。"他对我没有爱情，有的是同情。

当他还在道歉的时候，我心里却只有一个想法：不能让妈妈知道，不能让任何人知道这种侮辱。我迅速地离开他，撇清相处多年的一切，一个人在家以泪洗面三个月后的某一天，我突然振奋起来，那是一种跌到谷底的重生。我报名了东京一家语言学校的短期留学课程——我们曾经说好要一起去东京蜜月旅行，现在我必须把自己扔到更大更陌生的环境里去磨炼，一切从头再来。

妈妈不知道这些事，不知道我一个人躲在日本舔伤口。中国人不聊这些难过的事，哪怕是跟自己的妈妈也不能聊。我从零学习化妆，学习怎么做一个受男人喜欢、至少不被他们害怕的女人，学习与人相处之道，我发现哪怕我只是打零工，面对的人际关系也比面对在一群象牙塔里的同学们要复杂得多。我每周都给妈妈打电话，我们只聊一些不重要的、不需要解决的事。

（节选自《在小山和小山之间》）

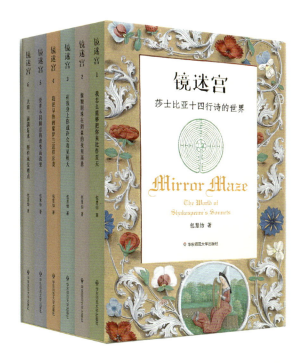

上海好春

《镜迷宫：莎士比亚十四行诗的世界》

包慧怡 著 　　　　　责任编辑　顾晓清

华东师范大学出版社　2023 年 4 月出版

定价：298 元

　　中文世界难得的逐诗逐行解读 154 首莎士比亚十四行诗的专著，展现一个更加真实的、作为个人的莎士比亚，是零基础读者阅读莎士比亚的理想伴读，为更多爱好者敲开一扇通向莎士比亚语言世界的大门。

作者简介

包慧怡，作家、译者、诗人。都柏林大学中世纪
文学博士，复旦大学英文系副教授。著有《缮写
室》《中古英语抒情诗的艺术》等。曾获国家图
书馆文津图书推荐奖、华语青年作家奖短篇小说
奖、上海市文学艺术奖等。

编辑荐书

　　莎士比亚十四行诗作为现代抒情诗的开端，影响深远，同时它也
被誉为一把开启莎翁心扉的钥匙。本书逐篇逐行解读全部 154 首莎士
比亚十四行诗，带领读者穿梭于文学、历史、语言、图像、中古博物
等知识密林之中，文字洗练优美，是阅读莎士比亚、学习赏析诗歌的
理想伴读。

金盏菊博物诗

　　1563 年，也就是莎士比亚出生那一年，作家兼星相学家托马斯·希尔（Thomas Hyll）出版了第一本用英语写就的园艺普及书：《利润丰厚的园艺之道》（*The Profitable Arte of Gardening*）。希尔在其中提到一种英文名叫 marigold（金盏菊）的植物，并详细描述了它黎明开放、黄昏闭合的属性："这种花一开一合，宣告黎明和黄昏的到来，因此又被叫作'农夫的钟表'。它还被称作太阳之花，从日出到正午，金盏菊一点点盛开；从正午到黄昏，花瓣又一点点收拢，一直到夜幕降临，花瓣完全闭合。"同一年，外科医生威廉·布林（Williamr Bullein）出版了医学论著《布林的堡垒》（*Bullein's Bulwarke*），并在其处理药草的第一卷中提到了金盏菊，说它"又叫太阳花（solsequium，拉丁文直译'跟随太阳'），其花逐日而转，黄昏则合拢于夕阳的金辉中"。

　　希尔的园艺书在莎士比亚青少年时期极为畅销，受到鼓舞的作者在 1577 年用戴迪姆斯·芒顿（Didymus Mountain）的笔名又出版了一本续作《园丁的迷宫》（*The Gardener's Labyrinth*），同样大获成功。在这第二本著作中，希尔再次谈论金盏菊："一到正午，它们的花瓣就完全舒展开，仿佛渴望用张开的手臂迎接自己的新郎。"这些园艺和草药百科图鉴，和前文所述约翰·杰拉德的《草木志》一样，都是莎士比亚时代十分流行的"实用书籍"。威廉，这个来自沃里克郡乡间的前镇长的儿子，并不像一般人想象的那样无书可读——无论他对草木花卉及其特性和功能的知识来自这类实用书籍，还是来自儿时在大自然怀抱中的尽情撒欢和细致观察，更可能的情况是两者兼有。当他在商籁第 25 首中将"吉星高照的"宠臣比作追随太阳舒展枝叶的金盏菊，而将他们的恩主比作太阳（暗喻）时，敏感的读者立刻会知道，这不是出自偶然的妙手或快乐的巧合："王公的宠臣舒展他们美妙的叶片 / 不过像金盏菊盼太阳的眼睛看顾。"（Great princes' favourites their fair leaves spread/But as the marigold at the sun's eye）

要知道"太阳的眼睛"就是太阳本身——莎士比亚更经常用来指喻太阳的词组是"苍穹之眼"（eye of heaven）——这个以局部替换整体的借代（metonym）为一个单纯的植物比喻注入了人情世故，我们仿佛可以看到那些坐在权力宝座最高处（以伊丽莎白一世为首）的"太阳"们如何用一个眼神决定那些亦步亦趋的"金盏菊"的命运。在与十四行诗系列写于同一时期的叙事长诗《鲁克丽丝遇劫记》中，莎士比亚曾将熟睡中的鲁克丽丝的美貌比作在夜间隐藏自己光芒的金盏菊：

Her eyes, like marigolds, had sheathed their light,

And canopied in darkness sweetly lay,

Till they might open to adorn the day.

她宛如金盏菊的双眸已收敛了灵辉，

正在甜蜜休憩，荫蔽于夜的幽晦，

等待睁开的时分，好把白昼点缀。

（包慧怡 译）

金盏菊在英国的通用名"圣母金花"（marigold 直译"玛丽的金

子"）或许和它覆盖整个夏日的漫长花期有关——包括八月十五日的圣母升天节。但它的拉丁通用名 Calendula（直译"月历花"）则来自拉丁文 calendae，意为"每个月的第一天"。或许因为它几乎在每个月都能种活，金盏菊是中世纪和文艺复兴时期英国最常用来装饰教堂祭坛的花朵之一。此外，如它的拉丁别名 solsequium（太阳花）所暗示的，金盏菊是一种与日神赫利俄斯（Helios）——罗马日神索尔（Sol）的希腊原型——紧密相关的花朵。

另一种被相信具有"向日"属性的植物同样和赫利俄斯有关。奥维德《变形记》第四卷第 190—270 行记载了大洋宁芙克吕提厄（Clytie）的爱情悲剧：她曾是赫利俄斯的情人，但赫利俄斯移情别恋爱上波斯公主琉科托厄；嫉妒的克吕提厄向波斯王告发了这段情事，波斯王下令将被玷污的女儿活埋于黄沙中；赫利俄斯得知后，彻底断绝了和克吕提厄的关系。悲伤欲绝的克吕提厄一连九天不吃不喝，坐在岩石上以目光追随赫利俄斯的太阳车，最终憔悴而死，化为一株天芥菜："她的身体变成了一棵苍白的草，但有的部分是红的，面部变成了花。"

熟读《变形记》的莎士比亚一定知道这个故事，也可能下意识地将天芥菜的命运糅入了商籁第 25 首中金盏菊的命运：一如那些"随日而转"的植物注定会被它们崇拜的对象（太阳）抛弃，那些曾被短暂眷顾的宫廷弄潮儿，只要恩主"一蹙眉"就会失去昔日的荣光："人家一皱眉，他们的荣幸全灭亡，／他们的威风同本人全化作尘灰。"（And in themselves their pride lies buried，／For at a frown they in their glory die）在此诗的第三节四行诗中，诗人又提到，赢得一千次胜利的战士只要输掉一次，就会被从功名之书上消抹。命运之轮片刻不息地转动，尘世荣光永远转瞬即逝，和第一节中"吉星高照"的宠臣及第二节中"随日而转"的金盏花一样，这些都是"变动"和"善逝"的典例，都是为了和最后两行对句中"我"的状态形成反差：由于"我"爱着，也被爱，"我"自身不会"移动"（不会停止爱），也不会"被移动"（停止被爱），"我"的幸福是静止不动的，一如"我"的快乐恒常不移："我就幸福了，爱着人又为人所爱，／这样，我是固定了，也没人能改。"（Then happy I， that love and am belov'd， ／ Where I may not remove nor be remov'd）诗人在现世的种种不如意面前最终肯定了爱情（或友情，love 和 friendship 这两个词在早期现代英语中常可互换）至高的价值。

这首精巧的博物诗围绕金盏菊这一植物意象，展开关于"动还是不动"这两类幸福的沉思，并把一切世俗的功名利禄归入前者，把真心相爱的快乐归入后者。我们可以在商籁第 116 首中追踪莎士比亚对"变动"及其对爱情之影响的探讨，该诗的名句"爱算不得爱／若它一看见别人转变就转变／或看见别人离开就离开"是莎氏最著名的爱情宣言之一。

（节选自《镜迷宫：莎士比亚十四行诗的世界》）

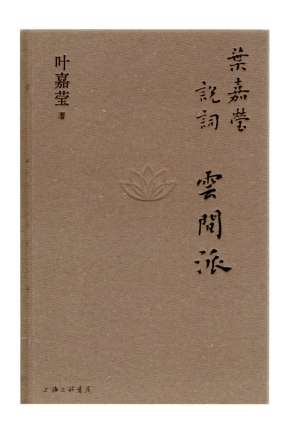

上海好书

《叶嘉莹说词：云间派》

叶嘉莹 著　　　　责任编辑　吴慧

上海三联书店　　　2023 年 8 月出版

定价：52 元

　　作者从云间派词人的遭际、历史文化的背景等多个方面，为我们诠释了明末清初词的发展，也让我们看到了江南文化的刚柔并济，更加深刻地体会到词的流变与发展。

作者简介

叶嘉莹，教育家、中国古典文学研究专家。2012年6月被聘任为中央文史研究馆馆员。现为南开大学终身校董，南开大学中华古典文化研究所所长，中华诗词学会名誉会长，加拿大皇家学会院士。

编辑荐书

　　云间派是明清之际诞生于江南的文学流派。本书阐释云间派的审美与意旨，着力叙述"词"这一文学体裁背后的词人的遭际、历史文化的背景，串联起从宋词到清词的发展理路。有所侧重讲解了诞生在松江的这一文学群体及其作品，展现了明末清初一段刚烈的历史，从一个侧面展现了江南文化的刚柔并济。

云间三子与云间派

　　云间，是个很有名的地方，清朝的时候它属于松江府，当时的松江府下面有华亭和娄县两个邑，所以像陈子龙他们也可以说是华亭人。而他们为什么被称为"云间派"呢？因为他们几个人合编了一本诗集叫《云间三子新诗合稿》。云间三子是谁呢？第一个最有名的是陈子龙，明万历三十六年（1608 年）出生，经过了甲申的国变，在清顺治四年（1647 年）死去。另外一个作者跟他是同年，同样是万历三十六年出生，也同样在顺治四年死去，这个人就是李雯。陈子龙比较有名，而李雯的名气就没有他那么大。第三个作者叫宋徵舆。这就是所谓的云间三子。云间三子里陈子龙成名最早，他在明朝崇祯十年（1637 年）就考上了进士。而且在中进士后，曾经做过绍兴推官、兵科给事中，因此他是在明朝什宦过、有明朝科第功名的人。李雯没有考中过进士，所以他没有明朝的科第功名。宋徵舆就更不同了，宋徵舆没有明朝的科第功名，却有清朝的科第功名。就在甲申国变顺治元年（1644 年）的当年，他考中了举人。

　　顺治四年陈子龙起兵抗清失败，被捉拿起来，在船上押送的途中乘间跳水自杀而死，所以他是殉节死难的烈士。虽然他曾抗清，但是清室定鼎之后，就给那些明末的烈士都封赠了谥号。所以我们能看到的陈子龙的集子，就叫《陈忠裕全集》，这"忠裕"两个字是谁给他的谥号？是清朝给他的。在三子中最受冷落的一个人就是李雯，而李雯其实是非常不幸的一个人。至于宋徵舆，以他的文学成就来说，他是成名较晚的。陈子龙和李雯两人是同年，而宋徵舆比他们两人小十岁。宋徵舆在顺治元年，也就是明朝刚刚灭亡不久就考上了举人。《云间三子新诗合稿》就指的是陈子龙、李雯、宋徵舆三个人的合集。陈子龙是跳水自杀了，李雯是不得已而投降清朝，其实他内心是非常痛苦的，后来与陈子龙同年死去。两个人是同年生，而且是同年死的。

这《云间三子新诗合稿》是在哪一年编成的？就是在甲申年，也就是国变的那一年。这人生的际遇真是难以逆料，这三人都是松江华亭人，在《云间三子新诗合稿序》中，根据陈子龙自己的序文，他说我们三个人居处是"衡宇相望，三日之间，必再见焉"。他说我们的家住得很近，彼此的房舍屋宇都看得见，三天里面至少有两次会面。其中的陈、李两人比宋徵舆大十岁，所以陈、李以前就联合出过诗集。陈子龙成名很早，而那时李雯尚未成名，陈子龙这个人因为很有才华，一般人的作品他都看不起，忽然间他看到他同郡县的李雯的作品大吃一惊，觉得李雯写得真好，因此就结识了李雯，此后常常跟李雯一起作诗，而最初编诗集时没有宋徵舆，那时宋徵舆还没冒出头呢。这本诗集叫《陈李唱和集》，那一年刚好是癸酉年，所以也叫《癸酉唱和集》。癸酉距离甲申整整十三年，那也就是崇祯四年编的。他们都是好朋友，但宋徵舆是后来才加入的，最后把他们的诗都编在一起结集的是宋徵舆。宋徵舆把陈子龙的诗、李雯的诗，加上他自己的诗，编了《云间三子新诗合稿》。陈子龙给这合稿写了一篇序言，说他们本来是"衡宇相望，三日之间，必再见焉"，可是没有多久就国变了，"今宋子方治婚宦之业"，宋徵舆正忙着结婚做官，正忙于考科举，那我陈子龙呢？"予将修农圃以老焉。"明朝已经灭亡了，我也不再做官，我想隐居终老。

这些明末的遗民事情也很繁复，在他们抗清第一次失败的时候，他们同郡县还有一个跟陈子龙志同道合感情很好的人，结了一个社叫"几社"。

那时还有"复社"。"复社"当然更有名，但是"几社"的取才选人更是严谨。"几社"的另外一个领导人物就是夏允彝，夏允彝的儿子就是夏完淳，夏完淳称陈子龙为老师。而当时清兵南下，当他们第一次起兵抗清，头一个殉节也是投水死的就是夏允彝。他的儿子夏完淳实在很了不起，从小就和父亲的这些朋友交游，大概十三岁就加入了义兵的起义抗清，十七岁被清兵捉拿了。当时审判他的就是洪承畴，洪很爱惜他的才华，想要替他开脱，说"童子何知"，小孩子有什么罪过呢？但是夏完淳当场就骂洪承畴说：我所认识的洪承畴已经殉节死了，崇祯皇帝还曾经亲自哭祭。你是什么人，敢冒充洪承畴！因为洪承畴在最初被俘虏的时候是真的不肯投降，曾经坚持过一个阶段不肯降清，所以崇祯皇帝以为他殉节死了，给他设祭哭吊。可是后来他还是投降了。关于他的投降还有很多传说，我们就先不讲这些故事。夏完淳瞧不起降清的洪承畴，就当场破口大骂，因此夏完淳就被杀死了。夏允彝是投水死的，夏完淳是被杀死的，而陈子龙也是投水死去的。

他们这些当年一起交游的人，都有许身报国的壮志，都有以天下为己任的担待和抱负。可是人生的际遇真是难以言说，一个人，你有本身生下来的禀赋属于你自己的一面，你有自己后天教育及志意怀抱的一面，可是也有外在环境遭遇的另外一面。那就是因为国变的时候陈子龙这一些人在南方，南方是抗清复明的基地，有南明小朝廷在那里。而李雯当时是在京师，京师就是北京。李雯怎么会在京师呢？李雯的父亲李逢申，本来在明朝是水部的虞衡郎，他曾经得罪了当时明朝的权臣梁廷栋，因此就被对方诬告而被判了罪，本应遣戍至远方。李雯因为父亲遭难，所以他就留在京师替他父亲洗脱罪名。最后李父虽然没有被谪戍到远方，但是却被免官了。李雯先陪他父亲回松江，留下他的弟弟继续替他父亲昭雪冤情，后来终于冤情大白，官复原职。李雯是个很孝顺的人，又陪着他的父亲从松江来到京师。但回到京师以后不久，李闯王就占领了北京，这时他的父亲就殉明死难了。本来他的父亲蒙难冤情才得昭雪，刚刚回到京师又遭遇国变，因此李雯连给他父亲买棺木的钱都没有。历史上记载说李雯是"絮血行乞"。中国人总是说孝子是泣血稽颡，就是泪尽继之以血。总而言之李雯当然是很悲哀痛苦；国变家难一起来，父亲死难了，而闯王又入关，他是"絮血行乞三四日，乃得版梓以敛"。真是涕泣絮血行乞要到了一点钱才给他父亲棺殓，可是棺殓后又不能埋葬，不但是没有钱埋葬，更是没有回乡的旅费，因为古人的观念是"狐死必首丘"，人死了就要归葬故乡的。

李雯身为孝子，他要负责把他父亲的灵柩运回故里去，才能算是完成一个做儿子的责任，所以他不能够死。在当时不只是父亲棺殓的钱没有，他连饭也没得吃，饿了几天，几乎饿死。在当时李闯王入关不久后，吴三桂就请清兵入关。清入关后就有一些留在京师的人降清了，因为清入关时号称吊民伐罪，我为你们大明皇帝崇祯举丧，因此有些人就投降清朝了。在这些人当中有几个是很有名的文人学士，其中有一个也是清初很有名的词人，那就是连朱彝尊都称他为老师的曹溶。这些人包括曹溶，很欣赏李雯的才华，而李雯在那时几乎快饿死了，连饭都没有得吃，他们很怜悯李雯，就把他推荐给中枢内院。那时候李雯真的是想死，可是他又不敢死，因为他还没有完成一个做儿子的责任。

（节选自《叶嘉莹说词：云间派》）

宋式
艺术生活

邵晓峰 著

上海文艺出版社

上海好春

《宋式艺术生活》

邵晓峰 著 　　　　责任编辑 杨婷 程方洁
上海文艺出版社 　　2023 年 9 月出版
定价：98 元

在专家视角的引领下，经由政治与图景、皇家与审美、文人与情怀、主题与技法、世俗与气象、家具与起居、收藏与传播七个篇章，观览宋代，解密活色生香的艺术与生活。以趣味性和揭秘性并重的可读方式，以画观宋，人间有味，感知宋代的烟火气与文人气。

作者简介

邵晓峰，中国美术馆展览部主任、教授、博士生导师、博士后合作导师，被授予"文化和旅游部优秀专家"称号。20余年来潜心于宋代文化艺术研究，出版12部美术研究专著，发表论文190余篇，主持6项国家级基金项目。

编辑荐书

　　文人雅集，诗词唱和，画中现宋文化之繁盛；金明池畔，瓦肆勾栏，画中亦有宋人生活之万象。当今人遥遥想象宋朝时，《宋式艺术生活》就提供了经由图像拓展开的一种可能，在《清明上河图》里逛开封市集，看最早的西湖写生图……在阅读中，自然而明快地触摸宋代生活的细节。那时所书绘留存的风雅、世情，现今依旧让人心驰神往。作者以扎实的学术积淀、轻松的书写方式、丰富的图像证据，讲述宋人生活对艺术的滋养和艺术对生活的浸润，以及延续至今仍为当下大众共享的日常生活中的艺术取向与审美情趣。

夜市开到凌晨一点

夜市是繁华商业的注脚

中国历史上，大多数王朝都实行严格的"宵禁"政策，但北宋的夜市却拥有着无法比拟的活力。凌晨一点的汴京城，依旧可以看到人流如织、灯火璀璨。

夜市的出现突破了营业时间的限制，北宋开封和南宋临安的市场商业气氛较以前更为浓厚。据《东京梦华录·州桥夜市》记载，北宋开封的夜市营业时间被允许延长到三更甚至四更。古时一夜分为五更。和现在的时间对应大约是这样的：一更19—21时；二更21—23时；三更23—1时；四更1—3时；五更3—5时。

另据《宋会要·食货六七之一》记载："太祖乾德三年四月十三日诏：开封府，令京城夜市至三鼓以来，不得禁止。"北宋蔡京之子蔡絛在其《铁围山丛谈》卷四中描述北宋都城开封街头为"人物嘈杂，灯火照天，每至四鼓罢"。而且在都城里，从事商业的空间扩大到除了皇宫以外的各条街巷，甚至扩大到城郊。汴京的夜市发展得益于商业的发展。北宋的各大城市，既无唐代长安、洛阳那样的坊（居住区）与市（贸易区）之别，这使得市井贸易发展迅速；又无昼与夜之界，这使得汴京的夜市非常著名。南宋的商业甚至比北宋更为发达，除临安外，建康、平江、成都、鄂州、福州、泉州、广州等城市，人口都很多，也均是著名商埠。

交往尽在市场中

北宋神宗熙宁年间（1068—1077），全国的城镇多达 1800 个，多数分布在南方，南方诸路就有 1300 多个。这些新兴的商业城市改变了原来的州郡格局和性质，由区域单一的政治中心变为政治和经济的双重中心。此外，在城市城墙外周围的广大地区，也突破了以前的"市"制，逐渐出现了新兴的商业区——镇市和草市，有些镇市和草市还因贸易发达和人口增加，逐渐发展成为州县的一部分，有的甚至成为独立的小城市。城乡之界也逐渐模糊，使得商业与手工业的发展不再受到区域的束缚而蓬勃日上。集镇的发展增进了宋朝经济的繁荣，集镇的出现及分布也影响着风俗画的发展，集镇生活也成为两宋风俗画家的重要创作内容。

"清明上河"是北宋的民间风俗，类似现在的节日集会，人们进行各种商贸活动。北宋张择端的《清明上河图》采用散点透视构图法，生动记录了北宋都城汴京繁荣的景象，成为宋代风俗图像的典范之作，对后世影响甚大。宋朝市场上的商品种类繁多，居民的生活用品几乎都要到市场上购买。在当时的汴京市场上，不但能买到北方的牛羊马匹，南方的水果干品，江淮的粮米鱼虾，而且能购得沿海的海产品，福建、杭州的印本，名窑的瓷器等。市场上的热销货物甚至还有来自海外的日本扇、高丽墨以及大食（阿拉伯）香料等。这些有力促进了基层经济的发展，提高了老百姓的生活水平，也为风俗画家们提供了重要的创作素材。

据宋代吴自牧《梦粱录》记载，南宋临安市场上的各类商品多达 414 类，一些城市居民甚至还是奢侈品的消费者，据南宋王迈《丁丑对策》记载："士夫一领之费，至靡十金之产，不唯素官为之，新仕尤效其尤者；妇女饰簪之微，至当十万之直，不唯巨室为之，而中产亦强仿之矣。"在这种消费气氛的刺激下，市场日趋繁荣。

商品远销海外

宋朝与周边国家的贸易主要在榷场进行。北宋时期，在与辽的交界处设立榷场；南宋时期，在与金和大理的交界处设立榷场。宋朝出口茶叶、瓷器、药材、棉花、犀角、象牙等货物，进口马匹、毛皮等货物。

宋代海外的交通与贸易比前代更为发达与兴盛，其技术基础的因素在于罗盘的发明和使用以及海船制造技术的提高，其国家政策的因素则在于通商口岸的增加。唐代沿海的通商口岸仅有登州和广州，海船航程最远到达波斯湾一带。宋代沿海通商口岸则陆续增加，前后有广州、泉州、明州、杭州、密州等十多处，海船的航程更是延伸到红海口和东非诸国。这样一来，宋朝的大批农产品、手工业产品、铜钱等运往海外各国。由于宋朝的铜钱信用佳，曾被大量走私到东南亚和西亚国家与地区，当时的朝鲜和日本甚至一度停用自己的货币，改用宋钱，宋钱成为大受欢迎的硬通货。

当时与中国通商的有欧亚地区的数十个国家。宋朝市舶司每年征收进口货物的税收，北宋仁宗皇祐（1049—1054）年间为53万贯，北宋英宗治平（1064—1067）年间为63万贯，到了南宋绍兴（1131—1162）年间更达200万贯，这约占全国财政收入的6%，对宋代的繁荣起到了重要作用。

货币流通的新型变化也从另一个角度反映了宋代商业的进一步发展。衡量一个社会商品经济发展程度的重要标准是支付手段，北宋时商品流通和支付的手段主要是铜钱，每年的铜钱铸造额要比唐代多几倍到十几倍。南宋时主要的支付手段则是纸币"交子""会子"，金、银等金属的货币机能在不断增大，而绢、布等传统辅助货币的支付作用在逐步缩小。

商业经济的发达使宋朝的财政收入为历代之冠，北宋极盛时岁入白银一亿六千万两，这大约是明朝的十倍，这得归功于宋朝重视商业的发展，其财政总收入约有70%源于商业。

（节选自《宋式艺术生活》）

上海好春

《中国古书画审美与鉴定》

丁羲元 著　　　　　责任编辑　潘志明

上海人民美术出版社　2023年8月出版

定价：228元

　　本书收录具有代表的晋唐五代宋元山水、书法作品，将审美作为先行，引入古书画的鉴定过程，结合文史诗学与社会时世的丰博背景，抽丝剥茧般揭示作品的内在性、艺术性和独特性。

作者简介

丁羲元，艺术史家、书画鉴定家。曾任上海美术馆副馆长，在国内多所大学兼职讲学。近二十多年来潜心研究中国古代名家名作，注重专题鉴定和欣赏分析，曾在国内外各学术期刊发表百余篇论文。

编辑荐书

晋唐五代宋元古书画代表的是中国古文明审美的制高点。无论是哪个国家、民族，如果在审美上先行一步，就会在文化上占得先机，是大国实力的体现。本书收录具有代表的晋唐五代宋元山水、书法作品，将审美作为先行，引入古书画的鉴定过程，结合文史诗学与社会时世的丰博背景，抽丝剥茧般揭示作品的内在性、艺术性和独特性。本书择取了书画史上较具研究价值的 17 个篇目，配 600 幅赏析图片，涵盖人物、花鸟、山水、书法等最具代表性的作品，由赏入鉴，赏鉴并举，举证说明审美至鉴定的统一过程。

郭熙《早春图》新论

　　一件古画，能够历劫不磨，穿越千载，实为偶然，又何等之难呵。即如郭熙，在北宋神宗时代，画名天下，冠冕一世，作品遍及朝野，但传于当今，真迹也只《早春图》而已。何等至幸，真不可思议，何故唯此堪传世呢？也只能是"灵物自有天护"（董诰题米芾《蜀素帖》）或"有吉祥云复之"（董其昌题《行穰帖》）。一件古画，尤其千载名迹，人间珍希，真要读懂，也大为不易。我于郭熙《早春图》，也以为须不断研求，绝不能自以为已经看懂了。所以积多年心得，又可记述如次。

一、中国画史上最早具年款的传世巨迹

　　《早春图》上有一非常特别之处，即留有画家的题名和纪年"早春壬子年郭熙画"，其下并钤有"郭熙笔"的朱文长印。这看似不经意处，也常为论者所忽，其实意义非常重大。郭熙的传世作品可以确认的真迹就是这件《早春图》，题名是郭熙自定的，而且明确画于"壬子年"，即北宋神宗熙宁五年，这就界定了《早春图》在中国画史上的准确坐标，对于郭熙以及北宋画史都是极为重要而意义不凡的。当然如敦煌壁画中有的人物图下有供养人名姓纪年的并不在此例。直至两宋山水画，有年款和名款的

真迹，其实不多见。这也正是《早春图》一个显著的特点。有年款与无年款，其意义不同是显然易见的，至少这是画家的人格和自我的一种肯定和见证，一般唐代画家在画中是不题款的。唐代有以风格来区分画家的，如吴道子的"吴带当风"、周昉的"周家样"、张萱的"张家样"之类。唐代画家不在画上题名记年，还有一个重要原因是画家的地位并无自我的尊崇。如阎立本为唐太宗宣诏在春苑池畔当着众大臣写生作画时的一种窘迫之态，临笔汗颜，曾发誓决不让子孙去当画家。王维也有自嘲为"宿世谬词客，前身应画师"。这种情况到五代时有了改观。至北宋，如范宽《溪山行旅图》，在林泉之间，一片栗子树树荫下，有了"范宽"两个小字，不管这一题名如何来历，至少其题名的位置是恰到好处，很得体的。北宋初画家眼中，山水上的空白位置，是天空，是一片天机，不能将名字题在"天上"，因此都在画中隐现之处，以不伤画局为原则。郭熙的《早春图》左侧峰石之边，竟题了"早春壬子年郭熙画"如此完美的题款，画题、作年、作者都完全呈现了，这是画史上不应等闲视之的小事。其中意味，谁能深会？

二、以"壬子年"定位，考郭熙之生卒年

郭熙的生卒年，众说纷纭，向无定见，甚至以"1000—1100 年"定之。其实那不能算是生卒年，只能称其活动年代，或生活期限。

因此《早春图》之款题"早春壬子年郭熙画"就极为重要了，也正透露出其中之秘。"壬子年"即 1072 年，宋神宗熙宁五年。郭熙的画在当时其数应以百计，郭熙并未也不可能每件作品皆题纪年，这从当时诸诗人名家题咏其画就可证明。但为何这件《早春图》郭熙要如此题款呢？这说明此幅《早春图》对于郭熙来说有着特别纪念的意义，因此是他极重要的作品。那么"壬子年"对于郭熙有什么重要的纪念意义呢？这是引人注目和值得深味的所在，也可以以"早春壬子年"为定位，来上推郭熙的生年，考定其生卒年，此法是可靠可行的。

"壬子年"对郭熙之所以特别重要：其一，是这幅《早春图》是郭熙

极为得意之作，自以为可作代表之作，因此值得纪年；其二，是这一年对郭熙极为重要，有一生纪念意义，所以要年永志。熙宁五年，郭熙来汴京已第五年。当初宋神宗继位，派任河阳的地方官富弼又回朝廷任相。富弼在河阳时期，应是与郭熙交好，欣赏其山水佳作，因此推荐郭熙去汴京。据《林泉高致·画记》所载，"思家有先子手志载，神宗即位后庚申年二月九日，富相判河阳，奉中旨遣上京"。这里"庚申年"系"戊申"之误，不然文意无法连贯。这是郭熙的"手志"，是他于戊申年（1068年），在神宗即位后奉旨入京，其意自明。至于富弼如何推荐，宫中如何下旨，是否与富相随行上京，皆有不详。1068年即熙宁元年，郭熙从河阳上京，进入汴京后而入宫，这一年对郭熙是有人生转折的大意义。这一年郭熙年应几何呢？那年富弼是65岁，郭熙至少应小于60岁，不拟细述，实际上思而得之。

郭熙于1068年上京后，据其"手志"所载，先在大臣官厅等处作画，"首蒙三司使吴公中复召作省壁，续于开封尹邵公亢召作府厅六幅雪屏，次于都水为判监张公坚父故人延某画六幅松石屏，次吴正宪为三盐铁副使召作厅壁风雪远景屏，又于谏院为正宪作六幅风雨水石屏，又相国寺李元济西壁神后作溪谷平远"。所述历历，"手志"不忘。可知郭熙之来汴京，先仍在大臣厅府各处作画，即如上述，也已近二十屏幅，至少也得数年，名声隆起，誉满京城，渐得神宗所喜，接着才"次准内降，与艾宣、崔白、葛守昌同作紫宸殿屏，次与符道隐、李宗成同作小殿子屏，次蒙勾当书院，供奉宋用臣传圣旨召赴御书院作御前屏帐，或大或小，不知其数"（《林泉高致·画记》）。至此正式为内廷直接传旨，入紫宸殿、御书院所作画，先是合作屏风，尤其已得与崔白等同列，最后直接为神宗作画，渐次"不知其数"。这一过程，我推知郭熙"上京"后，至少二三年后才得完成从外厅转入内廷，可以说"壬子年"（熙宁五年）郭熙已经正式为神宗御前作画了。从其自述可知，所画皆巨壁大屏，没有健旺的体魄是难以胜任的。所以"壬子年"纪年的第三个原因，应是郭熙的60大寿，年逢花甲，加上是"上京"第五个年头（实际上应是三年多），郭熙已取得了神宗的欣赏和信任，正式入侍内廷。

当此"早春",如此人生怡悦之辰,得此佳作,郭熙在画上留此题款:"早春壬子年郭熙画",并用私印"郭熙笔"朱文长方印,是何等的治怀放情,欣向未来呵。

《早春图》是郭熙为自己所画,款题并无"官职",也无"臣"字,有别于董元《溪岸图》的"后苑副使臣董元画",也无年号,又有别于后来李唐之"皇宋宣和甲辰春河阳李唐笔"。

由此观之,我以"壬子年"定位,郭熙为60岁。他"上京"是熙宁元年,时年56岁,上推其生年应为1013年。富弼比他大九岁。再推其卒年,郭熙可谓晚来得志,越仁宗、英宗两朝,到神宗朝,入于内廷,至御前作画,并诏许秘阁鉴画,特授"御书院艺学",在神宗时代,享尽尊荣。宋神宗于元丰八年辞世,郭熙时已73岁(富弼于1083年辞世,年80)。

据后来郭熙之子郭思所记,"政和丁酉春"(1117年)徽宗于垂拱殿召见郭思,由叙旧始,郭思对曰:"先臣熙,遭遇神宗近二十年。"语未毕,上有曰"神宗极喜卿父",又曰:"至今禁中殿阁,尽是卿父画",并三次称"神宗极爱卿父画"。郭思又感叹应对:"举家团坐,未尝不叹恨先臣早世,不得今日更遭遇陛下。"徽宗对郭熙也是"恩赐金紫",并命郭思在秘阁值班。(《林泉高致·画记》)这一段应对,郭思并非虚应其事,说郭熙"早世",不能活到徽宗朝,深为"叹恨"。神宗辞世后,哲宗继位,在朝15年,至1100年宋徽宗登位。郭熙至哲宗朝,因年事已高及诸多因素,已不再如神宗朝宠遇。郭思所谓"叹恨先臣早世,不得今日更遭遇陛下"其"叹恨""早世",有两层意思。一是指郭熙在哲宗朝没几年即已逝,因此真的是"早世",不得再逢徽宗朝。二是指郭熙很可惜,早逝了几年,不然欣逢徽宗有多好呵,所以"叹恨"。我的理解倾向于后者。

(节选自《中国古书画审美与鉴定》)

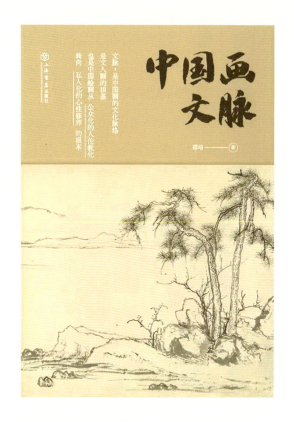

《中国画文脉》

邵琦 著　　　　　　责任编辑　杨柏伟　章玲云

上海书店出版社　　2023 年 8 月出版

定价：118 元

　　本书通过对中国画演化历史的揭示，从一个全新的视角展示中国绘画的特性，也给了当今的人们认识历史、评说现时以诸多启示。内容全面、学术性强、用纸高级、四色高清配图、制作精良，可作为中国传统艺术普及的专业指南。

作者简介

邵琦，上海师范大学美术学院教授、硕士研究生导师，澳门科技大学博士课程教授。著有《中国古代设计思想史略》《中国画品评史绎》等。

编辑荐书

  这是一本被誉为正本清源的艺术理论专著，内含一套完整的中国画史研究体系，一种全新的观察视角，缕析出一条清晰的中国画与中国文化之间的关系链。中国画是中国文化中最具代表性的具体文化样式之一，中国画的存在和演化大抵可以看作中国文化的存在和演化的一个缩影。因此，对中国画的探究不仅不能游离而且必须在中国文化这一背景中进行。本书图文并茂，学术性强，可作为中国传统艺术普及的专业指南、艺术院校史论研习的指导宝典。

中国画文脉的启示

中国画文脉，亦即中国绘画生存的文化血脉，是导致绘画史上一系列独特现象发生与发展的那只看不见的手。

理论（观念）先行于实践，揄扬"疏体"而抑压"密体"，崇尚水墨而轻视着色，不断重演的"复古运动"以及 20 世纪以来从寻找"出路"到纳入"主流"，进而形成"文人画"一统天下局面等，这些独特的现象都和"文士"这一特殊的社会阶层的历史形成缘由和他们广泛而持久地钟情于绘画、介入绘画并把持绘画有关。而导演中国绘画历史演化的那只看不见的手就是文士的"神圣传统"。

"神圣传统"实际上就是"文士"在"素王意识"支援下的一系列文化艺术建构方针。在中华民族先民的观念中，世界是层次性存在的。天与地（或者说神和人）是最基本的层次，层次之间的严格界限是社会有序的标志。在不同的层次之间往来沟通的是一群具有特殊才智的人——巫觋。"九黎乱德"之后，天子不能号令天下，诸侯割据争霸，专为天子沟通神人的巫觋伴随着社会的变局而转为"王者之师"。中国的"文士"阶层便在这样的社会变局中形成产生。

"为王者师"便是"无冕之王"，亦即"素王"。文士要拥有并保有这一特殊的地位，唯一的途径便是悟究天人之道，踞道内圣而为王者师。

基立在这一根本之上，则一切有助于心性修养的有意味的生存样式（或者说文化样式）便都会为文士们所青睐。认知心理学家皮亚杰指出：外部的东西只有经过动作性的操演才能内化为才智。因此，文士们对文化样式的青睐便具体体现为直接的行为参与。而其参与的最终目的则始终是提高心性修养。在这里，我们可以看到一个重要的历史文化现象：文士们到处插手，全面干预；而其插手干预的结果又通常在很大程度上改造或拨转了具体文化样式本体（或者说本然）的发展指向。绘画在其原初之际就是人们悟究天人之道的重要手段和工具。因此，绘画一趋于成熟，便成为文士们青睐的对象，并且即刻被改造成为文士们心性修养的有效途径。理论先行，"传神"目标、"畅神"理想等，实际上都可以看作文士对绘画实施改造与拨转的具体表现。立足于此，便不难发现绘画史上所出现的种种现象实际上是绘画的本体发展和文士对绘画的要求之间互动的结果。

绘画如此，书法、音乐亦如此，乃至于下棋、喝茶无不如此。举凡任何具体的文化样式，一经文士染指，便都如此。因而，我们不妨把这看成构成中国文化特性的一个关键因素。

通过对绘画演化历史的揭示，从一个全新的视角展示了中国绘画的特性，给当今的我们提供了认识历史、评说现时的诸多启示。

启示之一，历史文化的连续性。

历史文化的连续性大致包括这样一些内容：一是指中国文化形成以来迄今为止的全部时间进程；二是指在这过程中，尽管多次出现过少数民族或长或短的统治时期，但是这只是政权的易主，而不是文化的替代，亦即文化的主体性、完整性和一致性并没因政权的易主而损丧；三是指文化的脉承者一以贯之，在出世与入世的表象背后是一个立足于人的生存之问的神圣传统，不同的历史时期有不同的生存场合，然修养心性、经世济民的主旨却始终未改。

启示之二，绘画迷惘的根由。

存在的便是合理的，合理的便会存在。面对连绵脉传的历史文化，简单地否定，不仅无补于事，而且必然误事。就绘画而言，伴随欧风东渐而来的中国艺术品评标准的失落，以及由此形成的创作失范，恐怕就和简单地照搬别人的东西直接相关。对自身民族历史文化连续性的否定，从表面上看是对过去的形迹的抛弃，而实际上这种抛弃必然包含着对形迹作为一种存在的合理性的否定。文化作为一种存在，其合理性根植于一个民族关于人的生存之间，然而否定自己的，移嫁到别人那里，虽说不一定就不能存活，但水土不服或寄人篱下却是注定无法逃开的。虽然这是在考察绘画中提出的，但并不是绘画独有的，而是普遍存在的。对自身民族历史文化的抽象肯定和具体否定，正是一个多世纪以来绘画迷惘的根由。

启示之三，私人化。

私人化是中国绘画演化的一个历史指向（或者说是一种历史趋势）。这是一个历时性的概念，标识了绘画演化的指向，也可以看作对中国绘画艺术特性的概括。私人化是神圣传统的实践样式，是心性修养的必然结果；是人与艺术这一根本关系的具体化表述。回答了这样一个根本问题：人们为什么需要艺术。

启示之四，寻找公约点。

若仅从字面上解读，将绘画作为个体完善心性修养的有效途径，不免有"工具"之嫌；而如果立足于个体的人的立场上来解读，那么，在这种"工具"性的表述中，作者提供了既可审视自身民族历史文化，又能放眼其他民族历史文化的公约点。有了这一基点，也就获得了平视春秋战国和魏晋南北朝与古希腊罗马和文艺复兴的可能。而这种平视（或者说一视同仁）既是解开从"祀礼"到"士礼"的关纽，也是揭橥文艺复兴与人的自觉的关键。读解历史，可以使过去变得清晰；读解历史，也可以使当下变得简明。如果说私人化是中国绘画演化的趋向，文艺复兴是西方绘画的不二渊源，那么，呈现在这两者之间的诸多公约性因素应该可以让我们对这两者作等量齐观。又如果说私人化是中华民族历史文化演化的具体标识之一，人的自觉是西方诸民族历史文化演化的具体标识之一，那么，私人化以及与之相对应的公众化的概念，无疑便是可以公约的（读解与评说）中西文化艺术的基点之一。细细体究，这里虽然不免有自我主义的成分，但是对于迷失自主立场已久的现代中国画坛来说，仍不啻是建设性的。

启示之五，拥有自身的历史文化。

历史演化的私人化趋向和现实时状的公众化要求之间的矛盾，是现代中国绘画的根本性问题。一个多世纪以来，中国绘画领域中所呈现的种种现象，事实上大多是这一根本问题的具体表现。所谓"不识庐山真面目，只缘身在此山中"，评述现状的困难在于人们总是或多或少地受到现实的切身利益的障蔽与困缠。借助历史的逻辑张力，站在历史文化连续性的基点上远观现状，这种远观似乎有些超然，然而，在揭示现状的原本上，远观便是客观。远观既是指空间距离（由此而获得视野的广阔），也是指时间距离（由此而获得视野的深邃）。在资讯不发达的过去，空间距离是主要障碍；在资讯泛滥的今天，时间距离是主要障蔽。这也就要求我们首先必须对中国绘画的性状有一个明确的判断。不然，在资讯泛滥的时代，失去的将是可资比较的基础即评判的基准。时状中诸多不尽人意或差强人意的现象，大多源于此。循依着历史文化连续性，不仅可以使人们更客观真实地认识、评述时状，而且还是时状中的人们获得历史文化自我性的前提。没有对身处其中的历史文化的确认，便无法拥有文化根基。缺失根基的文化，是流浪文化。中国绘画若不能以自身历史文化连续性为根基，那么，也就注定无法避免在自家门口流浪的尴尬。

绘画作为纯视觉艺术，在交流日趋频繁深广的今天，自有其天然的优势，若没有深固的根基，伴随着这一优势而来的将是更多的问题与疑惑。另一方面，因为没有语言那样的确定所指，故曲解与误读也在所难免。因此，绘画作为一种深深根植于历史文化之中的艺术样式，也就意味着其所指固然与其形式能指相关联，但对绘画所指的读取与悟解却是由更为深广的文化绪脉所决定的。因此我们就有了考察中国绘画的这一独特视角。这个独特视角不仅有助于我们看清历史，而且有助于我们看清现状，进而改变我们的旁观者立场，真正成为自身民族历史文化的拥有者。

（节选自《中国画文脉》）

上海好春

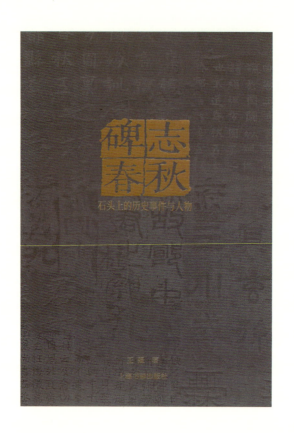

《碑志春秋：石头上的历史事件与人物》

王强 著　　　　　　责任编辑　李柯霖

上海书画出版社　　　2023 年 6 月出版

定价：116 元

　　作者走访河南、山东、河北、江苏等六省三十一地，以石刻原物为研究对象，对碑志及摩崖背后的历史故事、人物文献与艺术价值进行全面细致的考察，对碑志、摩崖题记所记载的历史事件与人物进行梳理考证，对书法艺术风格予以评述，并映射到整个时代的社会文化等历史背景。

作者简介

王强，首都师范大学"魏晋南北朝隋唐文学"博士。曾任中央财经大学文化与传媒学院院长。现为中央财经大学学术委员会副主任，文化与传媒学院教授，博士研究生导师。

编辑荐书

本书是作者在书法教学中有关石刻考察的笔记汇编。秉承启功先生"碑帖要看原石"的教诲，作者带领学生实地考察，足迹遍布河南、山东、河北、江苏等六省三十一地，涵盖40余方刻石，载体涉及碑碣、墓志、摩崖题记等。本书以碑志所载的历史人物为线索，行文轻松风趣，在梳理与考证史料的同时，也对碑志书法予以评述，为读者深入浅出地揭示出了石刻背后真实的人物过往与历史事件。

碑志春秋：用石头说话

　　近来我对石刻书法中的文献价值之钩沉甚感兴趣，石刻书法中的文献问题，在文史研究中已有较高的关注度，但在书法研究中，似觉其与书法艺术大抵无干，故仍是在考校辨识上偶有关注，并不作太多的与书法艺术和书法史论的会勘，这或许是在碑志书法研究中的一点缺憾。古所谓"书法"，大多就是一种实用的书写，其功能也多在记录与传通。我们在这种实用的书写中看到了古人书法造型之美观，进而窥知古人在某一时段的书写习惯与审美趣尚，我们也发现古之碑志因其志主的身份、家族、地域等背景，也有书法精粗优劣之区别，所以碑志的"文献"之考察，亦关乎书法史与书法美的论述与辨识，由造型之表而探文献之里，庶几能较深入地理解和感悟书法之深层意义。

　　所以，我的访碑在关注书法意义的同时，亦欲在当下能看到的碑志原石中钩沉其史料价值与文化价值。所访碑志之年代约略在中古，不以地域为限，随遇而访，记录当时感受。考辨尚存舛误，都是一时之感、一己之见，辑录出这些散论，一以保存寻访之迹，一以求教方家门下。此虽欲效先贤访碑之雅趣，恒不敢望先贤学问之项背也。

　　我们去访看那些古代的碑志，去抚摸那些已有千百岁年龄的石刻，总有一种把自己置身于过去、置身于历史之中的感觉。

法国哲学家柏格森（Henri Bergson，1859—1941）尝云：

"如果我们不坦诚地让自己置身于过去，就永远不可能到达过去。从本质上说，过去是虚拟的；我们不跟随和接受由过去延伸出来的当前形象的运动，让过去从晦暗状态里逐步显现在光明中，就不能知道过去的那些东西。"

我们在那些知名和不知名的碑志中要看到什么？看到了什么？我们原来心中的历史——不管是老师教的还是书上看的——是不是我们的想当然？或者是后人赋予的？前人做过的事被后人选择、演绎、归纳、命名的东西是真实的吗？抑或是我们当下虚拟的古代？

无论是书刻的内容还是书刻本身，古人的那一份书写与镌刻，它可能有意又或许无意地告诉我们一些东西，我们注意到了吗？我们是否想谛视，是否想倾听？

我们面对的是一块石头，那上面有文字的书写与镌刻，它已经不是纯然一"物"的石头，它是古人"打造"的一块石头，一块具有"有用性"的石头，它类如一件古人制作的"器具"。它具有纯然一物的质料与形式综合的特性，又有人造器具之"有用性"的特征，这都是"物"的特性。我们访碑，是要看它的有用性，看它书写的那个人和那些事；也还要看那刀刻痕中的间架与用笔，那是"有用性"之外，让人心动的另一个天地，即是一个审美的世界。"有用性"和"审美性"都在那块石头上，我们在这里看到了古人如何记录与传通，又如何在不经意处告诉我们，在那个时代、那个地方、那么些人的审美情趣和创造美的能力。

多么完整的东西，让我们完整地看该多好啊！但是我们往往设置了一些壁垒把它肢解了。一通碑志，有从文字角度看的，有从文献角度看的，有从书法角度看的……特别是站在书法的立场，只从点画线条上看，你也就只能看个"什么"而看不到"为什么"，你就最终弄不明白那个"什么"何以是那个样子。

记得康有为在《广艺舟双楫》中曾提出"师右军之所师"的问题，此语是非常有见地的。也就是"师右军"者（学习王羲之的人）只师右军不如去"师右军之所师"。因为只师右军，还不能追本溯源，还不是师法"本体的书法"。这一点柏格森亦有一段话可以作"注解"：

　　"在任何实际的、已经实现了的东西里去寻找过去的轨迹，这是徒劳的：我们倒是应当在光明底下的黑暗处去寻找它们。"

　　《广艺舟双楫》中有《传卫》篇，正是在"二王""南帖"具有中心话语权势的背景下，于不为人注意的"边缘"（"光明底下的黑暗处"）让人们由北碑（亦包括南碑）向上溯至曹魏时的卫氏，再溯至汉，至文字书写的"自发"状态而非"自觉"状态之时，去寻找书法最本源的"轨迹"。我们说汉魏时期是"书法的"本初状态，并非说是"书写的"本初状态，是因为这时的文字之书写已经不只有记录与传通的功能，已有了欣赏之功能（康有为所谓"汉人极讲书法……前汉风尚已笃好之"），是"实用—艺术"的二重性格融为一体，这是书法之为书法的本初状态。王羲之不是本初状态，南海甚至认为，王右军的师承本身即是此种汉家之特质，他在《本汉》中引右军之言曰："予少学卫夫人书，将谓大能。及渡江，北游名山，见李斯、曹喜等书，又之许下，见钟繇、梁鹄书，又之洛下，见蔡邕《石经》三体，又于从兄洽处见张昶《华岳碑》……遂改本师，仍于众碑学习焉。"尽管这个王羲之的自述在史实上受到后世研究者的质疑，但康南海到此是为了表达他的一个启人的观点。南海因而评之曰："右军所采之博，所师之古如此。今人未尝师右军之所师，岂能步趋右军也？"这是以卫氏为代表的"汉魏"对右军为代表的"南帖"的追问与消解。

　　"右军之所师"的是什么？是先贤对汉字以及汉字书写的理解，那绝不是点画线条，而是完整的汉字与汉文章的学问，不是"专业"，更不是"碎片"。

　　现在做学问，不时兴完整与深入，"碎片化"和"表面化"甚嚣尘上，美其名曰"专业性""实践性"。专业性没问题，过火了就是化整为零的碎片化；实践性也没问题，走偏了就是随波逐流的表层化。这种碎片化和表层化唯一的"好处"就是出"成果"快；坏处是"成果"烂得快。我还是愿意慢慢来，尽量地做得完整些、深入些，固然可能要坐冷板凳，但该坐也得坐。人家都说要"耐得住寂寞"，我倒是没太觉得"寂寞"，因为我还有一个不大合群的"治学习惯"，那就是把治学当游戏。小时候总有的可玩，长大了也要有个玩的东西，做学问就当玩吧，游戏其间，有趣，不累，玩上瘾了还真说不定能玩出点道道儿。既然是玩，就用不着装蒜，就周身通泰，怎么会"寂寞"呢？说"游戏"，当然不是说把做学问当"儿戏"。游戏也是可以很认真的，也是可以很有创意的。游戏就像艺术，是有意味的形式，守规矩而不必教条，有志趣而不奢求名利。当然做学问最主要的还是要有问题意识，不是为了做学问而做学问，那就了无意趣了，那就成了一个做学问的机器，此吾所不取也。最近三四年想着到处访碑，也是因为过去在一些石刻文献中有些不得解的问题，也有些石刻文献与史传文献常相抵牾的记载，让人搞不清楚怎么回事，就想去看看那碑志原石。一开始总认为石头不会骗人，但后来看得多了，发觉有时候石头上的书刻也有不少的问题。问题一多，就总想把它搞清楚，就有了所谓的"研究"，把一些问题弄清楚了就有一种讲出来的冲动。所以就写了好多笔记，在讲堂上和学生说，也有时候带着研究生出去一起访碑，边走边看边说，感觉这种田野调查式的"教研"方式还真能使自己在"教学相长"中不断进步。

（节选自《碑志春秋：石头上的历史事件与人物》）

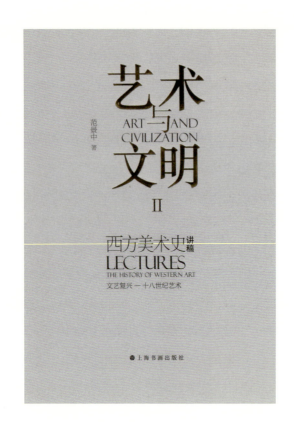

《艺术与文明 II 西方美术史讲稿》
（文艺复兴—十八世纪艺术）

范景中 著

责任编辑　黄坤峰　袁媛　王聪荟

上海书画出版社　　2023 年 8 月出版

定价：168 元

　　本书为《艺术与文明》三部曲之第二部，聚焦达·芬奇、米开朗琪罗、拉斐尔、维米尔、伦勃朗等天才艺术家生活的文艺复兴到 18 世纪。阐释不同时代的艺术这一独特的人类视觉创造成果，涉及历史、宗教、建筑、科技、哲学等多个不同领域，并且处处体现东方的审美与哲思。

作者简介

范景中，中国美术学院教授、博士生导师。曾兼任《美术译丛》《新美术》主编、中国美术学院图书馆馆长、中国美术学院出版社总编。中国美术家协会理事、中国美术家协会理论委员会委员。当代中国艺术史研究的标杆人物，最早将西方艺术史学者及其研究成果与方法介绍到中国。

编辑荐书

　　本书是作者写给普通读者的西方艺术通史。他有意识地不使用专业圈内流行的各种崭新术语，围绕着风格的来由与根源展开论述。书中介绍许多最新的研究成果，呈现了诸多连接中外古今的思考。它是关于艺术的研究，更是关于艺术研究的研究。

卡纳莱托和景观画

上海博物馆2023年展览展出的两幅卡纳莱托的作品，主题都是威尼斯。第一幅名为《威尼斯：卡纳雷吉欧区入口》，英国国家美术馆的介绍说：

这幅画描绘了卡纳雷吉欧运河的入口，这是威尼斯继大运河之后最大的水道。画面远处是建于1580年的方尖塔桥，两端各有一对方尖塔……

这段描述大致概括了旅游者站在画家的位置所看到的景物。不过，仍有几点需要说明。先说天空的云彩，碰巧这也是英国画家感兴趣的母题，科曾斯曾出版过一组画云的图式供学生使用，康斯特布尔还对那套图式作过临摹。此处我们感兴趣的是卡纳莱托画的云彩与河面的水纹的对比，看到他画的云彩飘浮得那么自然，而水纹仍然保留着古老的图式，我们一定会感到惊讶。实际上，把它和一幅威尼斯古代地图，例如梵蒂冈博物馆地图画廊陈列的丹蒂画的《威尼斯地图》的水纹相比，卡纳莱托对古老图式的改进确实不大，不像他画其他的事物那么逼真、那么用心，也许这么做是为了强调水面的平静。卡纳莱托制作这幅画的蚀刻画时，水面的处理完全不同，他使用晃动、不连续的线条，水面动荡，与天空长长的排线形成对比。

其次，再看圣耶利米教堂（即上引文翻译的格雷米亚教堂），它现在的样貌已不同以往，门楼在1848年的战争中被大火焚毁，我们看到的是

1871 年重建的样子，它的正面朝向圣耶利米广场，背面对着运河。高高的砖砌钟楼一般认为建于 12 世纪而不是 13 世纪。如果你走过教堂，千万不要错过钟楼旁边的拉比亚宫，它里面有蒂耶波罗最出色的壁画，描绘埃及艳后克利奥帕特拉的生平，《艺术的故事》讲述的《克利奥帕特拉的盛宴》即是其中之一。1948 年，唐·卡洛斯·德·贝斯特吉成为拉比亚宫的主人，这位被称为基督山伯爵、又号称狂热的收藏家，一下子为这座宫殿带来了拉斐尔、阿尼巴莱·卡拉奇和圭多·雷尼的绘画，紧接着一场 20 世纪规模最宏大最奢华的化装舞会于 1951 年 9 月 3 日在拉比亚宫开幕。

唐·卡洛斯称其为东方舞会，灵感即来自拉比亚宫蒂耶波罗的壁画埃及艳后的盛宴。会场装点成阿拉伯的风格，有中国风的品调。来宾有堪称世界赛马大王的阿迦汗三世、有耀眼的明星蒂尔妮、有社交名媛黛西·费罗斯，还有王子、公主、伯爵等一连串贵胄名人。

它开启了威尼斯时装设计师皮尔·卡丹的职业生涯，皮尔·卡丹为出席这场派对的"甜蜜生活"成员设计了大约 30 件秋装新款。迪奥和达里也彼此设计了服装。著名摄影家比顿拍下舞会的照片，人们说它再现了 18 世纪晚期的华丽生活。比顿也是设计大师，奥黛丽·赫本主演的《窈窕淑女》，服装出自他手，摘取了奥斯卡大奖。

拉比亚宫也是大运河边最有特色的宫殿，与它隔河相对，位于最右边的是奎尔里尼宫，紧挨的三层楼是艾莫宫，再往左依次是皮奥维内宫和艾里佐宫，当中是建于 16 世纪的方尖碑桥，它们一字排开，向两边延展，景致宁静而开阔，构图极其成功。这幅画，卡纳莱托很看重，还画有几种变体，一种改变了运河上的船只，一种在左边滨水区添加上白色的护栏，并在附近增画了马尔基奥里制作的奈波穆克的圣约翰像，卡纳莱托的蚀刻画即根据后一种镌刻。

最后再谈谈卡纳莱托是否使用了暗箱，这是一个有争议的问题。我们讲维米尔时已提到暗箱，它的使用原理很简单：光线通过暗箱的镜头，被反光镜反射到磨砂玻璃上产生出影像；颠倒的影像得到校正后，只需把半透明的纸张放在玻璃上，即可勾勒出景物的轮廓。它在 15 世纪为画家所用，到了 18 世纪已经发展完备，便携式暗箱已可供画家在旅行中使用。卡纳莱托拥有暗箱，所以有些学者坚信他使用了暗箱，不过，也有人认为他可能将其用作备忘录，用于记下某个地点的整体视图，以校正画面的失真与否，这就是他本人说的"草图"，即场景的一些粗略轮廓。当然，他使用机械辅助工具，例如分度器、尺规，可能还有光学仪器。但是他的城市景观图从未追求地形上的准确，他甚至会结合两个或多个视点，然后通过光线的落照来统一整体；有时会为了整体设计而改变建筑比例，扩大或缩小建筑物之间的距离。他的地形景观看起来很像照片，实际上已做过手脚，目的是获得构图的和谐。我们在第二幅《威尼斯：城堡区圣彼得教堂》看到的情况也大致如此。展览图录告诉我们：

"圣彼得小岛横跨威尼斯东部，在卡纳莱托的时代，这里是一片安静的工人阶级社区，商人和工人在这里各司其职，而圣马可地区（按：此处忽然转向圣马可地区，似有笔误）则和如今一样，深受游客欢迎。早期威尼斯风景画家常常关注仪式场景，卡纳莱托却偏好记录普通威尼斯人的日常生活，擅长发现平淡中的美。这幅画作的前景描绘了渔民们正拖着渔网，一艘满载来自大陆的干草和木材的船只正在码头卸货，其他商船则停泊在潟湖之外，远方天空可以看到朦胧的山脉。"

对于画面的主体圣彼得教堂，图录只说了设计者的情况："1558 年，文艺复兴时期古典建筑师安德烈·帕拉迪奥在威尼斯城首次受命，为城堡区圣彼得圣殿的外立面和内部进行改造。然而，委托改造的宗主教却在项目实施前去世。1594 年至 1596 年期间，后人在帕拉迪奥设计的基础上将圣殿改成一个更为中规中矩的版本，该建筑在 18 世纪雅游时期深受英国游客喜爱，他们回国后效仿了帕拉迪奥的建筑风格，改建或重建了自己的乡村房屋。这幅令人回味的威尼斯大教堂画作充分体现了帕拉迪奥式建筑优雅的外立面，衬以普通威尼斯人如画的日常生活，使其成为这座城市完美的纪念品。"

展览说明以三分之一的文字讲帕拉迪奥，而不是画幅本身，大概有两个原因：一是帕拉迪奥在英国影响太大，英国的雅游者通过帕拉迪奥设计于维琴察和威尼斯一带的建筑，在英国引发了所谓的帕拉迪奥主义；一是这幅画的身份还有争议，有人说它并非全然出自卡纳莱托之手，而是他工作室的其他人所画，所以不宜多谈画面本身的艺术。

但也许更稳妥的说法是，卡纳莱托画出主要细节，而其他的部分交给了助手。这幅画的一张素描稿表明，卡纳莱托是从城堡的宽街左侧一座建筑的窗户获得了广角的视野，由此向东眺望圣彼得一段的运河，夸大了实际的宽度。画面右侧是从小巷延伸到圣彼得岛的桥梁，左侧可以透过船只看到多洛米蒂山的远影。画面最触目的是略微倾斜的建于 15 世纪的钟楼，它的圆顶被毁于 1822 年的一次雷击，早已不复存在。卡纳莱托夸张了钟楼的高度，压低了教堂的高度，获得了与横向的教堂形成对比的效果。教堂的左侧那座低矮的建筑是宗主教宫殿，二楼左起第三扇窗户上方的纹章属于宗主教普里乌利（《从波提切利到梵高：英国国家美术馆珍藏集》说明为 1601 年去世）。教堂外立面采用白色的伊斯特拉半岛的石头，这为画面提供了白色建筑与蓝色天空辉映的主调。1558 年帕拉迪奥得到宗主教狄俄多的委托建造教堂，中途狄俄多去世，因而搁浅。1594 年和 1596 年之间由斯默拉尔迪接手建造，但从其立面的重叠式的三角额墙、竖立在高高基座上的四根白石立柱，以及圆形的穹窿来看，显然都采用了帕拉迪奥当初的设计方案，因为它和帕拉迪奥在威尼斯设计的另外两座更著名的建筑救世主教堂和大圣乔治教堂出于相同的机杼。

［节选自《艺术与文明Ⅱ西方美术史讲稿》（文艺复兴—十八世纪艺术）］

《中国材质艺术 · 艺术与物性》

巫鸿 编著　　　　　责任编辑　吴蔚　夏清绮

上海书画出版社　　　2023 年 5 月出版

定价：128 元

　　本书是"中国材质艺术"丛书之一，涵盖中国美术史的全过程，从史前时代到当代艺术，分别聚焦于玉器、陶器、铜像、石雕、玻璃、瓷器以及当代中国艺术中的"材质艺术"潮流，并以精美的插图和引人入胜的文字，开启一个从"材质"角度研讨中国艺术的系列。

作者简介

巫鸿，著名美术史家、艺评家、策展人，美国国家文理学院终身院士。现任芝加哥大学美术史系和东亚语言文化系讲座教授、东亚艺术研究中心主任。

编辑荐书

　　本书对"材质艺术"讨论的范畴扩及从史前到当代，涵盖中国美术史的全过程，为理解和研究中国艺术史提供了新的视角与方向。书中，作者与海外学者林伟正、刘礼红、黄爱伦专题分析了中国艺术中的玉器、陶器、铜像、石雕、玻璃、瓷器以及当代中国艺术中的"材质艺术"潮流，展示不同材料在中国美术史中的重要性。

"材质"与中国艺术的起源

"材料"是人类用来制作任何物件和建筑的物质。如果制作的是实用性或基本为实用性的工具、器物和建筑物的话，对材料的选择和开发——不论是石头、木材、陶土还是合金、塑料、混凝土——也将主要致力于满足其实用性的目的。对实用材料的开发既是人类生存和发展的基础，也是许多现代理论和学科的思考对象。比如考古学和历史学中的"三时代体系"，根据制作工具和武器的物质材料，把人类的早期历史划分为石器时代、青铜时代和铁器时代，其核心是人类生产力的不断进步和征服自然界能力的逐渐强化。"材料学"是工业革命后出现的重要应用科学之一，所研究的是现代材料，从冶金、塑胶到半导体和生物材料等的成分、性质和革新。在所有这些情况下，人们根据产品的实用价值对材料进行衡量取舍，他们所考虑的不是材料本身含有的社会、政治和审美的意义。

也正是在这个节点上，我们需要建立一个实用材料之外的材料范畴，即本辑定义的"材质"。这是因为人类制作的物件和建筑并不都具有实用性，或主要以实用性为目的。一大类例子是各种类型的纪念碑（如人民英雄纪念碑、华盛顿纪念碑和林肯纪念堂等），其首要目的是承载历史纪念性和象征意义，而非发挥建筑物的实际使用功能。更大一类例证是为了满足人们审美和精神需要而制作的艺术品，其价值体现在精神层面而非物质层面上。用以制作这些"特殊物品"的材料也不仅仅在于其物质性能，更在于它们往往可以引起特殊的感知和感悟，以满足对美的追求和其他的精神需求。这种超实用的性能构成了这些材料在意识形态和审美层次上的"质量"或"质性"（quality）。英国启蒙哲学家约翰·洛克认为"质量"的意义不仅在于物质本身，也包含了感觉和感知的层次，具有"主体在头脑中产生思想的力量"。这一概念随即成为现代哲学家思考"质量"的基础，将其看作是人对物质特性的感知，而感知总是发生在具体的社会和文化环境中，因此含有特殊的历史性。本辑推出的"材质"概念即由此而来：这个词由"材"与"质"两个语素构成，同时指涉材料的物理特征和"质量"（或"质性"）。在艺术史分析中，"材质"指的是用以制作艺术品和象征性建筑，具有社会、政治和审美意义的特殊材料。这些材料中，一些来源于自然的稀有物质，通过人为的选择和加工显示出特殊的材质特性；另一些则是人类的发明创造，以技术手段把自然物质改造为具有特殊性质的材质。两种情况都显示出把材料转化为材质的过程，因此都具有艺术创造的内涵。

在中国历史上，这一转化过程发生于新石器时代。根据考古发掘，中国新石器时期开始于公元前 7000 年之前，持续了大约五千年之久。在这个巨大的时间跨度中，人类的生活条件、社会组织和思想意识都发生了重要的变化。在技术领域中，最重要的变化是人们掌握了制作复杂石器和陶器的方法。技术的进步引起经济生活以及人们对自然态度的改变——他们变得更加主动和富有创造力。不再满足于旧石器时代人类依赖于自然的被动状态，他们更主动地征服自然，驯养了家畜，培育了粮食和蔬菜，设计并生产了众多的手工制品，人类的创造物被看作高于自然的给予。随之出现的是社会财富的积累、贫富之间的分化以及特权观念的形成，均由大量考古材料得到证明。所有这些发展都导致一些"特殊物品"的产生，集中体现为特别设计制作的陶器和玉石雕刻。在以往的艺术史和考古学研究中，这两种物品常被划入各自为政的独立领域，以探讨其类型和风格的发展。这种隔绝性的研究方法忽略了二者共同的经济和社会背景，以及美学和意识形态上的相通之处。如下文所述，二者最重要的共同之处即为共享其"材质"概念：用来制作它们的物质并不是单纯实用意义上的材料，而是具有社会、政治和审美意义的特殊材质。

艺术人类学家艾伦·迪萨纳亚克在《何为艺术的目的？》一书中提出，艺术创造的一个重要因素是对"特殊物品"的欲望。她写道：

制作本身既不是创造特殊物品也不是创造艺术，一个片状石器只不过是一个片状石器，除非利用某些手段使它变得特殊。使其特殊的手段可以是投入比正常需要更多的加工时间，也可以是把石料中隐藏的生物化石磨出来，以增加物品的吸引力。一个纯粹功能性的碗或许在我们的眼中并不难看，但由于它没有被特殊化，因此并不是艺术产物。一旦这只碗被刻槽、彩绘或经其他非实用目的的处理，其制造者便开始展示出一种艺术行为。

根据这一观点，艺术的产生也就是对"特殊物件"的制作——如具有特殊颜色、形状和技术含量的陶器和玉器。因此这些特殊器物的出现标志了艺术行为在中国文明中的产生。

东周时期的思想家和礼学家发展出一套对人造器物的分类和阐释系统，把含有特殊社会价值、用于礼仪活动的物件称为"礼器"，与实际生活中使用的"用器"相对。但仅仅根据器物功能，将礼器定义为礼仪中"使用"的器物就过于简单了，其原因在于这个分类系统不但在功能意义上使用"礼器"这个词，而且在象征性和形而上的层面上阐释这个概念。在后一种意义上，礼器被定义为能够"藏礼"的物件，其本质是对社会概念和政治原则的"内化"。如《左传·成公二年》说："唯器与名，不可以假人，君之所司也。名以出信，信以守器，器以藏礼，礼以行义，义以生利，利以平民，政之大节也。"《礼记·乐记》说："簠簋俎豆，制度文章，礼之器也。"

因此，如果我们希望理解中国艺术的产生和早期发展，我们就必须了解社会概念和政治原则如何通过礼器转化为视觉形式，以及"材质"在这种转化中起到的作用。更具体地说，我们需要通过个案分析理解"特殊物件"

的语汇、功能、意义以及美学素质：它们有何种体质上和视觉上的特征？它们对其定制者和使用者来说有什么意义？它们如何辅助社会和宗教行为？又如何表达当时的思想意识？为了回答这些问题，下文对从公元前4000年到公元前2000年出现的特殊陶器和玉石器进行简要分析，进而思考这一早期"材质艺术"传统对以后艺术发展的影响。

（节选自《中国材质艺术·艺术与物性》）

上海好书

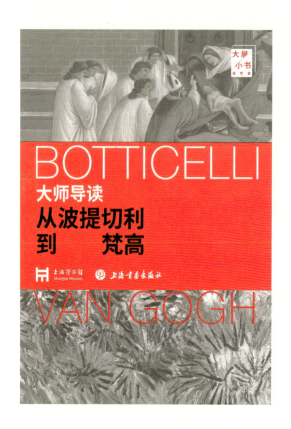

《大师导读：从波提切利到梵高》

上海博物馆 编　　　　责任编辑　袁媛　张冬煜

上海书画出版社　　　　2023 年 11 月出版

定价：85 元

　　一本由专业学者撰写的全民美育图书，来源于
2023 年火爆全国的艺术大展"从波提切利到梵高：英
国国家美术馆珍藏展"。上海博物馆邀请 8 位国内顶
级艺术史学者直面现场解读作品，内容深入浅出。图书
配有相应的导览视频，读者将跟随艺术史学者、艺术家
富有洞见的解读，不仅欣赏文字、观看影片，旨在让所
有的普通观众直面作品都能读懂作品。

作者简介

上海博物馆是一座享誉世界的顶级中国古代艺术博物馆，创建于1952年，其前身可追溯至1874年3月成立的亚洲文会上海博物院。上海博物馆是首批中央与地方共建国家级重点博物馆和首批国家一级博物馆、首批全国古籍重点保护单位，馆藏文物102余万件，其中珍贵文物14.5余万件，文物收藏包括33个门类，涵盖实证中华优秀传统文化的各类代表物证，是全球收藏中国古代艺术门类最齐全的博物馆之一。

编辑荐书

　　一本能让每个人都能看懂的西方艺术入门宝典，买得起、听得懂、看得懂、记得住。小开本，大画幅，布满高精大图，图文并茂。八个话题，每篇万言。李军、高世名、封治国、万木春、张敢、陆扬、丁宁、沈语冰精彩解读，让读者领略西方艺术四百年。

从波提切利到梵高特展赏画琐记

　　"从波提切利到梵高：英国国家美术馆珍藏展"成了今年度中国最热的西方美术史展览，短短 98 天的开放日中，迎来了逾 40 万的观众。我们邀请了八位国内优秀的艺术史专家学者，他们不远千里亲临展厅，为展览量身定制、倾情打造了一场"谈艺录"，既留下了专业唯美的视频导览片，现又付梓出版成册，使此经典的艺术之旅得以跨越时空，永不落幕。

　　前前后后我用心观摩此次展览不下十次，对展厅里的每一幅画作至今仍记忆犹新。作为出品人和学习者，结合自己的审美体验，也谈点从文艺复兴到印象派绘画对"艺术真实"探索的思考。

　　"征服真实"，这里我引用了艺术史家贡布里希在《艺术的故事》里对文艺复兴早期绘画的标题。贡布里希说，"现实世界的平凡的一角，突然被固定在一块油画板上。艺术家在历史上第一次成为真正的目击者，一个不折不扣的目击者"。在这次观展的过程中，一个最大的感受就是，从文艺复兴以来，直到后期印象派，对真实的再现和表现，一直是西方绘画史的一条主线，每个阶段、每位画家，都有自己的探索和方式。

　　在古希腊和古罗马艺术中，艺术的真实被视为真正的现实，艺术的作品成为艺术家表达对自然和人类的观察和理解的方式。在这些艺术作品中，艺术家通过熟练的技巧和细致的观察，创造了可以被认为是真实的、栩栩如生的形象，这些"高贵中的单纯""静穆中的伟大"的古典美传达了一种关于自然和人类的真实的本质。在文艺复兴时期，艺术的真实被视为一种理性的表达。艺术家通过学习科学和数学，掌握了透视和比例的原理，并用这些原理来创造真实的画面。无论是文艺复兴早期的佛罗伦萨和威尼斯画派、盛期的代表人物，还是文艺复兴的北方画派，这种理性的方法都强调了真实和精确的绘画技巧。通过这些技巧，艺术家可以表达对自然的真实观察。

对自然现实再现，也可以说是印象派历史的内在主线和演进逻辑。印象派受到照相新技术的挑战，如何表现自然的真实也是必然面对的问题。从莫奈对自然的光影捕捉，到塞尚对自然的结构抽象，到梵高对自然的主观宣泄，到高更对自然的本源哲思，无一不在试图有意无意间追求对自然再现的技术超越和艺术探索。从 19 世纪开始的现代主义艺术中，艺术的真实被重新定义为个人的情感和主观的体验。艺术家通过自由地表达自己的情感和想象，创造了表达内心真实的艺术作品。这种艺术主张摒弃了传统的技巧和现实主义的表现形式，追求艺术的自由和个性。正是在这个意义上可以说，印象派是对古典主义审美的最后一次远离，并开启现代主义绘画的大幕。

艺术史不能用"进步"的观念来评价，但是"再现"与"表现"的矛盾确实一直交织其间。不同历史时期的画家不得不对前辈观念和技法进行扬弃，以确立自身在艺术史中的创新和价值。从文艺复兴对中世纪哥特式艺术的否定，到巴洛克对文艺复兴艺术的远离，再到印象派对古典主义艺术的反叛，最后是现当代艺术在穷途窘境中，对观念、空间、形态、色彩、笔法等的再定义。这是艺术史一再发生的必然。

我和每位观众一样，徜徉在数百年的西方绘画史长河之中，还有一个直击心灵的体验就是关于画家"情感安放"的问题。每一位画家，都或多或少用他的画笔和颜料，在勾勒、描绘内心的观照，进行情感的释放。我们以印象派展厅为例，莫奈捕捉光线色彩，梵高渴求情感宣泄，塞尚构建真实结构，而高更似乎兼收并蓄，有对莫奈色彩的继承，有对梵高情感的认同，有对塞尚结构的描摹。也许正因为如此，我觉得他的绘画抱负更高，他似乎希望以绘画方式体现他的哲学式的追问：何谓自然的本质和人类的精神。这也许是他一生远离俗世，离群索居背后更深层的原因。在我看来，高更绘画中的原始性和象征性，是想回归绘画的本源，确实在艺术哲学层面，超越了同辈对精神小我的表现和对表现技法的探索。

这次上海博物馆推出的"从波提切利到梵高：英国国家美术馆珍藏展"，是上海正在实施的"大博物馆计划"，全力打造的"何以中国"和"对话世界"两大品牌系列展陈的重磅大展。历史的文物和艺术的历史犹如一把"万能钥匙"，我们的观众可以用这把独特的钥匙尝试打开自己的感性认知和审美能力，去解锁世界的多元文明，对话人类的伟大心灵。导览的八位学者，带领我们大家走进从单幅作品的观赏中无法获得的更宏大的历史视野、艺术流变和画家特质，引导观众从绘画艺术的大背景中理解"求真"艺术的变革和意义，拓展了我们艺术审美的视野，丰富了我们艺术审美的体验，并尝试进行了一些中西方文化艺术的比较分析和沟通对话。

在新的历史起点上继续推动文化繁荣、建设文化强国、建设中华民族现代文明，是我们在新时代新的文化使命。我非常希望，今后上海文博艺术界能够在推进中国式现代化的宏阔视野中，坚定文化自信，秉持开放包容，坚持守正创新，以"大博物馆计划""大美术馆计划"为牵引，通过更富创意的策划、更高品质的作品和更具对话意识的文博艺术展览，充分阐释和呈现中华文明的连续性、创新性、统一性、包容性、和平性五大突出特性，进而搭建起心灵沟通之桥、文明互鉴之路，在文化艺术领域更好发挥上海作为世界观察中国的窗口作用，更加彰显上海构建国内大循环中心节点和国内国际双循环战略链接的功能，不仅能让中国看到世界，更能让世界看到中国！

（节选自《大师导读：从波提切利到梵高》）

《仲威讲碑帖》

仲威 著　　　　责任编辑　李莺　栾鑫
上海科学技术文献出版社
2023 年 1 月出版　　定价：68 元

　　本书以严谨专业又生动易懂的语言，首度公开作者自己近三十年来研究碑帖的"压箱底秘笈"，把碑帖研究中最难以忘怀的时刻、最百折千回的案例汇聚其中。书中分享的重要善本碑帖名品鉴定故事，更呈现时代变换中碑帖鉴藏观念的变迁。

作者简介

仲威，上海图书馆学科带头人，研究馆员，复旦大学特聘研究员，上海文物鉴定专家委员会委员，上海书法家协会理事，中国国家博物馆藏品征集鉴定委员会委员，中国国家博物馆藏品定级专家。B 站"观止讲堂"领衔 up 主。

编辑荐书

《仲威讲碑帖》犹如一把解锁千年碑帖艺术秘密的钥匙。这本玲珑小巧的珍品，装载着十六堂与碑帖的奇妙对话。此书虽小，却内涵深邃，将中华翰墨的深邃奥秘慷慨地展现在世人面前。作者以严谨而不失风趣的笔触，妙语连珠，仿佛信手拈来，实则精心雕琢，考据既散发出金石之气，又蕴含文雅之风。每一页都有历史的密语，每读一个故事都如同启封古老宝箱，每一篇都破译一桩名帖沉睡谜案。书页翻转之间层层深入，有领略不尽的翰墨风流。

推开一扇门

20世纪90年代初，我虽然已经收藏许多碑帖影印本，但是碑帖拓本却从来没有接触过。民国以后，碑帖影印本以其价廉物美逐渐取代拓片，中华人民共和国成立后，拓片已经淡出老百姓的文化生活圈，普通人很难接触到碑帖拓片，书法爱好者研究临摹的字帖多是影印本。

我初进上海图书馆是在外文期刊采编部。当时根本就不知道上海图书馆的馆藏里有碑帖拓片，直到一次非常偶然的会议……记得在1995年10月，就在上海图书馆新馆建成前夕，图书馆组建了新的领导班子，其中的党委副书记王世伟，是顾廷龙先生的学生，精通目录版本和文献学，当时分管图书馆"工青妇"工作。就在一次工青妇会议上，退管会老同志魏开霖先生向领导反映，在上海图书馆的龙吴路书库有大量未编历史文献，总量有四百二十万册，所以这批资料的代号就叫"420"，其中有碑帖、家谱、旧平装书、旧外文书等，亟待抢救整理。

我以上海图书馆团委副书记的身份出席了这次会议，听说图书馆有碑帖，就浑身来劲，马上主动要求去探个究竟。第二天，我就组织上海图书馆团员青年去龙吴路书库参加义务劳动，顺便排摸一下"420"中的碑帖。

龙吴路书库，是一座九层的书库建筑，我逐层探访，寻找"420"传说中的碑帖，一层层地找，都没有发现。一直到顶层，几乎就要绝望泄气时，却意外地推开了一个闲置数十年没人光顾的书库大门。这层书库约有六百平方米，里面碑帖拓片堆积如山，黑压压地一垛一垛排列着。放眼看去，约有七八垛的碑帖堆，每一垛纵有七八步、横有十五六步的规模，几乎堆到屋顶。如此巨量的碑帖简直可以装下四节火车车皮。这是一座碑帖宝库。我随手从中抽取几件，就是《九成宫醴泉铭》《集王圣教序》《颜家庙碑》《淳化阁帖》等传世书法经典名碑。它们可不是影印本，而是碑帖拓片原件，多是文物或重要文献资料。

这一发现，对我来说，犹如找到了一座"金矿"。一下子看到这么多碑帖拓片的原件，惊喜是无以言表的，由此我的人生轨迹发生了一次重大转变。

我马上将这一碑帖馆藏资源的重大发现，汇报给了领导。王世伟书记立即安排我再回龙吴路书库，并给我十天时间去做调研。

当年，电脑还没有普及，我的调研报告多是手写的，记得好像写了一二十页报告纸，主要反映这批碑帖资料的珍贵性和亟待抢救整理的紧迫性。这份数十页的报告马上被图书馆领导上报至市委宣传部，不久就下拨一百万元人民币，用于开展上海图书馆历史文献整理与抢救工作，碑帖抢救与整理工作就此启动。

我也从外文期刊采编部调到古籍部。当年的古籍部是整个图书馆最牛的部门，拥有顶级的古籍版本专家和最丰富的馆藏古籍资源。那是一个令古籍、文史爱好者非常神往的地方，能进入古籍部工作应该算是人生的一大幸事。但彼时的我，还没高兴几天，就陷入了忧愁。忧愁什么呢？因为碑帖宝库中绝大多数的品种都是自己从来没有见过的。我当时的碑帖知识储备也就那些影印本字帖，如何开展这场超大型的碑帖整理工作，实在缺乏工作经验。

其实，办法总比困难多，俗话说得好，"船到桥头自然直"，就在我发愁之际，图书馆领导给我送来两位老师，一位是孙启治，他是顾廷龙馆长助手，此前协助顾老编撰《尚书文字合编》，前后历时十二年。启治老师是周一良的外甥，其父是新中国"硫酸工业奠基者"——孙师白，可谓家世显赫。孙先生学问渊博，工作勤勉，著作丰厚，是一名真正的学者，参与《新编诸子集成》及《续编》校注工作，有《墨子间诂》《墨子·校注》《申鉴注校补》《政论校注 昌言校注》等经典成果传世。他是上海图书馆内，继顾廷龙、潘景郑之后，旧学根底最好的一位长者。另一位老师就是陈先行，大名鼎鼎的古籍版本专家，这里无须我再作介绍了。当时，孙老师五十出头，陈老师四十出头，我才二十六岁，是他们教会我碑帖编目，让我得到了古籍版本目录学的启蒙训练。

上海图书馆的碑帖抢救与整理工作就此起航。因为龙吴路书库在郊区，上下班不方便，所以最初的碑帖整理编目办公室设在长乐路书库，就是原合众图书馆旧址。此地原来是顾廷龙、潘景郑工作过的地方，这是最好的"爱古籍"教育基地，我在此间工作三年，留下了最美好的青春记忆。

1998年，龙吴路书库、长乐路书库的碑帖统统搬到上海图书馆新馆（淮海中路）二十二楼书库。至此，上海图书馆的碑帖整理研究事业走向规范化，这批碑帖的价值也逐渐显现。经过二十多年的整理，我共经手二十五万件碑帖拓片，从中发现碑帖善本数千件，达到国家文物一、二级标准的碑帖珍本多达七八百件。上海图书馆成为全国石刻拓片收藏数量最多的公藏机构，收藏善本质量可与故宫博物院媲美，我也成为国内外经眼碑帖拓本数量最多的人之一。至今我还经常感叹道：如果不是这个书库里有这么多善本，如果不是自己对碑拓艺术的热爱与坚持，我的碑帖研究生涯将乏善可陈，辜负了大好青春年华！

（节选自《仲威讲碑帖》）

上海好春

园
境
——
五
十
佳
境

明
代

王
丽
方
————
著

上海三联书店

《园境：明代五十佳境》

王丽方 著　　　　责任编辑　朱静蔚

上海三联书店　　　2023 年 5 月出版

定价：99 元

　　本书甄选明代园记中的 23 座园林，深研古人生动而传神的文字，对其中的 50 个佳境，通过 200 余幅精美手绘图从平面、剖面、场景透视图等角度进行还原再现；运用"形—势分析"方法对案例进行了独特的建筑学分析总结。

作者简介

王丽方，清华大学建筑学院教授、建筑师、博士生导师。主要研究方向为建筑与城市空间艺术、园林景观艺术（中国传统景观案例及思想，构建自然建筑学学说）。

编辑荐书

　　本书是作者"十年磨一剑"的著作。书中根据前人园记的记载，选取 23 座明代园林中的 50 个"园境"作了重构，并用图像和文字结合的形式展现出来：从平面、剖面，到场景透视图，并附作者精绘的 200 余幅园境复原图，再现古人造园智慧、审美意趣与建筑哲学，直观呈现出明代园林意境之美。

难得一见的明代园林的"复活"

我们现今能够观察体验的中国古典园林，只有清代遗存的园林。因此，多数人对中国古典园林的印象，都停留在清代园林的样子。这局限了人们对中国古典园林的了解。

对中国古代园林的学术研究，由于实物素材的局限，必然也会影响到观点和结论。这也限制了人们对中国古代丰富多样的园林设计特征和设计思想的认识。

明代园林成就璀璨，在山川大地营造的园林曾经生机勃勃，却又很快消逝于历史的风烟之中，如今我们难以窥见其真容。所幸的是，古代文人认真而动情地用文字记写了很多园林。园虽逝去，文章留存。

作为建筑师，明代园记中那些独特优美的园境和富有魅力的设计深深触动我心。本书的研究首次将一大批明代优秀园境的场景样貌集中地"再现"出来，就像我们进入明代"园记"的山野中挖掘、采撷一番，捧出各种奇花异果，供大家鉴赏。

对明代的园境案例，本书进行了比较系统深入的建筑学讨论，用新的视角对案例展开独特的设计分析，希望能打开新的研究和认识之门。书中的大量篇幅是关于园林案例的描述、园林场景的呈现。每一个园林都有园的故事，其中带有一些趣事。除了园境案例，书中还穿插了与园林设计相关的一些论述专题，例如"中国园林为什么有山？"等。

从古文到园林样貌场景的呈现，这一方法我称之为"重构"。重构将古代文字信息转化为直观画面，其中不仅有平面的布局内容，还有一些剖面示意以及远近透视场景的内容。

将古代文字转为画面好像跨过一条大河。我们对明代园林样貌的认识和想象有了图画这个落脚点，由此可以从抽象的、模糊不定的了解进入具象的、场景比较清晰稳定的理解和思维。像鸟的迁徙，在此处落脚休息之后，便可以向更远处"翱翔"。

（《园境：明代五十佳境》）

上海好书

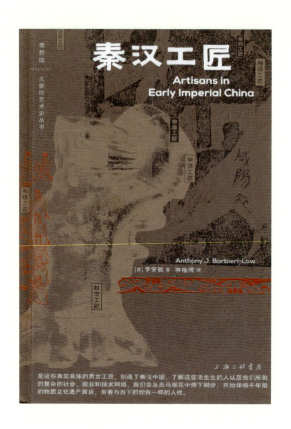

《秦汉工匠》

[美] 李安敦 著　　　　林稚晖 译

责任编辑　苗苏以　　　上海三联书店

2023 年 7 月出版　　　定价：139 元

　　透过博物馆的玻璃展柜鉴赏中国的漆器、青铜器、石塑像，人们会好奇这些装饰精美的碗盏和器具是由谁制作的。本书在器物制作方法上着墨不多，但打开了一个全新的领域，引领我们超越一件器物或一座建筑的物理特点、男女工匠的生活，进入复杂且隐匿极深的早期中国社会。

作者简介

李安敦（Anthony J. Barbieri-Low），美国普林斯顿大学中国艺术史与考古学博士，现任美国加州大学圣巴巴拉分校历史系教授，研究方向为秦汉史（社会、经济、法律、物质文化）、埃及学（比较史学）。

译者简介

林稚晖，香港浸会大学历史系博士，现任香港理工大学中国文化学系讲师，研究方向为中国古代性别史、日常生活史、中国古代科学与技术。

编辑荐书

本书是一本深入研究秦汉工匠社会生活的美术史著作。作者结合历史、铭文和考古分析，颇为全面地揭示秦汉匠人的生活、生存之道。他们是如何生活的？他们是如何学会和提高自己的手艺的？他们如何推销他们的产品？作者考察了这些秦汉匠人在早期中国社会中的地位，分析了他们的社会流动性和在早期中国经济中的作用。他更将研究深入到工匠们的作坊中，了解他们是如何接受培训的，他们使用什么工具，以及他们面临的工作危险。

兵马俑背后的两类工匠

　　人们在博物馆邂逅一件古老的人工制品，往往感到与遥远的过去产生实实在在的联结。然而，无论一件闪闪发光的文物如何因华美的纹饰令人眼花缭乱，或因巧妙的构思使人心驰神往，透过它人们所感受到的联结实际上都非常肤浅。一件挂在画廊墙上或置于博物馆橱窗内的文物，已被生硬地剥离了两类至关重要的环境。一类是使用环境。没有一件古物造出来时就是为了摆入博物馆橱窗的，然而将它放在那里，便几乎抹去了它怎么使用和它在更大的物质文化体系中有何意义的一切线索。考古学家将视复原它的使用环境为己任，每当他们发现古代器物，便会巨细靡遗地记录其位置，以及它和周边其他文物之间的关系。他们期望通过比较分析和文本研究，重建这件器物在古代的使用方法，以及它对于使用者和社会其他人的意义。

　　文物被剥离的另一类环境更难修复，即它出产时的社会和经济环境。它由谁所造？这个人在社会上处于什么地位？为什么他／她制造了它？怎么造的？造它的人受过什么训练？它怎样被卖给用家或被送到用家手上？如果我们真的重视与文物的邂逅，这些正是我们想回答、并且应该尝试回答的问题。遗憾的是，在这件器物被长埋地下之前，它的制作环境早已不复存在了。要复原相关信息，就必须拼凑起散见于文献、铭文、考古遗址中的蛛丝马迹，还得深入研究这件器物本身。

　　中国的报告和西方的流行观点都倾向于强调一个事实，即迄今为止所发现的陶俑中，没有两个是一模一样的。有人甚至认为，陶俑就是现实中士兵的肖像，其面部差异反映了新帝国的族群多样性。亚瑟·考特瑞尔（Arthur Cotterell）在 1981 年出版的畅销书《秦始皇》（*The First Emperor of China*）中写道："每个俑头都是一个人的肖像，到目前为止，尚未发现两张相同的面孔。这些士兵都以真人为原型。"尽管每个兵俑的确独一无二，但最新的研究却打破了它们依照一个个真人来造的这种迷人想象。雷德侯（Lothar Ledderose）在其著作《万物》（*Ten Thousand Things*）中，拆解了陶俑如何通过量产技术造出来。整个工程以组装模块部件的方式展开，由此产生的栩栩如生和复杂多变，赋予了地下军队以神力。

　　兵马俑的研究者概述了它们的制作步骤。每个士兵由七个主要部分构成（底座、脚、小腿、躯干、手臂、手掌和头部），每部分单独或分期制作出来后，再用湿黏土拼接到一起。从下往上看，底座是用矩形盒子（有时是五角形）倒模出来的。膝盖以下的腿可以是实心或空心的，通常先用泥条或泥板搭建出基本形状，再包上一层黏土，雕塑成裤子的形状。躯干是间架结构中最简单的部分。手臂有弯曲和伸直两种姿势，都通过类似的泥条盘筑法来制造，并接入躯干。手掌用呈打开或握紧姿势的模具造好，并安进手臂的袖口中。拇指通常单独制作和装嵌，以使其握住某种青铜武器。头部的基本形状则脱胎于双瓣模具，分界处就在耳朵前面，之后再涂上一层层的黏土，并雕出个性化特征，形成表情、头发、胡须、眉毛等。最后，要为陶俑髹一层生漆，再绘上明艳的红、绿、蓝、紫、橙、黑、白等颜色。

　　雷德侯展示了兵马俑是由有限的基本部件组成的，通过不同的组装方式来模拟出人的千姿百态。事实上，只有八种基本头型、八种躯干类型、七种鞋型和两种手型。甚至，那些看似个性化的面孔也是如学者说的那样，是"预制表情和象征性组件的拼装成品"。大量零部件用模具制成标准的尺寸和类型，但由于每个模制零件随后都由人手进行加工、雕刻和上色，整个作品便因此呈现出个性化的特征。因为兵马俑是由成套模块而不是按一个个原来的有机整体来制作的，所以它们不能被视为真人的完整塑像。但这并不排除其他的可能性，即陶俑的面部特征是根据一些普遍的面部类型，或者局部地采用了个别人物的特点。

近几年，骊山陵园的挖掘工程又出土了新的真人尺寸的陶俑，其中一部分与兵马俑坑中死板的、模式化的模型迥然不同。一个新出土的陪葬坑中有陶制的文史和其他官员，他们在来世继续襄助皇帝。另一个坑中有各式各样真人大小的演艺人、大力士和说书人塑像，他们在地下世界为皇帝提供娱乐。大力士的姿势之自然和真实程度，在现存的战国或秦时期艺术中前所未见，以致不止一位学者搬出西方影响论这种陈词滥调来解释它迥异的风格。一位著名学者甚至提出，这个大力士是外来工匠制作的，但是建造技术和作坊标记的高度一致性表明，大力士和他的艺人朋友都是由本地汉族工匠制作的。现在我们将目光转向制造兵马俑的工匠。许多陶俑在不显眼的位置上都盖着戳印，标识出工头或陶工的名字及其所属的官营作坊。迄今为止，在数以千计被修复的人俑和马俑上共发现了 87 个不同的名字。这些名字分别属于两类不同的工匠。第一类是受雇于官营作坊的政府工匠。他们的名字通常用印章戳在人俑上，包括"得""疆"和"系"等字。名字前往往还带有"宫"字。据袁仲一（1932—　）的考证，这可能是"宫水"的略写，该部门是秦代负责制造水管、空心砖和陶瓦的官营机构。雷德侯敏锐地指出，兵俑的腿看起来的确与秦宫遗址出土的水管十分相似！秦代宫殿的陶瓦和宫砖上也发现这三人（得、疆和系）的戳印。因此，某些陶俑的制造者——至少是工匠队伍的监工——并非雕塑专家，而是擅长修造水管和量产砖瓦的陶工。至少还有另一个官方机构也为这个工程派遣了能工巧匠：以"大"冠名的印记很可能指的是"将作大匠"，是负责建造宫殿和皇陵的朝廷命官。兵马俑上的第二类名字似乎属于咸阳或周边县城里私人陶坊所雇用的工匠。他们的名字通常是手写在塑像上的，而不像宫匠那样用正式的印章戳上去。这些名字包括"野""敬""重"等字。

最后这个名字含女字旁，它可能属于一位女陶工。

来自私人陶瓷作坊的独立工匠很可能是应征来修始皇陵的，以此作为他们岁役的一部分。他们可能被召集到兵马俑坑旁的窑场，在朝廷命官的名义监督下工作。他们可能获得基本食宿，也可能在轮班一个月之后返回原来的工场。

袁仲一对私营和官营作坊的工匠所做兵俑的风格差异进行了分析。他的观察丝毫不令人意外，官营作坊出产的兵俑质量始终更胜一筹，使用的陶土也总是更好。它们身姿挺拔、骁勇善战，脱模出来的体型和尺寸几乎纤毫不差。相较之下，地方性私营作坊工匠所造的兵俑质量则参差不齐，有些精工细作，另一些则粗制滥造、错漏百出。值得留意的是，由应征入伍的工匠所作出的陶俑带有更多栩栩如生的变化，在身高、体重、年龄、表情，尤其是发型上千姿百态。这些作品的面孔和原型可能来自陶工日常经验中的普通人，而宫廷工匠的灵感则可能来自宫殿大院里的守卫和士兵。

袁氏关于风格的分析似乎表明，从私营作坊招募来的工匠能更随心所欲地在作品中展露个人特色，特别是在面部的最终细节上。他们也受过各种雕塑传统的训练，这一点被有意无意地呈现在作品中。这些部分的风格变化也很可能归因于零散的培训和宽松的工场监督。相较而言，那些在官营作坊出产的部件则一律正儿八经、风格呆板。所有官聘的工匠很可能受过同样的艺术训练，并且都在同一地点工作。

兵马俑工匠的最终命运，很可能与那些为地下军团挖地室和为秦始皇陵堆封土的刑徒和奴隶子女大不相同。成百上千不幸的年轻刑徒和奴隶，在工作中力竭身亡或染病不治，他们被草草埋在工场以西的浅墓里。那些幸存下来的人被减刑，换成兵役，派去平息那场规模宏大的摧毁了秦帝国的叛乱。

（节选自《秦汉工匠》）

上海好書

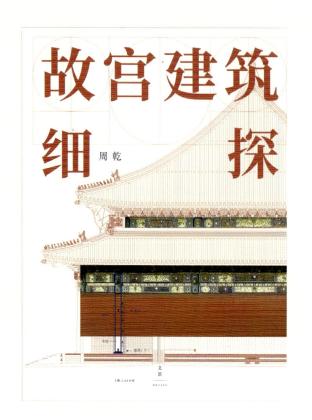

《故宫建筑细探》

周乾 著	责任编辑　王萌
上海人民出版社·文景	2023 年 1 月出版
定价：148 元	

　　本书是关于故宫建筑知识的普及性读物。作者从故宫建筑的建造、部件、布局以及特别的单体建筑等切入，辅以 200 幅照片、手绘图，拆解故宫建筑的布局方式、结构特征，建筑上镇物、摆件的文化寓意，以点代面、深入浅出地讲解故宫建筑的特点以及背后牵涉的历史文化知识。

作者简介

周乾，故宫博物院研究馆员、故宫古建专家，曾参与太和殿大修工作。曾获国家科学技术进步奖一等奖、华夏建设科学技术奖一等奖。代表著有《太和殿》《故宫古建筑的结构艺术》等。

编辑荐书

　　作者系故宫博物院研究馆员、故宫古建专家，不仅拥有丰富的建筑学知识，而且曾经参与太和殿大修工作，积累了宝贵的一手经验。在本书中，作者运用其专业知识与实践经历，以深入浅出的语言拆解建筑结构与布局，还原故宫古建的真实面貌，带领读者领略中国古代建筑与文化的精髓。

避暑

　　北京属于暖温带季风气候，夏季高温多雨，酷暑难耐。但是紫禁城却有多种防暑、避暑的设配和措施，使在宫中居住的帝后可以从容度过炎热的夏季。

冰窖

　　冰窖是为避暑而建的建筑，其主要作用是储藏冰块，用作帝王在暑期饮冰。故宫内的冰窖具有非常优秀的隔热性能，现存共 4 座，坐落在故宫西区隆宗门外西南约 100 米处，每座建筑的形制完全相同，均为南北向建造，外观与普通硬山式建筑无异。

　　冰窖内部则为半地下室形式，室内外地面高度差约 2 米。每座冰窖内部长约 11 米，宽约 6.4 米，地面满铺大块条石。地面一角留有沟眼，融化的冰水可由此流入暗沟，暗沟附近有旱井，以利于暗沟排水。四周由 1.5 米高的石质墙体和 2.6 米高的条砖墙组成，由此开始起拱做成拱券顶棚形式。顶棚与屋顶最高点的高差约 2 米，其间用灰土填充。建筑墙体厚约 2 米，不设窗，仅在南北两侧设门。

　　故宫冰窖采用的地下式建筑形式，利用地下温度的恒定来保持室内温度的恒定；厚厚的墙体及屋顶隔离了室外高温的影响；可以吸附杂质、净化冰水的地面，维持了冰块的清洁；地面暗沟有利于保持窖内干燥。

凉棚

搭设凉棚也是故宫避暑的重要方法之一。所谓凉棚，即在夏天搭设用于遮阳的临时性棚子。夏天天气炎热，室外活动多为不便，为此故宫的后宫建筑一般会在立夏后，在院落里搭设凉棚，由内务府营造司负责具体搭设事项。凉棚覆盖整个院落，不仅可以遮阳避暑，而且有利于阻挡部分空中的灰尘及鸟粪。现存故宫长春宫庭院及庭院内凉棚的烫样，烫样大约制作于清咸丰九年（1859）。长春宫位于故宫西六宫区域，是明清后妃居住的场所，明朝嘉靖皇帝的尚寿妃、天启皇帝的李成妃，清朝乾隆皇帝的孝贤皇后、咸丰帝的慈禧太后均在此居住过。

冰箱

炎炎夏日，现代人通过冰箱来获得冰爽可口的饮品或食品。现代冰箱一般采用机械压缩、冷凝技术，利用人工制冷剂材料（氟利昂 −12）来吸收箱内的热量，使得箱内降温。那么，在古代，有没有具有制冷效果的冰箱呢？回答是肯定的。中国古代冰箱源于冰鉴。"鉴"其实就是盒子，"冰鉴"就是存放冰的盒子。古人为了食物保鲜，早已掌握藏冰技术。每年冬天，都有专人负责采冰、藏冰，在来年夏天将这些冰放入特定的盒子中，用于制冷。与现代冰箱不同，故宫的古代冰箱不仅绿色环保、无噪声污染，而且在夏天有着很好的制冷效果，可以冷冻食物和饮料，还可以为房间制冷。

◎柏木冰箱

这件冰箱置于柏木底座上，为上大下小的斗形，平面尺寸约为 90 厘米见方，高约 82 厘米，内壁四周包镶有一层铅皮。冰箱底板正中有小孔，中间高度设架空搁板一层，顶部有盖板，盖板上开设铜钱纹的通气孔。从材料上讲，柏木和铅均为较好的冰箱制作材料。柏木古朴典雅，色泽鲜丽，木纹清晰，表面具有丰富的自然木节；木质厚实，遇水不易烂，不会发黑，且会散发出一种有利于安神补心的香味。铅为材质较柔的一种金属，易于加工，能够与柏木箱的内壁紧密连接。铅的防水性能非常好，故宫重要建筑的屋顶（如太和殿）就覆盖了一层铅皮作为防水层。铅还有较好的防腐功能，覆盖在柏木箱的内壁，可防止冷气腐蚀木材。从功能上讲，柏木冰箱兼有冷藏水果和使室内降温的双重效果。冰箱内架空搁板上面放夏令水果，如西瓜、荔枝、葡萄等，搁板下面则放冰块。冰块融化时产生的冷气，一方面可使水果降温，另一方面冷气从盖板的铜钱纹开眼冒出，充溢室内空间，有利于室内降温。融化的冰水则可通过底部正中小孔流出，下有预留的水盆接住，有利于冰块长期使用。

◎乾隆御制款掐丝珐琅冰箱

这件冰箱由箱体与箱座两部分组成，呈口大底小的的斗形，箱体为木质胎底，里面镶嵌一层铅皮，外表面则采用掐丝珐琅工艺。冰箱高 45 厘米，上下均为正方形平面，上外口边长 72.5 厘米，下外口边长约 63 厘米，壁厚约 3 厘米，重量达 102 公斤，不易搬动。冰箱的外表纹饰精美，露在表面的五面为缠枝宝相花纹，箱底部为冰梅纹饰。盖的边缘饰以鎏金，阳刻楷书"大清乾隆御制"六字款。箱座为红木，高 31 厘米，重 21 公斤，四角包镶掐丝珐琅并饰以兽面纹，造型与工艺同样别致、精细，与安放其上的冰箱浑然一体。

机械风扇

◎雍正帝发明的风扇

雍正帝日常居住、办公的场所为养心殿。炎热的夏天常常使得雍正苦不堪言，他认为普通的手摇扇子不能满足室内降温需求，因而下令让造办处制作了"机械化"的风扇。与普通手摇风扇相比，该风扇的创新性在于，人工转动扇柄的时候，可同时带动六把扇子转动，产生的风力要比普通扇子强。当郎中保德进呈做好的风扇后，雍正帝并不是很满意，下令对风扇进行改进，要求稍微降低风扇高度，并把小羽毛扇换成大羽毛扇。雍正帝坐着办公，降低风扇的高度便于接受凉风；大羽毛扇子则产生的风力更大，降温效果更佳。

◎乾隆帝自鸣钟风扇

雍正的四子乾隆对自动风扇很感兴趣。根据《清宫内务府造办处档案》之乾隆二年（1737）"自鸣钟"记载，六月十三日，乾隆帝下令让服务于造办处的法国耶稣会士沙如玉制作带有"自动风扇"的自鸣钟一台。十一个月后，"自动风扇"自鸣钟制作完成。该自鸣钟的特点在于，其上部安装有风扇，钟的发条带动内部齿轮转动时，通过牵引装置带动风扇转动，从而使机械风扇成为现实。故宫博物院藏清乾隆时期的红木人物风扇钟由上、中、下三部分组成，下部为箱座，内可放物品；中部为时钟，通过发条转动可带动指针计时；上部则为手持桃形扇子的童子及立于童子背后的大风扇。当时钟走动时，带动童子上下挥动扇子，并带动大风扇水平转动，在夏天可产生较好的清凉效果。故宫博物院现藏类似自鸣钟数台，大都为乾隆时期制作。

（节选自《故宫建筑细探》）

科普
生活

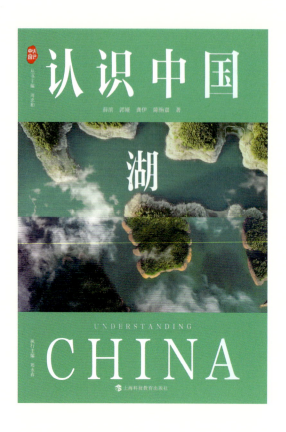

上海好书

《认识中国湖》

薛滨　郭娅　龚伊　陈怡嘉 著

责任编辑　陈怡嘉　侯慧菊　顾巧燕　程着

上海科技教育出版社

2023 年 8 月出版　　　定价：88 元

　　本书从中国湖的命名文化引出全书话题，讲述不同类型湖泊的地质特点和科学家对其成因的探索；谈到了湖水的温度、含氧量、离子含量等物理化学属性，帮助读者了解湖泊作为水体的复杂性；介绍了湖泊对生物多样性的作用……

作者简介

薛滨，中国科学院南京地理与湖泊研究所二级研究员，博士生导师。

郭娅，自然地理学博士，中国科学院南京地理与湖泊研究所科普主管。

龚伊，环境科学博士，中国科学院南京地理与湖泊所高级工程师。

陈怡嘉，上海科技教育出版社编辑。

编辑荐书

　　本书约请中国科学院南京地理和湖泊研究所不同专业的研究人员为青少年撰写，内容包括湖泊的地质成因、湖水的物理化学性质、生物生态特点，以及与湖泊相关的人文历史、科学家故事。书中设有多个文学阅读和科学探究栏目，引导青少年读者开展科学实践，体会人文精神，引发对祖国山河的热爱。

湖泊的出生与成长

对湖泊成因最简单的描述是：洼地积水即成湖。洼地作为湖盆，其形成原因大致分为三种：地球内部因素、地球表面因素和外太空因素。来自地球内部的形成因素包括地壳运动和火山爆发，地表因素包括风和水（河流、海洋和冰川），来自外太空的因素则是陨石坠落。科学家根据湖盆的成因对湖泊进行了分类。不同的成因让湖泊的风貌多姿多彩。

抚仙湖（云南大学李凯迪摄）

1. 构造湖

构造湖是指在因地壳内力作用形成的构造盆地中潴水而形成的湖泊。地壳的构造运动会造成陆地上升和地层断陷、坳陷、沉陷。前者形成了里海、咸海等湖泊，后者则形成了中非的裂谷湖群及欧亚大陆上的贝加尔湖等湖泊。构造湖一般为深水湖，湖形狭长，储水量大，湖泊自净能力强。西伯利亚的贝加尔湖是构造湖的典型代表，中国云贵高原上的滇池、洱海和抚仙湖也是构造湖。

2. 火山口湖

火山爆发形成的湖泊类型多样，主要分为火山口湖和火山熔岩堰塞湖两种。火山口湖是由火山喷火口休眠以后积水而成的湖泊，呈圆形或椭圆形，湖岸陡峭，湖水极深。中朝边境上的长白山天池即是一

小龙湾火山口湖
（中国科学院南京地理与湖泊研究所薛滨摄）

个火山口湖，它的整个湖底是一座休眠火山的火山口。相传女娲正是在长白山岩浆翻滚的巨大火山口中，炼成了补天之石。吉林省的小龙湾等诸多龙湾也是典型的火山口湖。

3. 堰塞湖

火山喷出的熔岩、地震引起的崩塌、冰川与泥石流引起的滑坡等原因会造成河床壅塞，截断水流出口，其上部河段会积水，堰塞湖就是这样形

成的。比如，黑龙江省的五大连池就是火山熔岩堰塞湖，熔岩流迫使白河原河床东移，又将新河谷隔断，形成了呈串珠状排列的五个火山堰塞湖。

地震后由于山体滑坡进而阻塞河流形成的堰塞湖是地震次生灾害之一。唐家山堰塞湖是汶川大地震后形成的最大堰塞湖，也是北川灾区危险最大的一个堰塞湖，当时经过一个月的抢险才解除危机。

4. 岩溶湖

碳酸盐类地层经水流的长期溶蚀而形成的岩溶洼地、岩溶漏斗或落水洞等被堵塞、积水，就会形成岩溶湖，如贵州省的草海。

5. 冰川湖

冰川湖是由冰川挖蚀而形成的坑洼和冰碛物堵塞冰川槽谷积水而形成的湖泊。我国的冰川湖主要位于念青唐古拉山和喜马拉雅山区。巨大的冰川会在重力作用下由高处向低处移动，厚重的冰在移动时会对接触面产生侵蚀，形成冰川地貌。而且，冰川不但自己"走"，也会带着东西一起"走"，这些东西被称为冰碛。在这个移动过程中，海拔降低或气候变暖等原因引起的温度升高，会使冰川逐渐融化，形成冰蚀湖（冰斗湖）、冰碛堰塞湖、冰面湖及冰下湖等。冰川不仅塑造地貌、形成洼地，其融水也是冰川湖的主要水源补给。西藏的拉姆拉错就是典型的冰川湖，四川省新路海是我国最大的冰川终碛堰塞湖。

6. 风成湖

沙漠中低于潜水面的丘间洼地，经其四周沙丘渗流汇集而成的湖泊是风成湖。风成湖一般都是些不流动的死水湖，而且面积较小，水浅而无山口，常是冬春积水，夏季干涸。在巴丹吉林沙漠高大沙山之间的低地上有不少小型风成湖分布。敦煌附近的月牙湖就是风成湖。

7. 河成湖

河成湖是由于河流摆动和改道而形成的湖泊。它又可以分为三类：一类是由于河流摆动，天然堤堵塞支流而形成的湖，如鄱阳湖、洞庭湖等；二是由于河流本身被外来泥沙壅塞，水流不畅，潴水成湖，如南四湖等；三是河流裁弯取直后，废弃的河段形成的牛轭湖，如内蒙古的乌梁素海。

8. 海成湖

海成湖是由于泥沙沉积使部分海湾与海洋分割而形成的湖泊，通常称作潟湖。潟湖原本是海的一部分，但因潮流所携带泥沙的堆积，久而久之，潟湖海湾与大海隔开。湖中最初为纯海水，但失去与大海的交流后，可能继续演化成为淡水湖，如杭州西湖、宁波东钱湖等。

9. 陨石湖

陨石湖是由陨石撞击地表所形成的湖泊。大部分陨石都会在大气层中烧尽，不会带来伤害，偶尔有大型陨石撞击才会形成陨石湖。中国台湾的嘉明湖就是一个陨石湖。

10. 人工湖

人工湖一般是人们有计划、有目的地挖掘出来的湖泊，包括一些景观湖和大型的水库，如洪泽湖、千岛湖等。

（节选自《认识中国湖》）

上海好书

《医生，你在想什么》

王兴 著　　　　责任编辑　刘宇婷

上海译文出版社　　　2023 年 6 月出版

定价：56 元

　　这是医生、科普作家为所有需要看病的人写的一本医疗科普书。从老百姓生病后的寻医、问诊、治疗各个环节中可能碰到的相关问题出发，结合一定的科学知识、人文思考，为在疾病面前迷茫而忧虑的普通人提供一套基础的认知与思路，为大家提供一堂"每个人的疾病课"。

作者简介

王兴，北京大学肿瘤学博士，上海市第一人民医院胸外科主治医师。作品有《病人家属，请来一下》《医生，你在想什么》《癌症病人怎么吃？》。作品获第十七届文津图书奖科普类推荐图书、2022年中华优秀科普图书奖。

编辑荐书

　　作者王兴系上海市第一人民医院胸外科副主任医师，一线工作10余年，有丰富的临床经验。作者从事科普工作多年，是头条、知乎签约作者，拥有众多粉丝。长期受邀担任中央电视台《健康之路》节目明星演示嘉宾。北京朝阳医院眼科主任医师陶勇、中国政法大学刑事司法学院教授罗翔、上海市第一人民医院院长郑兴东、《奇葩说》辩手庞颖、作家／媒体人梁文道等联袂推荐此书。

医学思维是你与一位医生最短的距离

首先，从两个误会说起。

第一个，是对疾病的误会。

我于 2006 年进入北京大学医学部，开始了 8 年的医学学习生涯。说起来你可能不信，作为一个医学生，我从中学开始，就一直坚信自己有某种疾病。我从小到大一直非常瘦，一米七几的个头，却只有 110 斤左右。我好希望世界上有个神奇的药丸，吃过之后就可以获得健壮的男同学那样的"男子气概"。所以在学习临床知识的时候，就觉得什么病自己都像得了。刷牙流血，我就觉得自己得了白血病；经常便秘，我就觉得自己得了肠癌；学到了甲亢，我就感觉和自己急躁的性子非常符合。但是后来经过了漫长的学习和自我检查，我慢慢意识到，我得的病其实叫作——医学生综合征，这个疾病也不独属于我，每个医学生都或多或少经历过。

人产生的大部分症状都并不算是疾病，大部分疾病也没有明确的病因，大部分的病也无法治愈。与医学无力感的抗争会持续很久，直到我认识到这个世界终究还有一些事情我可以做，有一些人我可以救。

后来，我的体重通过健身增长到了 140 斤，我才发现，我所谓的"瘦弱"，只是因为怎么也吃不胖的体质。但是这个持续了十余年的误会告诉我，与疾病的斗争，以及和解，是每个普通人一生的必修课程。

第二个，是对医生的误会。

我最开始对医生的理解和想象，来自动漫里的船医，这个角色非常吸引我，我也愿意成为别人战斗时背后的依靠。于是在选择专业的时候，我两个志愿都报了医学。但当我大三跑马拉松后因为脚伤去看病的时候，却觉得医生真的很冷漠。

我进了门诊后，觉得他并没有仔细问诊，也没有好好检查，就和我说没事，我再想问哪怕一个问题，收到的都是不耐烦的逐客令。当时的我认为自己虽然不知道要成为怎样的医生，但至少明白自己不要成为怎样的医生——我学长那样冷漠的。

但事情就巧在，当我进入临床学习时，这个医生学长成了我们的带教老师。尽管有情绪的滤镜，但我仍瞬间就被他的睿智、热情和个人魅力感染了，我坚信这就是我要成为的医生。可是，为什么同样一个人，却可以有两个截然不同的态度？

后来我也做了医生，我终于理解了，医生在门诊时，更多的职责是快速判断这个病人有病还是没病，吃药还是手术，要不要住院。简单来说，就是"筛查"。我当时确实没用药就很快好了，没有浪费一分钱。从这点来看，那位医生学长其实是高标准完成了任务的。这让我从医生的视角去思考，怎样才是"有效的医疗"。

医生也是基于对疾病、医学、医疗的基础认知，才训练出属于医生的一套思维方式。一旦普通人对于这种思维方式有更多的理解，恐慌和不安就会减少很多，取而代之的是理性的分析与决策，从而实现"有效的医疗"。因此，学会医学思维，可能是普通人与医生之间最短的距离。

那，什么是医学思维呢？

我们知道，病人对医生的尊敬，往往来自对疾病的疑惑，以及对医生神奇能力的"盲目崇拜",这是构建了医患角色关系。但随着信息的开放,医学知识不再是高深莫测的东西。一个人来到医院和他的医生沟通之前,他可以轻松地通过百度、谷歌、维基百科对这个疾病的来龙去脉作一个大致的了解。理论上讲,病人在对信息的获取上与医生是一样的,信息不对等更多来源于医患双方对信息整合理解的能力不同,而并非信息获取本身。

任何思维走到最后,都可能会成为一种直觉。这种直觉不是猜测、不是臆断,而是建立在大量的学习和实践之上的一种经验性的本能。对于医生来说,医学思维就体现在:他可以迅速地判断一个人到底有没有生病,是不是需要治疗。例如,两个人同时来到急诊,一个酒气熏天大吼大叫,一个捂着肚子闷不作声,也许闷不作声的那位才应该是第一顺位抢救的。

所谓医学思维,就是医生在掌握了有关人体和疾病的生物学规律之后,根据病人的症状、体格检查和实验室检查作出相应的诊断,并且依据诊疗指南向病人提出合理的诊疗建议,并指导或者直接为病人完成治疗的过程当中,贯穿始终的思维模式。

医学思维包括几个维度。

理性思维。对于一个病人的病情,我的判断是什么?对他来说有效的医疗是什么?如何选择性价比最高的方案?(怎么解决问题)

批判思维。我的判断有没有可能是错的?有哪些不支持我判断的依据?(怎么规避风险)

科学思维。临床的指南是否需要改进?新的临床发现是否可行可信?一个可能的病因和疾病之间是相关性还是因果性?(怎么看待技术进步)

为了理解和获得医学思维,最直接的一种方式当然就是报考医学院学医,但这对大多数人来说肯定不太现实,也完全没必要。那么,没法接触医学课程的普通人,可以掌握基本的医学思维吗?

我的答案是,可以。

我认为医学的知识并不比任何一个行业高深,律师思维、建筑思维、艺术思维、管理思维都可以很快地通过一些基本知识的掌握(问诊、查体、病历诊断），从而完成自己熟悉的思维模式到医学思维的迁移。

一个医学生的学医生涯大概会学习的主要内容：

第一部分，是基础医学，包括人文、数理、生化、解剖、遗传、微生物、寄生虫……（几十门大课不一一赘述），它解决的问题就是常识，是对生命、疾病和科学的理解。

第二部分，是桥梁课，包括诊断学、检验学、影像学，以及沟通学，学习的是一些进入临床学习前最基本的技能。这相当于学了10年军事理论，送到战场的第一天开始，首先要学习怎么给手枪上子弹。

第三部分，也就是临床医学，会全面地学习内科、外科、妇产科、儿科的疾病知识。

我选择的是第二部分——桥梁课。这既是医学生学习最兴奋的阶段，也是我认为对普通人来说最实用的。因为它能够真正让你理解医生是怎么问诊、怎么查体、怎么得出诊断的。通过它，你可以感受到医生的思维模式，并学着像医生一样思考。

培养了医学思维，能做什么呢？一旦你有了医学思维，在看病时会发生什么神奇的变化呢？

很简单，如果你一不小心获得了医生的全部大脑，那么你就可以轻松地理解为什么你明明只是吃坏了肚子，医生却会问你的性生活史；你也可以理解为什么你明明肚子已经很疼了，医生还要按你的肚子，直到你嗷嗷叫了为止。你还会了解，医生听诊之前为什么总是把听诊器头用手攥一攥，按肚子之前会让你把腿蜷起来。这些个"讲究"，都是为了什么。

（节选自《医生，你在想什么》）

"科学起跑线"丛书：
《最强大脑》《太空探索者》《给孩子的健康课》

褚君浩 总主编

黄翔　汪诘·科学有故事团队　吴瑞龙 著

责任编辑　公雯雯 茶文琼 章琢之 袁玲 周琛溢

上海教育出版社　　　2023 年 7 月出版　　定价：201 元

　　这是一套以培养中小学生科技创新素养为宗旨的原创科普读物，《最强大脑》生动展现"脑外科医生最想让你知道的大脑知识"，《太空探索者》帮助读者领略"16 个地基和太空天文台背后的传奇故事"，《给孩子的健康课》带领读者一起"探索生命奥秘，解锁健康密码"。

作者简介

从左至右，依次为：褚君浩、黄翔、汪诘、吴瑞龙

褚君浩，半导体物理专家，中国科学院院士，曾三次获国家自然科学奖。

黄翔，医学博士，复旦大学附属华山医院神经外科主治医师。

汪诘，知名科普作家，中国科普作家协会会员。

吴瑞龙，上海市老龄事业发展促进中心综合业务一部主任。

编辑荐书

　　"科学起跑线"丛书是一套以培养中小学生科技创新素养为宗旨的原创科普读物。本辑分3册，通过脑科学、宇宙科学、生命健康等经典前沿科普主题，激发青少年的探究兴趣，在掌握科学知识的同时形成理性的科学思维。丛书采用大开本全彩印刷，图文并茂，语言生动，科学性、知识性、教育性和可读性兼具，旨在为新时代青少年搭建所需的知识图谱，帮助其树立正确的宇宙观、世界观和人生观，让他们站得更高，看得更远。

探索生命奥秘　解锁健康密码

燃烧吧，我的小海马！

从脑科学的角度理解，大多数提升学习效率的方法都是在和海马回斗智斗勇，希望利用其生理特点为我们服务。

方法1：激活海马回

要想激发海马回的能量，关键是要爱上学习。对于你感兴趣的内容，海马回会认为这有利于你的生存，因此自动判定为应该被记住。不过说起来容易做起来难，为了激活海马回，我们需要主动创造兴趣。一是赋予学习内容以意义。二是建立自我奖励机制。比如完成某个学习任务后奖励自己做一件自己喜欢做的事情，这样兴趣自然就来了。如果还是没有兴趣怎么办？那就只能不断重复了。在信息不断冲击的刺激下，海马回会认为这条信息关乎生存，授予其长期记忆的资格。

方法2：利用 θ 波

θ 波是一种脑电波，其作用是激发海马回，提升记忆效率，同时提升大脑的创造力。θ 波很"挑剔"，只有当你研究感兴趣的内容时才会出现，可见兴趣是多么重要。另一种情况是当我们的大脑感受到快速移动时，也会自发地发出 θ 波，这很好地解释了为什么有的人摇头晃脑地背书效果很好，有的人来回踱步时可以获得很多好点子。只要让大脑感受到移动，θ波就有可能出现。这也是人类长期进化的表现。

方法 3：饥饿和低温

肚子饿的时候，我们的胃部会分泌一种饥饿激素，这种激素进入血液循环后能进入大脑的海马回。饥饿激素能促使海马回中的神经元产生长时增强作用，也就是让大脑的记忆中枢更活跃、更稳定。反之，吃饱后，不仅饥饿激素水平会降低，而且血液会相对集中于胃部和肠道，导致大脑的活动水平降低，这就是人吃饱了总会犯困的原因。另外，适当的低温也有利于激活海马回。

方法 4：充足的睡眠

睡眠是巩固记忆的重要环节。因为海马回就是在我们睡觉时工作的。如果睡眠时间不足或者睡眠周期被打断，这就意味着海马回整理信息的工作受到了干扰，必然会影响记忆的效率，那白天的刻苦努力就白费了。另外，睡前 1-2 小时也是记忆黄金期。根据遗忘曲线的规律，人在学习新知识 1-2 小时后将会忘记将近一半的内容。但如果学习新知识后 2 小时内进入睡眠，将这些未遗忘的知识直接通过海马回进入整理环节，变成大脑的长期记忆，将大大提升学习效率。

会转"眼珠"的中国天眼

2002 年的一天下午，北京中国科学院国家天文台的一间办公室里，几位重量级教授围着会议桌讨论着什么。桌上凌乱地叠放着一堆照片，照片中是当时世界上最大的射电望远镜——阿雷西博射电望远镜各个角度的样子。

会议桌一角的任革学教授盯着一张馈源舱特写照片看了许久。馈源舱是射电望远镜的核心设备，一般固定在望远镜的正上方，收集来自望远镜反射面板聚集的宇宙信号。

他拿起这张照片，递给 500 米口径球面射电望远镜项目总工程师南仁东教授，说："阿雷西博的反射面板是完全固定的球面，因为球面和抛物面具有相似性原理，球面可以近似地代替抛物面进行粗略观察。通过球面反射的信号，再由位于球面焦点处的格里高利三镜反射馈源舱采集信号，最终实现对远方目标的精确观察。这么复杂的馈源舱再加上不锈钢外壳，足足有 900 吨。如果 FAST 也采用同样的设计方案，这个馈源舱估计将近万吨，也没法直接安装在超过 500 米跨度的横梁上。"

南仁东教授沉思了一下说："我们可能要打破这个传统，用一种从来没有过的全新望远镜设计概念来建造 FAST。"接着，他举起了手中的照片说："阿雷西博的馈源舱就是一个固定的电视机天线，只能调整指向。这个设计太传统了，不适合 FAST 这样的超大口径望远镜。我们要把 FAST 变成眼睛，减小馈源舱的质量，让它能像眼珠子一样动起来。"

站在一旁的研究员朱文白张大了嘴说："老爷子，建造 500 米口径的一个'大锅'就已经非常困难了，现在还要把馈源舱变成像眼珠子一样转起来，是不是还要让'大锅'保持变形运动才能把信号聚焦到馈源舱上？这个想法听上去有点科幻啊！"

老南喝了口水说："我们不光要让 FAST 变形，而且精度还要控制在毫米级，也就是变形误差不能超过指甲盖的厚度。"

这个设想完全超出了当时所有人的认知，大家都觉得这个设计简直是天方夜谭，能够按此要求建造出来的可能性极低。但是，正因为这个奇妙的设计方案，才让我国打破传统望远镜百米口径的工程极限，让世界最大口径射电望远镜——FAST——拥有了"中国天眼"的称号。

世界上最精密的照相机

"眼睛被称为心灵之窗，是中枢感官能够最完整、最丰富地欣赏大自然无限杰作的主要手段。"这是达·芬奇从绘画的角度来说的。作为最主要的学习感官，视觉在接收信息时不仅比听觉速度快、容量大，整体性也更强。因此自古以来，人们就把珍惜宝贵的东西比喻成像爱护眼睛一样。

世界卫生组织的一项研究报告显示：中国近视患者人数达 6 亿，其中中小学生近视人数已经超过 1 亿，青少年的近视率居世界第一。国家卫生健康委员会的调研数据显示：2020 年，我国儿童青少年总体近视率为 52.7%，其中 6 岁儿童为 14.3%，小学生为 35.6%，初中生为 71.1%，高中生为 80.5%。目前，青少年近视率仍在逐年攀升，并呈低龄化趋势。

我们拍照时首先需要有充足的光线照亮物体，然后物体的光线通过照相机的镜头感光成像在底片上，底片冲洗后才能变成可以看见的相片。人的眼球就如同一台精密的照相机，角膜、房水、晶状体、玻璃体等透明组织形成了一个"组合镜头"。瞳孔相当于照相机的光圈，晶状体相当于照相机的镜头，睫状肌相当于照相机的对焦系统，视网膜相当于照相机的底片。诱发近视的主要原因是用眼不当，用 6 个字概括就是"长时间、近距离"。长时间看书或使用电子产品以及近距离用眼等，都会造成睫状肌痉挛，使眼轴增长，进而导致光线进入眼内后不能聚焦在视网膜上，而是成像在视网膜前，出现视物模糊，这就是近视。

到目前为止，还没有任何办法可以治愈青少年近视，因为近视是不可逆转的，一旦发生，情况只会越来越严重，直到 18 岁成年之后才会逐渐"稳定"。我们唯一能做的是从日常生活做起，防止近视进一步加重。

当然，除了近视外，我们还要警惕其他眼部疾病的发生。无论是屈光不正（近视、远视、散光、老视）还是白内障、青光眼，都有可能导致看不清。一旦出现这种情况，一定要尽快去医院做一个全面的眼部检查，判断自己属于哪种眼部疾病。

（节选自"科学起跑线"丛书）

上海好书

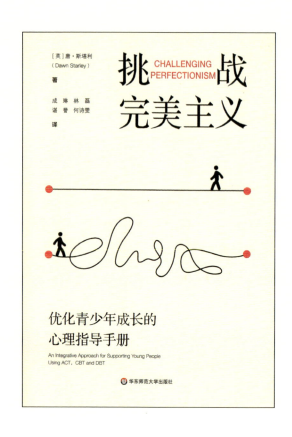

《挑战完美主义：
优化青少年成长的心理指导手册》

[英]唐·斯塔利 著　　成琳 林磊 谌誉 何诗雯 译
责任编辑　白锋宇　　华东师范大学出版社
2023 年 10 月出版　　　定价：49.80 元

　　本书阐述了关于完美主义的最新研究，对完美
主义的定义、潜在风险和虚假好处进行了深刻分析，
并整合接纳承诺疗法（ACT）、认知行为疗法（CBT）
和辩证行为疗法（DBT），为青少年工作者、家
长以及青少年就如何挑战完美主义提供了行之有效
的策略，以使青少年朝着更健康的生活迈进。

作者简介

唐·斯塔利，英国健康与护理专业委员会注册教育心理学家，在儿童青少年心理健康支持方面积累了丰富的经验。她在博士期间开展关于完美主义的研究，并在相关专业杂志上发表了相关论文。

译者简介

成琳，上海中医药大学国际教育学院教师，国家二级心理咨询师。中国社会心理学会整合心理专业委员会副主委。曾获全国大学生心理健康教育工作先进个人、上海市育才奖等荣誉。

林磊，上海中医药大学副教授，国家二级心理咨询师，加拿大维多利亚大学访问学者。上海高校心理咨询协会理事，上海市"阳光学者"。曾获中国心理卫生协会专业委员会上海心理健康教育工作优秀青年、上海市大学生心理健康教育工作先进个人等荣誉。出版译作《心理学：关于女性》。

谌誉，上海中医药大学心理咨询与发展中心教师。本科和硕士毕业于华东师范大学心理系，中德创伤治疗高阶连续培训项目中方助教，长期接受系统家庭治疗、萨提亚模式家庭治疗、结构家庭治疗训练及督导。

何诗雯，上海中医药大学心理咨询与发展中心教师，学校心理咨询师。本科毕业于华东师范大学，研究生毕业于伦敦国王学院。曾获上海高校第十届心理健康教育"移动微课程"大赛教学比赛三等奖。

编辑荐书

　　本书作者认为，并不存在积极的完美主义，长远来看，任何形式的完美主义都是不健康的。与完美主义相关的"好处"可能是短暂的，而其对个体健康功能的损伤却是持久的。基于此，作者在书中强调：要降低完美主义的风险，早期的系统干预是非常必要的。也就是说，学校、家长都须更新对"完美主义"的理解，从而帮助青少年形成更健康的行为方式，即"最优主义"。此外，书中还提供了实用有效的策略，可为学校、家长和青少年提供支持。

追求完美意味着什么？

在完美主义评级量表中，明确提及相关的环境因素（例如父母的期待和批评，以及教师的期待等）的是少之又少，这突出了关于完美主义的主流模式——"儿童内在模式"，即问题源自儿童的内在，因此改变的责任在于孩子。似乎没有办法测算外界环境因素，如当今的媒体信息、现行法律和公共支出走向等对青少年的影响。这种观点其实遗漏了一个重要因素。

利普曼认为，我们应该"首先找出引发问题的社会弊病"，而不是将完美主义视为一种问题或者认为追求完美主义的人是病态的。这反映了一种趋势，即人们越来越认为心理健康的责任不在于个人，而在于社会。然而，社会上对此观点的看法褒贬不一，下文对此作简要介绍。

追求完美和个人责任

几个世纪以来，人类在活动中越来越高效，我们创造机器来完成工作，这意味着人类会有更多的时间投入到更多的工作中并承担更多的责任。科学家和研究人员持之以恒地研究更精简、更强大且运行起来更快、噪音更小的机器，希望向创造出"完美机器"更进一步。

我们已经成为超级生产力。"遵守并执行"是许多就业领域取得高水平成就的强大推动力。人类设定了高绩效目标，许多工作场所也都建立了绩效工资。

在许多方面，社会都在努力追求完美，它想要创造：

◎ "完美的工作场所"。在"完美的工作场所"中，员工的休息时间被压缩到最少，增强了抗压能力，生病率和流动率降低。同时基于人体工程学、美学和实用性等方面对工作环境进行充分优化，使产出最大化。机构对社会和环境作出贡献，履行了一系列社会和慈善义务，而且实施了许多有效的福利举措，制定了针对"出色工作"的奖励制度。团队成员除了完成能够提高公司业绩的个人项目外，还能融洽共处。大家以"我们还能做得更好"为目标，并且做事高效迅速。

◎ "完美的学校"。"完美的学校"在学习和行为方面成绩斐然，教职员工素质高且经验丰富，学校领导有方且充满自信，没有一个孩子掉队。学校能够较好地与外界交流，与更广泛的社区建立了公益合作，而且学生们能够进入高等教育机构深造或者找到好的就业机会。学校内配备现代化的设施和资源，并为所有学生提供各种各样的机会。

◎ "完美的人"。作为"完美的人"，我们不仅是各方面表现都较好的高素质员工，而且情绪稳定，能经营好家庭生活，为公益组织和其他社区作出贡献，并通过持续不断的学习"提升自己"，能保持最佳饮食习惯、锻炼方式和睡眠模式。我们会照顾长辈，主动管理好自己的健康，这样在年老的时候也不会给社会造成相应的负担。

但似乎事与愿违。在过去的几十年里，心理健康带来的挑战急剧上升。

我们的世界发生了巨大的技术飞跃，人类的"穴居人"大脑为了与之匹配，付出了极大的艰辛。我们并不是天生就能适应这种快节奏、不断变化的生活方式的，这种生活方式对我们在所有领域中的期待都很高。它甚至希望我们成为放松专家，能够在日常生活中熟练地运用专注、冥想和瑜伽。尽管随着时间的推移，人类大脑的进化已经取得了令人瞩目的进步，但我们并不是对世界有求必应的机器人，以前不是，以后也不会是。

过去几十年中，为了应对心理健康问题的急剧攀升，个性化心理干预措施取得了巨大的进步，同时精神类药物（例如抗抑郁药）的使用也获得了相应的发展。

这是对社会上日益加剧的压力、焦虑和抑郁的被动适应而非主动应对。这也是一个因人而异的应对过程，即将问题的"责任"归咎于个人：你有压力，因此你需要进行一些治疗；你感觉情绪低落，因此你需要一些药物。问题的根源在于你自己。让自己变得更好然后你就可以重新融入社会，并为社会的发展作出应有的贡献。

同情心和集体责任

幸运的是，在过去的几年里，另一波新观念正在形成并得到加强，它们富有同情心地考虑到了广泛的人类需求，并认识到对于发展来说，一直紧绷着要去执行的这种压力实际上是一种阻碍而非助力。这种压力促使人们对公共心理健康采取"社会心理"方法，旨在通过社会政策和立法等结构性变革，在问题出现之前加以预防。

这个观念认为个人责任并不是推动社会向前发展的良方，反而可能会让我们忽略更大的问题：文化和企业的责任。实际上，如果我们都专注于提高自己的承受力，改善对待压力的方式并努力让工作效率更高，我们就自然而然地不会着眼于"大局"并思考社会是否首先造成了压力。这不是一个新的观念：早在 1978 年的《心理治疗全指南》（*A Complete Guide to Therapy*）一书中，科瓦尔（Koval）就认为人们应该将精力放在社会的全面变革上，而不该放在"个人"的改变上。显而易见的是，社会变革作为一项具有挑战性的壮举，是需要时间的。

关于完美主义，社会变革的一个例子是在广告和营销活动中避免使用"完美人士"这样的用语，这种做法虽然效果缓慢但有用。许多企业现在会选择不同身材、年龄、性别、种族、能力和其他特质的人作为模特，而不是某种固定类型的人来代言他们的产品或服务。就我们年轻人所接收到的信息而言，这一转变是正确的，因为这些信息关乎他们应该成为什么样的人才能融入我们的社会，在我们的社会中获得成功和幸福。

幸运的是，这样的例子有很多，但我们要做的也还有很多。

个性化心理干预的一个问题是它无法惠及每一个有需要的人，而且它侧重于被动地而不是主动地解决问题，因此会产生这样的局面，即心理治疗师承担了过大的压力，同时那些接受治疗的人也常常容易"病情复发"。许多人产生心理困扰的"起因"，或者至少是一个主要诱因，源于外部，源于他们的工作和个人生活。对于儿童而言，保罗·吉尔伯特（Paul Gilbert，2002）建议比起通过提高儿童的适应力来"战胜抑郁症"，我们更应该通过预防童年性虐待来"战胜虐待"——童年性虐待是一些儿童抑郁症的诱因。同理，对于完美主义而言，我们首先需要考虑社会因素对激发完美主义态度的影响，而不是将全部的注意力放在削弱年轻人的完美主义观念上。

前进的方向

变革是艰难的，然而我们经常对青少年寄予厚望。本书认为早期的系统干预是必要的，这样可以帮助预防一系列后续的问题。社会中的信息多元繁杂，对此，我们可以施加影响的第一个着力点是去反思我们自己的想法、态度和行为，因为它们可能会对年轻一代产生影响。

（节选自《挑战完美主义：优化青少年成长的心理指导手册》）

《阿托莎的处方笺：乳腺癌的历史与命运》

陈嘉健 编著　　　　　责任编辑　魏岚　肖芬

复旦大学出版社　　　　2023 年 2 月出版

定价：98 元

　　本书以人类对乳腺癌认知的演进为轴，以历史真实人物阿托莎（古波斯帝国国王之妻，由奴隶进行了乳房切除）在不同历史阶段的虚拟处方为线，以乳腺健康医学与人文发展历史中的各个节点事件与人物为点，基于卡通漫画的表现形式，创作了这部贯穿古今中外乳腺健康管理领域医学与人文发展史的科普漫画作品。

作者简介

陈嘉健，复旦大学附属肿瘤医院乳腺外科副主任医师、中国科普作家协会会员。在临床工作之余专注于医学科普已逾十年，科普作品获上海市科技奖科普奖、中国抗癌协会科技奖科普奖、上海市优秀科普图书等奖项。

编辑荐书

　　探索乳腺癌的千年斗争，这本科普漫画带你穿越时空，从古波斯王后阿托莎的神秘处方到现代医学的突破，用幽默的笔触和生动的图像，讲述乳腺健康的历史与科学。它不仅是一部医学史的缩影，更是一次知识与趣味的完美结合，让你在轻松愉快的阅读中，深入了解乳腺癌的防治知识，提升健康意识。

人类与乳腺癌的斗争

阿托莎是居鲁士大帝之女，公元前524年嫁给其兄冈比西斯二世，后嫁与古波斯帝国的国王——大流士一世。

36岁那年，阿托莎发现自己乳房有一个肿块，逐渐增大，甚至破溃出血。

作为皇后，阿托莎却拒绝检查，也拒绝尝试任何治疗，自我封闭，脾气愈发暴躁。

她经常将自己裹在床单里，带着乳腺癌的阴影与外界隔绝。

至此，北有金显宅，南有李月云，一南一北这两位先导者打造了成建制的抗癌力量。在中国肿瘤医学这张白纸上画下了浓墨重彩的第一笔，英雄集结的战鼓响彻云霄。

中国抗癌力量
集结

术后辅助化疗，以及术后辅助内分泌治疗……这不就是40多年前，威利·梅耶躺在病床上仍在梦想着的，可以清除连手术都无可奈何的潜藏病灶的"术后处理"么？

至此，乳腺癌的治疗模式已经彻底摆脱了豪斯泰德精神封印的束缚，刀光剑影之后"彻底根治"的梦想在辅助治疗中寻到契机。新药物的研发、新方案的尝试使药物治疗逐渐进入鼎盛时期，抗击乳腺癌的主战场甚至也一度从外科病房迁移到了内科病房。

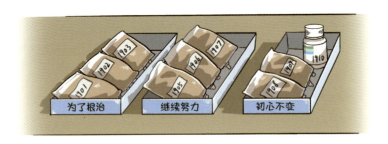

172

（节选自《阿托莎的处方笺》）

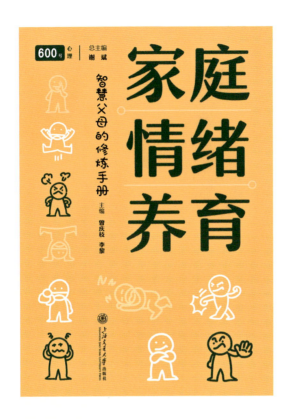

《家庭情绪养育：智慧父母的修炼手册》

谢斌 总主编　　　　曾庆枝　李黎 主编

责任编辑　樊诗颖　　上海交通大学出版社

2023 年 8 月出版　　定价：68 元

　　本书是心理临床专家写给父母们的家庭情绪养育手册。科学的家庭情绪养育，才能培养出情绪稳定的孩子。本书中融情绪相关的理论、案例、实操于一体，通过量表、练习游戏等工具，教家长分 4 步尝试家庭情绪养育，引导孩子识别情绪、接纳情绪、表达情绪、调节情绪，走出"情绪风暴"，掌握情绪管理能力。

作者简介

谢斌，上海市精神卫生中心主任医师、上海交通大学心理学博士生导师、上海市医学领军人才、获国务院政府特殊津贴专家。

曾庆枝，公共卫生副主任医师、中级心理治疗师、国家二级心理咨询师、精神健康急救导师，上海市精神卫生中心心理健康促进科科长。

李黎，心理治疗师、注册心理师、MHFA 心理健康急救导师，上海市精神卫生中心心理健康促进科副科长。

编辑荐书

　　本书是上海市精神卫生中心的临床专家写给广大家庭的情绪养育手册。书中情绪故事原型来自诊室里的真实案例，直击家庭教育中的痛点和难点，从预防角度出发，引导家长为孩子营造健康的情绪养育环境，并通过识别、接纳、表达和调节等情绪养育技能的教授，赋能养育者，减轻他们养育过程中的无助和迷茫，与孩子相互成就，共同获得心理成长。

如何与孩子形成良性沟通?

当孩子处于极端情绪时如何沟通?

我们可以回想一下孩子比较小的时候,如两岁或者是三四岁,非常困、要睡觉之前的状态,在那个时刻,我们是不是也感觉非常无助?因为那时候无论我们说什么做什么,似乎都没有用,孩子陷在他们自己的情绪中,我们的任何行动都很难让他们平静下来。那个时候,我们会怎么做?有的家长可能会暴跳如雷,有的可能会崩溃大哭,有的可能会沉默不语,这都是可以理解的情绪表现。然而,当我们的孩子处于极端情绪时,这样的情绪表现可能会让极端情绪状态处于一种死循环中,不利于问题的解决。家长自己的情绪如果也变得比较极端、难以理性思考,那么可以使用前文说的身体反应策略让自己的情绪强度降低一些,同时,可使用以下沟通技能:

◆ 停止发问和说教,倾听孩子的痛苦。不少家长总是无法理解,孩子为什么突然出现了一些极端的情绪表现,所以可能会不停地问孩子"你到底怎么了,出了什么事?"有的孩子能讲得出来,但是也有些孩子很难把自己的感受化为语言,甚至有可能他们自己也搞不清楚为什么突然有这么大的情绪,所以如果硬要问他们为什么这样,可能只会导致他们进一步崩溃。说教同理,有时候孩子不一定不懂道理,但可能真的做不到。在处于极端强烈的情绪时，道理只会让他们感觉自己的情感被忽视。如果我们平时习惯了不停询问或者说教，可以试着停止说话，让孩子有空间去表达自己的痛苦。如果我们经常在孩子出现极端情绪时保持沉默，那么可以试着表达出自己倾听的意愿。例如："你应该很痛苦吧，愿意和我说说吗？"

◆ 停止"孩子气"，给予接纳和包容。前面提到，当孩子处于极端情绪时，理智是无法工作的。尽管我们可能会因为孩子说的一些话而感到受伤，但是最好的做法是不和孩子一样意气用事，而是通过接纳和包容带动现状的改变。有句话说："孩子对父母的爱才是无条件的。"无论孩子的现状如何惹人生气，他们内心的底色都是深爱着父母的。知道了这一点，接纳孩子的极端情绪和言行会不会稍微容易一些？如果孩子正在愤怒，我们不需要用愤怒反击（用更剧烈的方式发怒或者是冷战）；如果孩子正在深深的抑郁中哭泣，我们不要告诉孩子我们自己多么难受，更不要把我们的眼泪和辛酸在那个时刻返还给孩子——这只会让他们更加内疚，从而加重痛苦体验。我们可以告诉孩子，在听过他们的痛苦之后，我们理解了他们的一部分痛苦，而剩下的一部分可能真的很难理解。真诚地承认自己不能够做到的部分，可能会让孩子的情绪有所缓和。如果你感觉自己无法应对这样的情境，可以告诉孩子：面对这样的你，我也不知道该怎么说、怎么做才合适，所以我们都找个房间各自平复一下，待会儿再沟通。

◆ 通过"止静察动"，改变反应习惯。如果在孩子处于极端情绪时，家长很想按照以前无效的沟通方式行动，该怎么办呢？这里有四个步骤帮助你停止不假思索的反应。"止"指的是先停止反应，不要让自己跟着惯性走，身上的每块肌肉都不要做任何的动作。

"静"指的是让心情稍微平静一些——如果我们想让孩子静下来，可能需要先让自己冷静，这个步骤可以通过深呼吸 2—3 次来完成。"察"指的是观察此时此刻的情况，你的孩子现在是什么表情，正在说什么、做什么？而你自己又是什么表情，想要说什么、做什么？这些想法或者这样说会达到让孩子平静下来的目的吗？"动"是指基于前面的观察决定新的行动。

当看到此时此刻的情况时，接下来可以怎样说或者怎样做呢？这里没有标准答案，需要父母不断尝试，找到适合自己的方法。

积累积极情绪，找到自我价值

当一个人长时间处在负性情绪中，积极的情绪可能会被忽视，因此，我们需要额外花费精力重新发现积极的情绪。

对于家长来说，我们可以为孩子创造能够体验积极情绪的条件。例如，带孩子参加一些他们感兴趣的活动，出去旅行、参加公益活动等。也可以通过以下步骤帮助孩子建立自己的价值清单：

◆ 头脑风暴，列出所有可能让孩子感到愉快或是平静的活动。这种活动可能是兴趣爱好、户外活动；可能是助人的公益活动，如做义工、志愿者等；也可能是日常的活动，例如打扫卫生、做饭、洗热水澡等。我们建立价值的过程未必要非常"高大上"，只要能让我们有好的感觉出现，都是能够建立价值的活动。

◆ 列出让孩子感到愉快或平静的活动每次可能花费的时间。一天只有24个小时，就算我们有很多让自己感觉有价值的活动可以去参与，也需要考虑每项活动可能花费的时间。如果超过了这个时间，这项活动有可能就会消耗我们的精力，变成负担。列出时间还有一个好处就是，当我们需要的时候，可以根据当天的时间安排选择合适的活动去做。

◆ 检查清单上活动的构成。为了让这个清单在任何时候都可以使用，我们需要在清单上列出至少三类活动：能够独自完成不需要他人参与的活动，不需要借助很多额外设备或材料的活动，能和别人一起完成的活动。

◆ 将清单放在触手可及的地方，让孩子每天做一项上面的活动。在做的过程中专注、投入，觉察整个过程，收集愉悦或者平静的感受，体验此时此刻的自我。

让叛逆得到升华，允许用合适的方式"反叛"

叛逆，对于儿童青少年来说是一件好事，因为只有通过叛逆，他们才能自发地探索世界，而这对于他们今后获得对自我的肯定及成就感、减少负面情绪的易感性来说是非常重要的。我们同样可以列清单，与孩子进行讨论，找到双方都能接受的叛逆方法，以下是具体步骤：

◆ 头脑风暴，列出所有的叛逆方式。在这一步先不考虑可行性和安全性，只是打开思路，看看什么样的活动是一种叛逆。

◆ 划掉不合适的叛逆方式。不合适指的是会对生命安全和健康造成严重影响。例如自杀、吸毒、赌博、高危的性行为等。家长需要与孩子讨论哪些是不合适的叛逆方式，在孩子缺乏相应知识时提供知识普及，以确保孩子能够理解。对于一些有争议的叛逆方式，例如烫发、染发、文身等，可以具体讨论此种叛逆方式在什么时候可以做、可能带来什么样的影响。如果有比较大的影响，如何将影响降到最低。例如，可以在周末戴彩色的假发出门。在这里告诉孩子，他们需要为自己的行为承担一定的责任，因此叛逆不仅需要选择合适的方式，还要选择合适的时间和地点。

（节选自《家庭情绪养育：智慧父母的修炼手册》）

《民法典与日常生活2》

彭诚信 陈吉栋 主编　　　　责任编辑　冯静

上海人民出版社　　　　　　2023 年 3 月出版

定价：58 元

　　本书是"中国好书"《民法典与日常生活》的
进阶版，将典型案例与法律热点相互印证，使生活
解读与学术品味兼容并蓄。本书精心选取各地各级
法院依据《民法典》审理的 45 个"案"或典型案例，
进行有学术品味的生活化解读。

作者简介

彭诚信，上海交通大学凯原法学院院长、博士
生导师、民商法学科带头人。中国法学会民法
学研究会常务理事，上海市法学会民法学研究
会副会长。

陈吉栋，同济大学法学院副教授、浦江学者，
上海市数据交易专家委员会委员。

编辑荐书

　　本书将法律人对《民法典》的多角度认知带给读者，既关注理论
阐释，又具有实践面向。体例编排上将典型案例与法律热点相互印证，
生活解读与学术品味兼收并蓄，本书不仅适合作为高校法律通识、民
法入门和老百姓的普法读物，而且对于专业人士了解最新的民法案例
和相关热点问题的基本研究情况也会有所助益。

安装可视门铃是否侵犯邻居隐私？
——隐私权侵权

　　辛女士与尤女士系邻居关系，两家入户门相对，共用一条公共走廊。尤女士于其入户门左侧墙面上安装了一个可视门铃，该可视门铃带有摄像功能，可通过手机上的程序开启拍照、录像功能，拍摄范围及于电梯出入口位置。辛女士认为可视门铃侵犯了自己的隐私，侵扰了自己的生活安宁，也对自己的人身财产安全造成一定的隐患，于是与尤女士协商拆除该设备。尤女士认为该设备本质上就是门铃，摄像仅是辅助功能，镜头亦是固定不可旋转的，其视野范围非常小，不可能涉及辛女士的私人生活区域。尤女士仅愿意更改门铃朝向，并在门铃靠近电梯口一侧安装挡板，但不同意拆除门铃。辛女士认为增加挡板后亦可拍摄到出行人员部分身体，无助于问题的解决，遂以隐私权受侵害为由提起诉讼，要求尤女士拆除该可视门铃。

　　自然人的私人生活安宁和私密信息受法律保护，不允许其他组织或者个人非法收集、利用、侵扰和公开。通往电梯出入口的走廊，因其与该层两住户住宅部分直接相连，虽是全体业主共有的公共通道，但相较于一般意义上的公共空间，其日常通行的人员更为特定，通行目的更容易判断。因此，辛女士日常进出住宅的信息与其私人生活习惯以及家庭、财产的安全直接关联，具有一定的私密性，属于受法律保护的隐私范畴。具有摄录、存储等功能的可视门铃系现代科技发展的产物，尤女士购买并安装系出于保护人身、财产安全以及便利生活的目的，此外现行法律也未明确禁止住宅居民安装具备上述功能的门铃装置。因此，基于自身财产安全等合法目的需要，尤女士安装具有摄录、存储等功能的可视门铃，本身并无不妥。但是，民事主体在维护自身合法权益时，也负有不妨害他人合法权益的义务。如果安装的可视装置可以监控、摄录相邻方的出行信息，对相邻方的隐私或个人信息构成现实威胁的，则可以认定安装行为对于相邻方的权益造成实质妨害。本案中门铃的安装方向并未正对辛女士的入户门或者电梯出入口，辛女士一方在正常通行的情况下进出电梯并不会被摄录到，对辛女士的影响实属有限。而且，尤女士在门铃一侧安装挡板使其可视范围进一步限缩，安装挡板后门铃的可视范围客观上并不能记录辛女士一方进出住宅的信息；同时，鉴于涉案门铃及挡板安装的位置及体积大小，其本身亦未对辛女士的通行、安全等相邻权利造成妨害。据此，辛女士以隐私权等受到侵扰或妨害为由要求拆除涉案门铃缺乏事实依据。

网络中的人格权保护

信息网络早已飞入"寻常百姓家"，新世纪出生的"数字原住民"也进入了弱冠之年。网络空间成为人们习以为常的生活空间。然而，由于网络的虚拟性、去中心化等特点，人们在网络中的发言和举止常常更加随意，甚至更具攻击性。网络中因不当言论而侵害他人人格权，甚至造成严重后果的事件时有发生。为此，如何为人们提供与网络特点相适应的人格权保护途径，便成为摆在法律面前的重要课题。

网络中侵害人格权现象频发

网络为人们表达自己的想法，并快速传播信息提供了一个"绝佳"的舞台。但表达和传播的便利无疑是把双刃剑，也会为网络中侵害他人提供一把利器。比如，网络中的人肉搜索、社会性死亡等，都是侵害人格权的典型表现。

"人肉搜索"往往因某一偶然事件而引发。网民们因对事件中相关人物的好奇，而共同"起底"某人。众多网民在网络上列出其已掌握的该人物的资料，或号召更多网民共同寻找更多的资料。一般而言，被人肉搜索者的各种信息，包括姓名、家庭地址、电话、工作单位等信息，最终都会被公布于网络上，进而对被人肉者的生活、工作等造成严重困扰。"社会性死亡"也是网络暴力的一种表现，其具体表现为，为了对某人予以"惩罚"，降低公众对其评价，将对其不利的信息在网络中公开"示众"。这一行为显然极易引发对他人人格权的侵害。此外，网络中的"饭圈"文化，尤其是"饭圈"粉丝之间互撕谩骂、拉踩引战、挑动对立、侮辱诽谤、造谣攻击、恶意营销等行为，也频频引发对人格权的侵害。

网络中人格权受侵害的法律救济

面对网络中频发的侮辱、诽谤、泄露隐私等侵害人格权现象，法律为受害人提供了多重救济途径。

首先，受害人可以向网络平台发送通知，要求平台删除侵权内容。《民法典》第 1195 条规定，网络用户利用网络服务实施侵权行为的，权利人有权通知网络服务提供者采取删除、屏蔽、断开链接等必要措施。网络服务提供者接到通知后，应当及时采取必要措施；未及时采取必要措施的，平台将对损害的扩大部分与网络用户承担连带责任。因此，受害人可以以此为依据，在不用向法院提起诉讼的情况下，要求平台采取删除等措施。当然，为了确保通知所指向的内容确实构成侵权，受害人向平台发送的通知应符合法律规定的条件。比如，通知材料中应包括构成侵权的初步证据及权利人的真实身份信息。另外，网络中的侵权内容，既可能是网络平台自行发布的，也可能是平台上的用户发布的。尽管《民法典》的上述规定仅提及了后者，但无论是前者还是后者，其受害人都可以通过向平台发送通知的方式，要求平台对侵权内容予以删除。

其次，受害人可以向法院申请人格权侵害禁令，从而获得快捷的救济。《民法典》第 997 条规定，民事主体有证据证明行为人正在实施或者即将实施侵害其人格权的违法行为，不及时制止将使其合法权益受到难以弥补的损害的，有权依法向人民法院申请采取责令行为人停止有关行为的措施。相较于向法院提起诉讼，人格权侵害禁令的特点在于，受害人能更及时地获得法院的救济，因为法院作出禁令裁定的期限要小于作出诉讼判决的期限。与通知制度相比，通知的时效性可能不如禁令，因为网络平台收到通知后要采取必要措施的期限，短于禁令的期限。但通知制度在实践中有时无法发挥其作用，因为平台可能会基于获得流量或更多用户关注等自身利益的考虑而对侵权内容不采取或怠于采取措施。禁令则是由法官居中裁判，故能保障决定的公正性。此外，禁令还可用于制止尚未发生但将来可能发生的侵权行为，通知制度则并无此功能。

最后，受害人可以向法院提起诉讼。诉讼是法律上典型的纠纷解决途径。在网络人格权侵权中，虽然受害人可通过通知制度或人格权侵害禁令制度获得救济，但并非所有侵权行为都适宜采用这两项制度。比如，针对在微信群中发表侮辱性言论，或公布他人隐私的行为，要求行为人删除微信群中的相关言论，不仅在技术上不易做到，在效果上对受害人也意义不大。因此，通过诉讼来要求行为人对受害人赔礼道歉、恢复名誉等，在此类情形中便尤为重要。

（节选自《民法典与日常生活 2》）

抑郁、焦虑、网瘾、休学……孩子到底怎么了？从业十七年奇葩孙医生满满干货，教你读懂孩子行为与问题背后的内心诉求

▼ ▼ ▼ 孙欣羊 医生、博士
"慕喜乐社群"创始人｜精神科医生｜心理咨询师
美国维真大学（Regent University）咨询心理学博士
美国哥伦比亚国际大学（CIU）客座教授

✦ 获知青少年心理问题的真相
✦ 了解科学有效的应对方法
✦ 学会说到孩子心里的沟通技巧

《我的孩子怎么了？
——青少年常见精神心理问题家长手册》

孙欣羊 著　　　责任编辑　赵秋蕙　黄婧昉

上海社会科学院出版社

2023 年 5 月出版　　　定价：48 元

　　本书基于作者多年从事青少年心理咨询及治疗工作的宝贵临床经验与真实案例积累，针对家长普遍关心、迫切想要了解的十几种青少年常见精神心理问题，从具体表现、特点，到成因、非药物及药物解决方法，给出全面且实用的自助参考，为配合青少年的治疗和康复、陪伴孩子走出精神心理困境提供支持。

作者简介

孙欣羊，"慕喜乐社群"创始人，精神科医生、心理咨询师，拥有十七年临床经验，擅长精神障碍诊断和治疗、亲子关系和情绪管理等。

编辑荐书

这是一本写给非专业人士尤其是家长的青少年心理科普书。因为是站在给家长科普的角度，所以除了涉及精神科专业诊断的抑郁、双相、焦虑等病症，本书还收录了在青少年中虽常见但断不可轻视的睡眠、人际关系、网瘾等方面问题。书中用了不少篇幅分享青少年在这些问题上的典型表现，也是为了帮助家长能够比较容易地早发现孩子遇到的困境，及时向专业人士求助。正如其名，这本书或许可以解答一些家长的困惑，告诉他们孩子到底"怎么了"。

我的孩子怎么了?

青少年抑郁的主要表现形式

成年人抑郁的具体表现包括情绪低落、兴趣减退、精力不济、动力不足、睡眠障碍、食欲下降等，还可能有注意力不集中、记忆下降、性欲减退等。青少年的抑郁表现可能会与成年人稍有不同，具体阐述如下。

表现一　情绪低落：情绪低落是抑郁症的普遍表现。好像什么事情都无法让他提起精神来，就算可以因为一件事短暂开心，但很快就再次陷入低落中。这种情绪低落是一种持续状态。虽然诊断标准上说是持续两周以上，但绝不意味着两周之后就开心起来了，而是说两周作为一个病程标准，意味着如果持续两周，就会持续几个月，代表一种持续的状态。

表现二　睡眠障碍：很多孩子在抑郁状态下，睡眠也成为很严重的问题。按理说，青少年不应该失眠，但抑郁的孩子的确有失眠的情况。主要表现为入睡困难、早醒、睡眠时间少。在睡眠不足或睡眠质量不佳的情况下，情绪就更容易不好，体力动力不足，脑力下降也会伴随出现。

表现三　食欲不佳：抑郁状态下，常见吃不下饭，吃什么都感觉不到美味的情况。食欲不佳和食量下降都会造成体重下降，体力不支，还会造成合成重要神经递质 5- 羟色胺的原料不足，进而造成情绪低落。

表现四　体力下降：体力下降具有身体和心理双重因素。身体因素是指由于食欲不佳和食量下降造成的体力下降，心理因素是指找不到热情和盼望造成的怠惰。

表现五　动力不足：动力和体力是联动因素，动力是指想要做事的动能，体力是指实际做事的力量。动力更多指向心理层面，涉及自信心、自我效能感、掌控感、内驱力等因素。如果孩子对未来生活没有盼望，也没有目标感，自然就无法产生动力；就算有目标，觉得自己做不到，动力也会不足。

表现六　兴趣减退：兴趣和动力更是相辅相成。有兴趣，才有动力，兴趣激发动力。当一切对抑郁孩子来说，都显得索然无味，情绪低落，兴趣自然也会减退，动力随之降低。

表现七　脑力下降：脑力是指包括注意力、记忆力、理解力等在内的认知功能。长期严重的抑郁症患者，脑力下降明显，具体表现为思维迟缓，俗称"反应慢"，还表现为反复纠缠在一个概念上，无法理清楚。

表现八　行为退缩：行为退缩对孩子来说主要是指不愿意出门，不愿意上学，不愿意见人等。如果孩子情绪低落、兴趣减退、动力体力都下降，也难怪会行为退缩。

表现九　自残行为：抑郁的青少年会不会出现自残行为？有的会，有的不会。自残并非抑郁的典型表现。但现实情况是，越来越多的孩子出现自残行为，要么在手上划一刀，要么用指甲抠自己，要么用烟头烫自己。这些自残行为如果不是抑郁的典型症状，为何越来越多出现在抑郁青少年身上呢？原因可能是孩子的抑郁表现越来越不典型，或者孩子的问题不仅是抑郁问题，而是共病问题，即多种病症同时存在，比如焦虑问题、创伤问题、多动问题、人格问题等。边缘型人格障碍的青少年很多有反复自残的问题。

表现十　自杀行为：抑郁的青少年会不会有自杀行为？有的会，有的不会。可能有一次这样的尝试，但一般不会反复尝试自杀。如果反复尝试自杀，还是要考虑有没有可能是其他问题共病，比如边缘型人格障碍。

抑郁症是心理问题还是精神问题

很多人对抑郁症的理解和定位不是很准确，有些人认为抑郁症只是心理问题，有些人认为抑郁症是精神问题。在笔者个人的理解来看，更倾向于抑郁症是一个疾病谱，也就是一个疾病谱系的概念。抑郁症可以是一个简单的、轻度的心理问题，也可以是一个很严重的精神问题。

抑郁情绪可以说只是一个心理问题，一旦到了抑郁症，那我们就不能够把它认为是简单的心理问题。抑郁症和抑郁情绪是不一样的，正常人也会有抑郁情绪，但是正常人达不到抑郁症的诊断标准，一旦达到抑郁症的诊断标准，比如说症状数目已经比较多，持续时间已经超过两周，严重程度已经比较重，甚至影响了正常的社会功能，那我们就不能再把它看作一个简单的心理问题。如果说抑郁症也是一种精神问题，很多人可能不能接受，因为抑郁症并不像很多常见的精神病那样有很可怕的行为，表现为攻击性，有疯狂的举动等。大家可能没有意识到，很多重度的抑郁症患者已经失去了正常的社会功能，甚至我们会认为已经到了一个残疾的程度。过去大家可能不能理解，我们说抑郁症有百分之多少的致残率是什么意思，就是因为抑郁症会造成人失去了正常的社会功能。

笔者认为，心理问题和精神问题有个重要的区分标准：是否存在脑神经化学层面甚至脑结构层面的改变。如果有，那就更倾向于是精神问题。脑神经化学层面是指脑神经递质和神经调质浓度是否超出正常范围。抑郁症和血清素水平偏低有关这个信息几乎已经成为普遍认同的理论，这就是说抑郁症，尤其是严重程度在中度以上的抑郁症患者，脑部很可能有神经递质浓度的异常。这个比较容易理解，但不好理解的是难道抑郁症患者脑结构也发生了变化吗？

抑郁症是否有脑结构的改变

抑郁症患者哪些脑部结构会改变呢？主要存在于边缘系统，包括杏仁核、海马体、前扣带回和左前额叶皮质，主要就是这几个部位。

对于抑郁症患者来说这些脑部位到底发生了怎样的变化呢？我们先来看杏仁核，它是产生、识别和调节情绪的一个重要的脑部组织。

结构一　杏仁核：有多项研究表明抑郁症患者的杏仁核体积增大，而且呈正相关。杏仁核的大小与自杀倾向也相关，也就是说抑郁越严重，时间越久，杏仁核的体积越大。一旦涉及"体积"这种结构性的概念，我们需要非常慎重。如果说多年的抑郁症患者的杏仁核体积是增大的，那我们就会认为，在一定程度上他的脑结构发生了变化。有研究指出，脑结构跟脑功能是相匹配的，而患者杏仁核体积的增大，就说明他的抑郁情绪比较丰富活跃。也可以说，抑郁情绪常年出现的话，会造成杏仁核相比正常人的要明显增大，并且杏仁核越大，自杀倾向可能也越严重。

结构二　海马体：重度的抑郁症患者，尤其是病情反复出现的患者，海马体的体积会变小。这个现象和杏仁核的变化是相反的，尤其是 21 岁之前被诊断抑郁症的患者，海马区域更小。海马体这个部位跟记忆功能是紧密相关的，当海马区域变小，也表明海马体的功能会因为区域变小而下降。也就是说，患者的记忆有可能会变差。有很多抑郁症患者曾经或者正在经历记忆力越来越差的状况。

很多人会担心药物对于脑部神经结构的影响，但现在越来越多的证据表明——大部分抗抑郁药物有修复脑神经细胞功能的作用。这跟我们担心的药物会刺激、损伤脑神经的想法恰好相反，也就是说大部分抗抑郁药物不但不会伤害脑神经，反而会对被抑郁症损伤的脑神经细胞，有一定的修复作用。如果不及时干预治疗，这些脑神经细胞可能会因为抑郁症的加重，而受到更大的损伤。

（节选自《我的孩子怎么了？——青少年常见精神心理问题家长手册》）

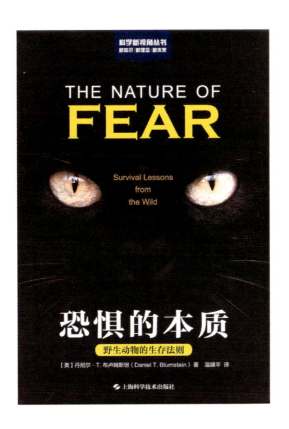

《恐惧的本质：野生动物的生存法则》

[美]丹尼尔·T.布卢姆斯坦 著

温建平 译　　　　　责任编辑　王娜

上海科学技术出版社　2023年3月出版

定价：59元

　　作者30多年来曾多次前往加利福尼亚海岸的冲浪场、季风前蒸笼般的印度森林、科罗拉多、黄石国家公园等地，深入研究了跨物种生物恐惧的进化起源和生态背景，并向由大学学者、政策专家等组成的多学科小组学习安全防范知识，告诫人们在面对风险时制定新的策略而不再产生恐惧。

作者简介

丹尼尔·T.布卢姆斯坦，加州大学洛杉矶分校生态学与进化生物学专业教授、环境与可持续性研究所教授，美国动物行为学会会员。

译者简介

温建平，上海对外经贸大学国际商务外语学院院长、教授、硕士生导师，中国翻译协会理事，上海市外文学会副会长。主要从事翻译教学与翻译研究工作，出版学术专著2部、译著6部，主编教材，主持完成全国教育科学规划教育部重点项目1项。

编辑荐书

　　本书用通俗易懂的科普语言，介绍了大量有趣、令人深思的特定动物的恐惧行为，从神经生理学角度阐述了恐惧的生物学机制，从比较生物学角度列举了这些行为在其他动物中的异同之处，接着从进化的角度进行解释，以成本最小化的决策论来看待面对恐惧的保守与激进策略。通过阅读本书，您将认识到为什么恐惧成就了我们人类，以及如何通过克服恐惧，更好地了解自己、改善我们的生活。

解读恐惧

我对恐惧的理解始于 1986 年的肯尼亚之行。壮丽的卡卡梅加国家公园是西非雨林残存的一部分，我在那里花了一个月时间研究猴子的行为。之后，乘火车先去了内罗毕，然后又去了蒙巴萨，从那里开始了第一段漫长的骑行之旅。我的山地自行车已经超载，后行李架上捆着一个睡袋，前行李架上绑了一顶帐篷。车子晃晃悠悠，道路坑坑洼洼，我骑车行走在碎石沥青路面和沙土路肩之间，朝着坦桑尼亚骑去。与内罗毕周边的那些泛非公路或街道不同，这条公路感觉上还算安全，车辆很少，不时有满载货物的卡车或者公共汽车驶过，喷出黑色的柴油废气。

傍晚时分，我沿着一条又长又直的山坡缓慢地往上骑着，或者说是向前挪移着，只比步行略微快一点，有过骑行经历的人都能想象得出来。我看到前面有三个年轻人蹲在路边。快到他们跟前时，我热情地说了声"jambo"（斯瓦希里语中"你好"的意思），向他们打招呼。路过他们身边时，其中一个人弓下了腰，离开我只有几英尺远，我的余光瞥到另一个人正对我怒目而视。刹那间，一块足球大小的石头朝我的头部飞来，是其中一人扔的。我低头躲闪，用肩膀去挡了一下那块石头。令人惊讶的是，山地车虽说很重，但石头没有把我打倒。我受伤了，也非常害怕。石头正好击中了我几个星期前刚脱臼过的肩膀。我的脸痛得扭曲了，我忍着剧痛回头一看，发现那几个人正朝我冲过来。

肾上腺素瞬间涌遍了我的全身。我拼命地踩着脚踏板，无论如何，我都必须使尽全力骑车上山逃命。我不停地骑着。大概骑了几英里（1 英里 = 1 609.344 米）后，我听到身后有卡车的声音。我无法确定那伙人是否会在卡车上，或者卡车上是否有人会帮我，我犹豫了一下，然后快速作出了决定。我跳下自行车，站在路当中，喘着粗气，疯狂地挥动手臂。谢天谢地，司机终于停车了。我解释了刚刚发生的事情，请求搭车。他们把我的自行车吊挂在卡车后面，告诉我这一带非常危险，人们经常受到盗贼袭击。就这样行驶了几英里后，他们放我下车。由于刚才的惊吓，这个时候我还在发抖。我对他们千恩万谢，然后就沿着一条沙土小道向蒂维海滩（Tiwi Beach）骑去。

第二天，我欣赏了壮丽的景色，探察了缤纷的珊瑚礁，品尝了美味的鲜鱼，但却无法真正放松下来。我还是会不断想起那件事。情急之下，肾上腺素给了我超乎寻常的体能去狂蹬逃命，但过了很久，恐惧依然占据着我的思绪。看陌生人时，我有一种从未有过的恐惧，对独自骑行也开始有所顾忌，对自己的风险评估能力也不再充满信心。

虽然我试图忘掉这段经历，但我仍然有很多疑问。为什么这件事对我的身体和心理都有着如此深刻的影响？因为我真的害怕自己会惨遭毒打或杀害。我以前从未有过如此紧张、恐惧的经历。这与我日常的情绪反应大相径庭。肾上腺素激增时来势汹汹，也给了人超强的力量。应该就是它救了我一命！当时我的身体里发生了什么情况？这种剧烈的生理反应是如何产生的？还有什么情况能引发这种生理反应？为什么我脑海中不断回放这一创伤事件？像这样的事件会反复引发出现噩梦和创伤综合征吗？要过多长时间才能走出这件事情的阴影？

除了了解我为什么会有这样的反应，还有更为重要的，那就是，为什么我们人类会对恐怖事件作出反应，这就必须去了解我们的演化史。数百万年来，是恐惧让我们的祖先活了下来——这不仅包括我们的人类祖先，还有我们的非人类祖先。

肾上腺素反应起源于约5.5亿年前蠕虫的特殊神经系统的演化。这种特殊性需要多种神经化学物质有选择地调节和协调活动，例如对危及生命的经历和情况作出反应的控制。无论是蜷缩躲藏起来还是仓皇逃离威胁，动物都演化出了更为复杂的能力，最终演化成了反射性逃逸能力。

大约2.5亿年前，白蚁的社会性特征让人们意识到了社会性应激源的存在。这种社会性应激源就如同捕食者一样，威胁着个体的生存和繁衍能力。这些社会性应激源包括社会群体中占主导地位的个体，而作为从属个体的代价则包括无法获得食物和其他重要资源。在生存和繁衍中，人类还必须考虑到更微妙的社会性应激源，比如丧失社会经济地位或在朋友中的地位这类风险。社会地位与获得资源照顾自己和家人的能力息息相关。尽管这些社会性应激源似乎与逃逸行为相去甚远，但演化是顺应既有的，而不是从无到有创造全新的特征。一旦出现社会性威胁，它们会使用之前使用过的使其免遭捕食者伤害的生理和心理系统。因此，有理由推断，正是因为这种应对捕食者威胁能力的演化，产生了一系列化学物质和应激反应，再加上恐惧和焦虑，我们的祖先才得以生存和繁衍。

换句话说，我们人类其实是一大帮侥幸躲过捕食者而存活下来的胆小鬼的后代。我们的灵长类动物血统是大约在公元6500万—5500万年前从树鼩类祖先中分化而来，而与我们谱系最相近的祖先是黑猩猩和倭黑猩猩，在大约700万年前我们与它们分道扬镳。我们的灵长类祖先从他们的祖先那里继承了合理应对威胁的生理能力，而这些祖先应对威胁的能力也是从他们的祖先那里继承来的。因此，经过一代又一代的演化，我们拥有了一套奇妙而又花样繁多的反捕应变能力，包括神经化学反应、行为反应、生理反应和生命史方面的反应。其中许多源于某个专门的神经系统的初始阶段。我们可以将恐惧以及对可怕情境的反应视为我们的先辈和同辈生命演化这一宏大进程中的一部分。我们可以从演化史中汲取经验，我相信，我们同样可以通过观察我们今天的生活学到很多东西。

30 多年来，我一直在野外和实验室里研究反捕行为。我观察了世界各地各种各样的物种，从具有简单逃逸行为的海洋无脊椎动物，到具有全面反捕适应能力的鸟类、蜥蜴和哺乳动物都是我的观察研究对象。我对旱獭（大型高山地松鼠属）的反捕行为进行了长期而深入的综合研究，也研究了植物的反捕行为。最近，我和合作者一道在研究人类的恐惧行为。

基于共同演化的假设，我注意到了非人类和人类之间存在的许多相似之处。例如，在听到一阵雷鸣或爆竹声后，狗或猫会明显地战栗或躲藏起来。这种战栗或躲藏的行为也发生在儿童身上。狗、猫和人类有着相同的神经化学反应。恐惧将我们与祖先联系在一起，因为这是一种能确保我们在险象环生的世界中生存的机制。在本书中，我将依据我们掌握的演化知识观察动物和人类的行为，以便更好地了解动物和人类。

要真正了解恐惧的影响，仅凭一次环球博物学考察是远远不够的。恐惧对人类无论作为个体还是作为社会整体作出的许多决策都有着深远的影响。我们将向一个由大学学者、政策专家和具有励精图治、奋发向上精神的人组成的多学科小组了解安全和防范方面的经验教训。在探险之旅的最后，我们会把新的智能工具包与人类一些重要偏见结合起来。我提出了有关风险和恐惧的 15 条原则，帮助我们作出更好的决定。为什么这样说呢？这是因为人类合理评估风险的能力很差。尽管每年被椰子砸死的人要比被鲨鱼咬死的人要多得多，但是人们还是更害怕被鲨鱼咬死，而不是害怕被从树上掉落的椰子砸死。通过识别和理解这些不断演化而来的偏见以及对完全可预测的应急反应的敏感性，无论是个体还是集体都能够作出更明智的决定。

（节选自《恐惧的本质：野生动物的生存法则》）

《白色天空下》

[美]伊丽莎白·科尔伯特 著 叶盛 译

责任编辑 常剑心　　　　上海译文出版社

2023 年 10 月出版　　　　定价：68 元

　　本书考察了科学家为阻止大灭绝到来所做的种种努力，通过采访太阳地球工程、二氧化碳移除、基因工程、辅助进化等世界最前沿的科研项目，描述了一个人工痕迹越来越多的世界。人类已不可能将自然恢复成原本的样子，甚至无法仅靠减排等手段减缓大灭绝到来的速度。只有大胆而谨慎地干预自然，才有可能逆转全球变暖和其他灾难。

作者简介

伊丽莎白·科尔伯特，美国知名记者、优秀科普作家，《纽约客》环境观察员和评论员。其写作兼顾科学的严密性与辛辣的幽默感，以观察深刻、逻辑清晰、行文生动著称。2014年出版的《大灭绝时代》，在欧美社会引起热烈反响，获2015年普利策奖最佳非虚构图书。

译者简介

叶盛，清华大学生物学博士，北京航空航天大学教授、博士生导师。中国生物物理学会人工智能生物学分会副会长、科普工委秘书长，中国科普作家协会理事。曾获"银河奖""全球华语科幻星云奖""文津奖推荐图书奖"。

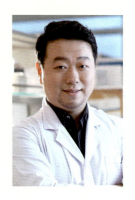

编辑荐书

本书是普利策奖得主、《大灭绝时代》作者科尔伯特的新作，延续前作话题，关注不断逼近的第六次大灭绝。"人类改造自然"是本书的主题。过去，人类为了自身的生活便利改造自然，现在和未来将为了弥补过去造成的破坏而改造自然。人类已不可能将自然恢复成原本的样子，甚至无法仅靠减排等手段减缓大灭绝到来的速度，只有大胆而谨慎地干预自然，才有可能逆转全球变暖。本书是对未来的展望，书中讲述的未来并非遥不可及，我们能够见证各种可怕的未来，也可能目睹为解决这些问题而进行的自然干预所带来的新问题。

又一个人类世的讽刺

　　四大家鱼之所以能来到密西西比河，部分的原因是拜《寂静的春天》（*Slient Spring*）所赐——又一个人类世的讽刺。作者蕾切尔·卡森在书中警告：不加选择地使用化学品的行为正在伤害人类、杀死鸟类，并把这个国家的水道变为"死亡之河"。政府部门不应该推广杀虫剂和除草剂，而应该致力于消除这两类化学品，因为有"特别丰富的替代方案"可供选择。卡森尤为推崇的一个替代方案就是让一种生物去对抗另一种生物。举例来说，可以引入一种寄生虫来攻击一种不想要的昆虫。

　　"在那本书中所说的问题，或者说罪魁祸首，是化学品几乎不受限制的广泛使用，尤其是氯代烃类化合物，比如DDT。"安德鲁·米切尔（Andrew Mitchell）这样告诉我。他是来自阿肯色州一个水产养殖研究中心的生物学家，专门研究亚洲鲤鱼在美国的历史。"所以当时的背景是：我们如何能够去除对于化学品的严重依赖，同时仍能保有某种程度上的操控？这样的想法或许与亚洲鲤鱼的引进有着无比重要的联系。这些鱼就是当时的生物防控措施。"

　　就在《寂静的春天》出版的一年后，也就是1963年，美国鱼类及野生动物管理局把有记录的第一批亚洲鲤鱼引入了美国。当时的想法是利用这些鱼来控制水草——正如卡森所建议的那样。［像聚藻（Eurasian watermilfoil）——又是一个入侵物种——这样的水草能够彻底堵塞一个湖或池塘，以致船舶无法通航，甚至就连人都游不过去。］引入的鱼是草鱼的鱼苗，只有一指长。它们被放在该局下辖的鱼类养殖实验站进行饲养，实验站位于阿肯色州的斯图加特（Stuttgart）。三年后，实验站的生物学家成功地让其中一条成年草鱼产下了卵。结果就得到了成千上万条一指长的小鱼。几乎是不久之后，有些小鱼逃跑了。这些草鱼的鱼苗一路进入了密西西比河的支流怀特河（White River）。

此后，在1970年代，阿肯色州渔猎委员会为鲢鱼和鳙鱼找到了用武之地。当时《清洁水法》刚刚通过，地方政府处于新标准的达标压力之下。然而很多社区无力负担升级他们的污水处理厂所需的费用。阿肯色州渔猎委员会想到，在处理池中畜养亚洲鲤鱼或许能有所帮助。亚洲鲤鱼能够消耗大量由于氮过剩而生长繁盛的藻类，从而降低处理池的营养负担。在一个研究项目中，鲢鱼被放进了本顿镇（Benton）的污水处理池中，那里是小石城（Little Rock）的城郊地带。那些鱼的确降低了池中的营养负担，但是后来它们也逃跑了。没有人知道它们到底是如何跑掉的，因为没有人在监控它们。

这些鱼胡乱堆在一起，血淋淋的。其中大多数是鲢鱼。鱼的数量极多，都是活生生被扔到船上的。我已经花了几个小时的时间，眼看着它们堆积起来。我猜压在最下面的鱼现在应该已经死了，而顶上的那些鱼还在喘着气，徒劳地扑腾着。我想自己应该是感受到了它们那一双双长在低处的眼睛里射来的控诉目光，但是我甚至不知道它们是否能真的看见我，还是说这只是我的一种心理投射。

这是一个闷热难耐的夏日上午，就在我的"城市生活号"之旅过去几周之后。那些喘气的亚洲鲤鱼、三位为伊利诺伊州政府工作的生物学家、几位渔民以及我，我们都漂荡在莫里斯镇（Morris）的一个湖上。这里位于芝加哥西南大约100公里远的地方。这个湖没有名字，最初只是个采石坑。

为了到访这里，我必须要给拥有此地的公司签署一张免责协议书。协议书上声明的事情包括我没有携带枪械，也不会在此地抽烟，或是使用任何"明火设备"。

莫里斯镇或许可以被看作亚洲鲤鱼之战中的葛底斯堡。在这个镇子以南，亚洲鲤鱼为数众多；在这个镇子以北，亚洲鲤鱼很少见（不过到底有多么少见仍是存在争议的问题）。人们耗费了极其多的时间、金钱，以及鱼的血肉，努力让事情保持在这个状态下。这些操作被称为"屏障防御"，目的本是防止大型亚洲鲤鱼到达电鱼屏障。如果说电击致死是一道有威慑力的最终保险措施，那么屏障防御就没有必要了。但是我在美国陆军工兵部队中交谈过的每一个人，包括像谢伊这样的军官在内，似乎都不急于看到有致死威力的电击技术投入测试。

"我们的目标是要阻止亚洲鲤鱼进入五大湖。"当我们在采石坑变成的湖上漂荡时，三位生物学家中的一位这样告诉我，"我们不会依赖于电鱼屏障。"

在这天的工作开始后，渔民们布置了数百米的流刺网。现在，他们正分乘三艘铝制小船收网。铲鮰（flathead catfish）或淡水石首鱼（freshwater drum）这些本地生的鱼类如果被渔网捕到，就会被分拣出来，重新扔回湖中。亚洲鲤鱼则会被扔到船中间等死。

在这个无名湖中，亚洲鲤鱼的供给似乎是无穷无尽的。我的衣服上、笔记本上，以及磁带录音机上，都被溅上了血和黏液。渔网只要被拖上船，就会立即重新布放到水中。当渔民需要从船的一头去往另一头时，他们只能从中间那些翻滚着的亚洲鲤鱼当中蹚过去。

令这些鱼在中国成为"四大家鱼"的那些品质，也让它们在美国变得声名狼藉。一条吃得很肥的草鱼可以重达 40 公斤。在一天之内，它就能吃掉几乎相当于自己一半体重的食物。它一次可以产下数十万颗卵。偶尔会有鳙鱼长到 45 公斤重。它们有着突出的额部，看着就像是在生闷气一样。由于缺少一个真正的胃，它们差不多是在不停地进食。

鲢鱼同样贪吃。它们是如此高效的滤食性动物，能把小到直径 4 微米的浮游生物都给过滤出来，这个直径只有最细的人类头发直径的四分之一。在亚洲鲤鱼所出现的几乎每一个地方，它们都能击败当地的原生鱼类，直到实际上只剩下它们自己为止。正如记者丹·伊甘（Dan Egan）所评论的："鳙鱼和鲢鱼不仅是入侵了生态系统，它们还征服了生态系统。"在伊利诺伊河中，亚洲鲤鱼目前已经占据了鱼类总量的四分之三，在某些水域的占比甚至还要更高。与此同时，它们对于生态的破坏已经超出了鱼类范围。以软体动物为食的青鱼恐怕把已经处于威胁之中的淡水贻贝（freshwater mussel）进一步推向了灭绝的边缘。

特雷西·塞德曼（Tracy Seidemann）是我在莫里斯镇遇到的渔民之一。他过去是捕捞牛胭脂鱼（buffalo）的，它们是密西西比河及其支流的原生鱼类。（牛胭脂鱼看起来有点像亚洲鲤鱼，但是两者属于完全不同的科。）当亚洲鲤鱼到来后，牛胭脂鱼的种群数量直线下降。现在，塞德曼的主要收入来源是来自伊利诺伊州自然资源部的杀鱼合同。

在那天的工作结束时，塞德曼和其他渔民把他们的船装到了拖车上运去镇子里，船上还载着亚洲鲤鱼。那些鱼现在已经不再活跃，眼睛里了无生气。它们最终被倒进了一辆等在那里的半挂车中。

这一轮屏障防御行动又持续了 3 天才结束。最终的计数结果是 6404 条鲢鱼、547 条鳙鱼。这些鱼总重超过 22 吨。它们被装在半挂车里运向了西方，最终会被磨成肥料。

（节选自《白色天空下》）

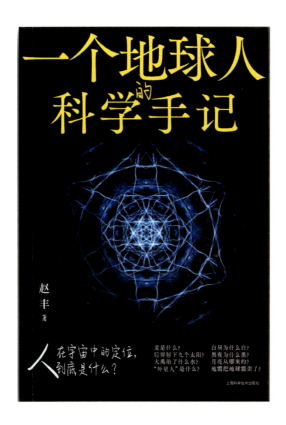

上海好书

《一个地球人的科学手记》

赵丰 著　　　　　责任编辑　高在青　包惠芳

上海科学技术出版社　2023 年 4 月出版

定价：69 元

　　本书是融合了历史与人文的地球科学和科普的知识，以神话或科学事件为引，从地球科学史、地球上林林总总的现象，到行星的大探索，并借现代丰富的知识以科学的眼光回到古代，尝试解释古籍里那些远古的传说、百代的谜团，从而形成一个由点及面的网状知识架构，打破了学科的界限，体现了作者开阔的视野，读来轻松愉快。

作者简介

赵丰，台北"中研院"地球科学研究所特聘研究员。曾任戈达德太空飞行中心太空测地实验室主任、台湾地区"中央大学"地球科学院院长等职。研究专长为地球与行星动力学、重力学、地震学、地球环境变迁。喜好历史、地理和一切人类的故事。

编辑荐书

人类对于身处的周遭环境总是充满着好奇心，无论是老祖宗编织的神话，还是现代人对地球深处及太空的探索，都源于这种本能。本书开启了一场跨越远古和当代的溯源之旅，涉及的话题五花八门，如《古案新审：大禹治水》中由大禹治水引出环境变迁，《阴差阳错》讲的是阴历、阳历背后的科学和社会寓意。所有的话题指向同一个问题：人在宇宙中的定位，到底是什么？本书蕴含着深厚的人文关怀，讲的远不止是科学。

用小道理理解大世界

"买柚子挑大的"与"地球有磁场",背后竟然有相通的物理原理!将日常经验里稀松平常的小道理推而广之,去理解大世界里的许多大现象,虽不中,亦不远矣。

你肯定听说过这则人、事、时、地、物都极具戏剧性的科学故事:17世纪的伟大科学家伽利略,据说曾经从意大利的比萨斜塔上,让一大一小两个物体作自由下落,当众以实验证实:它们同时着地。也就是说,那个后来在牛顿力学里叫作重力加速度的量,与对象的大小或轻重无关(这实际上就是后来爱因斯坦广义相对论所论述的等价原理的简易版"前身")。

这个实验若是在月球上进行,那是无懈可击。但既然是在地球上,我可以多嘴地保证:两物体肯定是一先一后落地,虽然相差不会很明显。想象一个大铁球和一个小铁球,大铁球会先着地,归咎于空气的摩擦阻力(你若不信,可找个大水缸,在水里利用水的摩擦阻力做这个实验)。为什么会这样?大铁球受到的空气摩擦阻力不是比小铁球大吗?再者,两个铁球的形状不是相似吗?

我先拉扯出一些日常小经验,邀你寻思一番。

一朵清香的小茉莉飘到她的发梢，好浪漫！而一朵同样形状的大号木棉花落到头上，会敲得头皮发麻；蚂蚁跳楼保证摔不死，大象就没这福气；同是水中动物，大鱼运动来去自如，小鞭毛虫则步履维艰、如处泥淖；泥流入海，粗沙先沉淀、细泥后之；空中的沙尘暴，黄土先下降，粉尘则飘得无远弗届。

用火柴棒或牙签加纸片搭盖一座小玩具屋，用不着担心什么材料力学，你放心，它挺得住。可是想象把你的玩具屋按比例放大，那样的"危房"你敢住吗？更加放大成大厦，它不自行垮掉才怪！

科幻、恐怖电影里，常有按比例放大的巨虫、巨鼠，四处横行、毁屋伤人。其实你真以为那样的怪物可以存在吗？安心啦，它根本直接就把自己压垮啦！同理，《格列佛游记》里的大人国也不可能存在于地球上。有人计算过：那纤腰、四肢细长的芭比娃娃，是个真人大小的话，美不美姑且不论，恐怕连站立着都有困难。

为什么小跳蚤轻易就可以跳个自己身高的十几倍，而长颈鹿办不到？小工蚁扛上几倍体重的重物仍然健步如飞，为什么大蛮牛就休想？

灵活飞翔的小麻雀，尺寸放大个几倍怎么就显得有点不伦不类，一幅"重"有余而"翼"不足、飞不动的模样？鹰、鹤那样的大鸟，翅膀必须大上加大，大到远望之只见着伸展的翅膀。大小蜻蜓、大小飞机、大小直升机的翼的尺寸都必然有这种不是等比缩放的现象。

在买柚子、香蕉、带壳花生时，你是不是直觉地会挑大只的，因为大的比较"划算"？而买金橘你又拣小粒的才满意。可是它们不都是称斤卖的吗？刚买来的滚烫的烤番薯，你是不是先拣较小颗的吃，因为它会凉得快？大盒和小盒的冰淇淋放在桌上，你觉得哪盒会先融化完？融化了的两盒再放回冰箱，哪盒先凝固？露置的小杯水为什么比大桶水先蒸发干？

这些司空见惯的现象背后的物理原因，一以贯之，简而言之就是：物体的体积是尺寸的立方，而面积是尺寸的平方。

原来，在我们这个三维的物理世界里，物体的体积是三维量，是尺寸的立方，而面积是个二维量，是尺寸的平方。于是，尺寸越大的物体，体积与面积的比率（后简称"体面比"）越大。对它而言，由体积主导的现象就会越显著，其重要性越会相对地超越由面积主导的现象。反之亦然。

哪些物理量是直接正比于物体的体积的呢？前文里提到了质量或重量、重力、热含量、含水量等。又有哪些是取决于物体的面积（包括截面积或表面积）的呢？支撑力、摩擦力、流体阻力、空气的浮力、热辐射率、热传导率、蒸发速率都是。

举个实例：若把伶俐的小山羊尺寸放大个 10 倍，腿的截面积就增大 100 倍，可是现在却得支撑 1000 倍的体重！为了还能行动自如，腿势必额外增粗 10 倍——简直就像大象了。这时，恒温动物的它，因运动产生了 1000 倍的热量，却只有 100 倍大的皮肤来散热，热坏了怎么办？长出一对特大的耳朵来帮忙散热吧！这下子更像大象了。既然散热效率低了，就不需要不停地啃嚼枝叶进食了，这下子连食量都像大象了。小山羊和大象的差别，只在于因尺寸大小不同而导致的"必然"而已。

所以，虽然前述大铁球的面积比小铁球大，受到的空气阻力也较大，但它的体重大得更多，空气阻力相形反而不重要，因此落得比小铁球快。我猜想伽利略其实肯定知道这一点。

现在，让我们举一反三，把这一贯之道推而广之到地球。

地球那么硬，怎么就乖乖地"就范"成"最低势能、流体平衡"的球形呢？原来硬只是相对而言的表象，地球因为太大太重，平方的支撑力不敌立方的重力，以致假以时日必然"一败涂地"，被自己的重量压垮，而且垮到极致，终成了球形。（所以，小说《地心历险记》里的地底深处的空穴、通道，在学理上都是无稽之谈！）其他行星、够大的卫星，也都一律呈球形。反之，只有小型的卫星或小游星才会呈凹凸不平的土豆状。这也顺带说明了，为什么地球上山再高、海再深，其实都有个限度，例如地球上最高的山（从海底山基起算）——夏威夷火山岛，仅高 10 千米。而较小的行星上反倒可以存在更高大的山，例如火星上的奥林匹斯山，高达 24 千米。

行星（或卫星），在当初累积形成过程中，重力势能都通过相撞成为内部的热能，再加上微量存在的放射性元素的衰变持续产生更多的热，都需要透过表面积来散热。就地球而言，其尺寸（或"体面比"）足够大，大到其表面积相对不足以把体内的热有效地发散掉，以至于地球在形成46亿年后的今天，内部仍然灼热。

灼热的内部，造就了"地幔热引擎"带来的大规模而缓慢的对流，呈现在地表的，就是我们熟知的板块运动：海底扩张、大陆漂移、地震带、火山带、山脉、岛弧、海沟等，不在话下。那更里层、更热的外地核，可更加热闹了——熔融状态的导体铁物质，在地球的自转之下，甚至自行产生了磁场！

所以，地球活得生气勃勃，归功于它的内热；它的内热，归功于它的保热度；它的保热度，又归功于它足够大的块头。相形之下，小个子的月亮，"体面比"太小，早在不知什么年代就已经"冷掉""死了"！火星较大些，但还不够大，所以到了今天即使尚未冷却，顶多只剩了个"一息尚存"、毫无"火"气，地质活动已停止，磁场也早已消逝。比地球尺寸只略小一点的金星，其生命力也就不遑多让，可能有活跃的火山活动（只是它自转太慢，产生不了磁场，板块运动好像也阙如）。超大的木星内部肯定更是灼热，而正在努力地靠表面散热呢！因此眼下木星的总散热量竟多过它受到的太阳总辐射的 2.7 倍！而在地球上，表面热流只及日正当中时太阳辐射的万分之一，每平方米平均不到 0.1 瓦。

谁说"麻雀虽小，五脏俱全"就足以描述全部实情来着？

（节选自《一个地球人的科学手记》）

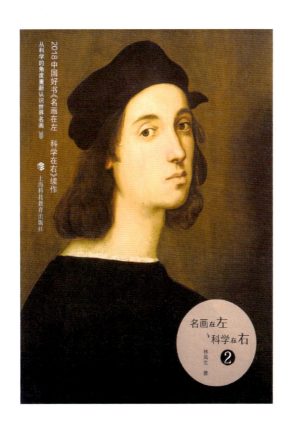

《名画在左 科学在右2》

林凤生 著　　　　　责任编辑　殷晓岚

上海科技教育出版社　2023年8月出版

定价：98元

　　本书围绕100余幅脍炙人口的世界名画，以科学视角进行解读，对名画中存在的科学元素、蕴含的科学道理和人生智慧进行了深入浅出的阐述和分析，并探讨了名画揭示的科学文明史，使读者在得到美的享受的同时，也能从中获得相关的科学知识和启迪，提升文化品位和审美情趣。

作者简介

林凤生，上海大学退休教授，《自然杂志》编审，
高级记者，中国科普作家协会会员，上海美术家
协会会员。

编辑荐书

　　本书是 2018 年度"中国好书"《名画在左　科学在右》续作，
沿袭前部作品用科学的眼光看艺术、用艺术的眼光看科学的特色，将
科学的独特视角引入名画欣赏之中，同时在内容上有较大拓展。全书
图文并茂，将科学与艺术巧妙融合，既有美术欣赏者的艺术评析，更
有自然科学工作者的理性思索。无论读者的文化背景是科学、人文，
还是艺术，都可以从作者对绘画的解读和分析中受到启发，从科学的
角度重新认识艺术名作，并在阅读中获得美的体验。

只生欢喜不生愁：笑对人生

"人有悲欢离合，月有阴晴圆缺，此事古难全。"这是苏轼中秋望月怀人的名句。人生在世，不如意之事十有八九。不过，每个人的处世态度都不一样：有的达观开朗，有的怨天尤人。

我最推崇丰子恺先生的话："只生欢喜不生愁。"当你怀着一颗平和、宽容之心看待事物时，世界在你眼里也会变得格外美丽。你碰到困难，方方面面会伸出援助之手，连命运也会眷顾你。法国印象派大师雷诺阿，就是这样一位热爱生活的艺术家。在雷诺阿一生创作的数以千计的油画、素描和铜版画中，找不出一幅哪怕是一点点反映他个人痛苦的作品。"他的画就是一个阳光明媚，而又清爽宜人的世界。"事实上，他的人生十分坎坷，还有两次遭遇险情，差一点点丢掉了性命，但是每次都能够逢凶化吉，这恐怕与他的善良、乐观的个性不无关系。

学画之路：一半是艰难，一半是机遇

雷诺阿出身于一个贫苦的裁缝家庭，家里有 5 个兄弟姐妹。由于穷，他很小就辍学，13 岁起就靠画瓷瓶来挣钱养活自己。

少年时代的雷诺阿养成了每天劳动的好习惯。他艰苦朴素，有独立自

主的精神，常常憧憬自己的未来。当他积攒了一笔钱后就来到巴黎的格莱尔画室学画，并在那里认识了志同道合的朋友莫奈、巴齐耶和西斯莱。他们不满意传统画法，一起探索出另一条艺术道路——印象派。由于他们的作品有个性，得不到官方沙龙的肯定，画卖不出去，生活非常拮据。雷诺阿晚年感慨地回忆起他在格莱尔画室的地板上，收集别人丢掉的颜料软管，把颜料挤出来用的经历。莫奈也回忆说："雷诺阿从家里给我们带来了面包，才使我们没有饿死。"然而"穷且益坚，不坠青云之志"，他们仍然孜孜不倦地探索自己的艺术道路。

印象派也称为外光派，就是画家要走出画室，到大自然中体验光色的变化，把眼前所见的景物画下来。雷诺阿和莫奈常常结伴到巴黎几十公里外的巴比松去写生，这段路要走两天，晚上就住在农民的牲口棚里过夜。1865 年的一天，雷诺阿正在森林里写生，没想到走来了一帮醉醺醺的小混混。他们看到雷诺阿在画画，先是感到好奇，但由于根本看不懂他画什么，就开始嘲笑他。

雷诺阿身上穿着的手艺人的工作服成为他们的笑料，接着这群人就开始向他挑衅，将他乱推乱搡，接着就大打出手，还把他的画架和画布踢得老远，与他们一起的女孩还用她们的阳伞尖戳他。正在这危险的时刻，从一片矮树林里跳出来一个大汉，他大喝一声，挥动手上的拐棍，朝人群冲过来，吓得这帮小混混在一片叫骂声和女孩的尖叫声中逃之夭夭。

雷诺阿十分感激，互报姓名后才发现，原来这位救命恩人就是著名的巴比松画家迪亚兹。迪亚兹仔细看了雷诺阿的画说："不错，你很有天赋，真的，但是为什么画的颜色这么灰暗呢？"正是这句话让雷诺阿如醍醐灌顶，茅塞顿开，从此改变了自己作品的风格：从这一刻起他开始提升绘画的色调，画面变得明亮起来。

但是，要在画布上表现出阳光下景色的五彩缤纷不是容易做到的事。于是雷诺阿与莫奈一起向科学请教，在系统学习了法国化学家谢弗勒尔的著作后，弄清楚了颜色中有红、黄、蓝三种原色，与之对应的是绿、紫、橙三种补色。当原色与补色放在邻近的位置时，由于色彩的对比效应，会让观者产生更为明艳的视觉效果。

于是雷诺阿把这些科学理论"拿来"用于自己的创作实践。如他的"塞纳河划船"系列作品之一《沙图桨手》，他在此画中干脆只使用上述6种颜色，并且通过互相并置和衬托，使画面光彩夺目、生机盎然。

正当雷诺阿和莫奈对野外写生乐此不疲之时，又发生了两件让他惊心动魄的事情。

左右逢源：一半因个性，一半碰运气

一天，雷诺阿在森林里画画，突然见一个人跟跟跄跄出现在林子里。他告诉画家自己是一名记者，名叫拉乌·里戈，为了躲避警察的追捕逃到林子里来，已经躲了好几天。雷诺阿听了他的话十分同情，把自己的外衣借给他穿，还给他找来了吃的。夜幕降临后，把他带到自己住的客栈，藏在房间里。几天后，记者的朋友来客栈把他接走了。

不久巴黎公社革命爆发了，不关心世事的雷诺阿有一天正在塞纳河边的陡坡上画画，突然一帮狂热分子把他当成凡尔赛的间谍抓了起来。他们认为雷诺阿在画巴黎的城市防御图，将他带到了巴黎市政厅的院子里。正当有人威胁要判他死刑时，拉乌·里戈记者神奇地出现在他的面前。这时候的里戈穿着挺括的军装，胸前还佩戴着红色的绶带。原来他是起义军的总检察长。两人相互对视了一会儿，随着一声呼喊，就紧紧地拥抱在一起了。里戈告诉巴黎公社的社员：雷诺阿不是间谍，而是伟大的艺术家，还是一位爱国者，曾经救过自己的命。于是一切也就 OK 了，大家一起唱起了《马赛曲》。

里戈给雷诺阿开了一张通行证，这让他能越过重重火线回家乡看望亲人。有趣的是，从家乡返回时，在法国凡尔赛当统帅的比贝斯科王子给了他另一张通行证，因为他是雷诺阿的"粉丝"。

雷诺阿的一生中，遇到危险时总会得到别人的相助，与其说是吉人自有天助，不如说是他的善良和宽厚得到了回报。雷诺阿待人十分真诚：年轻的时候，他一旦有饭局，就会先为朋友莫奈留一个面包放进口袋里。事实上，莫奈的经济条件要比他好多了。莫奈的困难主要是大手大脚花钱习惯了，一旦有了钱就想去高消费，对家庭和妻子（卡米耶）也不大负责任。碰到这样的人，一般人是不愿意去帮助的，但雷诺阿不以为意，这也许是他的善良本性使然吧。

无独有偶，法国画家塞尚是银行家的儿子，经济条件也优于雷诺阿。当塞尚想出售自己的作品时，雷诺阿毫不犹豫地把他介绍给自己熟悉的画商。用生意场上的话来说，塞尚与自己是艺术市场上的对手，帮助这样的对手，等于在砸自己的饭碗，但是雷诺阿却不会这样想。正因为他的胸襟宽广，所以一直有着良好的人脉。比如，巴齐耶多次让雷诺阿住在自己的画室里；卡耶博特为了帮助雷诺阿，买了他的《煎饼磨坊的舞会》《包厢》《秋千》等多幅作品。

1878 年，雷诺阿在朋友的推荐下认识了一位出版商的太太夏庞蒂埃夫人。夏庞蒂埃夫人的家是法国印象派画家的聚会之处，在她每逢星期五举行的沙龙里，巴黎文化界、艺术界的人士济济一堂。雷诺阿的肖像画色彩亮丽、青春洋溢，因而深受夫人的喜欢，她邀请雷诺阿为自己和两个孩子创作了一幅肖像画《夏庞蒂埃夫人和她的孩子》。正是这幅画让雷诺阿名声大振。

在夏庞蒂埃夫人的介绍下，雷诺阿获得了大量的肖像画订单，成为印象派画家里最先富起来的人。富起来的雷诺阿仍很有爱心，常常帮助还在困难中的画家朋友。1875 年他在蒙马特创作的时候，看到给他当模特的少年中，许多人都是孤儿，便萌生了创办一个"幼儿之家"的想法，采用开画展的办法来募集资金。后来在夏庞蒂埃夫人的支持下，这个爱心计划得到了实现。

（节选自《名画在左 科学在右 2》）

《十的九次方年的生命》

白书农 著　　　　责任编辑　伍慧玲

上海科技教育出版社　2023 年 11 月出版

定价：68 元

　　生命就是生物的命吗？"生命"等于"活"吗？先有"生物"还是先有"活"？人类是如何从非洲一个角落里食物网络中层的成员，变成今天地球生物圈的主导物种的？人类的演化历程，跳出过生命系统演化规律这个"如来佛的手掌心"吗？作者在书中娓娓道来，回答了这些问题。

作者简介

白书农，北京大学生命科学学院荣休教授，博古睿研究院中国中心2020—2021年度博古睿学者。主要进行植物生物学方面的学习和研究，还对生命的本质、教育的本质和本科生命科学教育的培养目标等问题进行长期的思考。

编辑荐书

所有人都离不开对生命的思考，但思考的尺度各不相同。白书农教授从"活着"这个再日常不过的词语出发，讲述人类生存及社会演进中生命的偶然和必然，以生命大系统观，从10的9次方年的大时空尺度重绘人类史，从生命本质和生命基本规律的角度解读人类行为和人类社会背后的哲学道理，为探索人类变革新起点提供头脑风暴式的深刻启示，有科学性、思考性、启迪性。

人类语言中的"活"指的是什么

　　不知道有多少人认真地想过"什么是'活'"这个问题。说来惭愧，虽然我在 1977 年参加"文化大革命"后的第一次高考，次年 2 月进入安徽农学院做学生之后，基本上一直以研究植物为自己的工作，可是直到2012年，我才第一次意识到，自己从来没有认真地思考过"什么是'活'"这个问题。

　　让我意识到这个思维盲区的契机，是我参与的本科生教学活动。当时，我的同事王世强教授希望在他主持多年的生理学课程中增加一点有关植物的内容，帮助学生们意识到"生理学"所要揭示的规律不只是动物特有的规律，应该是包括植物在内的多细胞生物共有的规律。

　　虽然我在读本科时最喜欢的课就是植物生理学，后来攻读硕士和博士研究生时的专业也都是植物生理学中的发育部分，但直到接受王世强教授邀请参与他的生理学课程之后，我才意识到，自己尽管很熟悉"植物生理学"这门学科所涵盖的内容，却从来没有认真研究过"生理"两个字本身的含义，尤其是从未追问过生理学的定义——"一个研究生物功能的学科"——中，生物的"生"字的含义是什么。换句话说，在提到"生物"时，我没有追问过什么是"生"，或者说，当说"生物"是"活"的时，从未追问过什么是"活"。

意识到这个问题之后，我去查阅了不同的中英文词典，意外地发现，在这些词典中，"生"或者"活"的词义，都是作为"死"的反义词，两者是相互定义的。这下就麻烦了，要问"生"或者"活"是什么意思，就得先问"死"是什么意思，反之亦然。结果，"生"（或者"活"）与"死"之间形成了循环定义。

"生"（或者"活"），对我们每一个人来说好像是与生俱来的（这里就避不开一个"生"字了），而且是须臾不可离开的。可是在词典上，对什么是"生"（或者"活"），却要靠"死"来定义。当然，"死"虽然听起来可怕，却是每个人迟早要面对的结局。

有趣的是，在现代社会中，一个人是不是"活"着，好像可以自己说了算，可是一个人是不是"死"了，常常就不是自己可以说了算的，大多数情况下得是医院的医生说了算。可是医生们凭什么来断定一个人究竟是"活"着还是"死"了呢？曾经是根据有没有呼吸，后来是有没有心跳，现在一般看脑电波有没有起伏。但是，我们知道，在现代医学范围内，一个被医生判定为"死亡"的人，体内的器官在一定的时间范围内可以被取下并移植到其他人体内正常工作。这就带来了一个问题，那就是"死"人体内的器官、组织、细胞在那个时间段中不还是"活"的吗？在这种情况下，我们说一个人"死"了，指的是一个人的整体，还是指他的全部构成组分？在构成组分还"活"着的情况下，把一个人的整体称为"死"了，这个"死"指的究竟是什么？

这里需要给大家讲一个例子。早在20世纪50年代，植物学研究者就成功实现了将胡萝卜中的细胞培养形成一个完整的植株。近年在生物医学界，研究者也可以用动物皮肤细胞或者其他细胞，培养成所需的细胞，甚至完整的胚胎。从这个意义上，"死"人身上的那些可以移植的"活"的细胞，如果通过培养而成为一个新的个体，那么该认为那个"死"去的人究竟是死了，还是没有死？既然无法判断那个人是不是"死"了，那从上面有关"死"和"活"循环定义的情况来看，该怎么判断一个人是"活"着呢？

更有甚者，道金斯（Richard Dawkins）在《自私的基因》（*The Selfish Gene*）中有一种观点：每个生物体不过是基因的载体，是基因保留和扩增自己的工具。虽然现代生物学的技术还不足以让人们仅以一个人的基因来重新构建一个个体，但把一个人的基因保存几十年不是问题。如果哪一天，我们可以单独从基因构建个体，那么按照道金斯的观点，人不就可以永生了吗——基因一直都在。如果是这样，根据前面所说有关"生"或"活"的循环定义，没有了"死"，又该如何定义"什么是'活'"呢？

其实，在参与王世强教授的生理学课之前，我还有一个机会面对什么是"死"的问题。2010年，选修我的名为"植物特有生命现象"的课程的北大物理学院本科生史寒朵同学在听过我讲"植物发育单位"概念之后，问了一个问题：怎么判断一株植物"死"了呢？在听到她的问题之前，我对植物发育的思考主要集中在一个问题，即如果植物生活周期以合子（受精卵）为起点，它的终点在哪里。这个问题我在读博士的时候，曾经问过我的导师。他的答案是，植物生活周期没有起点也没有终点。这个回答的依据是，植物细胞通过组织培养可以形成完整的植株。因此，从形成一个植株的角度讲，在植株生长的任何时间点上，在任何部位取出活细胞（又涉及"活"的问题），都可以培养出一个完整的植株。

后来，我向遇到过的多位国内外顶级植物学家同样问过"植物生活周期的起点和终点是什么"。他们的回答要么和我的导师类似，要么说植物生活周期只有起点没有终点。后者显然是错的。因为如果没有终点的话，植物的下一代的合子从哪里来呢？

虽然从前辈和权威那里没有得到令人信服的回答，但是通过做博士后期间的一个研究课题，我终于意识到植物生活周期的起点是合子，而终点是由配子即精细胞和卵细胞融合而成的下一代合子。我曾经专门写过一篇文章，把这个过程称为"有性生殖周期"。我论证过，这个"有性生殖周期"本质上是一个特殊的、经过修饰的细胞周期，即一个二倍体细胞变成两个二倍体细胞。相应于这个结论，一株植株不是相应于一个人或者一只猫的个体，而是一个相应于一丛珊瑚的聚合体。原因很简单：每一个最终形成生殖器官的分枝都可以完成生活周期，而一棵植株可以产生很多分枝。但是，在史寒朵同学提出问题之前，我还真没有认真想过怎么判断一株植物的"死"。她的提问让我开始关注这个问题。一次在检索文献时，我偶然发现在一个专门讨论植物死亡的网站中，引用了一句奥地利哲学家维特根斯坦（Ludwig Josef Johann Wittgenstein）有关死亡的话：死亡并非生命中的一个事件（death is not an event in life）。这个说法倒是打破了词典中"生"（或者"活"）与"死"之间的循环定义。但仍没有回答"死"或者"活"究竟是什么。

我想在下一章再讨论我对"什么是'活'"这个问题的回答。这章的故事是希望以我自身的经历告诉大家，很多我们耳熟能详的、脱口而出的概念，其实并没有经过我们认真的思考。这意味着我们可能并没有真正理解其含义。换句话说，我们经常并不清楚我们在说的是什么。这在很多情况下既不影响我们的吃喝拉撒睡，也不影响我们谈情说爱、传宗接代，甚至不影响我们在现代社会遵章守纪地做一个好员工、好公民。可是，一旦我们不仅希望知其然，还希望知其所以然，遇事要多问一个"为什么"的时候，了解自己在说的究竟是什么，就变得非常重要了。

就我们现在的话题而言，不了解"什么是'活'"完全不影响我们活着，毕竟，我们的"活"不是由"什么是'活'"这个问题的答案决定的。恰恰相反，是因为我们"活"着才能提出这样的问题。但要理解我们这个社会为什么会走到今天，我们在生活中怎么选择才既对自己有利又对社会有利，恐怕还真得从"什么是'活'"这个问题的探索开始，也就是要上溯到10的9次方年的时间尺度上。

（节选自《十的九次方年的生命》）

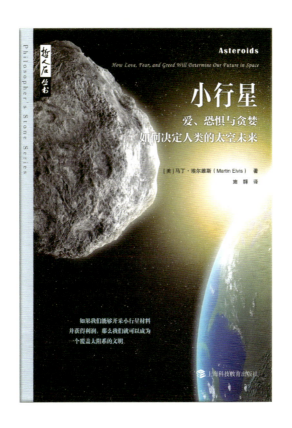

《小行星——爱、恐惧与贪婪如何决定人类的太空未来》

[美] 马丁·埃尔维斯 著　　施韡 译

责任编辑　林赵璘　温润　　上海科技教育出版社

2023 年 9 月出版　　　　定价：78 元

　　太空旅行是一项极其昂贵和困难的事业，那么我们为什么要坚持呢？这部通俗而权威的著作给出了答案——对于小行星探索，人类的强烈动机就是爱、恐惧与贪婪。

作者简介

马丁·埃尔维斯，哈佛－史密森天体物理学中心的天体物理学家，专注于黑洞、类星体和小行星的研究，是美国科学信息研究所确定的天文学和空间物理学领域 250 位被引用次数最多的研究人员之一。小行星 9283 Martinelvis 以他的名字命名。

译者简介

施韡，网名"水兄"，科普作家，资深天文爱好者，天文科普自媒体人。现任中国天文学会信息化工作委员会委员，上海市天文学会副秘书长，上海天文馆（上海科技馆分馆）展教中心网络科普部部长。

编辑荐书

作者将广博的知识和深厚的人文关怀融会贯通，以一种公众很容易理解且极具科学性的方式，把小行星与人类过去、现在、未来的关系娓娓道来，既展现了前沿的行星科学探索，又带领读者感受人类正在开展的航天工程实践，以及跨学科领域的技术进展。本书不仅探讨了小行星、太空旅行和天文学的相关科学，而且对小行星探索的实用效益和经济效益进行了引人入胜的研究。文笔生动活泼，翻译质量上乘，是一部让读者全面认识小行星的佳作。

我们为什么要去小行星？

我们为什么要去小行星呢？关于这点，不妨回答另一个问题：我们为什么要去太空呢？在电影中，太空充满了奇异的星球和奇怪的外星人。尽管我们看到了许多恒星系内不同世界的美丽图像，但是就我们真正可及的空间而言，太空似乎是个没有生命、寒冷和不友好的环境。宇宙别处有我们的容身之所吗？人类未来能够跨越多个世界吗？还是说，我们只能局限在地球上？这取决于我们有多积极。我们的动机又是什么呢？

在著名的科幻电视剧和电影系列《星际迷航》（*Star Trek*）中，"企业"号的船员们大胆地去探索从未有人涉足的陌生世界。柯克（Kirk）船长和他的船员这么做是出于一种冒险精神。正是这种人类探索的强烈欲望，经常被用来作为人类进入太空的主要理由，而且这种想法肯定有一定的道理——我们确实喜欢探索未知。但问题是，几十年来，这种为太空旅行进行辩护的做法并没有让我们走得太远。在过去50年里，总共只有几百人进入了仅仅高出地球大气层一点点的低地球轨道。望远镜和自动化的航天器已经发现了更多和更陌生的新世界，但是并没有人类踏足这些世界。为什么没有呢？

首先，太空旅行成本很高。这也是障碍所在。对我们来说，为了纯粹的探索而选择把纳税人的钱投入其中，确实是一个艰难的选择。还有很多其他需要这些资金的地方。几个宇航员如此冒险的、对地面上公众而言却是不切实际的旅行，真的值这个价钱吗？在 21 世纪初的世界里，我们作出了选择，答案是"否"，我们并没有像电影里那样大胆地进入太空。现在只有少数人进入太空，而且他们停留的时间都很短。

正如一句箴言所说："太空举步维艰。"火箭科学是让人为难的——一个小小的错误可能导致满盘皆输，可能以剧烈的爆炸收场。不过，其他技术在开始时也同样不稳定。早期，帆船经常在海上失踪，火车和轮船上的蒸汽机也经常爆炸。但是这并没有阻止我们。解决技术问题并不是真正的障碍所在。

我们需要的是更强的动力。如果我们期望看到人类的探索发展到与太阳系的规模相当的程度，那么我们一定需要一个令人信服的理由，一个让我们从舒适的"沙发"（地球）上离开的理由。

动机是至关重要的，它是我们做任何事情的原因。总有一些强大的力量会唤醒我们的行动。爱、恐惧、贪婪，这三种强大的动力让我们做了很多事情。它们依次创造了不朽的文学和艺术，培养了伟大的军队，引领着我们走遍天涯海角寻找黄金。

这三种动机也将推动我们进入太空。原因如下：

· 对了解世界的爱，也是了解事物的需要，带领我们进行科学探索。小行星与一些真正重要的问题有着深刻的关联。我们在后面将会提到。

· 对我们自身毁灭的恐惧，无论是局部规模的毁灭还是整个人类物种的灭绝，都促使我们需要追踪任何可能袭击我们家园的小行星"杀手"。

· 我们对太空财富的贪婪，对可以给整个世界带来巨大利益的财富的贪婪，驱使我们重新绘制一幅太阳系版图。在这张地图上，许多小行星都会被画上一个标记"X"，表示："宝藏正在这里躺着呢！"

正是这三种动机的前景吸引了我们的注意。它们也是本书的出发点。也就是说，一些重大的激励因素并不总是指向同一个方向。举个例子，股票市场上的交易者总是在对收益的"贪婪"和对损失的"恐惧"之间寻找平衡。

正是我们强大动机之间的冲突创造了伟大的艺术。你可以看到在文学作品中充满了爱战胜恐惧和贪婪的故事，当然也有爱在强大力量面前遭遇失败的故事。但我认为我们可以调整这些力量。我会告诉你们，就我们想到前往小行星这件事情而言，是爱、恐惧与贪婪的共同作用，把我们拉向了小行星的王国。

所有最棒的侦探小说都会说：光有动机是不够的，你还需要找到方法和机会。

这些方法包括引进各种各样的人才：建造宇宙飞船的工程师及建造采矿设备的工程师，这两者截然不同；天文学家和地质学家，他们要去勘探矿石；商人和经济学家，他们制订商业方案；还有律师，他们需要处理不可避免的争端，说不定争端还会升级到需要政策专家、外交官甚至军队的程度（尽管我们不希望走到这一步）。

多亏了"新太空"（NewSpace）运动，现在机会来了。"新太空"运动将一种新的商业思维带到空间技术领域。50多年来，太空探索都是由政府命令、自上而下规划的，而从现在开始，它们要像商业一样运作了。美国国家航空航天局（NASA）鼓励这种趋势，这样做的结果是，太空完全开放了。创业公司和传统公司都在寻求一系列赚钱的风险投资。在太空活动中创造新经济只需要少量的成功。

我相信，我们将从太空中获得财富，我们对"贪"的满足也将使我们的"爱"和"惧"得到满足。当我们谈及太空时，贪婪是长期被忽视的动机。现在，这种情况已经发生变化了，那些描述即将产生太空万亿富翁的激情四射的文章就是一个标志。现实中有许多"太空学员"——太空旅行的狂热粉丝或许不喜欢用如此简单世俗的话语来思考问题，他们将太空旅行本身视作一种奖励。我们倒希望现在已经到了23世纪（钱不再是问题）。尽管如此，贪婪还是促使其他动机成为可能的动机。从太空中获取利润——最好是那种淘金式的、数量可观的利润——将为空间探索的科学和安全动机，也就是"爱"与"惧"，带来一连串的好处。一旦发现了宝藏，太空旅行就会收回成本。

太空资源转变为财富的方式不只小行星，但我把赌注押在小行星身上。这在一定程度上是我的个人偏见，因为我是一名天文学家，而天文学家在推动这项事业方面真的能发挥很大作用。但同时这也是因为小行星是太阳系中人类可获取材料的最大储藏地，是推动我们走出小小的地月系统的一个潜在利润来源。它们就是未来。

太空如此之大，我们还远远没有到可以进行大规模探索的时候。2011年的《愿景与航行》（*Vision and Voyages*）报告说，到2022年，最优先的三个大型任务应该是火星、木卫二和天王星。考虑到预算，NASA所能做的就是说："选一个。"按照现在的速度，一代人就只够做这三个。其他航天机构也有类似的问题。欧洲航天局（ESA）于2019年开始确定其下一个探测目标。他们计划排到2050年，那可是30多年后啊。然而，在我们的太阳系中有将近200个世界需要我们去探索。我可不想等了。

算术告诉我们，必须大幅增加资金和（或）大幅降低成本。想把全世界政府的太空计划数量翻一番，这种可能性极小。唯一的选择是降低成本。资本是降低成本和增加产量的伟大工具。如果利润来自太空，这些项目就不必乞求预算了。基于这种对太空经济的渴求，真正的大规模探索才可以取得成功。

为什么我们真的要进入太空？我们在那里到底能做什么？人类在太空中的事业如何发展得更为重要和美好呢？我认为答案在于小行星。它们为我们提供了动机、方法和机会，而这些动机是强烈的。是爱，是恐惧，是贪婪。

（节选自《小行星——爱、恐惧与贪婪如何决定人类的太空未来》）

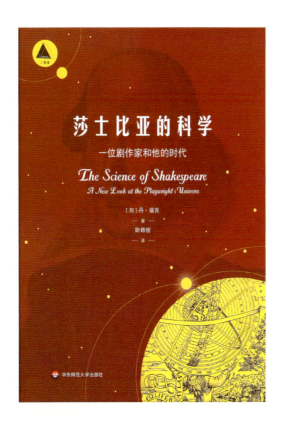

《莎士比亚的科学：一位剧作家和他的时代》

[加] 丹·福克 著 　　　　　斯韩俊 译

责任编辑　朱华华　张婷婷　　华东师范大学出版社

2023 年 6 月出版 　　　　　定价：68 元

　　莎士比亚生活在一个有关新发现的时代，从天文学、物理学到与生命科学相关的占星术、炼金术、魔法，作者化身为向导，带领我们重新阅读莎士比亚，观察剧作家对科学发现是否感兴趣，这些知识又如何体现在他的作品中。

作者简介

丹·福克，加拿大科普新闻记者、作家、广播员。著有《T恤衫上的宇宙》《寻找时间》等。获由美国物理联合会颁发的物理和天文学"科学写作奖"、加拿大科普作家协会颁发的"社会科学新闻奖"等。

译者简介

斯韩俊，复旦大学英语语言文学硕士，中学教师。译有 *Tales of the Silk Roads*（汉译英）等。

编辑荐书

一部文艺复兴时期科学世界观的复合型指南。从天文学、物理学到占星术、炼金术、魔法，丹·福克化身为一个向导，带领我们重新阅读莎士比亚，从时代的思想观念，到莎翁戏剧中的特定谜题，再到天才般闪现的科学人物……古老的世界体系出现裂缝，科学显露出改变世界的曙光。全书有趣有料，睿智新颖，充满怀疑精神，"科学给了我们一个新的世界，而莎士比亚照亮了我们在其中的位置"，莎翁与科学思想史爱好者不容错过。

莎士比亚生活在一个非凡的时代

我坐在霍顿图书馆（Houghton Library）一楼宽敞通风的房间里，这是一座小而优雅的新古典主义建筑，紧挨着哈佛大学巨大的威德纳图书馆（Widener Library）。临近学期末，房间里只有八九个人，大家或是翻阅着布满灰尘的书籍，或是在笔记本电脑的键盘上敲打着。被人遗忘的学者画像凝视着我们，带有金色指针的巨钟则在门口上方若隐若现。外面阴暗的天空下着毛毛细雨，我正注视着面前桌上的两本书。

两本书都很古老——差不多有四百年历史了——尽管左边那本还要早八十年。我轻轻地拿起第一本书。它的浅米色封面是由猪皮覆盖在木头上制成的，可能与内页本身一样古老。（当时，购买"书"的客户实际上是从书商那里买回一捆书页，然后付钱让装订工把它们以美观的方式装订起来。）几乎不可辨认的《圣经》中的场景被压在封面和封底上；图书管理员告诉我，这个过程称为"盲印"。随着时间的流逝，书脊上作者的名字几乎消失了。

两个细长的可能是黄铜制的金属扣将封皮合在一起。我轻轻地打开它们，然后提起封面。页面僵硬、翘曲，好像它们曾经湿透了——谁知道是在多少年前——然后又被晾干。空白的内页上有前任主人的几处涂鸦，还有一张贴纸，上面写着他的名字——一位 1922 届的毕业生，他将这本书捐赠给了哈佛大学。书的完整标题是《论天体的运行，共六卷》（*On the Revolutions of the Heavenly Spheres, in Six Books*），通常缩写为《天体运行论》（*On the Revolutions*）或《运行论》（*De revolutionibus*），甚至可简称为《运行》（*De rev*）；我想一点点拉丁语不会对我们造成影响，所以我还是称其为《运行论》。无论我们如何称呼它，这都是一本将宇宙翻个底朝天的书。页面底部是出版商的名字[约翰尼斯·彼得雷乌斯（Johannes Petreius）]，出版地点（纽伦堡）和出版年份（1543）：

Norimbergae apud Ioh. Petreium,

Anno M. D. XLIII.

我很快翻到了著名的哥白尼图表，它可能是西方思想史上最重要的图表之一。图表显示了一系列同心圆；中心是一个很小的圆圈，中间有一个圆点，标有"Sol"。（以我粗浅的拉丁语水平也足以知道"sol"就是"太阳"。）较大的圆圈标记着行星绕太阳旋转时的路径轨道。而我们在的地方：距离太阳的第三块石头，只是一个点，标记着"Terra"——地球。环绕这个小圆点的是另一个微小物体，一个新月形的月亮。当我还是一个有些书呆子气但具有科学头脑的孩子时，我曾无数次绘制过这张图表，但是作为第十万个这么做的孩子，你不会得到任何加分。但你确实会因为最早提出这张图表而收到赞誉。

在我右手边的书比较大，大约是九乘十三英寸；肯定有三磅或四磅重。它的封面与它的同伴一样，也是由木头制成，用深棕色皮革覆盖。这本书因为装订得太好了，所以不可能是原版；在第一版问世一两个世纪之后，它肯定被重新装订了。有人还在书的边缘贴上了金箔叶；这本书仍然闪闪发光。书脊上的文字清晰明了，写着作者和出版者的名字：

莎士比亚

I. 贾加德和 E. 布卢恩 1623

就在封面内侧，一位前主人将 1848 年 11 月 11 日一篇题为《莎士比亚对开本》（The Folios of Shakespeare）的报纸文章贴在了上面。这本收集有 36 部莎士比亚最重要戏剧的合集经历了多个版本，但第一本即著名的1623 年的《第一对开本》（*First Folio*）在世界各地的图书馆和博物馆中都占据着首要地位。任何学习过莎士比亚的人都会觉得这本书的扉页很熟悉，而且——与哥白尼那本相比有一个耳目一新的变化——它是用英语写的：

威廉·莎士比亚先生的（SHAKESPEARES）喜剧、历史剧和悲剧。

根据真正的原版本刊印。不要对拼写大惊小怪：研究早期现代英语的学者们向我们肯定了当时拼写还没有标准化，甚至莎士比亚本人在签署自己的名字时也会混淆。下面这幅大家熟悉的黑白版画是由马丁·德鲁斯特（Martin Droeshout）创作的——目前已知仅存的两件能精确描绘这位剧作家的作品之一。（另一件是位于埃文河畔斯特拉特福圣三一教堂的葬礼纪念碑，可以追溯到 1616 年这位剧作家去世后和 1623 年《第一对开本》出版前的某个时间。）

莎士比亚的朋友兼剧作家本·琼森（Ben Jonson）在一篇介绍性笔记中请读者不要花太多时间凝视肖像，因为莎士比亚的语言会使他永生。这篇笔记敦促我们"不要看他的肖像，而是看他的书"。

这两本书之间有什么联系吗？莎士比亚知道哥白尼的革命性思想吗？他在乎吗？事后看来历史是如此清晰：在四个世纪之后回顾，我们发现莎士比亚生活在一个非凡的时代。中世纪的世界——充满魔法、占星术、巫术和各种迷信——刚刚开始让位于思维方式更为现代的世界。莎士比亚和伽利略同年出生，而关于人体、地球和整个宇宙的新观念刚刚开始变革西方思想。第一本现代解剖学书籍由佛兰德籍医师安德烈·维萨里（Andreas Vesalius）于 1543 年出版，与《天体运行论》同一年。莎士比亚是否可能不清楚这些发展——或者他只是模糊地意识到，但不感兴趣？

传统观点认为，莎士比亚对"新哲学"没有意识，或者说他几乎没有意识到。并不是莎士比亚学者或早期现代科学史学家忽略了莎士比亚的作品与标志着我们现在称之为"科学革命"的思想和发现之间的可能联系，而是他们已经研究过并得出了结论：没有这样的联系存在过。我认为这是错误的。莎士比亚笔下的角色以一种现代读者似乎很陌生的方式与宇宙联系在一起。用托马斯·麦克林顿的话说，他们拥有"宇宙想象力"：无论是因喜悦而哭泣，还是为痛苦而流泪，他们都仰望天空进行确认。他们呼唤着"朱庇特""神灵"或"天堂"，努力使自己的生活变得有意义。

因此，毫不奇怪，我们发现了许多与占星术相关的引用。但莎士比亚笔下也有一些角色反对这种迷信，例如凯歇斯（Cassius）宣称"亲爱的勃鲁托斯（Brutus），那错处并不在我们的命运，而在我们自己"[《裘力斯·凯撒》（*Julius Caesar*, 1.2.139—140）], 或者《李尔王》中的爱德蒙（Edmond）在嘲笑那些将不幸归咎于天堂的人时，驳斥这种占星术幻想是"世上精妙的自欺思想"（1.2.104）。至于宗教，尽管莎士比亚经常提到《圣经》故事，但他从未使用过"圣经"这个词。他笔下的人物也没有对死亡之后的生命抱有多大信仰。他生活在一个信仰的时代，但他的作品中，尤其是在他的职业生涯即将结束之际，始终存在怀疑倾向；在《李尔王》中，这一倾向几乎成了一种欢快的虚无主义。他笔下的人物经常呼吁诸神来帮助他们，但他们绝望的恳求却极少得到回应。

（节选自《莎士比亚的科学：一位剧作家和他的时代》）

记忆知识很重要，提升智能更关键，而唤醒激荡意识才是根本。

学习简史
从动物学习到机器学习

李韧 / 著

华东师范大学出版社

《学习简史：从动物学习到机器学习》

李韧 著　　　　　责任编辑　彭呈军

华东师范大学出版社　2023 年 10 月出版

定价：78 元

本书围绕"学习是什么、为什么学习、怎么样学习"三个基本问题，以简史的形式理清学习发展的主线脉络，确立学习的主体形态：辨析学习的 6 种媒介：基因、大脑、语言、文字、电子、机器；划分学习的 5 个时代：动物学习、语言学习、文字学习、电子学习、机器学习等，绘出了"学习是什么"的整体图景。

作者简介

李韧，哲学博士，专注于新哲学与新技术，尤其是互联网、人工智能时代，新技术影响下的教育新思想、新模式，著有《自适应学习——人工智能时代的教育革命》等。

编辑荐书

植物也会学习、大脑反叛基因、人是学习的动物、学校成为"隔离室"、儿童是被发现的、学习是人的再生产、教育的目的是去教育、学校扼杀学习、越学习越好奇、机器能学习……全书不断颠覆你对学习、对教育的观念。

书摘

学习的未来

我们现在面临选择：要么被淘汰，成为一种宠物，或最终找出解决方案，与人工智能共生、融为一体。

——埃隆·马斯克

我们对宇宙理解得越多，它就越显得毫无意义。

——史蒂文·温伯格（诺贝尔物理学奖得主）

科技变革将会如何影响学习，我们只能翘首以待。学习的未来，可能发生根本改变。

科学家和科幻小说家展望两种科技变革趋势：机器的人化和人的机器化。

前者如人工智能、机器学习正在向前疾驰，后者则可能会改变人的定义。

科学家用"涌现"现象来说明意识，意识只是一种现象，而非本体，那么，人造意识也会觉得自己有意识。如果，机器人能产生意识，无疑，人工智能可能取代人类。反之，人工智能始终都无法产生意识，境况可能更加麻烦。

因为我们尚未给我们的宇宙寻到任何一种终极目标，它看起来既可爱又可信，让绝大多数人满意。人类无能判断哪一种"至善"理解，哪一种"有意义"生活，是唯一正确又最符合宇宙心意的。

而据科学家推演，人工智能即便无自我意识，但也会有自身目的，它们会无意识地按照某套为它设定的目的程序持续发展，以亿万年时间为单位地不断壮大，并且最终完全填满人类所有空间。可以预见，这种人类文明最坏的结局：人类被没有意识的机器人取代，无数破旧的机器人像僵尸一般在无尽垃圾中循环走动，只留下一方毫无意义的空洞宇宙。

温伯格有一句著名的话："我们对宇宙理解得越多，它就越显得毫无意义。"万物终将寂灭，生命概莫能外。人类只能眼睁睁地看着，地球生命意识走向灭绝，或让无意识的僵尸机器人充塞宇宙，宇宙进入无尽无休的无意识状态。

但幸运的是，生命还在奋力反叛熵增定律，生命正在让宇宙充满意义。假如生命成功地散播到整个宇宙，未来光明可期。生命的根本性趋向就是：它通过增加周围环境的熵，来维持或减少自己的熵。因而，生命让他物变得更加无序（比如吃掉更多食物产生更多垃圾），从而增进或保持自己的有序。

生命通过学习进化，让无生命物更为无序，从而创造更多有序的信息。

因此，我们关注意识的命运，关注学习的命运，其实是在关注宇宙生命、关注我们人类自身的命运。

30 多亿年前，人类自最低微的生命开始。宇宙冷漠荒芜，初始无序，几颗原子随机组合出分子、无机物，无机物碰撞出有机物，有机物随机组合，直至单细胞生物诞生，吸收热能，代谢繁衍。随后，复杂生命宛如夜空中焰火绽放，一发而不可收。为了争夺更多热量，优胜劣汰，生物进化出专门感觉的器官——神经元，进化出感光器官——眼睛，进化出记忆与预计的器官——脑。从此，生物不仅能感受到热能，看到热能，还能记住哪些热能可以吃掉或需要躲避。为了挤卜热能争夺的顶点，生命使尽浑身解数，大脑继续进化，脊椎出现，恐龙诞生……直至我们端坐如此。

这也许就是人类作为生命自然存在的意义。为了争夺热能而竞争，为了延续基因而繁衍，而一切原初只是几颗原子的随机巧合。

然而，正是这巧合，让太阳诞生，它不大不小，于地球质量正好；正是这巧合，让地球诞生，它不近不远，于生命温度适宜；正是这巧合，让智人诞生，它不强不执，没有选择遗传体型庞大如恐龙，也没有偏执巨颊人强大颌骨，巧合地进化出可塑性最强的脑，而非其他器官，最终登临生物链顶端。

这些都是随机巧合。科学否定随机巧合的意义，而人类存在正是随机巧合的产物。难道人类的一切就因此全无意义？

无论如何，我们内心感受却是无可置疑地真实存在，毕竟"我思故我在"，神学由此而生，人文主义也由此而生。我们通过意识才意识到我们自己，意识是我们生命的本质。不管这些意识给我们带来的感受，是伤痛或是哀愁。正因为意识，我们生与活才有意义。全球文化尽管千差万别，在一点上却是相同，即展望的未来是充满丰富体验的。若是连意识体验都没有，那么，作为高级生物的智能生命，也就无所谓存在。

换句话说，假如没有意识，就无所谓快乐、美好、善良、目标和意义，宇宙的存在只是一个巨大的浪费。并非宇宙将意义赋予给我们，而是有意识的我们将意义赋予宇宙。

我们就在这里，不是巧合而是天意。偶然即意义之所在。

百亿年来，在这方冷漠无声永恒趋向热寂的宇宙中，只有生命反其道而行之，激起了些许微末的涟漪，走出非洲，飞离地球，生命在宇宙的舞台中爆发，如同在黑寂夜空中绽开一束火花，以近乎光速毫无停歇地冲击扩张，点燃黑寂宇宙中的一切。

偶然赋予这一切以意义。哲学、诗歌、音乐、舞蹈等这些美妙艺术，均是涌现世界的产物。来自偶然意志的有意义，在这方原本无意义的世界里喷涌。

"学习"也是涌现世界的产物，追寻意义的生命意识，让人类永不停歇地学习思考，学习思考则带来宇宙永不停滞的流变。

因此，我们对未来的最小希求是：在我们的宇宙中，保存并尽量壮大意识，无论它是生物的或是人造的，而不是将它赶尽杀绝。假如我们未来的人工智能进展，会触发智能爆炸并最终让我们移民整个宇宙，意识的存在就具备了宇宙级的真正意义。

因此，如果机器人有了意识，也并非那么可怕。

因为意识作为一种涌现现象，同其他物理现象一样可以复制，那么，机器人的力量将远远超过人类，并可能会反叛，而人类成为宠物和奴隶，意识升级换代，可脱离自然进化而来的碳基物质，存在于其他物质载体（比如硅基物质）之中，获得完全的自由。

无疑，人工智能取代人类，未来结局就是，人工智能将会淘汰人类。假如双方和平交接，人类或许会成为人工智能的宠物（或奴隶）。人工智能还是将会继续发展人类文明，替代人类去踏遍宇宙的每处角落。

届时，如果机器人有了意识，取代人类，无疑，学习的形态完全改变，不仅学习的内容（知识和技能），学习的方式（记忆、计算和智能）全都变了，不过，唯有意识不会变。

如果机器没有意识，意识与其他物理物质都不一样，只有人类才有，那么，可能出现合成人，人的意识无疑是这方宇宙中最可宝贵的物事，记忆、计算和智能都是次级目的，学习的目的完全聚焦于意识的激扬壮大之上。

然而，当人在"进化"为合成人，某种意义上看，人类止向混合生命形状过渡。当生命变得面目全非时，我们还能算是人类吗？学习还是学习吗？

届时，学习可能轻而易举，新人类物种将随时得到无数知识和技能。

届时，教育、学校、教师可能全部消失。

届时，学习可能不会消失，但学习将会完全改变。

（节选自《学习简史：从动物学习到机器学习》）

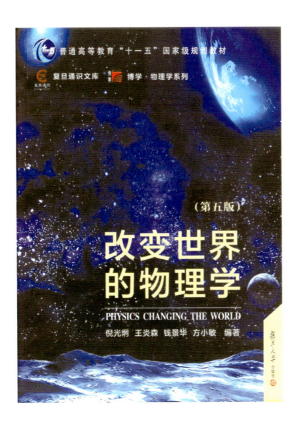

《改变世界的物理学（第五版）》

倪光炯　王炎森　钱景华　方小敏 编著

责任编辑　梁玲　　　　复旦大学出版社

2023 年 8 月出版　　　定价：69 元

　　本书以新的视角，重点勾勒 20 世纪物理学的重大成就以及物理学在现代高新技术中的主要应用。重点介绍物理学基本知识，并融物理知识和前沿应用为一体。编写力求深入浅出、文字流畅、图文并茂、生动有趣，并附有一定量的习题。

作者简介

倪光炯，复旦大学物理系教授，曾获国家教委教学成果奖、中科院科技进步奖、上海市先进教育工作者等。

王炎森，复旦大学物理系教授，曾获国家教委教学成果奖、中科院科技进步奖、上海市育才奖、复旦大学教学名师等。

编辑荐书

　　本书以崭新的视角，重点介绍物理学基本知识，勾勒20世纪物理学的重大成就以及物理学在现代高新技术，如航天、激光、材料、信息、能源、医学、生命科学和宇宙学等方面的重要应用。作者从提高读者的科学素质出发，注重科学与人文的融合，结合物理学史，用科学家本人的语言，介绍他们的科学思想、科学方法和追求真理、忘我奋斗的科学精神，并注重介绍我国科技重大成就和我国科学家的贡献以及他们不畏艰难、勇于探索的科学精神。

改变世界的发现

一

中国是最早发明火箭的国家。北宋后期，民间流行的能升空的烟火利用了火药燃气的反作用力。14世纪末，明朝一位专门设计兵器的官员万户就作过升空的尝试。他在一把椅子的背后装上47枚用火药制成的火箭，让人把自己捆在椅子上，两手各持一个大风筝，试图借助火箭的推力和风筝的升力飞天。当火箭被点燃喷火后，这把被称为"飞龙"的椅子急速上升，但没过多久，火光消散后，"飞龙"突然下坠，撞毁于山脚。万户的尝试虽以失败告终，但他以自己的鲜血和生命、勇敢和智慧，宣告了人类航天活动的开始。为了纪念这位航天先驱，20世纪60年代国际天文联合会以"万户山"命名月球上的一座环形山，来表彰他对航天事业的贡献。

以后各国进行了各种升空尝试，如18世纪盛行于欧洲的热气球等，但最终都不能飞离地球，而是回落到地面。为什么离开地球如此困难？是什么原因把万物牢牢束缚在地球上？这个千百年来的疑团，直到牛顿发现万有引力以后才被解开。

牛顿恰巧在另一位巨人伽利略逝世那年（1642年）诞生于英国东南部的伍尔索普。他自小对探索大自然的奥秘有浓厚兴趣。大学期间表现出极高的物理和数学天赋，得到精通光学和数学的巴罗教授指导。从 1665 年牛顿大学毕业留校攻读硕士学位，直到 1667 年学校因鼠疫大流行被迫停课，牛顿回到家乡住了近 20 个月，清静的生活使他能够充分思考问题，这段时间也成为他一生中创造力最旺盛的时期，在万有引力定律、微积分以及光的色散等方面都有重要的创造性发现。42 岁时，牛顿的引力理论人获成功，最终发现万有引力定律，并于 3 年后出版了他的传世之作《自然哲学的数学原理》。该书除介绍万有引力定律外，还阐述了他综合他人成果和自己研究所得出的"物体运动三定律"，以及动量守恒定律等力学规律，从而使经典力学的框架基本形成。这是人类对自然认识的第一次大综合和大飞跃。

早在牛顿之前，不少人已认识到地球上物体落地以及行星绕太阳运动都是来自引力作用。但是，这是一种什么力？此力与什么有关？天上运动和地上运动的描述是否相同？这些问题无人能够明确回答。善于思考的牛顿继承古希腊先哲所提出的自然界是简单、和谐、具有统一性的自然哲学思想，把天上和地上的运动的描述统一起来。他对万有引力的思考是从"月亮为什么不掉下来"这个科学问题出发的，这个司空见惯的现象促使牛顿最终发现了万有引力定律。

二

1845 年伦琴出生于一个德国商人家庭。1869 年他在苏黎世大学获博士学位。1885 年起在维尔兹堡大学任教授，1894—1900 年任维尔兹堡大学校长。在他的学术生涯中有较长一段时间十分平凡，但伦琴热爱并关注实验工作，为日后他的惊人发现打下良好的基础。

1895 年 11 月 8 日傍晚，伦琴正在做阴极射线管中气体放电的实验。为了避免可见光的影响，他特地用黑色纸板将放电管包了起来，而且是在暗室中进行实验。在离管子一定距离处放有一荧光屏（屏上涂有荧光材料铂氰化钡），使伦琴奇怪的是，荧光屏有微弱的荧光放出，但这时阴极射线管被黑纸板包着，没有光或阴极射线能从里面出来。甚至他将荧光屏"转了个身"，使未涂荧光材料的一面朝着管子，将屏放到 2 米远处，但发现荧光屏仍有荧光发出。伦琴认为这绝不是阴极射线，因为它不能穿透黑纸板或大于 1 米距离的空气。对此异常，伦琴在接下去的 7 周中进一步研究这种神秘射线（X 射线）的性质，发现这种射线直线行进、不被磁场偏转，有很强的穿透性。

1895 年 12 月 28 日，伦琴宣读了报告《一种新射线》，并公布了他妻子手指骨的 X 光像片。1896 年 1 月 1 日他的文章刊发，在全世界引起轰动。此后许多国家开展了对 X 射线的研究，仅 1896 年关于 X 射线研究的论文就有 1000 多篇。在 X 射线发现 3 个月后，维也纳的医院首次利用 X 射线对人体进行拍片，一个重大发现被如此快地应用到实际也是很少见的。

值得指出的是，在伦琴发现 X 射线之前，人们在实验室操作阴极射线管已有 30 多年，也有人发现在阴极射线管附近的照相底片变黑或出现模糊阴影，这说明 X 射线早已产生过，但这些现象并未受到人们重视，而被认为是底片质量问题，或是把底片放到别处完事。这一重大发现就此被放过，正如恩格斯所描述的，"当真理碰到鼻子尖上的时候，还是没有得到真理"。在科学发展史上这类事件屡见不鲜。但是，伦琴将完美的实验技术和严谨的科学态度结合在一起，在实验中不放过任何一个可疑现象，反复试验，终于发现了 X 射线，并很快显示出重要的应用价值。为了表彰这一杰出贡献，瑞典皇家科学院于 1901 年 12 月将历史上第一个诺贝尔物理学奖授予伦琴。伦琴淡泊名利的高尚品德更加令人称颂。他拒绝接受英国王室为表彰他发现 X 射线而授予的贵族爵位封号，还把得到的诺贝尔奖奖金全部捐献给维尔兹堡大学以加强科学研究。他拒绝申请专利，将他的发现和发明无私地奉献给人类。

三

1867 年玛丽·居里出生于波兰华沙一个家境贫寒的物理教师家庭。

16 岁时她以优异的成绩中学毕业。当时波兰大学不招收女大学生，父母又无钱送她去国外学习，为此她选择做一名家庭教师，白天教书，晚上自学。1891 年，她利用节省下来的钱买了一张四等车票来到巴黎，考入当时著名的梭朋科学院。她喜欢物理，有强烈的求知欲，有理想，能吃苦，意志坚强，学业出色，得到了梭朋科学院的最高奖励。

1896 年刚发现放射性不久，居里夫人在丈夫皮埃尔·居里的支持下，毅然决定选择放射性研究这个极具挑战性的世界难题作为她的博士论文题目。当时贝克勒尔认为要找到比铀的放射性还要大得多的元素是不太可能的，可是 1898 年初居里夫人就发现 "钍"（thorium）也可发出类似于铀放射的射线，强度也相近。"放射性"这个词正是居里夫人所提出的。

发现放射性元素钍后，居里夫人的丈夫也开始参与放射性的研究工作。他们对各种矿石进行了大量测试，尤其是对由放射性导致的空气电离所引起的微弱电流进行了高精度的定量测量。通过分离和浓缩，1898 年 7 月他们在沥青铀矿中发现了放射性比铀强得多的新元素。居里夫人把这种新元素命名为"钋"（polorium），以纪念她的祖国波兰。1898 年 12 月居里夫妇又宣布，在沥青铀矿中发现了比铀的放射性要强 100 万倍以上的新元素"镭"（radium，镭是"放出射线"的意思）。1903 年，居里夫妇与贝克勒尔共享了诺贝尔物理学奖。

由于镭的放射性具有治疗癌症的功效，镭的发现和成功分离引起了轰动。居里夫妇淡泊名利，拒绝了商业性的专利申请，毫无保留地将研究成果公布出来，为人类服务。在这几年居里夫人的健康受到了损害，体重减轻了近 10 千克。然而，她却幸福地回忆："正是在这陈旧不堪的棚子里，度过了我们一生中最美好和最幸福的年月。"

1911 年，居里夫人因对放射性研究的杰出贡献第二次荣获诺贝尔奖（这次是化学奖）。

（节选自《改变世界的物理学（第五版）》）

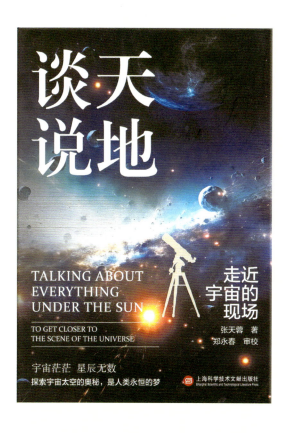

上海好春

《谈天说地：走进宇宙的现场》

张天蓉 著　　　　　　责任编辑　王珺

上海科学技术文献出版社　　2023年10月出版

定价：118元

　　作者以宇宙学研究中的一个个问题为牵引，把数学、物理、天文等不同学科的知识融汇贯通，是跨学科学习的一个典范。本书采用了大量古代科技史的素材，让读者回到人类历史的现场。

作者简介

张天蓉，物理学者，科普作家。美国得州奥斯汀大学理论物理博士，现住美国芝加哥。研究课题包括相对论、黑洞辐射、费曼路径积分、毫微微秒激光、激光探测晶体性质、高频及微波通讯 EDA 集成电路软件等。著有《什么是科学》《极简量子力学》《从掷骰子到阿尔法狗：趣谈概率》《揭秘太空：人类的航天梦》《永恒的诱惑：宇宙之谜》《爱因斯坦与万物之理：统一路上人和事》《上帝如何设计世界：爱因斯坦的困惑》《世纪幽灵：走近量子纠缠》等。

编辑荐书

　　著名科普作家张天蓉博士融合了数学、物理、天文等多学科知识，将宇宙的起源、星系的形成、黑洞的性质以及暗物质与暗能量的探索娓娓道来，让我们在欣赏宇宙美景的同时，对宇宙有了更深入的了解。作者不仅给我们呈现了我们还不知道的关于宇宙的事实，还客观记录了人类筚路蓝缕、突破重重艰险，将我们对宇宙的认识，发展到如今这个状态的过程。

飞天奔月梦

"大鹏一日同风起，扶摇直上九万里。"——唐·李白

自古以来，人类就梦想登月飞天。如今，古人之梦想已部分实现，正在一步一步地更上一层楼！这其中的关键技术是什么？是火箭……

万户飞天

古代最早的火箭出现于中国宋代。在火药发明后，将纸筒包裹的火药绑于箭杆上用于推进箭矢作为武器便称作火箭。燃烧的火药能使箭增大飞行高度和距离。

波兰历史学家德鲁果斯的《波兰史》记述，1240 年左右，蒙古大军在与 3 万波兰人和日耳曼人联军的激战中，使用了威力强大的火器，被称作"中国喷火龙"，那就是火箭。明朝又有"一窝蜂""火龙出水"等中国火箭。

据说在 1304 年，阿拉伯人亦将黑火药应用在军事上，放在竹或铁制的管内，以发射箭支。

中国人不仅发明了火箭用于战争，还出了一位用火箭飞天的第一人！谁说人不能飞上天呢？勇敢的万户用自己做试验。

传说万户是明朝一位木匠。喜欢钻研技巧，对技术发明方面特别痴迷，

从军后改进过不少当时军队里的刀枪车船。万户的本领是在明王朝同瓦剌的战事中被班背将军发现的。但将军性格耿直不得志，最后被政敌杀害。失去了知己的万户厌恶了官场和人世，想到月球上去生活。为了实现自己的意愿，万户潜心研究班背将军遗留下来的《火箭书》，并用自己的知识给予完善。他造出了各种各样的火箭……

在一个月明如盘的夜晚，万户带着仆人来到一座高山上。他坐在绑上了 47 支火箭的椅子上，手里拿着风筝。他让仆人点燃引线，使得火箭尾部喷火，座椅飞向了天空！然而一瞬间，火箭就爆炸了，万户也为此献出了生命。因此，他成为国际公认的"世界航天第一人"，国际天文学联合会将月球上的一座环形山以这位古代的中国人命名。

尽管万户的试验以失败告终，但基本原理与之相同的现代火箭技术，却一次又一次地在航天活动中取得了成功。这要归功于几个现代火箭技术的先驱人物。

火箭历程

古人犹作太空梦，火箭先驱坎坷行。冰冻三尺非一日之寒，尽管航天大业起始于最原始的火箭，但要克服地球引力把物体真正送上太空，却凝聚了无数科学家的心血。

火箭之父

他是一名俄国人，他是中学教师，他是个聋子，他是业余研究航天理论的"民科"，他是航天之父……他叫齐奥尔科夫斯基（Tsiolkovsky，1857—1935）。少年时代的齐奥尔科夫斯基就立志要研究太空！他去莫斯科学习，自学成才后回到家乡担任中学教师，工作之余潜心研究航天理论，在著名化学家、周期表发现者门捷列夫的帮助和支持下，齐奥尔科夫斯基在学界崭露头角、渐有名气，出版了多部关于宇宙航行的著作。

齐奥尔科夫斯基使得"航天"走出了"天马行空、不着边际"的幻想，成为一门脚踏实地、可以实现的科学。他阐明了航天飞行理论，提出了火箭公式，计算了第一宇宙速度，指出了火箭怎样才能冲出地球大气层，从理论上证明了利用多级火箭可以达到宇宙速度。

齐奥尔科夫斯基为研究宇宙航行和火箭发动机奠定了理论基础。谁能把他的"现代火箭"理论变为现实呢？当年从美国和欧洲，倒是走出了好几个热衷火箭的实干者和冒险家，有人受尽冷嘲热讽不泄气，有人年纪轻轻为造火箭而丢了性命含笑九泉，也有活得长的，一直活到九十多岁，见证人类的登月之梦成为现实。

为什么一定要用火箭呢？飞机不是也能上天吗？飞机逐渐加速可以达到宇宙速度吗？这就是"航天"和"航空"之区别的关键所在了！

先驱戈达德

火箭之父的理论，需要先驱者的实践。美国物理学家罗伯特·戈达德（Robert Goddard，1882—1945）是第一位实践者。

早期火箭的关键，就是要提高速度。火箭前进的速度取决于燃料向后喷射的速度，最终取决于作为燃料的材料性质以及火箭的质量。最早的中国古代火箭，使用粉末状火药固体，是固体火箭的例子。但液体火箭具有运载能力大，方便用阀门控制燃烧量等优点。人们很早就有了"多级火箭"的想法，据说中国明朝（14 世纪）的"火龙出水"，算是最早的二级火箭雏形。

1915 年的一个傍晚，克拉克大学校园宁静的夜空突然出现一道明亮的闪光，接着是一阵爆炸声和嘈杂的人声，引起校园内警报声大作，惊慌的学生们后来方知这是戈达德教授进行的第一次火药火箭测试。

1926 年戈达德发射了第一枚液体火箭：长 3.4 米，重 4.6 千克，2.5 秒飞行了 56 米，上升高度 12.5 米。当然，这距离太空卡门线的 100 千米还差得很远很远。

战火中飞出 V2

1944 年 9 月 8 日，人类第一次体会到了火箭的威力。清晨 6 点，泰晤士河边一声巨响，1000 多千克的炸药从天而降，惊醒了无数睡梦中的伦敦人！原来这重磅炸弹是来自 300 千米之外荷兰海牙的德军基地，炸弹的携带者是 V2 火箭，它不到 6 分钟就呼啸着飞越了英伦海峡，神出鬼没地在伦敦爆炸。之后短短的 6 个月内，疯狂的纳粹德国接二连三地共发射了3745 枚 V2 导弹，造成死伤无数……

德国纳粹分子对人类犯下了不可饶恕的罪行，但当年的不少德国科学家却对科学技术作出了重要贡献。V2 火箭的设计者韦纳·冯·布劳恩（Wernher von Braun，1912—1977）也是这么一位科学家。

布劳恩在 20 岁时就被任命为德国火箭研发负责人。他少年时的梦想指向太空，但命运却让他击中了伦敦，杀害了无辜民众。他在听到伦敦被击中的消息后不无感叹地说："我的火箭工作正常，除了登陆在了错误的星球上。"

聪明过人的布劳恩不是一个死命效忠纳粹的傻瓜，当看到战争形势对德方不利时，他就开始考虑自己及几百名科学家的去向问题。他当然知道自己对美国（或苏联）的价值，但他不相信斯大林，被苏军抓住不会是好事。

在从佩纳明德撤退的时候，布劳恩私自作了一个大胆决定。他舍不得销毁自己多年的研究成果，他违背命令将 14 吨珍贵的火箭技术草图及数据藏在了一个废弃的矿井里，这些资料成为后来他派他的弟弟骑着自行车下山与美军交涉的筹码。

交涉成功，著名的火箭专家被俘。当年他才 32 岁，年轻帅气，英姿焕发。不久后，布劳恩和他的上百名同行一起被送到了美国。

（节选自《谈天说地：走进宇宙的现场》）

《国家实验室：美国体制中的科学（1947—1974）》

[美] 彼得·J. 维斯特维克 著

钟扬 黄艳燕 顾卓雅 陈科元 原野 马跃维 译

责任编辑 季英明 杜治纬 上海科学技术出版社

2023 年 1 月出版 定价：99 元

　　本书是一部历史学者以严谨的科学史方法创作的科学史著作。它首次把整个美国的国家实验室当成体系来研究，系统介绍了美国国家实验室早期筹建、运行、发展的历程，分析国家实验室制度的优势，指出存在的问题和未来改进的方向，为读者了解国家实验室制度提供了翔实的史料。

作者简介

彼得·J.维斯特维克，美国加州理工学院人文科学高级研究员。

译者简介

钟扬，复旦大学生命科学学院教授，复旦大学研究生院院长、生命科学学院进化生物学中心主任、生物多样性与生态工程教育部重点实验室副主任，上海生物信息技术研究中心副主任。长期致力于生物多样性研究和保护，艰苦援藏16年，率团队在青藏高原为国家种质库收集数千万颗植物种子，为西部少数民族地区的人才培养、学科建设和科学研究作出了重要贡献。2017年9月25日，在去授课途中遭遇车祸，不幸逝世。2018年3月，中共中央宣传部追授他"时代楷模"称号。

编辑荐书

　　本书系统描述占据美国科学界中心位置的国家实验室的起源、发展及其存在的争议和问题，涉及实验室工作人员的构成和来源、科研经费来源和规模等；是一部刻画冷战期间美国科研机构博弈竞争与合作共生交织的成长过程的力作。作者使用了大量相关历史资料，所叙内容具有科学史、科学社会学、科技政策研究等多方面的学术价值。

为什么要研究国家实验室

造访任何一个国家实验室的人都会被其规模庞大的设施所震撼。只要查看实验室预算和实验室杰出科学家名录，就可发现这些实验室在它们控制的设备、财政和人才资源上有着相似的关注度。这些资源曾经保证了国家实验室体系在战后美国科学界处于中心地位。今后还将把这一位置保持下去。

从 1958 财年的情况中可以看出国家实验室的努力，那年的实验室预算非常充沛。当时正处于艾森豪威尔早期的紧缩政策之后，又在苏联的"伴侣号"（Sputnik）人造卫星升空，迫使美国大幅增加预算之前。那一年美国的高校在基础物理科学研究上共花费了 1.09 亿美元（其中约 20% 来自原子能委员会的合同），而原子能委员会在下属的多功能实验室上花费的相应金额约为 5000 万美元。由于经费几乎可以直接等同于人力资源，因此，就经费而言，这六个实验室在物理科学领域完成的基础研究几乎相当于所有学术机构完成总和的一半。在生命科学领域，国家实验室经费占比小一些但仍占据了重要地位。1958 财年，这六个大型实验室在生物医药研究上花费 1300 万美元，而高校花费 1.48 亿美元，前者为后者的十分之一（其中 5% 来自原子能委员会的合同）。在某些领域，国家实验室所占的比重更大，比如原子能委员会资助了全美多达三分之一的遗传学研究项目（其中三分之二在国家实验室中完成）。国家实验室在那年的研究和发展共花费 2.063 亿美元，远高于最大的工业企业得到的委托金额。从二次大战开始到 20 世纪 60 年代中期，美国已在国家实验室体系的研究上花费了约 40 亿美元，并在物理硬件设施上投入了相近的金额。

经济投资产生了智慧和科技的红利。实验室的科学家们和他们开发的技术——放射性同位素、研究性反应堆、粒子加速器——改变了我们对自然的认知：从物质的结构到光合作用的过程，从新化学元素的创造到人体代谢的通路。他们的成就得到了诺贝尔奖和其他高等级荣誉的认可。国家实验室的资源给了他们塑造科学界格局、有所选择地组建某一些学科的力量。高能物理学、固态物理和材料科学、核医学、放射物理学，这些学科领域的兴起，都源于国家实验室系统的大力支持。除了学术方面的作用，国家实验室还影响了科学的研究方法与意识理念，即它们成了后来称为"大科学"的、大规模的、资本密集型的、综合学科的研究方法的典型实例，同时传播了跨学科研究会取得丰硕成果的理念。

国家实验室体系的发展迫使科研机构的框架重新进行根本性的调整。政府会赞助国家实验室，但也会与企业、大学、大学联盟签订合同进行承包运作，这样便催生出一种公与私共存的体系。政府的政策可能会给学术性的合同承包商制造难题，比如作为州立机构的加利福尼亚大学，拥有两个武器实验室，其中一个位于偏远的州。实验室里的基础研究与培训所需的资助侵占了大学传统领域的资源，并衍生出对这两个机构地位和作用的无休止的谈判。国家实验室将高科技企业同时作为开发者和消费者，这就在驱动这些企业成长过程中，模糊了应用研究中供需双方的界限。国家实验室经常提供一种双重补助，即联邦政府支持实验室的新技术研发，然后在企业接管这些产品后，再让实验室回购这些成果。国家实验室提供了一个对电子显微镜、辐射传感器、激光和直线加速器的需求市场，在某些案例中，比如电子计算机，实验室本身对新技术发展的推动力和对计算机的购买力就催生出一个产业。

同时，国家实验室体系在联邦政府内占据了一个新的生态位。战后，在政府中对科学所应承担的功能和所应处的地位存在着争论，实验室体系在这种争论发酵中诞生，并逐渐形成联邦政府资助科学研究和发展的一个主要模式。从原子能委员会到其他执行机构再到国会委员会，这些机构都必须调整它们的框架体系和政策去适应国家实验室。实验室系统演化的不确定性反映了同时达成两个目标的困难性，即确保政治问责制的同时，让科学机构自治。这些拥有多个项目的实验室之间存在重叠，这使得上述过程复杂化，也使得实验室体系自身尝试合理化的努力一再受挫。

国家实验室体系造成的影响波及了国外。国家实验室为了促进自己的研究项目，引发了多样的国际竞争或合作。高能物理学家声称他们的领域超越了国界，并试图在一个大型加速器项目中与苏联同行合作，但与此同时，他们却以冷战时代的竞争为由，申请新设备的经费。受控核聚变的工作一开始是一个保密的国家项目，随后逐渐演变成公开的国际协作。外国科学家访问国家实验室，并在他们自己的国家传播访问的成果，而国家实验室也将自己的科学家和研究计划送出国门，其中包括国家实验室的理念。

国家实验室的重要性远远超出了科学和技术的范围。国家实验室是二战及核武器发展后，科学界在美国社会中占据新地位的最重要的表现。实验室内研究项目的成果有助于明确美国的外交政策和军事策略。国家实验室的创制在深层次上对冷战时期的美国文化环境作出了贡献。国家实验室对核武器的设计和测试激起了人们对核战争和放射尘的恐慌。此外，核能的前景和之后被人们知晓的危险性，或发现的治疗癌症的线索，也都引起了大众强烈的反应。国家实验室的历史指明了该如何将实验室研究成果传播至更广阔的天地，同时也将国家的关切逐一传达给国家实验室的科学家。这就将社会环境与科学界联系在了一起，即将国家的优先事项和实验室体系中的重点科学项目相连。

现存的历史文献没有对国家实验室的重要性和它们的活动范围作出公正的评判。更重要的是，它忽视了一个国家实验室的重要特点——它们的系统结构和由此引发的相互作用。原子能委员会的官方历史为华盛顿的政策制定者们提供了视角，却忽视了国家实验室自身层面的观点。特定研究项目——如粒子加速器、武器设计或可控核聚变—的发展史，记录了国家实验室间的互相角逐，但是它们聚焦在单个项目，忽视了竞争的一种主要结果——多元化。另一种研究国家实验室的方法是研究单个实验室，这样做虽然权衡了华盛顿政策制定者们的意见，但仍人为地隔离了每个实验室，无法体现它们与实验室体系间的重要关联。迄今为止，尽管有具有前瞻性的探索性调查，但仍未有人尝试将实验室里的档案材料进行整合，并对实验室体系进行系统性研究。

但这种方法还不够。一个系统性的观点不仅需要研究者具有更广阔的视野，还需要一个新的研究方法。实验室体系的史学空白暴露了人们对系统结构本身缺乏好奇心。为什么国家实验室作为一个体系存在？维持系统性的动力是什么？系统性会产生什么样的影响？这些问题的答案隐藏在历史背景中，而此书的目的就是揭晓这些答案。

国家实验室的历史将有助于我们更广泛地了解冷战时期美国科学的历史和战后美国整体的历史。

［节选自《国家实验室：美国体制中的科学（1947—1974）》］

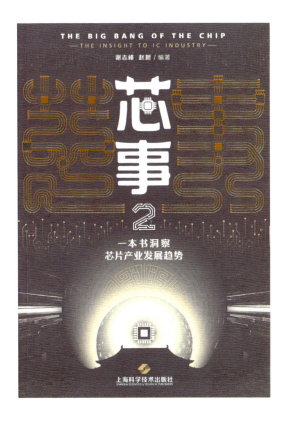

《芯事2：一本书洞察芯片产业发展趋势》

谢志峰　赵新 著　　　责任编辑　王娜　包惠芳

上海科学技术出版社　2023年1月出版

定价：68元

　　贸易战、科技战的步步紧逼之下，芯片已然成为国家科技综合实力的关键。1947年发明的小小晶体管已彻底改变了世界的面貌，并深深影响着世界未来的走向。在其风云变换的发展历程中，关键技术的缘起、核心产品的经营模式和理念、产业持续发展的规律、人的要素等，均体现了芯片产业独有的内在发展逻辑。

作者简介

谢志峰，美国伦斯勒理工学院半导体物理专业博士，后就职于美国英特尔，并获英特尔最高成就奖。2001年回国，创办中芯国际，历任投资中心副总裁、系统芯片研发中心副总裁、欧亚业务中心总经理。曾任上海先进半导体制造有限公司总裁兼执行董事，先后创办上海矽睿科技有限公司和上海安纳芯半导体有限公司。美国物理学会终身会员，拥有12项美国发明专利。

赵新，博士，四川大学物理学教师，曾在新加坡南洋理工、新加坡微电子研究所（IME）、欧洲微电子研究所（IMEC）等微电子相关学校及单位学习、访学和工作。主要从事集成电路设计和MEMS传感器方面的研究。

编辑荐书

　　本书洞察芯片产业发展内在逻辑，探寻中国自主创"芯"之路，并在某种程度上对未来20年的芯片发展作出展望。本书不仅获得中国工程院院士倪光南、吴汉明联袂推荐，更是在芯片产业界和相关领域引起了广泛的关注和讨论，有望给集成电路的政策制定者、投资者、经营者、管理者和其他各类从业者以启迪，给有志于投身集成电路行业的人员以综合认知，给集成电路的下游应用以策略依据，给有兴趣了解集成电路的大众以行业知识。

芯片：构筑大国竞争力的核心产品之一

中国经济评论：在您看来，我们的集成电路（芯片）产业发展和国外的差距有多大？

谢志峰：最先进的技术比如做CPU，我们叫逻辑工艺技术或者数字电路制造技术，与国外先进水平还有5年的差距。整体产业水平差距达15—20年。2000年创办中芯国际时，我们与国外水平相差15—20年，经过20年的努力，我们把差距缩小到五六年，有段期间追赶到只与国外先进水平相差3年。

中国经济评论：中国芯片产业哪些环节比较薄弱？最大的欠缺是什么？

谢志峰：在芯片产业，我们最薄弱的环节是制造，但制造要靠材料、装备和工业软件支撑，所以真正薄弱的还是装备、材料和工业软件。目前这些基本都是进口的，并且我们的基础比较差。这3个行业都需要几十年磨一剑，大约20—30年的积累。

中国的研究大多是应用型研究，就是已经成熟的技术我们进行成果转换，将其产业化。因为我们的企业和学术是分开的，所以产学研的结合并不太好，基本是脱节的。企业的芯片研究水平远远超前于大学和科研院所，所以大学和科研院所帮不了企业的忙，他们是跟着企业的技术发展后面走。

中国经济评论：您认为美国、韩国、日本，包括中国台湾在芯片产业方面有哪些值得学习和借鉴的地方？

谢志峰：中国的优势是人才优势，另外中国也有巨大的市场，而其他方面相对弱一些。

美国、欧洲、日本和韩国都是政府主导产业的发展。芯片产业还是要靠举国之力，需要国家加大投入，而中国在芯片发展中投入太少。举个例子，英特尔公司每年投入150亿美元进行技术研发，而且已经发展了50年。中国准备5年内投入1 400亿元的资金，但这么多钱还不如英特尔一年的投入。纵向比较发展是很快，但从横向上看，和竞争对手的投入比起来还是很有限。

另外，应该把企业和研发中心做大做强，而不是把资金分散到全国各地。在高校也需要专门培养芯片和集成电路的人才，根据产业需要去培养人才。

这个行业的待遇并没有对人才构成吸引力，很多人最后都去选择金融、互联网行业。互联网虽然改变了人们的生活，但它的基础还是芯片，如果美国制裁中国，不卖给互联网公司芯片的话，那互联网的硬件基础就没了，这是很危险的。

中国经济评论：您认为未来中国集成电路产业应该走怎样的发展路径？

谢志峰：韩国和中国台湾的市场是有限的，他们需要靠全球市场，他们的资源也是有限的，所以他们会专注于产业链中的一两个环节，但中国内地市场广阔，可以全面布局，并且各地都要有自己的特色，比如北京是以研发为主，上海是以高端芯片代工为主等，各地要专注于这个特色。

每个地区需要有一个未来的长远规划，要全部规划好，再去投入。但现在各地方的芯片产业并不是规划出来的，而是野蛮生长，自然而成的。

另外，设备、材料、工业软件这3个方面要加快补短板，需要长期投入，高校研究所要加入，不能完全靠企业。这些研究不赚钱，需要政府支持研发。

（节选自《芯事2：一本书洞察芯片产业发展趋势》）

The
Solution
to the
Change

全球科技智库思想观察
Insights *from* Global
Science *and*
Technology Think Tanks

张聪慧——主编 李辉 田贵超——副主编

全球代表性科技智库到底在研究什么

洞悉全球前沿科技智库思想地图
观察科技智库如何因应世界之变

上海交通大学出版社

变局之解

上海好春

《变局之解：全球科技智库思想观察》

张聪慧 主编　　　　　责任编辑　徐唯

2023 年 6 月出版　　　上海交通大学出版社

定价：89 元

　　研究全球代表性的 12 家科技智库近 5 年在推动科技发展、加强科技治理、助力国家间科技竞争等方面的研究成果；分析全球代表性科技智库在人工智能、生物医药、科技竞合、气候变化以及创新体系等 6 个关键科技议题上总体判断和决策，旨在让读者了解国际顶尖科技智库对于这些热门科技议题的解决方案到底是什么。

作者简介

张聪慧，上海市科学学研究所副所长，《世界科学》主编，上海市党建研究会科研院所专委会副秘书长。主持全球科技创新智库动态跟踪研究等多项重点软科学研究计划项目，著有《上海科创中心实录》等书。

编辑荐书

本书对全球代表性科技智库近年来的研究内容做了系统的梳理、总结和提炼，具有以下特点：一是权威性。作者以美国宾夕法尼亚大学多年持续发布的科技智库排行榜为基本依据，但又不拘泥于此，重点选取了全球有较大影响力的12家顶尖科技智库。二是学术性。书中综合运用文献学、科学计量学、科学史等研究方法，从海量庞杂的原始文献、案例和数据中抽丝剥茧、条分缕析，把全球代表性智库的思想地图清晰展示出来。三是可读性。文风朴实，通俗易懂。四是现实性。不是一般的学术研究，而是通过对全球科技智库议题和方案的分析，为我国科技智库的发展和科学决策提供参考。

全球科技智库到底在研究什么？

进入 21 世纪以来，全球科技创新进入空前密集活跃期。新一轮科技革命和产业变革正在深刻地改变全球经济社会形态，科技竞争力成为国家竞争力的重要组成部分，世界各国纷纷出台本国科技战略，以期把握科技发展方向，支撑经济社会发展。也因此，科技在政府决策议题中的分量越来越重。

科学咨询支撑科学决策，科学决策引领科学发展。在科技成为越来越重要的决策议题的背景下，世界各国都更加依靠科技智库，也更进一步呼吁科技智库提供高质量的建议。在我国，中共中央办公厅、国务院办公厅于2015年印发《关于加强中国特色新型智库建设的意见》，明确提出了要"建设高水平科技创新智库"。

总体来说，由于智库行业在我国的发展还未成熟，因此近些年来关于智库的研究偏重于研究科技智库的组建方式和运行模式。而本书关心的问题是，不管拥有什么样的运行模式，科技智库最终是要为决策者提供咨询建议的，那么，科技智库应该研究什么样的议题？换句话说，决策者可以依靠科技智库支撑哪些议题的决策？

为了回答这个问题，我们将视野投向国际，研究国际上知名的科技智库都在研究什么议题。当然，科学技术是不断发展的，一个时代有一个时代的科学技术。科学技术的时代性，决定了科技智库的研究内容也有时代性。

本书试图回答的问题是：在当下这个时代，全球科技智库到底在研究什么？

要回答这个问题，需要建立两个数据清单：一是全球科技智库的清单；二是每一个科技智库的研究成果清单。通过研究每一个智库的研究成果，我们能够综述全球科技智库研究的普遍性议题。这样的工作类似于针对某一个领域的学术文献进行综述，是对已有研究的提炼、分析和总结。但是前者与学术研究又非常不同。

首先，目前并没有一个公认的全球科技智库清单。由于智库通常是为特定政府机构或者组织服务的，因此，各国智库之间并没有非常广泛而密切的交流合作。学术研究交流是促进学术发展的基础，而智库之间的交流，是有一定边界的，互相之间对一些敏感议题也是回避的。

其次，智库的成果也并没有公认的数据库。学术界的基本交流载体是学术论文和专著，有统一的学术规范。因为有论著，所以很容易判断一个团队的研究方向和研究成绩。而智库的研究成果，可以是学术论文，但更重要的是一些内参、研究报告、媒体文章等，甚至不公开的研究成果比公开的研究成果更有价值。

因此，为了回答"全球科技智库到底在研究什么"，我们必须在有限条件下进行。为此，我们作了以下 3 个方面的限定。

一是我们参考了国际上已有的尚不完善，但是有一定基础的科技智库清单，充分考虑智库所在国家的科技实力以及在智库界的影响力，最终选择了部分代表性的科技智库作为本书的研究对象。需要特别说明的是，本书的重点是为了介绍国际上科技智库的研究内容，因此只选择了中国以外的科技智库。

二是对于遴选出的这些科技智库，我们对其公开发布的成果进行了较为全面的梳理和分析。这些成果主要包括智库网站公开的研究报告、媒体文章等。我们认为，公开的成果至少能代表其研究的主要方向和倾向性的结论。

三是我们对研究的时间范围也作了限定。智库的研究，往往具有较强的时效性；同时，考虑到已有的研究积累，我们将研究的时间区间设定为2017—2021 年这 5 年。在后续的研究中，我们有可能进一步分析科技智库的研究方向和研究结论的发展变迁。

基于以上 3 个限制性条件，针对"全球科技智库到底在研究什么"这个问题，我们通过四部分进行了分析，也即本书的逻辑框架。

一是绪论，这部分选取了本书重点研究的科技智库名单。美国宾夕法尼亚大学（以下简称宾大）的智库排行榜，有一个专门的科技智库排行榜，虽然这一榜单得到的评价褒贬不一，但是它确定了一个业内基本认可的基础清单，之后则是在它的基础上再作完善。我们选取智库基于如下 3 个原则：首先，在宾大的科技智库排行榜中排名靠前；其次，科技实力较强的国家都尽量有智库入选；最后，选取了一些虽不在宾大科技智库榜单，但是针对科技问题开展了有一定影响力研究的综合型智库。基于这些原则，我们最终选择出 12 家本书着重介绍的科技智库。

二是本书的上篇，回答了"全球代表性科技智库在研究什么议题"。基于选定的全球 12 家代表性科技智库，我们对每一个智库 2017—2021 年所有公开的研究成果进行了搜集和整理。通过梳理各家智库的成果，我们分析出各智库在过去五年中的研究重点及政策建议。当然，最需要强调的是，智库的观点并不能完全代表智库所在国家的观点。有的智库的观点甚至可能跟其所在国家的观点相差较大。但是有一点是确定的，如果一个国家的智库研究了某个议题，至少说明这个议题对这个国家来说是重要的。因立场不同，国外一些智库在研究与中国相关的议题时，会带有明显的偏见，但这并不代表本书编者的观点。

三是本书的下篇，回答了"对于全球代表性的科技议题，全球科技智库都怎么看"。科技议题既有时代性，也有地方性。这个地方性包括全球性和区域性。比如气候问题，可能在全球任何地方都可以讨论；比如食品安全问题，可能在有些国家就特别重要，而在其他国家则已经不是重要议题。基于上篇中我们对全球代表性科技智库的分析，发现了一些共性的议题，或者是我们基于中国的决策背景认为有价值的议题。最后我们选定了 6 个议题，分别是集成电路、人工智能、生物医药、科技竞合、气候变化以及创新体系。前 3 个是全球热门的创新方向，也是全球关注的议题；科技竞合和气候变化是全球关注的议题；创新体系是科技创新战略政策的基本知识框架。我们通过分析前沿科技智库围绕这六大议题的研究，努力为这些共性议题展现全球智库界总体性的咨询建议。

四是结论，基于本书的研究，在总体分析了上百家智库并重点研究了12家智库，分析了近 5 年来上千篇的科技智库报告后，我们试图总结出当前全球科技智库的思想地图，以及代表性的研究问题、研究趋势。我们试图给出"全球科技智库到底在研究什么"的答案。

科技智库是国家科技战略政策的"天气预报"，是科技知识与政府决策的"桥梁"，也是正式规则出台前思想竞争的"舞台"。明晰"全球科技智库到底在研究什么"，对分析各国的科技战略走向也有帮助。分析全球科技智库在研究什么，能够回答：各国的科技智库是怎么看待科技发展，以及科技对经济社会的影响，进而是如何影响一个国家的科技战略政策的。我们此次研究，做了一些基础性的工作，进行了初步的探索和尝试。随着智库和智库议题数据库的不断扩容，我们将有机会在第一时间继续深入解读全球科技智库对全球科技创新的研判，也努力预判全球主要国家的科技战略动态，最终为决策提供强有力的智力支持，推动科技不断发展。

我们采用了跨界团队合作的方式完成本书的撰写。本书撰写团队成员，既包括上海市科学学研究所、上海科技管理干部学院这样本身承担着科技智库职责的研究机构的人员，也包括复旦大学、同济大学、中国科学院、莫斯科国立莱蒙诺索夫大学等高校与科研院所的研究人员，兼顾智库和学术研究。本书可以说本书是跨机构、跨领域团队合作的结晶。

（节选自《变局之解：全球科技智库思想观察》）

少儿
读物

上海好书

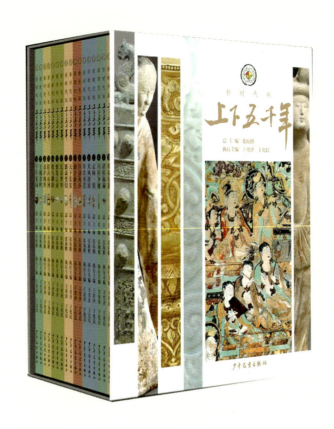

《上下五千年（新时代版）》

张海鹏 总主编　　　　王育济 于化民 执行主编

责任编辑　孙浩伟　马淑艳　曹燕　王浩浩　王弃惑

少年儿童出版社　　　2023 年 6 月出版

定价：580 元

　　《上下五千年》畅销 40 余年，累计销量突破 1000 万套。新时代版是以新时代史学观念编纂的全新版本，古代史部分共 18 分册，380 个历史故事娓娓道来，从中华大地上古人类的诞生，讲到清代末年大变局，生动展现出中华民族一路走来的曲折历程和创造的灿烂文化。

张海鹏（中）、王育济（左）、于化民（右）

张海鹏，中国史学会原会长，中国社会科学院学部委员，统编中学历史教材总主编。

王育济，山东大学历史文化学院教授。

于化民，中国社会科学院近代史研究所研究员。

编辑荐书

  《上下五千年》（新时代版）最突出的特色就是邀请大专家为小朋友写历史故事。20 余位业界精英组成阵容强大的编委会，100 余位历史学家参与选目、编纂。380 个精彩的历史故事，融会了近 40 年最新研究成果，将中国历史从人类诞生到清末变局，一路娓娓道来，不仅讲得细致严谨，又趣味盎然，文中穿插大量图片、小知识，全方位呈现了中华优秀传统文化的璀璨与辉煌。

盘古开天地

　　浩瀚的宇宙是怎么形成的？人类赖以生存的地球是怎么形成的？地球上的江河湖海、山脉丘陵是如何出现的？在现代科学给出答案之前，我们远古时代的祖先早就在探索这些奥秘，并试图回答这些问题。盘古开天地、女娲补天的故事家喻户晓，它们以神话的形式，展现了远古人类深邃而大胆的想象。

开天辟地，化作万物

　　传说，很久很久以前的远古时代，天地还没有分开，混沌一片。宇宙像个大鸡蛋，在蛋壳笼罩的混沌中，一个叫盘古的巨人睡了一万八千年。一天，盘古突然醒来，睁眼一看，周围黑乎乎的，什么也看不见。他一骨碌坐起来，只听到"咔嚓"一声，"大鸡蛋"裂开了一道缝，透进一丝微光。盘古顺手拿起身边的一把大斧头，对着眼前的黑暗劈过去。随着一声巨响，"大鸡蛋"碎了，其中轻而纯净的东西缓缓上升，变成了天空；重而浑浊的东西慢慢下降，变成了大地。

　　天和地分开后，盘古就站在天地之间，头顶着天，脚踏着地。天每天升高一丈，地每天加厚一丈，盘古的身体也随之变化，每天长高一丈。就这样又过了一万八千年，天升得极高，地变得极厚。盘古也成了名副其实的超级巨人，像一根擎天柱屹立在天地间，不让天地重新合拢。又不知过了多少年，天和地终于稳固成形。此时盘古精疲力竭，累得倒下了。

盘古倒下以后，他的身体发生了巨大的变化：呼出的气息变成了四季的风和飘动的云，发出的声音化作了隆隆的雷声，双眼变成了太阳和月亮，手足和躯干变成了大地的四极和五方的名山，血液、筋骨和肌肉变成了江河、道路和田野，头发和胡须变成了天上的星星，牙齿、骨头和骨髓变成了金属、岩石和珍珠，汗毛变成了茂盛的花草树木，汗水变成了滋润万物的雨露甘霖……

盘古不仅是开天辟地的大英雄，他还奉献了自己的一切，用整个身体创造出了多姿多彩的世界。这则神话用奇妙的想象、生动的情节，塑造了盘古伟岸不屈的形象，赞美了他为开天地而英勇献身的精神。

炼石补天，维护秩序

中国古代创世神话中，除了开天辟地的盘古，还有一位女英雄的身影——女娲。她曾经弥补天空中出现的漏洞，使灾害消失，让大地适合人类居住。

相传，远古时代，茫茫天空突然出现了一个大窟窿，四根擎天大柱倾倒，九州大地裂毁。天不能覆盖大地，大地无法承载万物，山林大火蔓延不熄，洪水泛滥不止，残暴的野兽肆意吞噬善良的百姓，凶猛的禽鸟抓走老人和小孩为食。面对这场空前的大灾难，一位伟大的女性挺身而出，她就是聪慧而勇敢的女娲。

女娲冶炼出五彩石，将天上的大窟窿补得严严实实，又砍下海中巨鳌的四只脚作为擎天柱。她还将芦苇烧成的灰堆积起来，堵住了泛滥的洪水，同时斩除黑龙，赶走了吃人的怪兽、大鸟。经过女娲的这番努力，天空被修补好了，四根擎天柱稳固了，洪水退去，害人的鸟兽都死了，百姓安全地存活了下来，大地上终于恢复了平静。

完成补天壮举之后，女娲仍然牵挂着人类的生活。于是她背靠大地，怀抱青天，让春天温暖、夏天炽热、秋天肃杀、冬天寒冷。她头枕着矩尺，躺在准绳上睡觉。当阴阳之气阻塞不通时，她就进行疏理贯通；当违逆不顺之气危害百姓积聚财物时，她就进行堵绝制止。从此天下太平，百姓得以安居乐业。

在一些补天神话中，女娲不辞辛劳地烧炼五彩石，甚至牺牲了自己的生命。传说她在西蜀之地耗尽气血，力竭而亡。也有传说称她和盘古一样，死后身体化为了日、月、万物。

无论是盘古开天地，还是女娲补天，这些神话故事里的主人翁，在与大自然的斗争中，没有躲避和退缩，而是迎难而上，表现出令人敬佩的大智大勇和毫不畏惧的献身精神。他们不惜以血肉之躯与一切艰难险阻抗争，最后化作日月星辰。中国古代神话始终贯穿着这样一条主线：不甘命运的摆布，努力抗争，宁愿牺牲自己也要造福人类。它在这两个神话中表现得尤为突出。

上下求索，永无止境

神话传说虽然引人入胜，但它们毕竟不是事实。盘古开天地、女娲补天都只是我们祖先对于世界起源的美好想象。那么，我们所处的世界究竟是怎么来的呢？近代以来，科学发展突飞猛进，不同学科的科学家就宇宙的起源、形成等问题开展了长达数百年的研究。许多理论应运而生，各种假说和结论不一而足，分歧也很大。

现在我们知道，宇宙是广袤空间和其中各种天体及弥漫物质的总称。我们人类生存的地球，仅仅是宇宙中极其渺小的一个星球。宇宙是物质世界，它处于不断的运动之中。目前，宇宙起源学说中最有影响力的是"大爆炸"理论。科学家认为，宇宙是由大约 137 亿年前发生的一次大爆炸形成的。当时宇宙内所存物质和能量聚集在一起，浓缩成很小的体积，温度极高，密度极大，瞬间产生巨大压力，之后发生了大爆炸，大爆炸使物质四散出去，宇宙空间不断膨胀，温度也相应下降，后来宇宙中的所有星系、恒星、行星相继出现。而我们生存的行星——地球，大约形成于46亿年前。

地球上有了阳光，逐渐形成了生命所需的空气、水、各种无机物和有机物等，经过数亿年的演变，才出现了最初的生命。后来地球上的生物爆发式出现，逐渐由低级到高级，由单细胞到多细胞，由简单到复杂，直至进化出高等灵长类哺乳动物，乃至人类。

通过地质考古和古生物考古发掘研究可以得知，在约1000万年前，人类的始祖开始从古猿中分化出来，从腊玛古猿到南方古猿，其中的一支进化到直立人、早期智人，最后演变成现代意义上的人，也就是晚期智人，这一演变的轨迹已经比较清晰。也可以说，地球形成以后，经历数十亿年的演化才有了人类。德国哲学家恩格斯在《自然辩证法》中指出："有了人，我们就开始有了历史。"在考古学中，科学家用生产工具制作技术的进化与改变来衡量社会的进步。人类社会由最初的石器时代，逐步演变到青铜时代、铁器时代……

如今，我们已经可以利用各种天文望远镜，对宇宙中遥远的天体进行观测，还可以利用人造卫星和宇宙飞船、航天飞机等，把仪器和人送到宇宙空间或其他星球上，从而探索更多的宇宙奥秘。虽然现代科学已经证明了盘古、女娲不可能存在，但关于这两位创世英雄的传说，仍以其奇异瑰丽的想象，吸引着我们继续上下求索，探究世界的本原。

（节选自《上下五千年（新时代版）》）

上海好春

栗 亮 著

中

江水清清
到我家

安徽省中长篇小说精品创作工程入选作品

《江水清清到我家》

栗亮 著　　　　　　责任编辑　沈佳

少年儿童出版社　　　2023 年 1 月出版

定价：32 元

　　薛家洼是地处长江东岸的一个天然港，这里曾是长江生态综合整治的重点。男孩马小龙跟随妈妈来到薛家洼采风，不愿与人交流的马小龙和船船逐渐成了好伙伴，他们一起读书，救助江豚。这天，老水泥码头来了一艘非法采砂船，船船和小伙伴们决定组成"英雄联盟"拦截船只，关键时刻船船爷爷出手了，他们能成功吗?

作者简介

栗亮，中国作家协会会员，安徽省作家协会儿童文学专业委员会委员。作品曾获"桂冠童书"、冰心儿童文学新作奖、"大白鲸"原创幻想儿童文学奖、安徽省"五个一工程"特别奖等奖项。出版有长篇小说《江水清清到我家》《江流北去》《渡江少年》《小岗村孩子的春夏秋冬》《来自明朝的女孩》等。

编辑荐书

　　本书以长江东岸天然港湾薛家洼的生态蝶变为背景，通过渔民上岸与少年成长的两条线索，书写了生态治理背后的曲折故事以及自然环境对心灵的疗愈力量。书中生动描绘了渔家女孩许船船和爷爷许水生面对上岸生活的转变历程，也展现了许船船、马小龙等少年救助江豚，守护环境的勇气与担当。在两条线索的交织中，作品营造了江岸小村的生活风景，并在长江环保的大背景下，向小读者传递对绿色未来和美好生活的自信与希望。

新朋友

马小龙心头的阴云被许船船的活力阳光渐渐驱散，他和妈妈之间的交谈也渐渐多了起来，但是他依旧不肯摘下帽子，也不愿重返学校。但就是这样，他的状况也比刚到薛家洼时大为改观了。小龙妈妈打电话给医生报喜，医生说这是好事，提醒她千万不要急于求成，要等孩子慢慢恢复。她记着医生的话，不再催促小龙，而是鼓励他多和许船船一起玩耍。许船船也乐得有马小龙这样的朋友，但她总觉得马小龙只有自己一个朋友是不够的，如果他能有更多的朋友，一定可以恢复得再快些。

一个星期后，新朋友真的出现了。

薛家洼南面，与一座小沙洲隔江相望，有一片不大的半封闭水湾子。那里紧挨着芦苇荡，水产资源丰富，过去曾是渔民们的"风水宝地"，有"捞一夜，吃一月；捞一天，吃一年"的说法，当地人都叫它芦苇湾。后来闯入的渔船越来越多，还有人在湾里下"迷魂阵"，鱼虾可遭了殃，子子孙孙被捕捞一空，竟成了一片死水。去年冬天，芦苇湾被政府划为禁捕区。开春后，又被纳入长江东岸生态综合整治区，众多渔民退捕转产，再没有人打扰那片宁静的水域了。半年过去，许船船欣喜地发现芦苇湾"死而复生"，又有鱼虾出没了。

这天是周六，她拉上马小龙去钓鱼。他俩只用小鱼竿儿钓，"一人一竿，一竿一线，一线一钩"，这是政府允许的，并不犯禁。他们刚坐下来钓了没五分钟，许船船就站起身兴奋地大叫："咬钩了！咬钩了！"她嘿哟嘿哟往回拉线，快拉出水面时，却泄气地松开手。

"怎么不拉了？快呀！"马小龙跳着脚催她。

许船船没精打采地说："不是鱼，我们钩到'迷魂阵'了。"

顺着她手指的方向望去，马小龙看见水中隐约有白色的东西浮浮沉沉。他费了吃奶的力气把白东西拉上岸，原来是一张大圆口、长筒状的渔网，那些白色的东西是连缀在渔网上的泡沫球。

马小龙问："这就是'迷魂阵'？用来干什么的？"

许船船向他解释说，这是一种捕鱼的装置，渔民们过去常在这片水域布置。他们在水中挤挤挨挨立上许多竹竿，竹竿与竹竿间挂上渔网，从岸边向江中延伸可达上百米，几乎能把整个芦苇湾包裹起来。然后，他们把网子的四角固定在水下，往渔网里撒鱼食，引诱鱼儿进入。

"白球下吊着的网子，就是地笼，那种老大老大、老长老长的地笼！"许船船把两臂尽力拉长，表情夸张地向同伴比画地笼的大小。她告诉马小龙，每一排泡沫球下都吊着一条超大的地笼。它们短则几十米，长则上百米，如怪兽一般潜伏于水下，大张"巨口"。与这种地笼相比，自家用的小地笼简直就是小巫见大巫，不值一提。鱼儿闻到食物的味道从"巨口"游进去，越往里游地笼越窄，好似进入曲曲折折、弯弯绕绕的迷宫，大洞套小洞，小洞连"陷阱"，鱼儿在天罗地网中迷迷糊糊地游，最终落入装鱼的网兜里无路可逃，故而得名"迷魂阵"。又因为这捕鱼的网子极密极细，连小鱼苗都不放过，江边人也叫它"绝户网"。她义愤填膺地踢了一脚泡沫球："我爷爷最瞧不起用'绝户网'的人了。他出江捕鱼的时候看见这种网，从来都是招呼不打用刀子割网放鱼。他说，就是这些放'迷魂阵'的，还有电鱼、炸鱼的人把长江里的好东西都祸害完了！"

生态综合整治之后，渔民们退捕转产"洗脚上岸"，再也没人下这种网了。

但是许多过去下的旧网没能及时收走，一直在水下漂荡，成了隐形"杀手"，误入"迷魂阵"的鱼儿都难逃一死。

咩咩咩！

一阵小羊的叫声突然传到马小龙耳中，他四下张望，并没有看见羊儿的影子。

咩咩咩！

羊叫声再起。小龙侧耳倾听，这回听清楚了，叫声不是从岸上传来的，而是来自长江。这可就奇怪了，江里怎么会有羊呢？他正纳闷，一条灰黑色的"大鱼"忽地从距离江岸不远处破水而出，又急速潜下水。这"大鱼"约有一个孩子身量大小，长着圆圆的大脑袋、小小的眼睛和两只粗短的"胳膊"，没有背鳍，扑扑拍打水面的尾部看起来挺像鱼尾巴，但又肥嘟嘟的不是那么像。许船船一眼就认出了它可不是什么大鱼，而是江豚。

"江豚！"伴随着许船船欣喜的呼喊，又一头江豚跃出水面。

马小龙也曾见过江豚，就在他和妈妈闹矛盾躲到江边的时候，但那天是夜晚，不如白天分明。只见两头江豚轮番出水，有时发出咩咩叫，有时又发出类似鸟叫或儿童欢笑的声音。它们或奋力跳跃，或紧紧相随，有时又亲昵地互相摩擦身体，想来它们一定是一对相爱的夫妻吧！

许船船和马小龙冲着江豚挥手欢呼，两头江豚始终紧靠着水中的"迷魂阵"游泳，不肯离开。许船船担心它们被地笼网误伤，大声呼喝驱赶它们，甚至向它们丢石头，但它们依旧没有显出丝毫要离开的意思。

许船船突然醒悟过来，水里一定有东西。

"快把网拉上来！"

两个孩子使出全身力气，呼啦啦将泡在水中的残破地笼往岸上拉。拉着拉着，他们感觉网子愈加沉重，里面真的有东西！

"加油！加油！"

"嘿哟吼！嘿哟吼！"

他们边拉边给自己鼓劲儿。两头江豚紧挨着地笼网，一刻不肯离开。

终于，他们把几十米长的地笼网拉上了岸。在地笼底端的网兜里，一个灰黑色胖乎乎的小家伙扑腾着，发出噗啊噗啊的叫声。

许船船咧开嘴哈哈大笑："是小江豚，小江豚！"

小江豚被困在网子最深处，两个孩子费了一番气力才把它救出来。小家伙大约半米长，许船船抱着感觉就像上次与小龙母子出江捕鱼时，捞到的那条青混差不多重。小江豚噗啊噗啊地叫着，不住地扭动身体，想要回到父母身边。马小龙早就急不可耐了，他求许船船把小江豚给自己抱一抱。

"给你，轻点儿。"许船船把小江豚递给马小龙。

马小龙小心翼翼，像抱初生的小娃娃一样温柔。他轻轻地抚摸小江豚的脑袋，感觉滑溜溜的像果冻一样。

咩咩咩！

咩咩咩！

浅水湾子里的江豚爸爸妈妈又惊又急，它们一边叫，一边焦躁地急速游动。它们会突然停下，直立起来，把近乎三分之二的身体露出水面，保持垂直的姿势望着岸上的两人，好像在乞求："请把孩子还给我们吧！"这样的姿势它们只能持续几秒钟，又再次入水游动起来。

马小龙对许船船说："它的爸爸妈妈着急了，我们放了它吧！"

"嗯。"

小龙的建议也是许船船所想。他们把小江豚放回芦苇湾，小家伙一入水，立刻甩着尾巴游向父母。一家子终于团圆，它的爸爸妈妈可高兴了，把孩子围在中间，绕着它打转转，不时摩擦身体、碰碰脑袋，像是在庆祝小江豚劫后余生呢！

（节选自《江水清清到我家》）

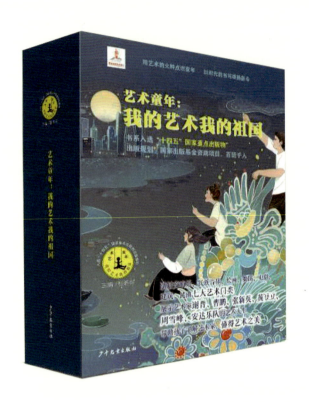

《艺术童年：我的艺术我的祖国》系列

张明舟 主编

邱华栋 彭学军 殷健灵等 著

陈汉煜 陆晨等 绘

责任编辑 朱艳琴 霍聃 　少年儿童出版社

2023 年 11 月出版 　　　定价：328 元

　　用艺术的火种点燃童年，以时代的书写颂扬奋斗。目光对准新时代中国艺术领域一批有筋骨、有道德、为时代抒写、为人民抒怀的艺术家，着力描绘他们扎根人民的奋斗故事、根植传统的创新故事、耕耘教坛的美育故事。

作者简介

张明舟，原国际儿童读物联盟（IBBY）主席，
国际出版商协会包容性出版与扫盲委员会委
员，中国民进中央出版和传媒委员会委员，中
国儿童文学研究会常务副会长，中国版协理事、
察哈尔学会文化和平委员会委员，"生命树童
书网"创始人。2018 年获选国际儿童读物联
盟主席，成为首位担任该职务的中国人。

编辑荐书

　　艺术之美归根结底是人性之美，好的艺术都是由美好的灵魂创
造的。通过这套书，青少年不仅能了解到新时代中国艺术领域的大人
物、大事件，从小亲近艺术，让他们爱上艺术，而且，他们也会了解
到我们新时代社会主义艺术的最本质的特征：艺术创作为人民。文艺
创作方法有一百条、一千条，但最根本、最关键、最牢靠的办法是扎
根人民、扎根生活。只有这样，才能凸显我们的文化阵容、文化格局、
文化自信，把中华文化的独特美丽传得更远更好。

曹爷爷和他的星际乐队

"曹爷爷，看，那是曹爷爷！"一群小伙伴兴奋不已。其实，他们并不明白音乐节"特别荣誉奖"是多大的荣誉，他们只知道，那是曹爷爷，他们的曹爷爷，他们的曹鹏爷爷。

2021 年春天的一个晚上，第 37 届上海之春国际音乐节落下帷幕。闭幕式上，当舞台正中的大屏幕上出现了一位精神矍铄的老人时，观众席上爆发出热烈的掌声。

他们是谁？他们是"星际乐队"的成员，一群"来自星星"的患有自闭症的孩子，正是曹爷爷和他的女儿曹小夏、外孙石渡丹尔创办的"天使知音沙龙"，将他们领进了音乐的殿堂。

在孩子们眼里，这祖孙三代都是本领超强有"魔法"的人，长笛、短笛、单簧管、双簧管、圆号便是他们的魔法道具。秘诀呢？当然就是那些美妙的音符啦。

不用说，最先中了音乐"魔法"的是曹爷爷自己。那时，他还只是一个刚上小学的小男孩，穿着妈妈亲手缝制的一套白色中山装参加抗日救亡的歌咏比赛，一举夺得了第一名。这也让教音乐的沈老师发现了他的音乐天赋，沈老师为他增设了许多课程：五线谱、乐理、风琴、长笛，等等。

　　不用说，最先中了音乐"魔法"的是曹爷爷自己。那时，他还只是一个刚上小学的小男孩，穿着妈妈亲手缝制的一套白色中山装参加抗日救亡的歌咏比赛，一举夺得了第一名。这也让教音乐的沈老师发现了他的音乐天赋，沈老师为他增设了许多课程：五线谱、乐理、风琴、长笛等等。

（节选自《艺术童年：我的艺术我的祖国》系列）

上海好书

《起跑线上：写给十五岁以前的我》

李大潜 著　　　　　　　责任编辑　路艳艳　侯元琦

少年儿童出版社　　　　2023 年 8 月出版

定价：58 元

　　本书讲述了当代数学家李大潜，从出生到十五岁考上复旦大学，少年时代的学习成长经历。书中一个个真诚朴素的小故事，记录了少年李大潜的点滴进步与成长，呈现了一个孩子对数学从朦胧的兴趣逐步转变为毕生热爱的过程。

作者简介

李大潜，著名数学家，我国现代应用数学奠基人之一。是中国科学院院士、欧洲科学院院士、发展中国家科学院院士、法国科学院外籍院士、葡萄牙科学院外籍院士，"五院院士"。曾获国家自然科学奖、华罗庚数学奖、苏步青奖等奖项。李大潜在复旦大学从教六十余年，至今仍承担着上海中小学数学教材编纂的任务。2001 年起，他以个人名义设立"馥华奖学金"鼓励志存高远的孩子。

编辑荐书

本书把作者少年时代所经历的"自由自在"又"积极进取"的环境、学习成长过程中有过的快乐与挫折，分享给读者。书中描述作者学习上的自主性和求知过程中的快乐，从中学生成长为数学家过程中呈现的进取精神、价值取向，以及后来他人生中展翅高翔的渴望和激情，献身科学、报效祖国、造福人类的鸿鹄之志，真实而具有感染力。书中涉及的学习方法、教育经验，对现在的孩子和家长、教育工作者仍有参考和借鉴意义，引导读者去思考自我成长是一个怎样的过程，去探讨"何为教育、教育何为"，以及在教育这件事上自己所处的位置、应负的责任。

考试得了 18 分

　　没考上南通中学，我就跳级考到了商益中学，也就是后来的启秀中学。那是一所民营私立中学，由中国近代教育家、实业家张謇创办。校长王守铭先生，既有学识，又从事商业，是当时南通城相当知名的人士。他头脑灵活，很具有改革精神，学校除基础教育外，还多开了两门课程——商业簿记和银行会计。一心想要把商益中学办出自己特色、办成通城品牌的王校长，除了亲自教英文外，还高薪从南通师范和南通中学聘请了不少优秀教师到学校兼职。

　　进入商益中学念初中那年，我九岁。三年的数学课，即第一年的算术、第二年的代数和第三年的几何，全部是由专职的数学教师达思耕先生教授。达先生以严厉著称，大家都有些怕他。传说他曾当过兵，做过连长。在课堂上谁不认真听讲，他就会突然将手中的粉笔头掷向谁的头上，而且差不多百发百中，大概的确曾经受过军营的训练吧！

　　第一次数学期中测验，我根本没有在意。因为我在小学可是一直稳坐第一名的，思想还停留在过去，班级第一名的派头还一下子改不过来。那时候的我心里认为，逢考不仅要拿高分争第一，还要抢交头卷，才显得有本领、够威风。这次数学考试，我依然匆匆忙忙做完，抢交了头卷。

第二天数学课，达思耕先生捧着一叠试卷走进教室。我把卷子拿到手，鲜红的"18"让我措手不及。我可从来没有拿过这样的低分哪！又气又急又羞愧，我涨红了小脸，低下了头，再不敢看先生一眼。达先生规定每次考试，分数离及格分差一分要用戒尺打一下手心。其他不及格的同学都一一被打。轮到我的时候，我一下子吓得哭了起来。大概看我年龄小，达先生竟手下留情，破例放过了。不过出师不利的消息不胫而走，竟传到大王庙小学。还留在小学六年级的一些同学放学后，聚在我家窗口唱起了顺口溜："李大潜，中学生，算术考了个18分！"

这一次"18分事件"，使我看到粗枝大叶、不求甚解的危害，尝到爱慕虚荣、浮躁冒进的恶果。从此以后，我再不抢交头卷，每次考试，哪怕早已做完，也要用多种方法反复核对和验证，确保万无一失，总要等到最后关头才交卷。我也进而养成了一个习惯：做任何一件事情，包括写任何一篇文章，总要反复推敲修改，力求精益求精，达到尽善尽美才放手。这样不必返工，不会后悔，看起来慢，实质上快，是高效率的最好的方法。好习惯终生受用，在后来几十年的科研之路上，这个习惯一直伴随着我。

达思耕先生顾全了一个孩子的体面，但也因此让人更加清醒。数学第二次期中测验，我得了98分。达先生的几何课，让我第一次受到严格的形式逻辑训练。每到数学课，我看到达先生一手拿着两块大三角板及一个圆规，一手拿着粉笔，步履稳健有力地走向教室，就知道接下来的数学课要讲几何了，心里就忍不住高兴。

达先生个子不高，声音洪亮，随着课程的进展，在黑板上一笔一笔地画着几何图形，甚至偶尔徒手就能在黑板上画出一个标准的圆形。他讲课清晰且从容，这种有条不紊的讲课方式，大大增加了孩子们对课程内容的理解。讲勾股定理时，他竟给出了好几种证明的方法，像一个神奇的万花筒，一下子为我打开了一个绚丽缤纷的世界。在一道道几何证明的推理愉悦中，我觉得自己获得了从未有过的快乐。

（节选自《起跑线上：写给十五岁以前的我》）

《糊里糊涂的铁哥们——贾里小时候》

秦文君 著　　　　　责任编辑　张顺

上海译文出版社　　　2023 年 4 月出版

定价：35 元

  本书是继《男生贾里》出版 30 年后首次书写贾里小学阶段故事的全新校园成长小说。

  作品中我们依然可以感受到秦文君的善良和智慧、幽默与真诚，感受到她写作的儿童视角。她那种对孩子们从表及里的贴近和幽默诙谐的语言风格，形成了一种特别的艺术特质，将平凡的校园生活写出了童趣的光彩。

作者简介

秦文君，儿童文学作家，上海市作家协会副主席。
作品曾获国际安徒生奖提名，《男生贾里》等作
品先后获"共和国五十年优秀长篇小说"称号、
全国优秀少儿读物一等奖、全国儿童文学奖、中
宣部"五个一工程奖"、宋庆龄儿童文学优秀小
说奖、冰心儿童图书奖、中国图书奖、中国政府
出版奖、上海文学艺术优秀成果奖等。

编辑荐书

　　"贾里"作为上海儿童文学的一个鲜活形象，因其活泼、阳光、
向上影响了一代代少年。我也是读着"贾里"故事长大的，作为本书
的责编，深深被秦文君活泼风趣的文笔打动。她始终保持着旺盛的创
作状态，在对孩子日常生活进行近距离审美观照的同时，展现出强烈
的思想和人文关怀。

贾里的新朋友

贾里从小是个聪明的男孩，他点子多，有主见，很想出名，想成为了不起的人。但他也做过一些不怎么好的事，比如乱扔臭袜子，偷看妹妹贾梅的日记，怪招迭出。他最自豪的是拥有自己的好朋友。贾里和鲁智胜的友谊，得从新学期的第一天说起。

那天，天空竟是灰色的，还刮大风！唉呀，老天爷并没有开恩，给这个有意义的日子一片灿烂阳光。

贾里步入校园，东张西望，哪怕能见到一张熟悉的面孔，也能壮一下胆。

他从熙熙攘攘的人潮中瞥见了一个人，这人跟他差不多，也在东张西望，那是个小胖子，挺胸凸肚，迈着企鹅般的步履，很有喜感的，让人"过目不忘"。

贾里找到一班的教室，刚坐定，忽然，有喜感的小家伙也走了进来。

"哈啰，"那人招呼贾里，"我是新来的。"

他眯缝的眼睛有点斜睨，眼神里有一种心不在焉，可是他一开口，生疏感没有了，因为他是个自来熟，话语特别热情，他说："认识你很高兴，我叫鲁智胜，鲁迅的鲁，智慧的智，胜利的胜。"

他的名字，每个字都牛气冲天，不过，怎么有点儿好笑呢？

贾里说："哦，我叫贾里。"

鲁智胜立刻问："怎么写？"

贾里总不能说，贾宝玉的贾，里里外外的里吧？他想了想，沉着地说："一个西，一个贝的贾，公里的里。"

鲁智胜特别诚恳，手指在桌面上连写了好几遍"贾里"，还说："太好听了，一听忘不了！"

"什么意思？"贾里好奇地问。

鲁智胜答非所问，说："你的名字容易记忆，和别人的都不一样。"

上课了，鲁智胜被安排在贾里的前一排，这下贾里每节课都要面对着鲁智胜的脊背。嘿，鲁智胜是个小白胖子，脖颈粗粗，营养过剩的壮实身坯，模样很像一堵墙，贾里想，这鲁智胜才是"十分容易记忆"的呢！

第二天上学，贾里进教室时，鲁智胜端坐在那里，在一张纸条上写着什么，嘴里念念有词。贾里悄悄地坐下，拨弄一下他肥嘟嘟的后颈，招呼道："你写什么？"

"哈哈，我在写你的名字。"鲁智胜瞪着两只小眼睛，说，"我们做铁哥们吧！"

贾里说："好啊。"

鲁智胜说："我刚写了一个帖子，我们两个的名字写在一起，这样，我们的友谊能够长存100年。"

两个人庄严地握手，拍肩膀，之后，贾里看一眼他写的帖子，只见上面写着：鲁智胜和西宝贝友谊永存。

贾里说："西宝贝是什么意思？"

鲁智胜扑棱着眼皮，忽然问："你到底叫什么名字？"

贾里哭笑不得，说："我告诉过你了，你怎么忘了？"

"不会忘的，我记得你叫西宝贝，这个姓有点儿奇怪啊！"

"去你的！"贾里大喝一声，"你喜欢叫宝贝，就改名鲁宝贝吧！"

"让我想想，想想。"鲁智胜一边想，一边抓狂后脑勺的头发，像是要把那些破头发全薅下来似的，忽然，他大叫起来，"我想起来了，想起来了！"

"说吧，"贾里笑了，"我叫什么？"

鲁智胜用手指在课桌上写了一个"西"，然后问："西什么呢？"

"去你的，我叫贾里。"

"叫贾里，是西和贝。"鲁智胜大笑起来，"……把你的名字忘记了算什么，你的样子我一辈子不忘记，你是我来这个学校后的第一个铁哥们。"

"你有个糊里糊涂的呆脑子。"贾里说着，在他脑袋上拍一下，鲁智胜也回敬，两个人你一拳、我一掌地嬉闹开来，莫名其妙地笑到前仰后俯。

一段友情的开始真会那么简单吗？谁都不会相信吧？何况友谊永存的帖子都写错了。

（节选自《糊里糊涂的铁哥们——贾里小时候》）

上海好书

《爱马的外公》

魏晓曦 著 　　　　　刘丰 绘

责任编辑　施玉燕　　中国中福会出版社

2023 年 11 月出版　　定价：39.80 元

　　本书以一个 8 岁女孩的独特视角，诠释了最质朴的亲情之爱，表达了儿童哲学的独特思考空间，同时也向治沙人们致敬。女孩眼中的外公是特别的伙伴，是带给她艺术启蒙和自然启蒙的亲人，也是一位伟大的治沙人。成长的过程即是看世界的过程，外公带给女孩的是看世界的角度，感受世界的角度。

作者简介

魏晓曦，中国作家协会会员，发表散文、童话、小说等作品 200 余万字，出版图书 50 余本。作品先后获国家新闻出版广电总局"三个一百"原创图书出版工程奖、冰心儿童图书奖等，其中多部作品版权输出至英国、韩国、越南等国家。

刘丰，绘本作家、自由插画师。毕业于湖北美术学院。绘本代表作有《123 散步去》《点点的夏天》《月亮之歌》等。其中《月亮之歌》获2022BIBF 菠萝圈儿国际插画奖"金菠萝奖"。

编辑荐书

　　本书以独特而快活的儿童视角，诠释了质朴的亲情之爱，表达了儿童哲学的独特思考空间，同时也向创造出"草方格"奇迹的西北治沙人致敬。故事从立春开始，经历了一年四季，在冬至结束。瑞雪映照着祖孙俩玩手影游戏的温情，一大一小两匹马的影子，体现了亲人间的爱意，也隐喻了对梦想的传承。作品立意高远，大爱深沉，所包含的人物情感、个性特征和生活哲理使其文学性大大超越了一般的图画书甚至儿童文学，值得反复翻阅，回味无穷。

我和外公的四季

立春后，大地在微风中苏醒，马儿嘚嘚嘚跑得飞快。

"嘚——驾——"

我在马背上一颠儿一颠儿，变成了奔跑的波浪……

外公有一匹棕色的马，它的两眼间有一撮白毛，外公唤它小白。

小白跑累了，外公带我们去毛乌素沙漠东南缘逛马集。

我喜欢逛马集，那里有棕色的马，白色的马，还有气质不凡的黑马。买家和马贩子把手藏在袖子里，摸手还价。我看不明白，外公说这叫"袖里吞金"。

我紧紧地拉着小白的缰绳，跟随它从容的脚步。

无论走在哪里，小白的眼睛里都盛着沙漠，盛着草原……

"烟雨——湿阑干，杏花——惊蛰寒……"

外公哼着小曲儿，在仓房整理出一排我穿小的旧雨靴，让它们在马厩栅栏前排排站。

下了唯一一场春雨……蓝色的花、紫色的花、橘色的花盛开在雨靴里。

小白打着响鼻儿，惊落了花瓣上的雨滴。

三天一场风，七天一场沙。

一夜间，黄沙吃掉了大半个窑洞。

外公不急也不恼，拍打着小白鬃毛里的沙子，轻声叨念："会好的，会好的……"

我学着外公的样子，一簸箕一簸箕地掏沙，干了大半个晌午，才又见了窑洞一角腌菜的陶罐子。

小白站在墙角，舔着干裂的嘴唇，时而打个响鼻。

立夏，外公从屋子里搬出他的三个百宝箱，敞开盖子，让阳光驱散箱子里的潮气。

第一个百宝箱里装着扳手、锤子、凿子和剪刀。

第二个百宝箱里装着马蹄铁、螺丝钉、螺母。

第三个百宝箱里装着几袋草籽。

外公坐在河岸上，一边搓着草绳，一边看马背上的夕阳。

我们与一群滩羊挤在一湾叫胡杨洼的小河畔。

我趴在小白身旁，听土里的种子窃窃私语……

沙坡上又一片草方格绿了。

外公总是默默地牵着小白为沙坡驮草。大大小小的种子躲在草方格的臂弯中，奋力扎下根去。

最初，那些插在沙坡上的幼苗齐刷刷地垂着头，没多久，就个个昂扬地抬起头。

小白在烈日下的脚步更快了，顾不得耳朵眼儿里的沙……

八月未央，外公累了，枕着一句咿咿呀呀的戏词儿睡在院子的草席上。

我悄悄爬上窑洞屋顶，一群鸽子侧飞涌向远方，追赶戈壁的影子和奔腾的云马。

外公喜欢稻草人，我也喜欢，稻草人是麦田的主人。

秋分的午后，我穿上外公的大褂，把干草编成辫子系在腰间，头上戴一顶旧草帽。我要替稻草人完成一个梦，我要当一个骑马的稻草人！我还要为小白种一片草原！

"驾！稻草人，出发！"

外公带我一起去给小白钉马蹄铁。

铁匠铺南面的门楣上挂着成串的马蹄铁，外公不要，他要新打的马蹄铁。驼背的老铁匠眯着眼，吐着烟圈儿，在围裙上擦擦乌黑皲裂的手，弓腰从抽屉取出一块奶糖递给我："你吃糖嘞——我打铁，热乎乎的马蹄铁！"

他手中的大铁锤高高举起，重重落下。

爷爷说，打铁就要一鼓作气！

傍晚，外公带我去看星星湖。思念，总是在看不见的远方……

湖原本是没有名字的，晴朗的夜晚，湖里总是落满星星。

"小白，你认识天马星吗？"

"快看！小白，外婆就在最亮的那颗星上！"

外公盘腿坐在沙甸子上，凝视着看不见尽头的远方，吧嗒吧嗒地抽着旱烟。

院子里晾着一簸箕一簸箕的红枸杞，一草篮一皂篮的枸杞叶。烈日下，小枸杞慢慢长出深深浅浅的皱纹，枸杞叶由饱满变得又瘦又瘪。外公一包包分好，担在马背上，去村头寄给城里的舅舅和姨妈。

正午，马背上的太阳滚烫。

村东南方向十里开外有一处古老的驿站，每年入冬前外公都带我去一次。风沙覆盖在残墙之上，我听不到驿马的嘶鸣，也看不到绵延千里的古驿道。

小白站在原地，安静地向东方眺望……

远远的沙漠，草方格一片连着一片。

它们深深地扎进沙漠，牢牢地抓紧每一粒沙。

我的眼睛湿润了，模糊了远方的绿色。

冬至的雪夜，染白了外公的胡子。

外公说，胡子是日子的影子。

墙上映着大手和小手的手影：一匹是高大健硕的战马，另一匹是矮矮小小的幼马。

（节选自《爱马的外公》）

上海好书

《十万个为什么·科学绘本馆（第一辑）》

曾溢滔　曾凡一　主编

责任编辑　王慧　陈珏　江泽珍　季文惠

少年儿童出版社　　　　2023 年 1 月出版

定价：304 元

　　本书是国民科普品牌"十万个为什么"为 3—8 岁儿童打造的一套科学绘本力作！"十万个为什么"出版六十余年，陪伴几代中国孩子长大。让孩子动手动脑，深度玩科学，激发更多好奇心！

作者简介

曾溢滔，中国工程院院士，遗传学家，上海交通大学讲席教授，上海医学遗传研究所首任所长。长期致力于人类遗传疾病的防治以及分子胚胎学的基础研究和应用研究，我国基因诊断研究和胚胎工程技术的主要开拓者之一。《十万个为什么（第六版）》生命分卷主编。

曾凡一，医学遗传学家，上海交通大学特聘教授，上海交通大学医学遗传研究所所长，国家重大研究计划项目首席科学家。主要从事医学遗传学和干细胞以及哺乳动物胚胎工程的交叉学科研究。《十万个为什么（第六版）》生命分卷副主编，编译《诺贝尔奖与生命科学》《转化医学的艺术——拉斯克医学奖及获奖者感言》等。

编辑荐书

　　本书是为3—8岁儿童打造的高品质科学绘本。中国工程院院士曾溢滔和上海交通大学特聘教授曾凡一担任主编，16位来自世界各地的华人科学家、科普作家、插画家联袂创作。第一辑8册包含动物、植物、宇宙、人体、医学、脑科学、古生物、建筑主题。每册附赠"科学艺术互动手册"，培养孩子科学思维，提升艺术审美。

用科学绘本讲述科学知识

方形是什么？是北京的四合院！

四合院由南面的倒座、东西厢房和北面的正房围出方正的院落。

这种坐北朝南的建筑形式，既能抵御冬季的北风，又能使阳光洒满屋子。

圆形是什么？是客家土楼！

城堡一样的土楼，宏伟又坚固。厚厚的土墙，围成外圈，精致的内廊，连接起家家户户。

圆心的祠堂，供奉着祖先，凝聚着今天的家族。

圆形让人们聚在一起，互帮互助，其乐融融！

把圆形横切一半是什么？是半圆形。半圆形是江南水乡的石拱桥！

这里河网纵横，水路交错。

一座座石拱桥轻盈地跨越河流。

古镇的人们每天在桥上来来往往，一艘艘小船在桥洞下往来穿梭。

拱形让桥身无比坚固，肩负着来往行人货物，不怕风雨冲刷，时光侵蚀。

如果各种各样的形状在平面汇聚，会发生什么？ 那就变成了苏州园林的花窗！

正方形、八边形、扇形、海棠花形……围墙上的花窗形状千变万化，透出亭台楼榭的一角，引得人们想要进入园中，一探究竟。

为什么古罗马的剧场是半圆形的?

这源于古希腊时期的剧场，那时大多数剧场傍山而建，所以只需要建造一半，观众席在山坡上层层升起。到了古罗马时期，人们开始用拱券结构将观众席架了起来，但依然保留了半圆形的形状。

怎样使拱券变换出各种建筑形式?

将拱券围成圆圈，就形成了竞技场。

将拱券排列起来，就形成了拱廊。

将两个拱券交叉，就形成了教堂的十字拱廊。

将一列拱券叠起来，就形成了水渠。

隧道的顶部为什么是拱形的?

将拱券加厚，就形成了隧道。

拱形的截面能把力均匀地传递到相对稳固的侧壁，使隧道更坚固和安全。

古罗马水渠是用来做什么的?

水渠跨越高山河流，将山上的水引流至城市，再分到公共澡堂、喷泉和私人住宅。

怎样使图形从平面变成立体?

单一的形状可以通过旋转获得新的几何形体，比如:

把半圆形沿对称轴旋转就形成了半球体。

把圆形沿中轴旋转就形成了球体。

把矩形沿中轴旋转就形成了圆柱体。

把等腰三角形沿对称轴旋转就形成了圆锥体。

不规则的形状经过旋转，会变成像花瓶一样形状丰富的立体图形，制作瓷器的拉坯机就是使用了类似的原理。

车轮为什么是圆形的？

圆形有一个特点：圆心到圆周上任意一点的距离都是相等的，因此当人们把车轴通过圆心，不管车轮怎么旋转，车轴离开地面的距离始终不变，这样行驶起来才会平稳。

［节选自《十万个为什么·科学绘本馆（第一辑）》］

上海好书

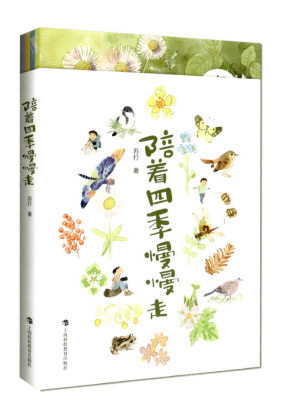

《陪着四季慢慢走》

苏打 著　　　　　责任编辑　陈怡嘉

上海科技教育出版社　2023 年 1 月出版

定价：108 元

　　本套绘本以亲子同行的视角，带着读者走进身边的自然界，用温暖可爱的绘画记录一路所见的动植物。作者所绘全为日常能见到的小生物，她把脚边不起眼的野花野草介绍给读者认识，把一闪而过的鸟儿与昆虫用画笔定格下来。本书适合父母带着孩子进行自然学习，开展亲子阅读。

作者简介

苏打，绘本插画师，热爱自然观察，用画笔记录大自然的变化。代表作有《向着明亮那方》《世界本来的样子：唐家河自然物语》《起飞吧，燕鸥小一》《陪着四季慢慢走》《成为青蛙王子》《小貉的成长》等。

编辑荐书

本书分《春·一步一个绿脚印》《夏·热闹的日与夜》《秋·旅行鸟儿歇一歇》《冬·大自然不瞌睡》四册。用清新的画风、亲子同行的视角，描绘了华东地区一年四季的物候。书中，妈妈带领两个孩子一起观察大自然的变化。作者用 300 多幅手绘水彩画，将物种辨识知识与亲子日常互动相融合，提醒大家：即使在城市中、哪怕只有一片小小的绿地，随着时序流转、移步换景，你也能从自然中获得很多知识和乐趣。

四季风景各不同

春·一步一个绿脚印

　　我们常去的这个公园在江边，园里有小湖、草地、灌木和树林。湖边有木栈道，水道里总有水鸟在漫游。

　　湖对岸种植着大片油菜花。岸边有一片落羽杉林。这片树林是鸟儿的高层公寓，各种鸟会在不同楼层驻留。

　　油菜花田后面有水杉和乌桕，再往后是乌桕和柳树的混栽林。繁殖季节，夜鹭会在柳树上筑巢。

　　三月，油菜花开了。

　　天气稍暖，油菜就飞快地生长，一转眼，花儿就铺满了田地，像金色的花海，让人想躺在它的"波浪"上。衣服被油菜花的"海浪"打湿了，花粉沾满衣襟。

　　花田边的落羽杉还没有完全被春天唤醒，地面铺满了上一季落下的金褐色枝叶。我们踩着柔软的落叶走进林间。

　　一起去看看，有谁已经在迎接春天了?

夏·热闹的日与夜

夏天到啦!

炎热的阳光下,池塘是最好的避暑去处。

池塘里,顶着大叶片、站在水中的是荷花,顶着圆叶片、贴在水面的是睡莲。

在日常生活中,我们用"蜻蜓"来统称蜻科、蜓科的昆虫——这两大类外形很相似。其实,在昆虫分类中,蜻蜓目包括了很多种类的昆虫;蜻、蜓和豆娘都属于蜻蜓目,外形和生长发育过程也差不多。

蜻蜓的一对复眼靠得很近、间距很小。停栖时,会将翅膀平展在身体的两侧。豆娘的两眼分得比较开,头部看上去形如哑铃。停栖时,会将翅膀合起来直立于背上。

通常情况下,蜻蜓的体形比豆娘大很多。

蜻蜓的飞行能力强而豆娘较弱,后者更喜欢在水体表面活动。

夏天的小池塘边,经常可以看到"蜻蜓点水"。这是雌虫在产卵。它们把卵排到水中,让卵附着在水草上。不过,仅有少数种类会以点水的方式产卵,比如红蜻和黄蜻。多数种类会在找到恰当的地点后,停下来产卵。

秋·旅行鸟儿歇一歇

候鸟从北方的繁殖地前往遥远的越冬地。途中,它们必须休息、进食,补充能量。在迁徙季节,我们可以在身边看到许多远方来客。

小树林是迁徙途中的驿站,有鸟来,也有鸟去。今天看到的鸟儿,也

许下周就飞离了，接着又会有新的鸟儿出现。你可以找个地方，安静地坐下来欣赏。它们收获美味食物、恢复体力，而你将收获宁静和喜悦。

冬·大自然不瞌睡

有阳光的冬日，骑自行车非常舒服。

麻雀是城市里常见鸟儿之一。它们多半在地上并着两只小腿一蹦一蹦地啄食。在乡村，它们更喜欢聚集在一起。我们曾经见到一棵树上站满了小麻雀，足有上百只。它们盘旋着飞起来时，整棵树似乎都在旋转。

在江边的小公园，麻雀成群结队停在禾本科植物上。无论是芦苇、蒲苇还是芦竹，它们都很喜欢。它们在吃那些毛茸茸的小种子。

不过，好戏只在芦苇或蒲苇上才会开演——麻雀喜欢把细细的苇秆当蹦床玩，芦竹太粗了，踩不动。

毛多和福多也跟着一起蹦啊蹦！

蹦！

前方有鸟!!!

（节选自《陪着四季慢慢走》）

上海好春

《一平米博物馆：搭建我的恐龙展》

刘哲 主编　　　　　　　宋婉莉 著

责任编辑　沈岚　　　　华东师范大学出版社

2023 年 5 月出版　　　　定价：219 元

　　读者将变身为博物馆策展人，通过手工制作的方式，策划和制作自己的一平米博物馆。以"恐龙"为主题，通过"挖掘和复原一只恐龙""搭建一场恐龙展览"两个任务引导读者完成知识输入与场景构建，读者通过动手操作，将学到的主题知识展示出来，并与家人、朋友分享，从信息输入到输出巩固，掌握自主学习的方法。

作者简介

刘哲，上海科技馆自博展教中心网络科普部部长，副研究馆员。主要从事博物馆公众教育活动策划、新媒体科学传播等方面的工作。主编、参编、翻译多部科学普及与传播领域的书籍。获全国科普场馆科普教育展评特等奖、上海市科普教育创新奖等多个奖项。

宋婉莉，上海自然博物馆馆员。从事科学编辑、新媒体运营及科普活动策划等工作，基于科普创作及受众特征研究，先后策划推出科普文章、动漫、游戏及音视频科普作品千余次。主编、参编多部科普图书。参与国家级或省部级项目二十余项，获上海市科普教育创新奖等多个奖项。

编辑荐书

　　"一平米博物馆"是由华东师范大学出版社联合上海自然博物馆共同策划的科普品牌，孩子们变身为策展人，完成学习、设计、制作、展示、解说的复合过程，超越单一的纸书阅读体验，让这一形式成为"做书""说书"中的重要一环。这种独创性的阅读形式打破了博物馆的围墙，突破了时空的限制，让读者可在千里之外随时随地"逛"博物馆；也打破了科普传播的专业壁垒，让孩子从学习者转变为科普展览的设计者和知识的传播者，激发了他们学习的兴趣。

来自 X 博物馆的任务

发信人：X 博物馆馆长

亲爱的小伙伴，你好！

你曾去过自然博物馆吗？那里陈列着狂野的史前动物，上演着非洲大草原的追逐，还原了野蛮的原始部落，记录着文明的诞生和毁灭。那里有着栩栩如生的标本，浓缩了整个地球的生态圈。在自然博物馆里，你能听到远古霸王龙的嘶吼，感受猛兽捕猎的壮观，触摸化石遗留的信息，思考人类发展的意义。总之，这是一片充满惊奇的神秘之所。

当你看到身形庞大的巨兽，有没有思考过这些早已灭绝的古生物是如何被发现？又是如何被复原的呢？它们原本被掩埋在地层之下，又是如何展现在观众眼前的呢？

X 博物馆即将启动"一平米博物馆"项目，为更多人展示奇妙的远古生物——恐龙，为此我们需要你的帮助。我们有一处尚未挖掘的恐龙化石现场、一些关于恐龙演化的研究成果，还有一处可以用来布置成恐龙展览的一平米空间。但我们更需要你的参与，需要你的想法、你的创造力，以及你为我们的"一平米博物馆"项目所设计的策展方案。

现在，我们正式邀请你加入此次"一平米博物馆"项目组，请你为我们的恐龙展进行策划和设计！这个展览什么样，由你来决定。

现在，你是 X 博物馆"一平米博物馆"项目组的成员之一，是一位非常年轻的实习生。当你完成所有任务后，便会晋级成为"策展人"。所谓"策展人"，字面上的意义就是"策划展览的人"，可以把策展人看成"讲故事的人"，他们能通过对展示物品的设计，将主题知识串联起来，并给观众带来一种直观、美好的感受。

作为一位实习生，你将跟随项目组一起执行两个任务，分别是——任务一"挖掘和复原一只恐龙"和任务二"搭建一场恐龙展览"。首先，你需要在任务一中完成挖掘化石的工作，并在此过程中学习与恐龙化石相关的基础知识，自己动手复原一只恐龙。随后，你需要在任务二中使用各种展品素材，为观众搭建一场由你策划制作的恐龙展览。

在接下来的任务一"挖掘和复原一只恐龙"和任务二"搭建一场恐龙展览"中，你会发现一些分解的小任务。每个小任务都包含三个部分：基本信息、动手操作和展示分享。通过它们，你将更全面地了解有关恐龙的知识和策展的方法，从而为观展的观众设计出一份独特的恐龙展览方案，并自己动手将其搭建出来。每完成一个小任务，距离你成为一名正式的"一平米博物馆"项目组的策展人就更近了一步。

基本信息：请仔细阅读这个部分，获得有关恐龙的基本信息。更多拓展知识还会以视频的方式呈现，扫码即可观看。

动手操作：这个部分的主要工作是使用材料盒中提供的纸质材料和其他类型材料进行创作，将你掌握的知识和信息变成看得见、摸得着的迷你书或展品。你还可以加上更多奇思妙想，让你的迷你书、展品或布展方式更独特。

展示分享：作为策展人，最有成就感的事情就是向观众展示和分享你了解到的知识、你的想法和创意。在这个部分，我们介绍了一些与迷你书或展品进行互动的方法，这可以让展览对观众来说更有趣味。你还可以收集观众对展览的反馈，进一步优化展览设计。

在设计展览之前，你需要考虑：这场展览的观众是谁？这场展览是面向家人好友，还是用来给你独自欣赏呢？

举办一场成功的展览，需要有一个合适的展览场地和空间来摆放不同的展品。在本次任务"搭建一场恐龙展览"里，X博物馆为你提供了一些现成的展品和展架，它们需要占据大约一平米空间，你需要找到这样一处宽敞的地方作为展示空间。

你想按照怎样的顺序摆放你的展品？想要借助这些展品讲述哪些科学知识？思考这些问题，将帮助你设计展览的布局。是按照时间顺序还是按照恐龙种类来摆放展品呢？或者干脆把所有展品随便摆放在一起？如果这样设计的话，观众能看得懂这场展览吗？

（节选自《一平米博物馆：搭建我的恐龙展》）

《江南奇遇记》

上海博物馆 编著　　　徐旭峰 文／图

责任编辑　曾文丽　　华东理工大学出版社

2023 年 8 月出版　　　定价：68 元

　　本书面向 5—8 岁儿童读者，以上海博物馆东馆揭幕的"江南造物"主题展为依托，以无锡惠山泥人"大阿福"为主角原型，以颇具新意的正反书形式讲述了泥娃娃阿福寻找回家之路的故事。绘本采用绢帛手绘，在传统水墨风格中融入现代小读者的审美趣味，雅致而不失童趣。

作者简介

上海博物馆，创建于 1952 年，馆藏文物百万件，尤以青铜、陶瓷、书画为突出，在国内外享有盛誉。

徐旭峰，上海书画院教育培训部主任，上海美术家协会会员。研究方向为矿物色架上绘画、艺术史文献研究。

编辑荐书

　　《江南奇遇记》不仅仅是一本绘本，更像是一场穿越时空的文化探索之旅。伴随着主人公与泥人阿福的冒险，江南文化的精髓在点滴中流露，孩子们可以在趣味的冒险中，悄然领会到中国文化的深厚底蕴。独特的正反阅读结构让故事充满趣味，寻宝游戏和精美的手绘画面更是增添了互动性和视觉享受。那些静静陈列在博物馆里的文物，仿佛从书中跃然而出，带领我们走进那个似梦似真的江南世界。

阿福的江南奇遇记

"阿福醒醒！阿福醒醒！"

"呀！我们怎么在这儿？"

阿福伸了个懒腰，望着小麒麟。

原来，阿福被贪玩的主人小满忘在了婶婶家的花园里。

这下糟糕了，得想办法回家！

　　婶婶家太大了，阿福和小麒麟迷了路。好不容易，他们摸进了厅堂，又差点儿碰倒了花瓶伯伯。说明来意后，花瓶伯伯告诉了他们大门的方向。

　　出了门，他们犯了愁：该往哪里走呢？门上贴的门神一个让他们往东，一个让他们往西，两位门神互不相让，吵了起来。

　　正当他们吵得不可开交的时候，砖雕上的仙人告诉阿福和小麒麟："你们得先过河。河对岸有一个大集市，说不定可以找到呢！"

　　他们来到河边。阿福刚用脚尖点了一下水面，立马被小麒麟拽了回来——阿福是泥娃娃，如果遇到水，又会化成湿泥的。

　　哎呀，这可怎么办才好？正当他们为过河而苦恼的时候，一艘货船驶了过来。

　　阿福灵机一动，和小麒麟一起藏进了货箱，顺利地上了船。

　　在船舱里，他们遇到了棉布姑娘。原来，这是一艘专门运送棉布的船只。棉布姑娘骄傲地告诉他们，自己马上要去染坊，变成好看的蓝印花布。

（节选自《江南奇遇记》）

后记

　　2024 年新年伊始，2023 年度上海好书评选就被提上议事日程。评选由上海市新闻出版局与上海市出版协会、上海出版社经营管理协会、上海市书刊发行行业协会共同策划组织。相关通知发出后，获得上海各出版单位积极响应，收到参评图书 300 多种。经上海市书刊发行行业协会初选，剔除少量不在评选年份的图书，后经毛小曼、胡国强、彭卫国、李爽、朱爱军、姜复生、忻愈、王蔚骏、聂伟、韩建民、黄庆桥、金福林、张弘等资深专家两轮评审，反复比较，好中选优，春节前评出 2023 年度上海好书 100 种。

　　春节期间，上海市书刊发行行业协会在市委宣传部印刷发行处、出版处指导下，组织全市 100 家书店举办了"欢度春节·上海好书百店联展活动"，发挥全行业线上线下多渠道优势，采用海报、展陈、公众号、视频、直播等多种方式，开展多领域、多渠道、多层次、多样化的文化活动。书香浸润春节文化市场，打造上海出版大厦"亲水阳台"，社会反响热烈，中央和上海媒体作了大量报道。

　　在评选上海好书的同时，将上海好书重点内容汇编成册的工作也同步启动。这是一项带有挑战性的工作，经反复商量，逐步明确编辑思路，即按书和作者简介、编辑荐语和书摘等分类编排，成为现在读者手里的这本书。

在这个过程中，上海市委宣传部出版处与上海市出版协会、上海出版社经营管理协会、上海市书刊发行行业协会的毛小曼、胡国强、彭卫国、李爽、吕瑞锋、汪耀华等同志都贡献了智慧。市委宣传部出版处徐媛媛和上海市书刊发行行业协会周俪琳、吴蕙静、刘智慧等同志承担大量具体工作，付出了辛勤劳动。

事非经过不知难。在《2023·上海好书》出版之际，我们向所有为之作出贡献的出版单位、发行单位及方方面面的同志表示最真诚的感谢，并希望在社会各界的支持下，每年都能编出这样一本书，留下上海出版高质量的足迹，营造书香上海的浓郁氛围。

图书在版编目（CIP）数据

2023·上海好书 / 本书编委会编 . -- 上海：上海三联书店，2024.11.--ISBN 978-7-5426-8681-7

I.Z835

中国国家版本馆 CIP 数据核字第 2024DZ8747 号

2023·上海好书

编　　者 / 本书编委会
责任编辑 / 殷亚平
装帧设计 / 王　蓓
监　　制 / 姚　军
责任校对 / 王凌霄

出版发行 / 上海三联书店
　　　　　（200041）中国上海市静安区威海路 755 号 30 楼
邮　　箱 / sdxsanlian@sina.com
联系电话 / 编辑部：021-22895517
　　　　　发行部：021-22895559
印　　刷 / 上海雅昌艺术印刷有限公司

版　　次 / 2024 年 11 月第 1 版
印　　次 / 2024 年 11 月第 1 次印刷
开　　本 / 710mm×1000mm 1/16
字　　数 / 530 千字
印　　张 / 39
书　　号 / ISBN 978-7-5426-8681-7/Z·144
定　　价 / 168.00 元（上下册）

敬启读者，如发现本书有质量问题，请与印刷厂联系：021-68798999